JN101143

Economics of State-led Capitalism

国家主導資本主義の経済学

国家は資本主義を救えるのか？

Mizobata Satoshi
溝端佐登史
［編著］

文眞堂

はしがき

東京オリンピックイヤー2020は新型コロナ感染症に尽きる年となり，苦難の日々は2022年の北京冬季オリンピックに至るまで続いたままである。変異するウイルスに世界中が手も足も出ない事態に至ったと言って過言ではない。パンデミックというグローバル危機に直面して，各国政府はあらゆる手立てを動員した対策を余儀なくされたのだが，政府の賢さ・国家の信頼，さらには官僚・指導者の資質がこれほどに注視されたことはないと言ってもよいだろう。ことはそれほどに自由市場ではなく，国家の手に委ねられたのだ。命と経済は計るべくもないのだが，国家は全能の神のごとくに政策を講ずることを求められ，まさに無限に有するがごとく金が投入された。

新型コロナ感染症とその対策を経済システムの視点から見ると，国家の「強い手」は市場調整，社会における相互調整よりも効果的に映る。集合行為の観点から国民と国家との信頼関係が対策の肝になることがいかなるシステムにも共通している（Harring et al., 2021）。政策結果から，中国における国家統治能力は有効であったように映るが，むしろ成功国として台湾やニュージーランドがあげられ，信頼こそがその教訓として引き出される。もっとも，非常時には国家間に共感よりも競争が強く働き，国際的な社会的包摂は弱まる。ワクチンや薬品の製造・治験・流通は市場原理に委ねられず，病床・器材・人材などの確保も同様であった。機動的な医療，経済対策もまた国家統治能力に依存していた。人びとの日常でさえも，国家の「監視」のもとにある。そうである以上，科学・研究・イノベーションもまた国家の影響力から自由なわけがなく，安全保障領域に取り込まれた。

コロナ禍の2022年2月24日ロシアのウクライナへの軍事侵攻は，ロシアにおける国家の強い手（軍事力）が国際法に反してでも国際舞台で行使されることを白日に晒すものであり，国際秩序そのものを大きく変える事件に他ならない。侵攻は地政学的リスクと捉えられるが，経済学にもまた深い問題を投げかける。両国には文化的・人的な重なりがあり，また形式的という批判はありながらも統治者を選挙で選ぶことのできた社会であったが，そうしたものが紛争の解決や侵攻の回避には無力であった。世界の反応は一様ではなかった。アメリカをはじめ西側先進諸国のロシアへの対抗措置は，あらゆる経路での経済制裁とウクライナへの軍事・経済支援にほかならず，それもまた国家のなせる業である。経済は安全保障の道具となり，市場は国家の意思を表す手段に過ぎなくなる。こうして，非常事態に直面して，国家・政治だけが露出する。

9.11.同時多発テロ（2001 年）の衝撃以降の世界の変化を見ても，経済システムにおいて国家の立ち位置・役割は確実に大きくなっており，それはグローバリゼーション下の世界秩序の再編と不可分に結びついている。国家の介入の正統化が進んでいるという意味では，1980 年代以降の自由化，とりわけ Fukuyama（1992）に示された自由主義の有効性・正統性に代表的だが 1990 年代のソビエト社会主義共和国連邦（ソ連）の崩壊，社会主義経済システムの体制転換・市場経済移行とはまさに対照的な動きと見て取れる。

金融の規制緩和が 1980 年代以降進行し 1999 年アメリカではグラス＝スティーガル法（1933 年に制定され，銀行と証券の分離などを含む）が廃止され，自由化は頂点に達した。が反動はすぐに始まり，2008 年 9 月に顕在化したサブプライム住宅ローン危機に端を発するリーマン・ショックとそれに連鎖した一連の金融危機を指す世界金融危機では市場資本主義の自動調節機能は働かず，瞬時に伝染する危機を打開するための国家介入は不可避の措置として受け入れられた。翌年緊急経済安定化法が成立し，銀行への支援はもちろん，GM の事実上の国有化などが実施された。もっとも，世界的な危機の連鎖を一国で対処することは不可能であり，国際的な協調介入が求められた。危機は既存の構造を破壊したとして，新常態（new normal）がその着地点と目された。対照的に，同じように世界金融危機の打撃を受けたドイツは EU 東方拡大のなかで独り勝ちと言われる状況にあり，いちはやくイノベーションのためにインダストリー 4.0 戦略（2006 年開始のハイテク戦略）を講じている。保護主義的産業政策，社会保障の拡大と国家介入の余地は大きい。

経済危機と難民[1]・移民などの問題はまた，それに対する国内の不満の受け皿として政治におけるポピュリズムの台頭を促した。自国第一主義の考え方が先進資本主義経済を覆い，アングロ・サクソン型の代表である英米ではそろってそうしたポピュリスト政権が成立し，グローバリゼーションもヨーロッパ統合も軋みを見せている[2]。2016年11月アメリカ大統領選に象徴的なトランプ現象，同じ年6月イギリスにおける国民投票でのEU離脱（Brexit）がそれである。ポピュリズム，ナショナリズムと言われる現象は英米にとどまらなかった。東欧諸国は宿願のヨーロッパ回帰を果たしたが，加盟後に反動，ポピュリズムの台頭が見られる。2010年ハンガリーにヴィクトル・オルバーン政権が誕生し，EUに反発する立場をとっている。ポーランドでも愛国的保守与党の力が強く，チェコの政局もEUにそれほど親和的ではない[3]。いずれも，国家介入の強さが際立っている。Bałtowski et al.（2022）はポーランド，ハンガリーをポピュリズムの特徴を持った国家資本主義と特徴づけ，とくにポーランドでは国有企業の政治化（国有企業経営陣への政治的に動機づけられた使命），経済ナショナリズム，国家コントロールの拡張と結びついた国有化が見られると主張する。この事情は，両国において，戦前，1930年代への回帰のようにさえ見える。

その一方で，2000年代以降，中国を中心に新興市場経済が世界経済の新しいプレーヤーとしてその存在感を高めている。Goldman Sachsによる新しい成長国BRICs（ブラジル，ロシア，インド，中国）はその代表的な指摘であり，実際に日本の貿易相手国のトップは2007年にアメリカから中国に転じており，名目GDP（国内総生産）で2010年に中国が日本を抜きアメリカに次ぐ水準になり，購買力平価でみたGDPの世界における比重はすでに2021年にアメリカ（16％）の上にあり（19％）差は一方的に開く傾向にある（IMF, World Economic Outlook Database, https://www.imf.org/en/Publications/WEO/weo-database/2021/October）。中国は1978年改革開放以来，高度経済成長と市場経済化を推進し，2001年にはWTO（世界貿易機関）に加盟し，私的所有が主要部分を占める資本主義経済システムに移行したとみられる（加藤, 2013）が，一党支配による強権的な国家体制は決して後退したわけではなかった。それどころか，GAFA（Google, Apple, Facebook, Amazon）といったグローバルプラットフォームに対抗して輸入代替デジタル化を推進し，そのデジタル化によって権威主義体制は強化されかつ国民に受容され，監視国家化している（伊藤, 2020）。2020年6月にインターネット普及率は67％に達し[4]，2017年施行サイバーセキュリティ法，2021年施行データセキュリティ法，個人情報保護法が統制の方向に定められている。2021年11月中国共産党第19期中央委員会第6回全体会議での歴史決議によって習近平の権威主義体制が強められている。政府は独占規制など市場に秩序をもたらす存在となり，経済格差の存在に対しても，「共同富裕」政策（2021年8月）による分配政策を指向する。独占禁止法違反などによるIT大手企業への政府介入など，党・国家の経済への影響は極めて大きい。2018年以来のアメリカと中国の対立，新冷戦はまさに両国における国家介入の強まりの上に存在している。

社会主義経済の雄であったソ連の後継国家ロシアでは，ボリス・エリツィン政権下での急進的な市場経済移行と民主化の試行錯誤の結果が1998年ロシア金融危機であった。そのロシアを救ったのは石油・天然ガスであり，ロシアは2000年代以降完全に「産油国」化する。資源が成長の拠り所となると，また政治経済社会システムが油価変動に過敏になると，ここでも国家の強い手は不可欠であった。否，ロシアはその遺伝子に組み込まれているかのごとく，2000年代にウラジーミル・プーチン大統領の登場とともに国家依存体質をあらわにさせていった。イノベーションもまた国家主導下で模索されている（Mizobata, 2020）。「専横的なソビエト国家の崩壊は，ロシアを正しい方向に向かわせたが，それだけではロシア国家を飼い慣らすには不十分だった。ロシアはソ連が中断したところから歩みを再開し，専横的な社会支配を構築したのである」（Acemoglu and Robinson, 2019：288）。ウクライナへの軍事侵攻はその帰結であろう。一党支配の欠如と市場の法制度のあり方においてロシアは中国とはまったく異なるのだが，国家，国家エリートが強い，経済が政治化しているという点で両国は同じ座標軸上にある。

資本主義経済，市場経済は多様に存在し，かつ変化する。多様性と変化を前にして，比較制度分析は人間行動に規則性を与える制度体系の多様性から異なる市場の存在を主張し（Morgan et al. eds., 2010），資本主義多様性論は文字通り資本主義システム内での型の違いを浮き彫りにする[5]。「異なるルールの下でも同じような富を生み出してきたということは，経済的な成功には唯一の青写真があるわけではないということを改めて認識させてくれる重要な事実だ」（ロドリック，2019：46）。

そのうえに，資本主義経済はそれ自身，大きくその姿を変えてきている。例えば，トマ・ピケティは二度の世界大戦を含め格差縮小に向かった資本主義が1980年代後半期以降格差拡大に転じていることを明らかにした（Piketty, 2014）。また，市場の質を重視する見方は，イノベーション，独占化，国際経済の変動など市場を取り巻く環境の変動に対するシステム脆弱性を重視する。市場経済の安定性には国家による市場の不断のインフラ改革が求められる（Yano, 2009）。

時間を追った資本主義の変容に関して，気候変動問題，パンデミック，サイバー危機とデジタル格差などのグローバル危機に直面して，新しい資本主義を模索する動きもそれに含められよう。世界経済フォーラムは2021年6月のダボス会議で，パンデミック後の「グレート・リセット」（Great Reset）をテーマに，コロナ後の社会経済システムとして新しい資本主義像を提示している[6]。この像は，株主資本主義でも，中国を念頭においた国家資本主義でもなく，グローバルな課題に挑戦するステークホルダー資本主義，レジリエントで持続可能な方法，イノベーションを包摂している。こうした考え方は2019年のアメリカの主要経営者によるビジネスラウンドテーブル[7]での「企業の目的に関する声明」（ステークホルダーへの責任）に通じるものである。同様に，日本経済団体連合会は2020年11月「。新成長戦略」を公表し，従来型の株主資本主義にとって代わって，マルチステークホルダーを念頭に持続可能な資本主義を提起しており，それにはデジタル革命，働き方の変革，地方創成，国際経済秩序の再構築，グリーン成長が含まれる。長期的視野と長期的関係，多様なステークホルダーを核として株主資本主義とは一線を画した新・日本流経営を提起してきた経済同友会は『グリーン・リセット—2050年カーボンニュートラルに向けた産業，社会，生活の大刷新—』を2021年9月に公表し，企業が「グレート・リセット」に直面しているとして，企業も政府も行動変革を提起している。そして，政府もまた2021年岸田政権の発足に伴い，「成長と分配の好循環」を重視する新しい資本主義を国家戦略に盛り込んでいる。

新しい資本主義は概して言えば，資本主義経済システムに対する研究の延長線上ではなく，経営者，ビジネス界という現場から提起されている。新しい資本主義は新自由主義でも国家資本主義でもないとしても，課題の大きさから国家の役割，国家の主導性を無視することはできない。国家の存在そのものを問題視した新自由主義はパンデミック下では無力に見え，「2021 年には国家は，…市場の近視眼に対する解決策となるのである。…国家は，システミック・リスクへの最後の拠りどころとしての保証者であり，公共の時計の統率者なのである。国家は，将来についての見解を社会化し，それゆえ保健医療危機からの出口の工程表を提起しうる唯一のアクターだからである。…国家は不確実性の縮減者なのである」（ボワイエ, 2020：3-4）。それどころか，パンデミックに対峙して国家はその介入を拡張し，それはすべての国に共通してみられる。そのため，先進国であろうが，途上国・新興国であろうが，多くの国は，「国家が，規制や安全保障の役割に加えて，経済的生産，機能する市場に先取り的に介入するためにさまざまな手を打つ経済システム」（Wright et al., 2021：2）にあたる国家資本主義を指向するようになっている。国家資本主義は多様に存在し，政府の脅威，国有，国家主義に基づいて，介入国家（インド，韓国，ポーランドなど），介入・企業家・福祉国家（ギリシャ），介入・企業家国家（中国，ロシア，ハンガリーなど），介入・福祉国家（チェコなど），市場指向国家（カナダなど），福祉国家（日本，ドイツなど），企業家国家（シンガポールなど），企業家・福祉国家に分けられる（Wright et al., 2021：5）。

こうして，21 世紀に入り，国家はその型を違えても，経済システムにおいてその存在意義と影響力を広げているが，本書は国家に立脚する経済システムモデルと言うべき「国家主導資本主義」（state-led capitalism）を研究対象としている。国家主導資本主義は，国家が主導的な位置を占め，その影響を強く受けた形で市場の制度が構築され，かつ国家自身が企業家の役割をも果たす資本主義経済システムを指す。言うまでもなく，先進国において国家は巨大化しているのだが（ロビンソン, 2022），国家主導資本主義は政治的権威主義と親和的であり，国家の影響力・浸透力は既存モデルの比ではない。

本書では，主にロシアや中国といった新興市場経済大国に光を当て国家主導資本主義経済システムを考察する。そうした国は「国家の主体，国家とビジネスの間での緊密な関係が，経済制度において決定的な役割を果たす」国家浸透市場経済（Nölke et al., 2020：3）と言い換えることができるほどに国家が経済社会の隅々にまで浸透しているのだ。だからと言って国家主導資本主義そのものが単一モデルに収斂するわけではない。国家の役割，それを代表する政治・官僚システム，さらには直面している課題，成長源泉において新興市場経済は異なる以上，国家主導資本主義それ自体も多様な存在ということができる。つまり，ロシア，中国いずれでも国家が主導的で権威主義体制と目されても，そこでの国家のあり様（あるいは指導者の位置）は大きく異なり，かつ市場の存在もまた大きく異なる。

21 世紀に存在感を増す国家主導資本主義の最大の特徴は，グローバリゼーションと不可分の関係である。Baldwin（2016）は 1990 年以降のグローバル化，ICT（情報通信技術）革命による工場の海外移転がもたらした大いなる収斂（北における脱工業化，南の一部での工業化）を新興経済の成長源泉に位置づけており，グローバル・バリューチェーンはその所産である。中国がこれに適合するとしても，製造業で世界から孤立するロシアをこの大いなる収斂の中に押し込むわけにはいかない。しかし，石油・天然ガスの存在はロシアがグローバリゼーションにきわめて敏感であることを示唆する。

国家主導資本主義は地政学的な位置づけから，自由市場に対峙する新しい資本主義とも位置づけられる。Bremmer（2010：23）は「政府が主として政治上の利益を得るために市場で主導的役割を果たす」国家資本主義を重視する。こうした主導的役割のための仕組みとして，ブレマーは国家石油・天然ガス会社，国有企業とその海外展開，私的に所有されたナショナルチャンピオン，ソブリン・ウエルス・ファンド（政府系ファンド）をあげ，当然中国もロシアもそのモデルにあてはまる。国家資本主義と自由市場資本主義は国際政治に摩擦を生む競争をもたらすとともに，相互に利益をもたらす存在でもある。

さらに，国家主導資本主義は，資本主義経済の構造的な変化の中の所産と言うことができる。ボワイエ（2020, 第 6 章）は，コロナ後の超国籍的なプラットフォーム資本主義を構成するひとつの変異形として国家主導資本主義をあげる。そして，中国の成功要因として，共産党の排他的政治権力の承認と引き換えの生活水準の持続的改善という暗黙の妥協，政治目的と経済的動態を両立させる配慮の地方コーポラティズム委譲，世界的バリューチェーンによる先端技術の獲得と支配を指摘する。

本書は，国家主導資本主義，とりわけロシアを主たる研究対象において，国家主導性がどのように制度構築・編成され，世界経済にどのように影響しているのかを経済システムの内部から明らかにすることを課題としている。その意味では「新興国国家主導資本主義の経済学」という名称が正確な書名であったかもしれない。

本書は新興市場経済論の最新の研究成果であるとともに，資本主義多様性のひとつを解き明かす比較経済学の新しいテキストの役割も担っている。伝統的に，ロシア，中国研究は各国経済論という研究方法を重視してきたが，本書は特定の国民経済に光を当てたエリアスタディを指向しているわけではない。むしろ，著者たちは，21 世紀に顕著な姿を世界に露わにした国家主導資本主義を，自身の研究対象国を材料に明らかにすることに，関心を持っている。端的に言えば，なぜ，どのように国家主導性が制度化されるのか，どのような役割を果たしているのか，が共通する問題関心ということになる。より経済学に一般化するならば，市場や社会と並んで，国家のガバナンス，そのための制度の束がなぜ重視される国が存在するのか，いかに有効に構築されるのかという問題を考えてみたい。

まず，序章では，国家浸透経済（state-permeated economy）モデルの観点から，国家資本主義論を再検討することで，国家主導資本主義システムの全体像を描く。とくに，国家主導性を測定する 3 つの基準を提示し，国家主導性の基盤が何かを考察する。次いで，本書は 3 つのパートから国家主導資本主義に接近する。

第Ⅰ部「国家主導システムの基本的構造」の 3 つの章は，経済制度，財政，そして経済政策に焦点をあて，国家主導性がどのような構造を構築するのかを明らかにしている。第Ⅱ部「ロシア国家主導システムの諸相」の 3 つの章は，ロシアの企業・銀行・社会に焦点を当てて，国家主導性を特徴づけている。ロシアは国家が介入するという点ではまさにモデルと言うべき対象である。本書では5つの章が直接にロシアを分析しており，ロシア経済論の書としても読んでいただきたい。第Ⅲ部「国家主導システムの展開」の4つの章は，旧ソ連，中国，ドイツ，中東欧における国家主導資本主義を解明する。もっとも，ここでも特定の地域にのみ関心を置いているわけではない。まさに国家の存在を規定する言語のプレゼンス，投資をめぐる国家・地域・企業の関係性，労働市場の周辺におかれる女性労働に対する国家の立ち位置，そして新興多国籍企業といった領域が分析の対象に置かれている。概して言えば，国家の主体，国家とビジネス・社会の相関，経済主体の適合的な行動が国家主導性を解明する手掛かりとなる。最後に終章で，新興市場経済の見方と国家主導資本主義のかかわりを通して，国家主導性の行方も考えてみたい。

[注]

1　国連難民高等弁務官事務所（UNHCR）によると2021年末に難民は8930万人を数え，2000年以来倍増している（https://www.unhcr.org/figures-at-a-glance.html, 2022年6月27日アクセス）。とくにヨーロッパでは2011年北アフリカ・中東での民主化とその後の政治的混迷によりヨーロッパへの避難者数が増加している。ロシアのウクライナ侵攻は2022年6月24日現在800万人の退避者，526万人の難民をもたらしている。

2　ヨーロッパ統合への信頼・態度とマクロ経済ショックの相関に関してはDustmann et al（2017）を参照されたい。

3　Timbro（2019：15）によると，2018年にヨーロッパ6カ国で議会選挙が行われ，ポピュリスト政党（権威主義的）の平均の支持率が36.2%で4−5年前の選挙時を8.5%上回っている。ハンガリー，イタリア，ギリシャでもっとも強い支持がある。ポピュリストの支持はヨーロッパの制度への不信と結びついている。

4　中国インターネット情報センター「第46回中国インターネット発展状況統計報告」（2020年9月）による（日本貿易振興機構，https://www.jetro.go.jp/biznews/2020/10/ffa117a145649134.html, 2021年12月15日）。

5　例えば次の文献を参照されたい（Hall and Soskice eds., 2001; Hall and Thelen, 2009; Amable 2003）。

6　この概念を用いて経済社会秩序の転換を主張したFlorida（2010）を参照。

7　アメリカの主要CEO非公式組織の協会で1972年に創設された。1978年以来コーポレートガバナンス原則を定期的に公表し，株主優位の立場をとってきたが，それをステークホルダーに依拠するものに取り換えている。

[引用文献]

（英語）

Acemoglu, D. and Robinson, J. A. (2019) *The Narrow Corridor: States, Societies, and the Fate of Liberty*. Penguin Books.（ダロン・アセモグル，ジェイムズ・A・ロビンソン『自由の命運』上

下，櫻井裕子訳，早川書房，2020 年）

Amable, B. (2003) *The Diversity of Modern Capitalism*. Cambridge: Cambridge University Press.（ブルーノ・アマーブル『五つの資本主義―グローバリズム時代における社会経済システムの多様性』山田鋭夫・原田裕治他訳，藤原書店，2005 年）

Baldwin, R. (2016) *The Great Convergence: Information Technology and the New Globalization*. Belknap Press: An Imprint of Harvard University Press.（リチャード・ボールドウィン『世界経済大いなる収斂』遠藤真美訳，日本経済新聞出版社，2018 年）

Bałtowski, M., Kozarzewski, P., Mickiewicz, T. (2022) State capitalism with populist characteristics: Poland and Hungary. In: Mike Wright, Geoffrey T. Wood, Alvaro Cuervo-Cazurra, Pei Sun, Ilya Okhmatovskiy and Anna Grosman eds., *The Oxford Handbook of State Capitalism and the Firm*, Oxford, Oxford University Press.

Bremmer, I. (2010) *The End of the Free Market: Who Wins the War Between States and Corporations?*, Portfolio/Penguin.（イアン・ブレマー『自由市場の終焉―国家資本主義とどう闘うか』有賀裕子訳，日本経済新聞出版社，2011 年）

Dustmann, C., Eichengreen, B., Otten, S., Sapir, A., Tabellini, G. and Zoega, G. (2017) *Europe's Trust Deficit: Causes and Remedies, Monitoring International Integration 1*. Centre for Economic Policy Research Press 2017, 1-94.

Florida, R. (2010) *The Great Reset: How New Ways of Living and Working Drive Post-Crash Prosperity*, Harper.（リチャード・フロリダ『グレート・リセット』仙名紀訳，早川書房，2011 年）

Fukuyama, F. (1992) *The End of the History and the Last Man*. Free Press.（フランシス・フクヤマ『歴史の終わり』上下，渡部昇一訳，三笠書房，1992 年）

Hall, P. A. and Soskice, D. eds. (2001) *Varieties of Capitalism. The Institutional Foundations of Comparative Advantage*. Oxford: Oxford University Press.（ピーター・ホール，デヴィッド・ソスキス『資本主義の多様性―比較優位の制度的基礎』遠山弘徳他訳，ナカニシヤ出版，2007 年）

Hall, P. A. and Thelen, K. (2009) Institutional change in varieties of capitalism, *Socio-Economic Review*. Volume 7, Issue 1, January 2009, pp.7-34.

Harring, N., Jagers, S. C. and Löfgren, Å. (2021) COVID-19: Large-scale collective action, government intervention, and the importance of trust. *World Development*, Vol.138, pp.138-141.

Mizobata, S. (2020) State-led innovation and uneven adaptation in Russia. In: Steven Rosefielde ed., *Putin's Russia: Economy, Defense and Foreign Policy*, World Scientific.

Morgan, G., Campbell, J. L., Crouch, C., Pedersen, O. K. and Whitley, R. eds. (2010) *The Oxford Handbook of Comparative Institutional Analysis*. Oxford: Oxford University Press.

Nölke, A. ten Brink, T. May, C. and Claar, S. (2020) *State-permeated Capitalism in Large Emerging Economies*. Routledge.

Timbro (2019) *Timbro Authoritarian Populism Index* , February 2019.

Piketty, T. (2014) *Capital in the Twenty-First Century*. translated by Arthur Goldhammer, Belknap Press: An Imprint of Harvard University Press.（トマ・ピケティ『21 世紀の資本』山形浩生他訳，みすず書房，2014 年）

Wright, M., Wood, G., Musacchio, A., Okhmatovskiy, I., Grosman, A. and Doh, J. (2021) The return of state capitalism? How the Covid-19 pandemic put the liberal market economies to the test. blogs.lse.ac.uk/businessreview/2021/03/09the-return-of-state-capitalism-how-the-covid-19-pandemic-put-the-liberal-market-economies-to-the-test/, March 9, 2021.

Yano, M. (2009) The foundation of market quality economics. *Japanese Economic Review*, 60, 1, pp.1-

31.

（日本語）
加藤弘之（2013）『「曖昧な制度」として中国型資本主義』NTT 出版。
伊藤亜聖（2020）『デジタル化する新興国』中央公論社。
ロベール・ボワイエ（2021）『パンデミックは資本主義をどう変えるか：健康・経済・自由』（山田鋭夫・平野泰朗訳）藤原書店。
ダニ・ロドリック（2019）『貿易戦争の政治経済学―資本主義を再構築する』（岩本正明訳）白水社（Rodrik, D., *Straight Talk on Trade: Ideas for a Sane World Economy,* Princeton University Press, 2017）。
マーク・ロビンソン（2022）『政府は巨大化する―小さな政府の終焉』（月谷真紀訳）日本経済新聞出版（Robinson, Marc, Bigger Government: *The Future of Government Expenditure in Advanced Economies.* Arolla Press, 2020）。

目　次

序章

国家主導資本主義の経済学

溝端佐登史

はじめに——米中関係と残った資本主義

1989 年東欧革命，1991 年ソ連崩壊から 30 年以上が経過した。伝統的に比較経済学は資本主義経済システムと社会主義経済システムの比較を基盤として構成され，その理論と現実の分析に光を当ててきた（Gregory and Stuart, 1999）。いずれのシステムでも多様性が前提にされていたと言ってもよいが，社会主義経済システムの崩壊を契機に，社会主義から資本主義への体制転換，市場経済への移行という新しい領域もそれに含められた。

21 世紀に入り，事態はさらに変化している。新しい市場経済諸国の急成長，いわゆる新興市場経済が出現するとともに，2001 年に WTO（世界貿易機関）に加盟した中国は GDP（国内総生産）水準でみて，ヨーロッパ諸国，日本を抜き去り，購買力平価でみた GDP ではアメリカさえ追い抜いている。中国の経済成長，製造業の発展とグローバル・バリューチェーンの構築は，米中貿易関係を大きく拡大するとともに，アメリカの貿易赤字を常態化させ，貿易摩擦を引き起こす背景にある。1990 年代の米中貿易はそれほど大きくないが，2001 年を契機にアメリカの輸入額は急上昇し，その結果アメリカの貿易赤字の半分ほどを中国が占める水準にまで至っている。アメリカの財について貿易赤字のピークは 2021 年 1 兆 784 億ドル，米中間のピークは 2018 年 4182 億ドルであった。米中貿易摩擦の結果，2016 年以降中国貿易赤字比率は確かに低下しているが，貿易額そのものは新型コロナ感染症の影響を考慮して大きく変化しているわけではない（図表序 - 1）。大国化する中国は，米中デカップリン

図表序－1　米中貿易関係（1989－2021 年）

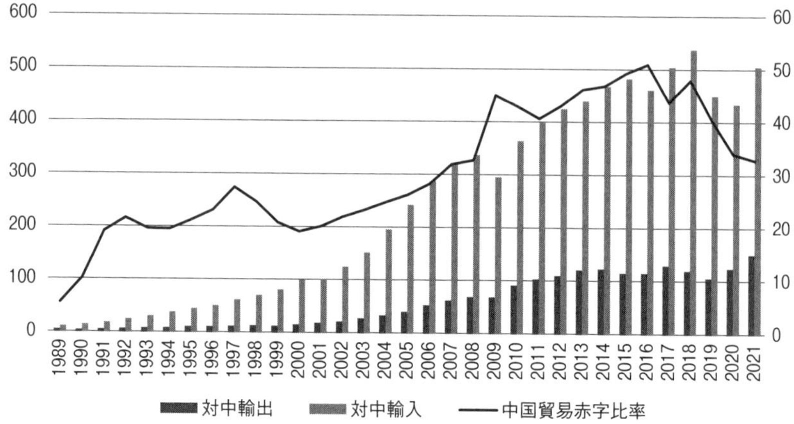

（注）財貿易額で，季節調整済み。貿易額（左軸）は 10 億ドル，中国貿易赤字比率（右軸）は，対中貿易赤字額 / アメリカの総貿易赤字額で%。

（出所）United States Census Bureau, https://www.census.gov/foreign-trade/balance/index.html, 2022 年 3 月 8 日アクセス

グをもたらしたわけではない。

米中間での経済力の変化には生産力の質の面での変化も伴っている。1990 年代以降の ICT（information and communications technology 情報通信技術）の発展は，AI（人工知能）やロボット工学など多様な領域での革新を伴い，2000 年代に第 4 次産業革命として社会に著しい変動をもたらしている。こうした科学技術をめぐる競争は新興市場経済を単なる後発国，途上国の地位に固定させたわけではなく，世界大の国家間の摩擦をさらに強めることになった。OECD 諸国が占めるインターネット人口は非 OECD 諸国に逆転され，科学研究論文の量・質いずれに関しても中国はアメリカに比肩する世界トップクラスを占めるに至っている（文部科学省科学技術・学術政策研究所, 2021）。2017 年以降深刻化している米中経済摩擦はきわめて広範囲にわたっている。

さらに，地球温暖化問題の焦点となる温室効果ガス排出量で言えば（図表序－2），中国は 2005 年にはアメリカを抜き去り，いまやアメリカの 2 倍規模で世界最大の排出国になり，排出量削減に対する責任は重くなっている（Climate Watch, https://www.climatewatchdata.org, 2021 年 9 月 15 日アクセス）。ちな

図表序－2　温室効果ガス排出量の世界に占める比重

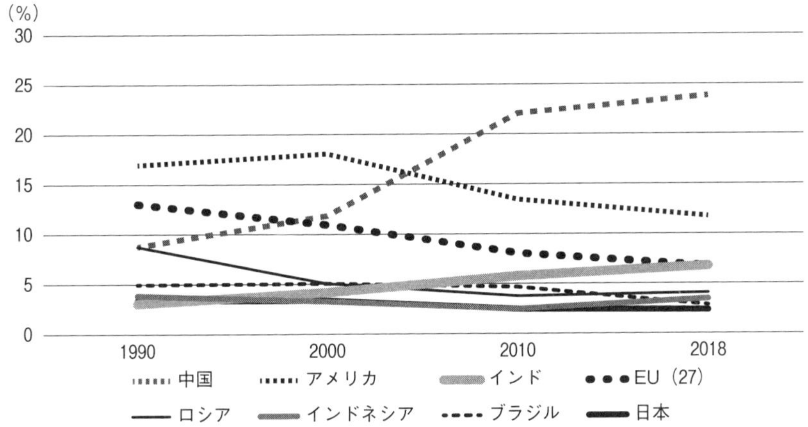

（出所）Climate Watch, https://www.climatewatchdata.org, 2021 年 9 月 15 日アクセス

みに，アメリカ，EU はその比重を低下させ，日本は低いままで推移しており，米欧日で 21％水準となる。一方，新興国のインド，ロシア，インドネシアいずれもが日本を上回る排出国となり，本書の対象となる国家主導資本主義国に相当する中国，インド，ロシア，ブラジル 4 カ国が世界の 38％を占め，かれらこそ地球生き残りの鍵を握っている。米中の経済摩擦はきわめて広範囲に及び，かつ 21 世紀の地球規模の動態を規定するといって過言ではない。

新興市場がその影響力を増幅させていることから，社会主義経済システムの崩壊と体制転換によって，「資本主義だけ残った」（Milanovic, 2019）が，決して歴史が終わったわけではなかった。「資本主義は，その目的を人びとと分かち合い，その目標を採用するよう人びとを促すあるいは説き伏せ，資本主義が拡大するために必要なものと，人びとの発想・願望・価値観とを類のないほど一致させることに際立って成功した。…資本主義はどんなシステムの安定にも不可欠な条件を生み出すことに，そのライバルよりもはるかに成功している。その条件とは，社会システムの土台となる広範な価値観を個人が日頃の行動ではっきり示し，それによってその価値観をさらに強化するというものだ」（Milanovic, 2019：4-5）。この残った資本主義は決してひとつのモデルには収束しなかった。ミラノヴィッチ（Milanovic, 2019：5）は 2 つの異なる型の資本主義が世界を支配していると見なし，欧米で200年の時をかけて発展してきた「リベラルな能力主義的資本主義」と国家が主導する「政治的資本主義ないし権威主義的資本主義」をあげている。後者には中国だけでなく，アジアのほかの地域（シンガポール，ベトナム，ミャンマー），ヨーロッパやアフリカの一部（ロシア，コーカサス諸国，中央アジア，エチオピア，アルジェリア，ルワンダ）をあげる。「両者は，政治はもとより経済，また規模ははるかに小さいが社会の領域においても異なって」（Milanovic, 2019：5）おり，両者は収斂することなく並列すると目されている。

本書は，ここにあげた2つのうちの片割れの資本主義，国家主導資本主義に光を当ててその構造を明らかにする。2つの資本主義の相違性は，国家介入の大きさで明らかになるのだが，同時に21世紀は地球規模で国家の介入の肥大化を経験している。すなわち，リベラルな資本主義であっても国家主導性は高まっているのだ。あるいは，人類が直面している課題は，市場の自己調整に任せることができるほどに簡単な問題ではなくなっている。新型感染症とパンデミック，繰り返す世界経済危機，気候変動問題，そしてウクライナ侵攻により露わになった地政学的リスクなどはまさにその象徴と言える。そこで，序章では国家主導資本主義に関し，その理論的な系譜をたどったうえで，国家主導性を規定する基準（大きさ，強さ，深さ）を析出する。その基準が異なる以上，国家主導資本主義自体が多様に出現する。そのうえで，国家主導性とその基盤を，ロシアを例にとり考察する。当該システムが安定的に制度化されるうえで，市井の人びとの行動，価値観が明らかになる。

第1節　国家と経済システムの変動

経済学は「市場の学」といって過言ではない。交換を原理とする取引の場とそこでの人間の行動こそが研究対象となるからである。このことは，一般均衡を前提とする主流派経済学であろうと，資本と労働を分析する政治経済学であろうと同じであり，いずれもが場としての市場の存在を前提にしている。市場の私的プレーヤーの行動こそが経済学の分析対象になるのであり，夜警国家の見方に代表的であるが国家はマージナルな存在に他ならない。価値の創造主こそ企業だからである。まさに脇役というべき国家がクローズアップされるのは，主役の市場が失敗した場合に限られる。外部性，独占，公共財の提供がそれであり，所得分配やマクロ経済安定化措置もそれに含められる。市場が危機に陥るとき，あるいは市場が機能しない場合，国家の存在がクローズアップされる以上，そうした失敗にのみ政府の役割を限定することは明らかに現実世界から逸脱している[1]。例えば，新型コロナ感染症に対していかなる国でも政府の強い手が注目された。「国家がパンデミックに直面した際に，感染防止のために各種の要請を行い，人びとの日常生活を大きく制約できるということは，国家が制限された範囲内における支配装置として機能していることを示している」(岩崎, 2021：9)。政府は様々な支援策を講じ，財務省，中央銀行は金融緩和を実施し，種々の市場介入を行った。カーボンニュートラルもまた市場の自動調整にはとても任せられない。現実は理論モデルと大きくかけ離れているのだ。近代国家は国家の介入規模，公的財政規模を膨らませてきたのであり (Tanzi, 2020; ロビンソン, 2022)，ゆえに小さな政府などどこにもみあたらない。

国家を市場の補完的存在にとどめるわけにはいかないことは媒体にあたる貨幣の存在に象徴的である。国家，とりわけ絶対的な君主の権能を象徴する seigniorage（通貨発行権）は国家なくして市場は成り立たないことを意味する。貨幣と市場の関係では，「わたしたちが日常生活において経済活動を行うとき，国家の存在をそのたびに意識することはないが，実は取引するその都度，国家への信頼が繰り返し確認されているのである」(中山, 2020：46)。こうした権能を，国民国家が必ず保持しているわけではない。例えば，モンテネグロは体制転換に際し，自ら権利を放棄し，2000年11月以来ドイツマルク，ユーロを自国通貨に採用した（Schobert, 2002)。言い換えれば，国家への信頼は，外国・EUへの信頼に代替された。もっとも，通貨発行権それ自体もデジタル通貨の出現により動揺しているのだが。

市場に不可欠な経済制度は国家の手による制度設計を前提にしており，ここでも国家は市場にとって不可欠の存在として登場する。あるいは，市場は国家に仲介されてはじめて存在する（Polanyi, 2001)。こうした役割に関していえば，グローバル化が進めば進むほど国家の役割は大きくなる。自由放任と市場原理主義的スタンスに立つ新自由主義思想の影響が強まろうが，国家の位置は決して小さくはならない。そうであれば，現代資本主義は市場の型よりも国家のあり方，国家介入度で多様に位置づけることができる。資本主義多様性の見方の基礎にも国家を置くことができる。

20 世紀初に開始するグローバル化とともに，Nölke and May（2019）は 1900－1920 年代のリベラル資本主義，1930－1960 年代の組織された資本主義，1970－2000 年代のリベラル資本主義，2000 年代の組織された資本主義を分類し，それぞれの交代契機に世界恐慌，スタグフレーション，2008－2009 年世界経済危機をあげている。組織された資本主義において国家介入の余地が大きいと考えると，グローバル資本主義はその方向に向かっていることになる（Yakovlev, 2021）。

自由資本主義は国家主導資本主義にとって替えられたのであろうか。アメリカの保守系シンクタンク，ヘリテージ財団による経済自由度指数は限定された指標であるとしても，その変動の一端を示唆している。この指標は法の支配（所有権，裁判効率，政府の誠実さ），規制効率（ビジネスの自由，労働の自由，貨幣の自由），政府規模（税負担，歳出，財政健全さ），開放市場（貿易の自由，投資の自由，金融の自由）により 0 から 100 の大きさで測定され，80 以上を自由，70 以上を概して自由，60 以上を控えめに自由，50 以上を概して不自由，50 未満を抑圧と見なしている。もっとも，概して不自由とは市場経済ではあるが上記指標を欠くというもので，広く市場経済と見れば世界はほぼすべて市場経済で成り立っており，過半数の国が自由国家ということができる。図表序－3 は，世界の主要大陸地域と世界における同指数の変動を指し示しているが[2]，少なくとも 1995 年以来世界全体では経済自由度は高まっているということができる。ヨーロッパの変動が指し示すように旧社会主義圏の体制転換だけではなく，途上国の発展もまた自由化のうえに生じた。しかし，各地域の変動をつぶさにみれば，必ずしも同じ向きにはない。ヨーロッパは明解に右肩上がりだが，アフリカは停滞的であり，アメリカは 2000 年をピークに低下の一途，経済的自由化の後退を示している。アジアは中国の台頭にかかわりなく 2016 年以降に上昇している。

図表序－3　世界の経済自由度指数（1995－2021年）

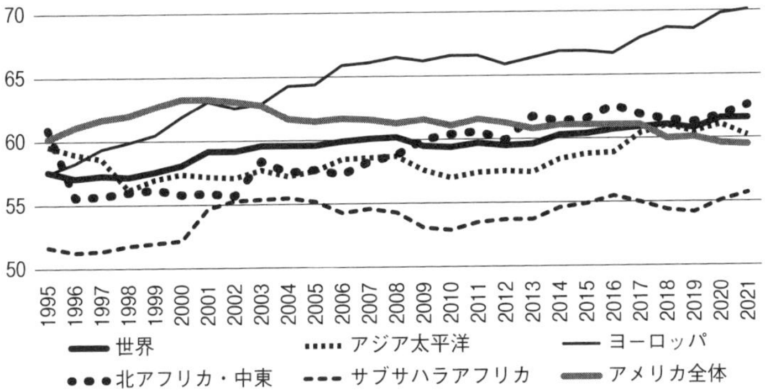

（出所）The Heritage Foundation, Index of Economic Freedom, https://www.heritage.org/index/ranking, 2021年9月11日アクセス。

図表序－4　各国別経済自由度指数（1995－2021年）

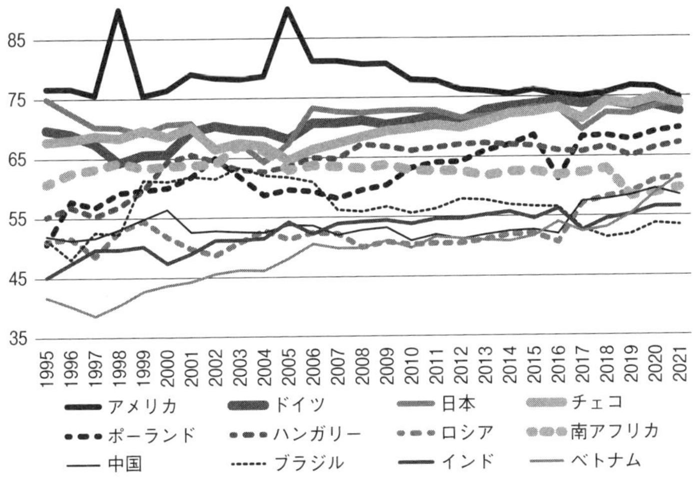

（出所）The Heritage Foundation, Index of Economic Freedom, https://www.heritage.org/index/ranking, 2021年9月11日アクセス。

国別に見ればさらに事情は入り乱れている（図表序－4）。先進国ではアメリカが突出して高いが世界経済危機以降低下しており，ドイツ，日本と同じ水準に落ち着いている。EUに新規加盟した国々では図にはないがエストニアがもっとも高い水準にあり，チェコも先進国水準にある。しかし，ポーランド，ハンガリーは相対的に低く，ポピュリズム，反EU政治勢力の台頭を反映している。最後に新興経済大国のBRICS諸国は控えめに自由と概して不自由の間を行き来する水準にある。ブラジル，南アフリカが2000年代初頭に上昇したがその後低迷しており，対照的にロシアと中国は2017年以降に自由度を上昇させている。新興経済大国は国家介入水準では，先進諸国よりも上位にあることは確認されよう。

第2節　国家主導資本主義の見方

1989年体制転換以降の旧ソ連・東欧諸国での経験は，生産能力の向上やイノベーションといった産業革命を伴わない一直線の市場経済の導入であった（Mizobata and Hayashi, 2019）が，国家（政府）の移行は成功したとはとても言えそうもない。一党支配下で国家はその信頼性を喪失していたし，市場移行に際しても，国家の役割は否定され，かつ国民の信頼を喪失したままで，過剰なまでに国家は市場経済から退出した（溝端, 2005）。

2000年代に入り政治・国家は大きく変化した。東欧諸国ではEUへの新規加盟が進み，ヨーロッパ化が国家の信頼を裏書きした。これに対しロシアでは，1998年ロシア経済危機からの脱出，さらに2000年代の成長期に国家の影響力は大きくなった。さらに言えば，中国型資本主義（加藤, 2013）では，激しい市場競争・私的所有の拡大とともに，「国家利益と同時に商業利益をも追及し，国有資産の増大を最終目的とする経済実体」（加藤, 2013：13）である国有経済のプレゼンスの大きさ，地方政府間での熾烈な市場競争，利益集団としての官僚・党支配層が機能し，文字通り国家が経済システムを主導した。ここに言う国家主導性は，所有権にのみ依拠した定義ではなく，広く国家介入を伴う経済システムを示唆している。すなわち，国家主導資本主義は，国家が経済システムにおいて主導的な位置を占め，その影響を強く受けた形で市場の制度が構築されている資本主義経済システムを指す。主に中国やロシアといった新興市場経済大国に該当し，「国家の主体，国家とビジネスの間での緊密な関係，が経済制度において決定的な役割を果たす」（Nölke et al., 2020：3）国家浸透市場経済と言い換えることができる。

自由市場経済との対比で，2000 年代の比較経済学によみがえった見方が国家資本主義である。イアン・ブレマーは国家資本主義を「官僚が巧みに運営する資本主義，政府が主に政治上の利益を追求するために市場を主導する仕組み」(Bremmer, 2010：23) と特徴づけ，次の要因にその作動原理を見出す。第 1 に，国家の利害を執行する，国家石油会社，国有企業，私的に所有されたナショナルチャンピオン，ソブリン・ウエルス・ファンド（政府系ファンド）の 4 つのプレーヤーが存在することである。第 2 に，政府の統治者と企業経営者の結びつきであり，世界経済危機はかえってこの結びつきを正当化することになる。ブレマーの定義では，国家資本主義と自由資本主義の境界は明確なわけではなく，自由市場を排する共産主義の理想郷と政府の存在しないリバタリアニズムの理想郷の間に世界の資本主義は位置づけられ，比較されることになる。

ブレマーは，歴史的に国家資本主義を，1973 年石油危機以来の国家の経済介入の波，1980 年代の途上国での波，2005 年までに登場する政府系ファンドの動き，2008 年世界経済危機における政府介入といった 4 つの波のなかに位置づけている。すなわち，1973 年以降の石油の武器化，資源ナショナリズム (OPEC) は，国家資本主義を国際的な政治力とグローバル経済へのインパクトに用いた。1980－1990 年代の新興国の経済自由化と成長では，国富は政府が管理すべきであるとする考え方が基盤にあった。また，新興国の成長による商品価格の高騰は成長要因になり，政治的要因を考慮した投資判断がなされた。そして，2008 年の世界経済危機とそれへの政府介入は，自由市場経済の脆弱性を指し示すとともに，政府介入の正統性を高める役割を果たした。

国家資本主義の用語自体は 19 世紀のドイツの政治家ウィルヘルム・リープクネヒト（Wilhelm Liebknecht, 1826－1900 年）によると言われ，ソ連経済，ナチスドイツによる経済運営にも用いられたが，21 世紀の世界経済では国家介入度の高い移行経済・途上国だけではなく，先進諸国の経済システムにおいても，安全保障の考え方が強調され，国家介入が自明視されているように思われる（Wright et al., 2021)。それゆえ，地政学に依拠する Bremmer (2010) 以外にも，国家主導性を，資本主義システムのあり方，資本主義システムの多様性において重視する見方を次のようにあげることができる。いずれも，「市場の経済学」に対し，「国家の経済学」が指向されている。

Wood and Wright（2015）は，政府系ファンド，軍産複合体，官民パートナーシップ，私的金融イニシアチブに新しい国家主義（statism）を提起する。新しい国家主義的なプレーヤーと政治の関係において現代市場を位置づける。Hu, Cui, and Aulakh（2019）はビジネス集団を手掛かりにして，そしてMusacchio et al.（2014）は国有企業の戦略的行動とガバナンスに依拠して，国家資本主義多様性を特徴づけている。Nee and Opper（2007; 2010）は中国を対象として，政治資本が経済的制度と結びつく政治化した資本主義の存在を指摘する。この見方は中国に限定されない。Djankov（2015）はロシアがクローニー資本主義から国家資本主義へのコースにあり，戦略産業の国家支配と西側の制裁をその指標に見出している。Oxenstierna（2015）は政治化した経済システムにおいてレント依存・再分配経済を描き出す。レント形成・再分配の中心に市場ではなく国家が位置する。

国家が資本主義経済システムにおいて主導性を発揮するとしても，そこでの制度編成，国家とビジネス（企業）との関係（協力と対立）はそれぞれの国で異なり，資本主義多様性・比較資本主義の見方を拡張して[3]国家主導資本主義をそのひとつのタイプととらえる「国家浸透資本主義」（state-permeated capitalism）の接近がある（Nölke et al., 2015; Nölke et al., 2020）。ここでは，国家が全権の存在になるわけではなく，国家とビジネスの連合における個人間の忠誠と信用に基づく緊密な協力と競争が作動原理になっている。制度基盤には企業統治と企業金融への強度の国家浸透，低コストの教育水準の高い労働力と上昇するイノベーション力がある。

Nölke et al.（2020）の国家浸透資本主義大国の事例にロシアは含まれていないが，ロシアの国家・ビジネス関係（Yakovlev et al., 2020）は国家浸透資本主義の作動原理の存在を十分に示唆している。言うまでもなく，中国がここでもモデル国と見なされ，インド，ブラジルはそれには及ばない（Nölke et al., 2020：193）。この国家浸透モデルの導出は資本主義多様性論を基礎にしており，自由市場経済システム（LME），調整市場経済システム（CME），開発市場経済システム（DME），国家浸透資本主義システム（SME）の4つの型が

図表序－5　資本主義多様性の見方

	LME	CME	DME	SME
比較優位	国際的財・資本市場，急進的イノベーション	国際的財市場，漸進的イノベーション	弱い国内財市場，輸出指向	中間技術財にとって強い国内市場
支配的調整モデル	競争市場と公式の契約	企業間ネットワークと連合	多国籍企業におけるヒエラルキー	現地の官民連携内での互酬
コーポレートガバナンス	アウトサイダー支配，少数株主	インサイダー支配，集中所有	多国籍企業による支配	家族，国内所有者，国家によるインサイダー支配
投資金融	国内・国際資本市場	国内銀行貸し付け，国内ファンド	外国直接投資，外国所有銀行	国内ファンドと国有銀行，特定の外国金融
労使関係	プルーラリスト，市場ベース，集団協定はわずか	コーポラティスト，合意的・国民的・部門的協定	熟練労働者の妥協，会社ベースの協定	非公式，細分化された低コスト労働者
教育・訓練	移転可能なスキルをもった昇進	洗練された，特殊な教育	基礎教育の提供以外なし	基礎教育＋専門スキル
イノベーション	市場と公式契約	会社間協力とビジネス連合	多国籍企業内移転	リバースエンジニアリングと創造的適合
国際統合	リベラルな国際市場にリンク，金融市場を介した拡張	高度の国際的な生産・貿易への統合，金融市場は限られている	完全なグローバル財市場指向	選択的統合，グローバル資本市場に対して慎重

（出所）Nölke et al., 2020：195.

制度に基づいて比較される（図表序－5）。その際，基盤となる制度には相互補完性が作用しており，その強度が重視される。グローバル市場に依拠して国家浸透モデルが出現し，発展したにもかかわらず，グローバル市場で影響力を強めるSMEモデルは既存の国際的な制度（グローバル・スタンダード）との両立性に問題をはらんでいる。

さらに，制度面から国家資本主義を考察したものとして，Wright et al.(2021）がある。国家資本主義の規定要因は，政府の脅威（government threat: 国家が介入手段を用いる方法），国有（state ownership: 国家の介入度），国家主義（statism: 国家がビジネスとの経済取引に介入する能力）の３つから

図表序－6

型	介入国家	介入・企業家・福祉国家	介入・企業家国家	介入・福祉国家	市場指向国家	福祉国家	企業家国家	企業家・福祉国家
政府脅威	中以上	中以上	中以上	中以上	中以上	中以上	中以上	中以上
国家所有	低／中	高	高	低／中	低／中	低／中	高	高
国家主義	低／中	高	低／中	高	低／中	高	低／中	高
国名	ブルガリア インド イタリア 韓国 トルコ ウクライナ インドネシア等	ギリシャ	ブラジル 中国 ハンガリー ロシア カザフスタン 南アフリカ タイ等	クロアチア チェコ スロベニア	オーストラリア カナダ エストニア イギリス アメリカ 台湾 スイス等	オーストリア ベルギー フランス ドイツ 日本 オランダ スウェーデン等	アイスランド マレーシア アラブ首長国連邦 シンガポール カタール	

（出所）Wright et al., 2021：7.

なり，その基準から国家資本主義多様性を論ずる（図表序－6)。少なくともすべての国が何らかの国家資本主義性を帯びており，その点では資本主義のひとつのタイプと限定する Nölke et al. (2020) とは異なる。3つのうち政府の脅威はすべての経済システムに共通するが，所有権とビジネスへの介入度がそれぞれの型の決め手になることで，市場指向性の強いいわゆるリベラルな資本主義型から介入を基盤とする企業家・福祉国家まで8つに分類される。

第3節　国家主導性を測定する

小さな政府の存在が自由市場経済の基礎にある以上，伝統的に資本主義経済における国家への接近はその大きさに光を当て，それを手掛かりに国家機能を分析してきた（宮本, 1981)。GDP に占める国家財政支出規模は典型的な指標であり，概して言えば先進諸国が小さな政府で，途上国・移行経済が大きな政府と分類することはできない。同じ先進諸国でも財政支出先が国家機能を鮮明に特徴づけており，軍事国家，企業（産業）国家，福祉国家はそれを象徴する。しかも，市場経済の発展は国家の拡大と無縁ではなかった。

資本主義における国家は市場の存在を前提にする。資本主義経済の発展は，それに伴い市場の基盤となる制度設計を促す。経済発展はより複雑な制度設計を要求する。また，市場の失敗は政府による市場への介入を促し，ここでも介入領域を拡張する。その際政治の意思，経済政策はいかなる場合でも介入を正統化し，浸透領域を広げる。とりわけ，経済危機に際して介入は当然視される。長きにわたる資本主義の発展史は，国家介入領域の拡張史とでも言えるだろう[4]。

市場は基盤となるインフラの整備なしには健全に機能しないと考えれば，その整備水準に規定される市場の質は国家の存在，国家の介入と不可分の関係にある。市場の質が低下すればそれを回復するために国家介入が必要とされるのであり，市場の質そのものは動態的に変化する。市場の質とは効率性と公平性から価格，資源配分，競争および取引において健全な市場を指し，それは市場における調整機能を有する制度，インフラストラクチャに依拠する。市場のインフラは「市場が機能する社会構造のネットワークの総体であり」（Yano, 2010：174），大きくは二層の制度体系により把握される。第1次インフラはルール，法，政策であり，公平なルール下での競争が市場の質を規定する。第2次インフラはそうしたルールに実効性を付与する諸条件の整備に相当し，法遵守意識，市場に参加する経済主体としての成熟度，意識を規定する文化や下位文化，さらに組織・制度・ガバナンス，慣習・伝統もまたそれに加わる（Yano, 2009：11-13）。二層の制度体系は法に代表的であるが，いずれも国家のあり方ときわめて緊密に関連しており，国家による市場の制度基盤の設計能力が市場の質を規定する。

市場の質は動的に変化する。市場の質は適切にコーディネートされた市場インフラの存在を前提にするが，それはまたイノベーションにも不可分の存在である。同時に，イノベーションそれ自体によってコーディネーションが崩れる場合には，イノベーションが市場の質そのものを劣化させ，経済危機を引き起こす。イノベーションは情報の非対称性，市場インフラにおける調整・ガバナンスの失敗（市場の失敗）により市場の質低下を引き起こすために，それに対応した市場インフラの再編が不可欠となる（Yano, 2009; 2010）。つまり，市場の質は市場インフラそのものに規定されるとともに，イノベーションの結果生じたインフラにおける調整力の喪失や情報の非対称性といった社会変容にもまた規定される。そうであれば，産業革命，イノベーションに伴い市場環境が変化し，人びとの行動制約が変化すると，それに対応して市場インフラの変容が求められる。エネルギー革命，情報化，デジタル化のような質的な生産力の変動が生ずると，市場インフラの範囲は広がり，このことは国家の役割そのものの拡張を示唆している[5]。

政治的民主主義の発展はその原理を経済の側面に浸透させることで，政府の役割は拡大，肥大化する。リヴァイアサンには自ら拡大する性向がある。リヴァイアサンに働くプレーヤーすなわち，統治者，政治家，経済エリート，官僚は自らの力の拡大に関心を持ち（Acemoglu and Robinson, 2019），その受益者は温情主義を期待し行動する（Kornai, 1980）。理論的前提とは真逆であるが，自由市場経済であろうと，調整市場経済であろうと資本主義経済における国家は大きくかつ強力になり，それはイノベーションを経てさらに増幅されている。デジタル化もまた市場の力だけでなく，国家の力を最大限大きくする潜在力を有する。国家主導性に着目するのであれば，Wright et al.（2021）のすべての資本主義の型にそれが制度化される。

それでは，多様な国家主導資本主義における国家主導性はどのように国家のかたち・機能・質によって測定するのであろうか。ここでは，国家主導性を測定する３つの経済的基準（大きさ，強さ，深さ）を考えてみよう（図表序－7）。

第１に，国家は大きい。大きさは，経済における国家の比重の大きさを指し，一方で国家財政規模，国家公務員規模で，他方で国家の経済活動にあたる公的所有の大きさ，国家（関連）企業規模で測られる。第２に，国家は強い。強さは国家の社会に対する浸透強度を意味し，国家介入の頻度と強度，法制度・規制の強さ，介入のエンフォースメント，信頼性の強さがその度合いを示している。第３に，国家介入は深く，社会経済の深部に届く。この指標には，国家介入の浸透度・浸透領域の大きさに示される。国家は，公共性の強い，教育，医療・保健，労働，産業政策だけでなく，危機下の企業・国民からの期待により介入領域を拡大し，経済主体としての役割だけでなく，公正性を達成す

図表序－7　国家主導性の基準

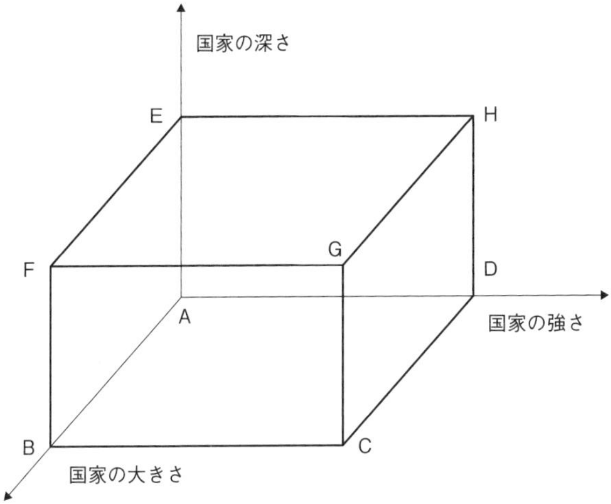

（出所）著者。

るために国家の再分配の役割を高める。国家とビジネスの相関関係もこれに含まれる。必ずしも一致しないが，Wright et al.（2021）による国家資本主義多様性の概念化における3つの規定要因に従えば，大きさは国家所有，強さは政府の脅威，深さは国家主義と重なるところが大きい。

伝統的に経済学では，図表序－7のA－B軸で国家の大きさを主に考察してきたが，A－D軸およびA－E軸においても独自に検討されてきた[6]。本書における国家主導性は，3つの軸の重なりすなわち，A－Gにおいて国家をとらえることを志向している。歴史的にも3つの軸に沿った変化が存する以上，型の違いは別として，資本主義経済は国家介入を是としないAではなく，Gに向かった動きのなかにあると考えられよう。

Gに向かった国家の動きが，市場，市民社会の存在を弱化・縮小させるわけではない。市場の高質化に見られるように，あるいは社会の安定化に必要となる社会関係資本の充実に見られるように，国家，市場，市民社会は相互に強める方向にも作用する[7]。国家主導性は市場経済の抑圧者になるわけではない。

感染症，地球環境問題，格差など壮大な課題解決を求めるミッション志向（mission-oriented）資本主義経済において国家主導性は「市場を修正するだけでなく，市場を共創し，形づくること」（Mazzucato, 2021：165）を土台とする。この視点から，マッツカート（Mazzucato, 2021）は伝統的な小さな政府観を神話と見なし，国家こそが価値を生み出す企業家となり，そのリスクテイクに相応しいリターンを分配することで課題解決に立ち向かうことを強調する。かの女は，企業・政府・市民社会が一体となった価値創造，市場創造という積極的な政府の役割，目的を達成するため創造性をはぐくむ政府の組織改革，社会的目標のための資金調達，分配とインクルーシブな成長，官民協調とステークホルダーの価値，参加と共創を，経済システムの柱として提起する（Mazzucato, 2021：165–168）。言うまでもなく，市民社会が市場と国家主導性を取り持つ。そうである以上，本書の主要な研究対象となる，中国やロシアといった専制，権威主義，政治の経済介入に彩られる国家主導資本主義国では，市民社会，多様なステークホルダーの存在自体が国家の影響を受けている，あるいは特定のエリート集団の意思から自由ではないため，国家主導性が企業家として創造性を生み出すことに結び付けられず，ミッション志向に向けるほどの力を持ち得ていないことになろう。

第4節　ロシアの国家を測る

国家主導資本主義経済では，その専制的な政治体制から，国家主導性の３つの基準はいずれも相対的に高いように見える。民主化（多党制），市場経済化，開放化を一挙に進める体制転換を経験した移行経済の代表として，また新興市場経済の代表として，ロシアを材料に３つの基準の大きさを測定しよう。

第１の国家の大きさは，プーチン体制の外見とは違い，ロシアにおいて異常肥大化しているわけではない。GDP に占める財政（歳出）規模も人口当たりの公務員規模も相対的には先進国の平均水準に近似している。図表序－8 は政府歳出規模と政府債務規模を対 GDP 比で指し示しているが，ロシア（だけでなく中国，インド）は先進国，とりわけリベラル型の代表であるアメリカ，シンガポールと比較しても，決して大きくない。旧ソ連圏の動態は，図表序－9 に示しているが，全体として安定的に推移しており，かつロシアとそれほど変

図表序－8　政府総歳出規模と政府総債務規模（2019年，対GDP比：%）

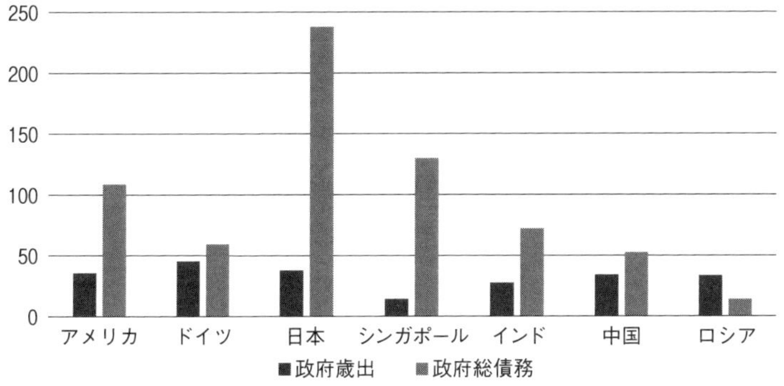

（出所）IMF, Database, https://www.imf.org/en/Publications/WEO/weo-database/2020/October, 2020年10月10日アクセス。

図表序－9　旧ソ連諸国における国家財政規模の変動（対GDP比）

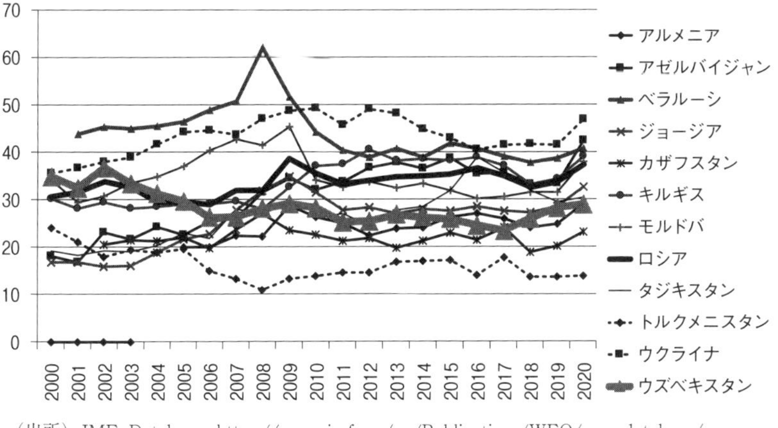

（出所）IMF Database, https://www.imf.org/en/Publications/WEO/weo-database/2020/October, 2020年10月10日アクセス。

わらないかそれよりも小さな政府すら多い。

それにもかかわらず国家は大きい。公的セクターでの就業比率は（図表序－10），OECD平均では20%程度，東欧諸国では25%程度である以上，時間の経過とともに低下している（私有化している）とはいえ，相対的に国家部門が社会経済に占める位置は大きい。GDPに占める公的セクターの比重もまた

図表序－10　就業者の所有別構成（全就業者に対する比率：%）

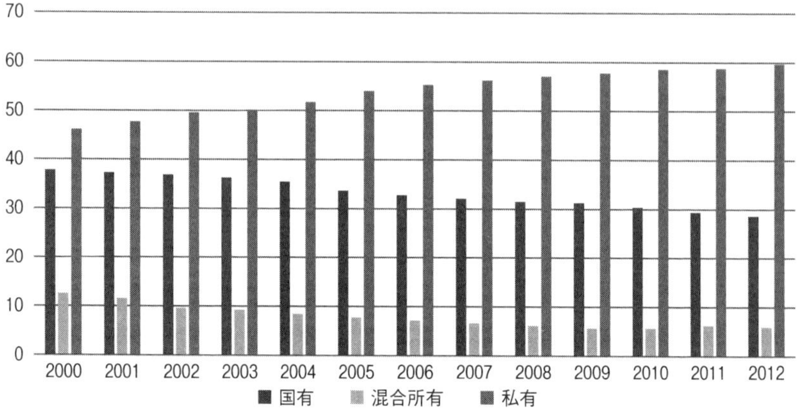

（出所）Federal'naya sluzhba gosudarstvennoy statistiki（Rosstat）https://rosstat.gov.ru, 2021年2月25日アクセス。

大きさを如実に表す。2000年代以降確実に私的セクターは縮小し，国家セクターが増加しているが，国家が占める地位は多様に評価される。例えば，IMF（国際通貨基金）は国家の規模を2016年対GDP比33%とし，それは競争を害しており，公式の雇用の50%ほどを占める（Bella, Dynnikova and Slavov, 2019）。これに対し，ロシア反独占庁によると，国家セクターの比重はそれよりも高く，かつ同様に競争に負に作用しており，2005年から2016年にGDP比で35%から70%に上昇し，とくに輸送，エネルギー，資源採掘といった戦略産業において大きい（Federal'naya Antimonopol'naya Sluzhba, 2020：14）。図表序－11は，国有部門の対GDP構成を示しているが，2000年代を通して国家管理部門が漸増しているが，もっとも大きい比重は国家参加企業の大きさであろう。少なくとも，国家は管制高地というべきスタンスに立ち，経済に占める規模は大きいと考えられる[8]。

それでは，国家は強いのだろうか。概して言えば，国家（多様なレベルでの政府および国家関係組織）の介入頻度・強度は高く，法制度の整備にもそのことが明確に表れる。ロシアにおける国家の経済介入は常態化しており，かつ多くの介入行為は法制化される。とりわけ安全保障領域はその強度を十分に示唆しており，2014年の西側の経済制裁に対し，多種多様な産業政策が法制度化

図表序－11　国有部門の構成（対 GDP 比：%）

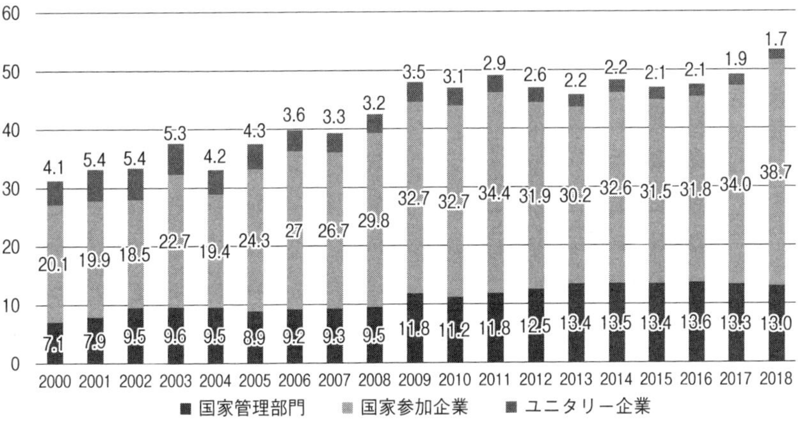

（出所）RANKhiGS, Institut prikladnykh ekonomicheskikh issledovaniy, Indeksy gosudarstvennoy sobstvennosti IPEI RANKhiGS 2000–2018 gg. https://ipei.ranepa.ru/ru/kgu/indeksy, 2020年9月15日アクセス。

された。それにもかかわらず，強さは制限される。ロシアにおける法制度のエンフォースメント（実効性）は弱く，法の侵害が生ずる。違法な企業乗っ取りと保証されない所有権を意味するレイドの存在[9]，非公式の人間関係のネットワークによる意思決定，世界的にみて深刻なレベルの汚職の存在は国家（官僚）の信頼性を失墜させるに十分な指標と言えるだろう。経済エリート，企業人の政治的介入も強度を弱める一役を果たす。かれらは政治的意思決定に接近し，制度そのものに働きかけ企業の利潤最大化に貢献する[10]。逆説的であるが，ロシアにおける国家は見た目ほどには強くない。Taylor（2018）は強い国家を目指すことで弱い国家がもたらされる逆説を主張する。

大きさと強さが明示的に国家主導資本主義を特徴づけないとすれば，深さに目を向けよう。そもそも，国家は多様なステークホルダーを構成する。国家は市場のプレーヤーのひとつであり，生産者であるとともに，消費者にもなり，国家間取引（G2G）を構成する。政府調達は，開発の制度，中小企業支援に用いられ，政府・地方自治体による発注に相当する[11]。2013年4月5日付け連邦法（44-FZ）「国家・自治体ニーズの充足のための商品，労働，サービス調達契約システム」，および国家参加会社による調達を規定した2011年7月18日連邦法（223-FZ）「法人による商品，労働，サービス調達」に基づく。2019年の契約締結額は8.2兆ルーブル（対GDP比7.5%）[12]で，建設がもっとも多く（42%），次いで商品（28%）で，それ以外に住宅サービス，研究開発などが含まれる。とくに建設では連邦構成主体・地方自治体が圧倒的に大きい比重を占める。2000万ルーブル未満の小規模な場合には競争入札が実施されるが，大規模化すれば特定の者に集中する可能性が高まる（Volkov et al., 2020）。

国家機関・企業における入札規模は拡大しているが，入札が集中する点と納入者が国家企業となるケース（政府機関間契約）が注目される。このうち，後者に関し，国家は経済活動をサポートする補助主体であるとともに，消費者であり生産者（サービス提供者）の役割を果たすのであるが，G2Gは少なく見積もっても契約全体の4分の1以上を占める（図表序－12）。さらに国家参加企業が受注者となる拡大解釈した政府調達（223-FZ版）でも，国家企業が同程度の水準を占めている（Anchishkina, 2018：13）。Anchishkina（2018）によると，2016－2017年の政府調達の契約額で67%が民間セクター，11%が国家セクター，22%が拡張した国家セクター（国家参加企業）となり，民間は相対的に小規模で，大規模なものは国家に傾きやすく，また条件の厳しい公共発注では，54%が随意契約，競争者のない国家企業が納入者になる事例にあたる（Anchishkina, 2018：7-20）[13]。大規模な受注，宇宙・国防・科学研究において国家企業が重要な位置を占める。受注を部門別に見れば（図表序－13），輸送，金融・保険，水道などの公益事業部門，情報・通信，電力，科学技術などで大きく，いずれも公共性が相対的に強い。ただし，地域，自治体レベルでの発注規模は地域間で大きく異なる[14]。政府調達は国家による民間企業へのコントロールの経路であるだけではなく，取引を通した国家－国家（企業）部門の関

図表序－12　政府調達における国家企業の受注

	2012	2013	2014	2015	2016	2017	2018	2019
44-FZによる契約締結総額（兆ルーブル）	5.9	6.3	6.0	5.5	5.4	6.3	6.9	8.2
総額に占める国家企業が納入者の割合（%）	—	—	—	23	28	23	25	25

（出所）Radchenko et al., 2016：9；2020：18.

図表序－13　国家による買い付け

	国家企業からの買い付け比重（最小見積もり分，％）					契約締結総額（10億ルーブル）				
	2015	2016	2017	2018	2019	2015	2016	2017	2018	2019
水道，ごみ処理・リサイクル	55	64	65	63	56	53	76	108	104	113
採鉱	21	5.9	13	34	11	22	28	55	67	30
製造業	13	11	13	16	15	1318	1388	1599	1804	2189
建設業	15	17	14	13	15	2160	1779	2410	2789	3652
行政サービス	31	24	28	20	18	154	145	196	213	263
保健・社会サービス	52	47	47	51	57	75	70	71	76	84
情報通信サービス	38	45	40	45	55	185	216	246	310	393
ホテル・飲食サービス	21	21	11	24	12	93	61	118	80	130
輸送・倉庫サービス	45	53	61	42	61	195	177	167	352	189
金融・保険サービス	66	69	70	77	77	201	195	264	212	121
科学技術関連	50	77	58	65	56	360	571	313	376	378
不動産関係	12	10	12	11	8	182	179	158	160	190
電力・ガス・空気調節	36	33	28	33	42	309	380	635	577	481
その他	28	25	22	30	29	200	174	180	167	175
合計	23	28	23	25	-	5508	5438	6522	7286	8388

（出所）Radchenko et al., 2020：19.

係（国家のための国家）をも作り出している。

国家による資源再分配が企業を支えるだけではなく，社会の安定性にも寄与しており，ロシアの集権的な体制はこの安定性を抜きに存在しえない。伝統的に，種々の社会的給付，物的特典が住民に提供されたが，2019年時点で貨幣所得の19％を社会的給付が占める。市場移行後，国家社会扶助法が1999年7月に成立するが，その後法改正を繰り返す。とりわけこうした国家からの社会扶助にいかに国民の関心が強いのかは，2004年8月12日連邦法（122-FZ），いわゆる特典現金化法に対する国民の反応に見いだされる。この法律は連邦と地方政府の権限区分を明確にし，住民への給付を地域・自治体の負担とし（受給者層を2006年の8層から2015年21層に拡大する），現物の特恵を貨幣による補償に取り換え，住民への社会扶助の体系化を図るものであった。結果，必ずしも生活に困窮していない層も貨幣給付受給者数に含まれ，かつ世界経済危機も手伝って，対象者は2006年の660万人から2015年2540万人に増大し，地方財政の制約から不十分な給付と格差を引き起こすことになる（Trubin et al., 2016）。新しい法は既存の受給者の反発を招き，貧困解消に成功するものではなく，高齢層偏重の給付と批判される（武田, 2019：60）。

国家による社会統合は，財政的裏づけに基づく。石油・天然ガス歳入に重きを置く財政こそが，この統合コストを負担する[15]。図表序－14は統合財政の主要歳出項目であり，義務的支出項目である社会関係支出，とりわけ社会政策関連支出が2000年代初期に比して世界経済危機以降に急増し，それが安定的に推移していることが明らかになる。注目すべきは，国防，安全保障といった義

図表序－14　統合財政の歳出構成（対GDP比，%）

	2002	2003	2004	2005	2006	2007	2008	2009	2010	2011
合計	31.6	29.7	27.8	27.5	31.1	34.2	34.3	41.4	38.0	33.3
国防	2.7	2.7	2.6	2.7	2.6	2.6	2.5	3.0	2.8	2.5
法・安全保障	2.2	2.3	2.3	2.7	2.7	2.6	2.6	3.2	3.0	2.5
国民経済	4.2	4.1	3.8	3.5	3.6	4.7	5.5	7.2	5.2	4.6
社会関係計	13.9	10.1	9.8	10.8	17.0	17.3	17.1	21.7	22.6	20.7
教育	3.8	3.6	3.5	3.7	3.9	4.1	4.0	4.6	4.1	3.7
保健	2.4	2.2	2.2	2.6	4.0	4.2	3.7	4.2	3.7	3.2
社会政策	5.7	2.4	2.4	2.4	8.4	8.3	8.7	12.2	13.3	10.8
国債費	2.2	1.8	1.1	1.1	0.8	0.5	0.5	0.6	0.6	0.5

	2012	2013	2014	2015	2016	2017	2018	2019	2020
合計	34.0	34.7	34.9	35.8	36.6	35.3	32.8	34.0	39.6
国防	2.7	2.9	3.1	3.8	4.4	3.1	2.7	2.7	3.0
法・安全保障	2.8	3.0	2.8	2.5	2.3	2.2	2.0	2.0	2.2
国民経済	4.8	4.5	5.7	4.5	4.5	4.7	4.2	4.7	5.6
社会関係計	21.2	21.4	20.4	21.9	22.1	22.3	21.0	20.0	23.8
教育	3.8	4.0	3.8	3.7	3.6	3.6	3.5	3.7	4.0
保健	3.4	3.2	3.2	3.4	3.6	3.1	3.2	3.4	4.6
社会政策	11.4	12.0	11.1	12.6	12.7	13.1	11.9	11.8	14.1
国債費	0.6	0.6	0.7	0.8	0.9	0.9	0.9	0.8	0.8

（出所）Federal'naya sluzhba gosudarstvennoy statistiki (Rosstat)
https://rosstat.gov.ru, 2022年3月3日アクセス。

務的支出はとくに2016年以降比率を低下させていることである。社会における国家の浸透（リターンの再分配）は国防以上に優先されたが，予算制約から自由というわけではない。

社会の安定性への義務的負担の効果もまた問題になる。貧困や格差が解決すべきミッションであるとすれば，貧困・格差是正への効果が政策の有効性を指し示す[16]。ミクロ家計調査と財政政策ルールをロシアにおける税の効果を計量するために，ロシア長期モニタリングサーベイ（RLMS-HSE）および，財政帰着分析のためのミクロシミュレーションモデルRUSMODを用いた研究（Matytsin et al. 2019; World Bank Group 2016）は2017年の再分配効果を明らかにしている（図表序－15）[17]。何よりも直接税，年金の貧困削減効果は最も大きく，年金が所得から控除されれば貧困率は倍増する。社会保険料もまた貧困削減に貢献し，次いで社会扶助が年金よりも小さいとはいえ有効に働く。ジニ係数の変化においてもまた，年金の有効性がもっとも大きく，次いで社会扶助，間接税となり，社会保険料は逆に格差を広げる。World Bank Group（2016）も同じ結果を導くが，現物給付による移転効果，格差是正効果を示す。こうして，年金世帯（高齢者層）こそが税による再分配の最大の受益者となり，他の家計タイプは負担者になる（Matytsin et al., 2019：9-10）。ただし，所得階層で見ると最下層は年金を主要所得源にしており，国際比較ではこの再分配効果は直接税再分配効果の大きいEU諸国に比して小さい。ロシアではフラットな所得税であるために税制の格差・貧困是正効果は薄くとも，年金・現物支給による所得移転が効果を持つことは確認されよう。

図表序－15　税・受益の所得再分配効果（2017年）

	原所得換算	可処分所得	可処分所得－年金	可処分所得＋社会保険料	可処分所得－ミーンズテストなき社会扶助	消費所得	可処分所得効果（%）
ジニ係数	0.496	0.348	0.476	0.352	0.356	0.355	29.8
貧困率（%）	34.0	14.7	39.3	11.0	16.8	21.1	56.8

（注）可処分所得は原所得－直接税（直接受益）で間接税（補助金）賦課されていない。消費所得は可処分所得マイナス間接税（間接受益）
（出所）Matytsin et al., 2019：9-10.

国家が影響する経済セクターが雇用による賃金の形で国民に浸透しているが，それとともに再分配の経路でも影響する。有効な社会政策が包摂する国民階層は限定的であり，年金受給年齢の引き上げ（男性60歳，女性55歳を各々65歳，60歳に）が講じられている以上，義務的負担の効果は過大に評価すべきではない。それにもかかわらず，誰もが年金生活者になることを考えれば，かつ誰もが現物支給へのアクセスの可能性を有する以上，国家の社会・家計への浸透は無視できない。

以上の国家浸透領域は，危機のたびにそれを深めていく。ロシアでは体制転換後，雇用維持のための諸施策がとられ，1998年経済危機時には非常事態宣言を含め経済生活への全面的介入がなされ，2008－2009年世界経済危機の伝播では大規模な経済介入が実施された。さらに，クリミア併合・ウクライナ問題に伴うロシアへの経済制裁に対し，輸入代替化のための産業政策が講じられ，そして新型コロナ感染症では国民生活・経済・産業・医療と広範囲に介入している。浸透域は資本主義化が進めば進むほど，危機に直面すればするほど深くなっている。

大きさと強さに不十分さを有しているが，ロシアは国家主導資本主義として位置づけるに十分な介入度合いを示している。図表序－7で言えば，ロシアはE－Gの中間点の近傍あたりに位置していることになる。権威主義体制が自らを強化する過程はロシアよりも中国においてより明確に見ることができよう。中国に，共産党の排他的政治権力を承認するのと引き換えに国民の生活水準の持続的改善を約束する暗黙の妥協が存在する，中央のコントロールのもとで意思決定やイニシアチブを分権化し，政治的目的と経済的動態を両立させる配慮を地方コーポラティズムに委譲する，グローバル・バリューチェーンの導入により最先端技術が獲得されるといった点による国家主導性は明らかになる（ボワイエ, 2021：171）。

国家主導性が常態化し，それが大きく，強く，深く，国家主導資本主義と呼ぶにふさわしい経済システムが主に新興経済圏に見出すことができる。ただし，ここでも市場と国家は必ずしも相反する関係にあるわけではない。国家と市場が相互に相容れないわけではなく，両者は相互に結び付く。市場はその後見人としての国家の存在を求め，国家は経済発展の主要ツール，グローバル化の経路として市場を求める。それゆえに，国家主導性の高まりは先進資本主義経済にも観察することができる（ボワイエ, 2021）。

もっとも，国家主導性は，国家の質の高さを意味するわけではない。国家の質が，Acemoglu and Robinson（2019）が指摘する規範や慣習，制度を利用できる力（社会の能力）と国家の能力の両方で測定されるとすれば，民主主義が制度化された先進資本主義経済では概して国家の質が高く，社会の能力が弱い国家主導資本主義経済では国家の質は劣ると言えよう[18]。

次の指標はそうした質の差を明解に指し示している。何よりも，世界銀行のWorldwide Governance Indicators（WGI）は200カ国以上を対象にして声と説明責任，政治的安定性と暴力の欠如，政府の効率性，規制の質，法の支配，汚職コントロールの6項目について調査されており（https://info.worldbank.org/governance/wgi/, 2021年3月5日アクセス），先進国に比してロシア，中国は低位を示している。すべての項目で低位であるが，とくに法の支配，説明責任，汚職コントロールは目立って低いまま推移している（図表序－16，図表序－17）。

図表序－16　ロシアにおける国家の質

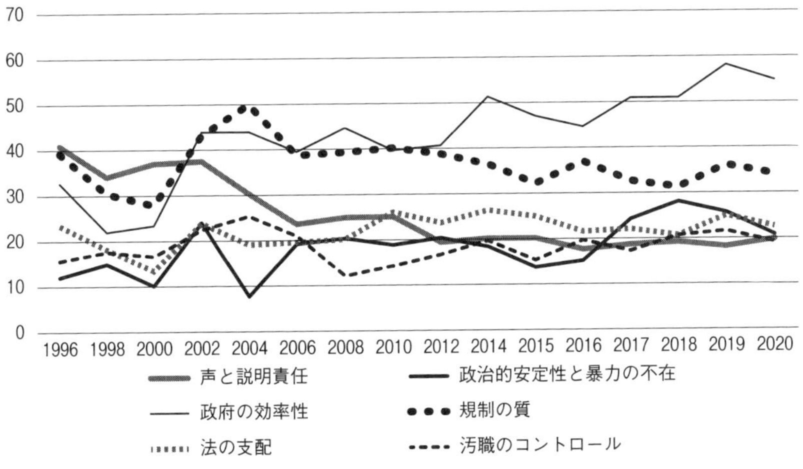

（注）調査対象全体の中での100分位ランク（0が最低位，100が最高位）。
（出所）World Bank, Worldwide Governance Indicators（WGI）1996-2020. https://info.worldbank.org/governance/wgi, 2021年12月10日アクセス。

図表序－17　中国における国家の質

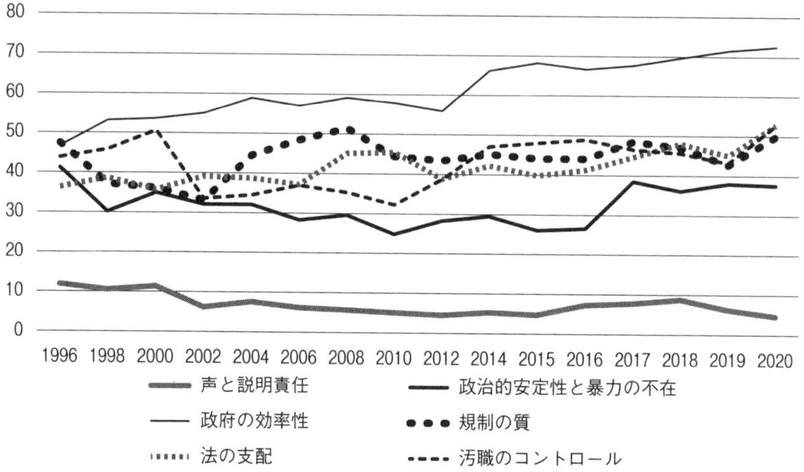

（注）調査対象全体の中での100分位ランク（0が最低位，100が最高位）。
（出所）World Bank, Worldwide Governance Indicators（WGI）1996-2020. https://info.worldbank.org/governance/wgi, 2021年12月10日アクセス。

第2に，ヨーテボリ大学（スウェーデン）のQOG（政府の質）研究所は，多様な指標を駆使して得られるQOGを信頼のおける公平かつ汚職のない，能力のある国家制度を測定する基準と見なし，QOGが含む指標はいわゆる国家主導経済において低位にある。例えば国家の脆さを示すFragile States Index（The Failed States Index）[19]や汚職および政治的代表制で指し示す政治的正統性は，ロシア，中国を含む新興経済において開発途上国と同様に低水準を示している（https://qog01-p.gu.gu.se/shiny/users/xalvna/qog/map2, 2021年3月5日アクセス）。

国家主導資本主義は政治的には権威主義をまとい，経済的には国家主導性を深く浸透させている。その大きさ，強さだけを取り出して，国家を過大に評価することはできず，質の劣化さえ観察される。浸透領域の深さは，国家のプレーヤーの属性とともに，所得再分配による国家の社会への浸透により測定される。問題がその資金源泉にあることを強調するのであれば，国家主導資本主義の源泉は，ロシアでは石油・天然ガス収入に大きく依存しており，そして

「石油の呪いの本質は，レントが少数の支配者の手に集中していることにある」(Åslund, 2019：251)。こうして，経済学は，国家の経済構造の比較を基盤にして，国家主導性の多様性に接近することができる。

第5節　国家主導性の基盤

国家主導性は何に起因するのか。民間セクター，市場は経済の大部を占めているのだが，それらでできないことを国家が戦略的に実施するという意味では，国家主導性は市場の機能不全，あるいは期待外れの結果に起因する。しかし，そうした控えめな評価に甘んずることはできない。国家主導資本主義では，支配エリートの利害こそが原動力になる。主導性を作り出す主体的な意思が存在する。政治と経済の両方で結びついた集団が略奪のシステム (kleptocratic system) を形成し，それを維持するために国家主導性を作り出すと見ることもできる (Åslund, 2019)。この点で，政治システムは大きく異なるが，ロシアと中国には共通するシステムが存在すると見ても誇張ではないだろう。

国有を基盤とする社会主義経済システムを体験したあるいは体験している両国が国家主導性を制度化する以上，制度変化は経路依存的に生ずると言わざるを得ない。Dzarasov (2011) はロシア資本主義の源泉をソビエトシステムの衰退の中に，そして世界資本主義の影響の中に見出している。私的所有はそれゆえに国家と親和的に存在する。このことは，ロシアの市場の質そのものも国家主導で整備されることを意味する。2012年5月プーチン大統領は世界銀行のビジネス環境 (Doing Business) ランキングの引上げを大統領令で指示し，ロシア市場はまさに政府主導で整備された。図表序－18はその変化を示しており，日本が漸次順位を落としていることと対照的に，ロシアは著しく改善し，日本を上回るか変わらない水準，OECD諸国の中庸水準にまで上昇していることが読み取れる。経済主体の繰り返しゲームが制度化するのではなく，国家が主導して制度が形成され，作用している。

それにもかかわらず，ロシア市場の制度はなぜそれほどに脆いのであろう

図表序－18　Doing Business ランキング（日本，ロシア）

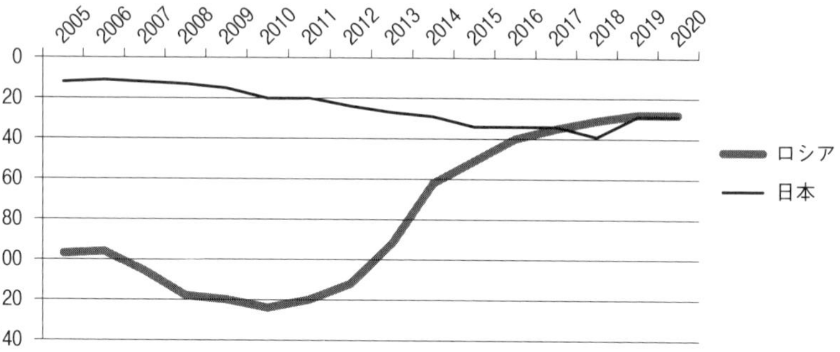

（注）サンプル総数は毎年異なり，年度は調査年。起業，建設許可，電力調達，資産登記，信用調達，小投資家保護，納税，貿易，契約履行，破産処理の 10 項目を総体として見た指標での順位。2003－2004 年に当該順位はない。2005－2010 年と 2011－2019 年では指標内容が異なり，前者の雇用指標が後者で電力調達になっている。
（出所）The World Bank (https://www.doingbusiness.org, 2021 年 9 月 25 日アクセス。

か。なぜ国家の意思決定に人びとは反応するのであろうか。図表序－14，図表序－15 が語る通り，国家による国民の買収，「暗黙の契約」をあげることは可能であろう。しかし，この契約もまた過大に評価するわけにはいかない。ヨーロッパ福祉国家に比してその「買収規模」は余りに惨めだからである。逆説的であるが，国家主導性の基盤には，低位であっても国家の再分配政策に満足する国民の価値観が存していると言わざるを得ないし，そもそも国民の価値観は体制転換の 30 年ほどを経てもドラスチックな変化を引き起こしてはいない。

図表序－19，図表序－20 は世界価値観指標（World Values Survey）に基づき価値観のおよそ 20 年間の変化を指し示している。リベラルな価値観に傾斜したアメリカの対極に位置するのが著しく国家依存度が高いロシアにあたる。興味深いことに EU 加盟を果たしたポーランドはロシアに近接している。また，日本は国有への指向性は小さいにもかかわらず，明確に国家の責任を重視している。各国は独自の立ち位置にある。同時に，ドイツでもアメリカでも私的所有離れ，個人責任離れが見いだされ，国家責任への傾斜が観察され，ロシアに関して言えば国家への責任傾斜はかえって強くなるか概して安定している。つまり，2000 年代以降世界的な国家依存意識が強まる（ロシア化する）

図表序－19　価値観の変容（所有：1995年－2014年）

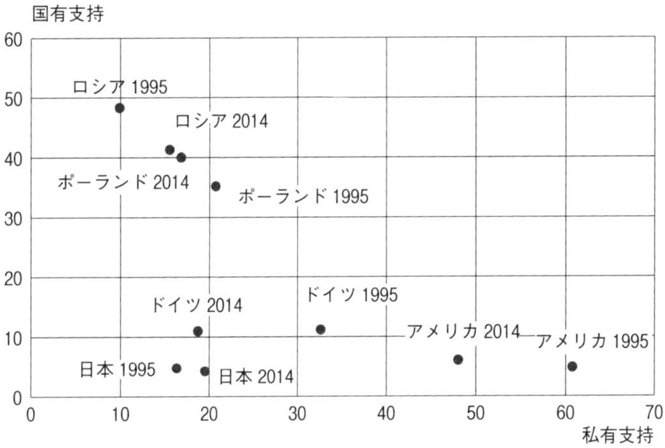

（注）横軸は私的所有が大きくなるべき，縦軸は国有が大きくなるべきと考えるものの比重（%）。1995年は1995－1998年，2014年は2010－2014年。

（出所）World Values Survey（https://www.worldvaluessurvey.org/wvs.jsp），2020年7月25日アクセス。

図表序－20　価値観の変容（責任：1995年－2014年）

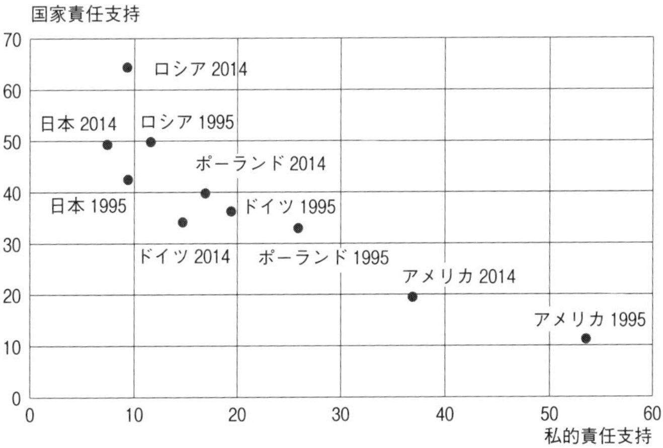

（注）横軸は個人の責任が大きい，縦軸は国の責任が大きいと考えるものの比重（%）。1995年は1995－1998年，2014年は2010－2014年。

（出所）World Values Survey（https://www.worldvaluessurvey.org/wvs.jsp），2020年7月25日アクセス。

中で，ロシアの水準は安定的に高い。この場合，民主主義が国家依存性の制約要因になるとすれば，国民は民主主義を体制リスクと判断し，権威主義の受容を有利と見なす（Rosenfeld, 2021：47-48）。国家依存は，保健，教育，公共輸送，エネルギー供給などの公共財の提供に典型的に見出されるが，それだけではなく職（雇用）の確保がとりわけ中間層にとって不可欠のベネフィットということができる。

意識，価値観は人びとの行動に影響する以上，合理的な経済主体を前提にする経済学においても国家主導性は無視するわけにはいかない。その場合，市場においてと同様に，制度が重要になる。第1に，市場インフラの形成をはじめ社会経済システムには基盤的制度が不可欠であり，それは市場の発展にとり必要条件となる[20]。新型コロナ感染症は先進国であっても基盤的制度の脆さを露呈させており，気候変動問題や感染症・災害など国際的公共財，グローバルリスクに対する国家の責任は増幅している。第2に，主導性に依拠して国家は経済に浸透し，制度形成を図る。この領域こそが自由市場，調整市場，国家主導市場を分かつ分水嶺になるが，地政学，冷戦の見方が過度に浸透領域を拡張させる。しかも，いずれの場合にも，制度の束は静態的なものではなく，動的に変化する。国家の質は市場の質同様にイノベーションに対応して変化し，信頼の構築にはより高質化することが求められる。デジタル化は市場の取引制度だけでなく，国家による集団行動のあり方にも変化をもとめる。こうして，国家主導の多様性は経済学のひとつの柱になる[21]。

国家主導性は多様に出現し，その基盤と制度特性の解明が国家主導資本主義経済研究に欠くことはできず，その際当該システム下の地域研究はそれを支えてくれる。国家主導資本主義経済が資本主義多様性をとらえるひとつのモデルに位置し，例えばロシアと中国がその典型モデルと見るならば，そして当該諸国のモデルが経済システムの独自性を明らかにするのであれば，両国の経済分析は単なる地域経済研究以上の意義を有していることになる。加藤（2016）は「曖昧な制度」を手掛かりとして，その変わりにくい制度に基づく中国の経済システムの独自性を描き出している[22]。ロシアもまた，変わりにくい制度（溝端，1996）を変わりにくい価値観が支えており，ソ連期を含め経済主体の国家依存行動が繰り返し再生産されている以上，国家主導資本主義の経済学にとり貴重な分析対象となる。

おわりに――新しい比較経済学の胎動

経済学は人間行動に焦点をあて，「市場の理論」として昇華してきたと言ってもいいだろう（Buchanan, 1979）。比較経済学もその経路のうえにあり，体制比較は市場の見方を肝にしていた。その一方で，国家・政府はその意義をより強めているが，経済学の守備範囲にはなかなか包摂しえていない。Cohen（2009）も国家本位モデルを解きながら，その研究を政治学に投げている。しかし，経済政策の有効性，経済制度の設計，国際的な取引制度のあり方など，実際に国家（政府）の利害と行動は決して無視できるものではない。民営化すればすべてが解決するわけではなかったことは旧社会主義国自身が自ら立証しており，腐敗・汚職は特定の国の専売特許ではない。それどころか，21 世紀に入り，国家・政府の役割はかえって増幅している。グローバル化・デジタル化の中で，イノベーションにおける国際競争力，経済安全保障が重視され，新冷戦と言われる世界秩序，とりわけ米中経済摩擦が政治交渉の閉ざされた場に限定されず，日常生活のあらゆる領域に影響しているからである。また，パンデミック，地球環境問題，高齢化社会などの差し迫るグローバルな問題も国家の存在を前提にしている。

米ソ対立の中で比較経済学は，資本主義対社会主義という単純な体制間競争を模索したが，1990 年代以降世界は大きく変化した。しかし，体制転換の中で，比較経済学者は経済学の万能性に酔いしれてきた。市場の経済学を用いた接近・経済政策が世界を変え，体制を変え，人びとを幸せにすると考えたのであり，それゆえに市場化の経済政策の研究には世界のすべての経済学者が参画した。地政学が異質物のように位置づける中国もロシアも，「良きにつけ悪しきにつけ政策の結果であり，…政策の多くは，よい経済学と悪い経済学の助けを借りて策定された」（Banerjee and Duflo, 2020：325）。しかし，市場の経済学は決して万能ではなかった。Banerjee and Duflo（2020：325）は，「悪い経済学は富裕層への減税を支持し，福祉予算を削らせ，政府は無能なうえに腐敗しているから何事にも介入すべきでないと主張し，貧乏人は怠け者だと断じて，現在の爆発的な不平等の拡大と怒りと無気力の蔓延を招いた。視野の狭い経済学によれば，貿易は万人にとってよいことで，あらゆる国で成長が加速するという。あとは個人のがんばりの問題であり，多少の痛みはやむを得ないらしい。世界中に広がった不平等とそれに伴う社会の分断，そして差し迫る環境危機を放置していたら，取り返しのつかない地点を越えかねないことを見落としているのである」とさえ言う。

新しい比較経済学は，よい経済学ではないかもしれないが，少なくとも研究対象から見落とされてきた領域にメスを入れようとするものであり，国家主導性こそがひとつの手掛かりとなって現実の人間行動をよりリアルに見ることにより，よい経済学に接近することが可能となる。ただやみ雲に国家を研究すればよいわけではない。それでなくとも，政治，政治家は信頼性を欠く。国家の大きさ，強さ，深さ，それを踏まえた制度の質が独自性を規定する。そのうえに，本章では明らかにしていないが，国家主導性を維持するための資源（財政）によるコスト負担のあり様もまた独自性を色濃く映し出す。中国のグローバル・バリューチェーン，ロシアのレント（Gaddy and Ickes, 2015）はそれぞれ国家主導のあり方・基盤を指し示している。それに尽きることはない。新型コロナ感染症がX線効果を発揮すれば，経済学にとって未開の領域，あるいは未開と思い込んできた領域はさらに広がる。市場，国家と並んで重視される社会もそのひとつであろう。国家主導資本主義システムの研究には，新しい比較経済学の可能性が宿っている。

［注］

1　新自由主義からの政府の見方に思い違いがあるという批判についてはMazzucato（2021）を参照。企業だけが価値を生み出しリスクを負い，政府は負わないこと，政府の目的は市場の失敗をただすこと，政府は企業のように運営すべきであること，アウトソーシング（民営化）は税金を減らしリスクを減ずること，政府は勝者を選別すべきではないこと，以上はいずれも思い込みと解される。

2　それぞれの地域には上位の国と低位の国がある。

3　比較資本主義の制度基盤として，コーポレートガバナンス，企業金融，労使関係，教育と訓練，イノベーションの移転を取り上げている。

4　Cowen（2021：63）は，歴史的に大きい政府がもたらされており，近代技術は，保健・教育分野における雇用を拡大することで，対GDP比で政府を一層大きくすると主張する。

5　例えば，独占は単なる市場における生産者の独占だけではなく，情報，知財など経済発展と技術革新に伴いその内容を大きく変化させている。1947年に制定された日本における独占禁止法（私的独占の禁止及び公正取引の確保に関する法律）が多種多様な改正を経験してきたことがそれを物語る。また，公共財と私的財の棲み分けも変化する。

6　例えば，法と経済学（矢野編，2007）はA－D軸での，資源配分・所得分配を対象とする公共経済学，産業政策，福祉国家などはA－E軸での試みと言えよう。

7　暴力をコントロールし，社会秩序を達成するうえでNorth et al.（2009）はアクセス制限型秩序と，アクセス開放型秩序を区分し，非属人的制度に立脚する後者では国家は市民社会の発展を支える。前者は経済組織，政治組織，暴力能力で脆弱，基礎的・権威的，基礎的・競争互酬的，成熟と言った型に分類される。

8　この傾向は，国進民退か民進国退かで論争される中国においても観察され，管制高地を明らかにする中屋（2019）を参照されたい。

9　レイドそれ自体が国家機関を包摂している（Rochlitz, 2014）。

10　中国では公式の政治機関のメンバーになった企業家は銀行からのローンを優先的に受け取り，ロシアではビジネスからの政治家が自己利益のために政治的地位を使って行政府にアクセスする（Szakonyi, 2020：8-9）。

11　2017年12月21日大統領令「競争発展に関する国家政策の基本方向」は競争の維持・発展を規定している。しかし，2018年に5％の納入者が82.84％の契約を獲得している。また，44-FZの枠組みで実施された入札で無競争のケースは50％を超える（Volkov et al., 2020：4）。

12　政府調達市場の規模は国によって異なるが，GDPの10－15％と言われるので，ロシアが必ずしも大きいわけではない。政府調達市場には国内産品優遇政策，安全保障，特定産業保護などの国家の意思が働いており，自由貿易体制の制約要因になりうる（経済産業省通商政策局，2021）。

13　主要な国家からの受注企業として，宇宙，軍需工業，，研究開発といった戦略部門，公共的性格を帯びた部門，保安，修理建設，道路関連，医薬品などの部門がある（Anchishkina, 2018: 21）。

14　2019年にマリ共和国，クルガン州，オレンブルグ州で高く50％近い比重を国家が占めるが，10％を下回るのはイングーシ共和国，カラチャエヴァ・チェルケス共和国は3％と無視しうる水準にある（Radchenko et al., 2020：20-21）。

15　レントのサービスへの移転に注目したものとして，Connolly（2018）；Miller（2018）がある。

16　日本における所得再分配効果は2000年代に20％から30％超に上昇している（厚生労働省，所得再分配調査，https://www.mhlw.go.jp/toukei/list/dl/96-1/h29hou.pdf）。

17　ロシアの公的統計にもかかわらず所得の過少申告や未申告，非公式部門の存在などのために正確さを欠く。またモデルにすべての措置が盛り込まれるわけではない。現物措置は格差是正に有効であっても，追跡の困難さのために考量されていない（Matytsin et al. 2019: 8-9）。

18　Acemoglu and Robinson（2019）は中国を専横のリヴァイアサン，アメリカ，イギリスを足かせのリヴァイアサンと呼ぶ。

19　人口問題，難民，経済格差など，12項目の政治，経済，社会指標から測られている。

20　リベラルな体制であっても国家は重要な役回りを果たしている（Caldwell, 2020）。

21　「国家がとる形態の多様性とそのたえざる変容ということは，独立した国家が数的にさまざまであることと同様に，すでに提案されている仮説にもとづけば理解しうるものである。関連しあう行動の諸結果は，…『物質分明』の変化，…なかんずくテクノロジィ…における変化に応じて異なるのである」（デューイ，2014：59）。

22　中国における国有編成からBanerjee and Dufloは「これが資本主義だと言うなら，中国型資本主義（Chinese colors）とでも言うほかあるまい」（2020：185）と見る。

［引用文献］

（英語）

Acemoglu, D. and Robinson, J. A. (2019) *The Narrow Corridor: States, Societies, and the Fate of Liberty*. Penguin Books.（ダロン・アセモグル，ジェイムズ・A・ロビンソン『自由の命運』上下，櫻井祐子訳，早川書房，2020 年）。

Åslund, A. (2019) *Russia's Crony Capitalism: The Path from Market Economy to Kleptocracy*, Yale University Press.

Banerjee, A. V. and Duflo, E. (2020) *Good Economics for Hard Times*, Penguin Random House UK.（アビジット・V・バナジー，エステル・デュフロ『絶望を希望に変える経済学』村井章子訳，日本経済出版社，2020 年）。

Bella, G.D., Dynnikova, O. and Slavov, S. (2019) The Russian state's size and its footprint: Have they increased?. *IMF Working Paper*, WP/19/53, March 2 2019, pp.1–28.

Bremmer, I. (2010) *The End of the Free Market: Who Wins the War Between States and Corporations?*. Portfolio/Penguin.（イアン・ブレマー『自由市場の終焉—国家資本主義とどう闘うか』有賀裕子訳，日本経済新聞出版社，2011 年）。

Buchanan, J. M. (1979) *What Should Economists Do?*. Indianapolis, Liberty Fund.

Caldwell, B. (2020) The road to serfdom after 75 years. *Journal of Economic Literature*, 58 (3), pp. 720–748.

Cohen, S. I. (2009) *Economic Systems Analysis and Policies: Explaining Global Differences, Transitions and Developments*. Palgrave-macmillan.（スレイマン・コーヘン『国際比較の経済学—グローバル経済の構造と多様性』溝端佐登史他訳，NTT 出版，2012 年）。

Connolly, R. (2018) *Russia's Response to Sanctions: How Western Economic Statecraft is Reshaping Political Economy in Russia*, Cambridge: Cambridge University Press.

Cowen, Tyler (2021) Does technology drive the growth of government?. In Joshua Hall and Bryan Khoo eds., *Essays on Government Growth*. Springer, Switzerland.

Djankov, S. (2015) Russia's economy under Putin: From crony capitalism to state capitalism, Peterson Institute for International Economics. *Policy Brief*, September 2015.

Dzarasov, R. (2011) Werewolves of Stalinism: Russia's capitalists and their system. *Debatte: Journal of Contemporary Central and Easter Europe*, Vol.19, No.1–2, pp.471–497.

Gregory, P. and Stuart, R. (1999) *Comparative Economic Systems*. 6th Edition. Houghton Mifflin Company.

Gaddy, C. G. and Ickes, B. W. (2015) Putin's rent management system and the future of addiction in Russia. In Oxenstierna, S. ed. *The Challenge for Russia's Politicized Economic System*. Routledge.

Hu, H. W. Cui, L. and Aulakh, P. S. (2019) State capitalism and performance persistence of business group-affiliated firms: A comparative study of China and India. *Journal of International Business Studies*, 50(2), pp.193–222.

Kornai, J. (1980) *Economics of Shortage*. North-Holland Pub. Co.

Lane, D. (2007) Post-state socialism: a diversity of capitalisms?. Lane, David and Myant, Martin eds., *Varieties of Capitalism in Post-Communist Countries*. Palgrave-macmillan.

Matytsin, M., Popova, D. and Freije, S. (2019) RUSMOD: A Tool for Distributional Analysis in the Russian Federation. *Policy Research Working Paper* 8994, World Bank Group Poverty and Equity Global Practice, September 2019.

Mazzucato, M. (2021) *Mission Economy: A Moonshot Guide to Changing Capitalism*. HarperCollins, New York.（マリアナ・マッツカート『ミッション・エコノミー』関美和・鈴木絵里子訳，

ニューズピックス，2021年）。
Milanovic, B. (2019) *Capitalism, Alone: The Future of the System That Rules the World.* The Belknap Press of Harvard University Press, Cambridge, Massachusetts, London, England.（ブランコ・ミラノヴィッチ『資本主義だけ残った―世界を制するシステムの未来』西川美樹訳，みすず書房，2021年）。
Miller, C. (2018) *Putinomics: Power and Money in Resurgent Russia.* The University of North Carolina Press.
Mizobata, S. and Hayashi, H. (2019) Market transition without an accompanying industrial revolution: A reexamination. *Annals of Corporate Governance*, Vol. 4, No. 4.
Musacchio, A., Lazzarini, S. G. and Aguilera, R. V. (2014) New varieties of state capitalism: strategic and governance implications. *Academy of Management Perspectives* 29 (1).
Nee, V. and Opper, S. (2007) On politicized capitalism. In Nee, V. & Swedberg, R. eds., *On Capitalism*. Stanford University Press, Stanford
Nee, V. and Opper, S. (2010) Political capital in a market economy. *Social Forces* 88(5), pp.2105–2132.
Nölke, A., ten Brink, T., Claar, S. and May, C. (2015) Domestic structures, foreign economic policies and global economic. order: Implications from the rise of large emerging economies. *European Journal of International Relations*, Vol.21 (3), pp. 538–567.
Nölke, A., ten Brink, T., May C. and Claar, S. (2020) *State-permeated Capitalism in Large Emerging Economies*. Routledge.
Nölke, A. and May, C. (2019) Liberal versus organized capitalism: A historical-comparative perspective. In Gerőcs T., Szanyi M. eds., *Market Liberalism and Economic Patriotism in the Capitalist World-System. International Political Economy Series.* Palgrave Macmillan, Cham, pp.21–42.
North, D. C., John, J. W., Steven, B. W. and Barry, R. W. (2009) *Violence and Social Orders: Conceptual Framework for Interpreting Recorded Human History*. Cambridge University Press.（ダグラス・ノース他『暴力と社会秩序―制度の歴史学のために』杉之原真子訳，NTT出版，2017年）。
Oxenstierna, S. ed. (2015) *The Challenge for Russia's Politicized Economic System*. Routledge.
Polanyi, K. (2001) *The Great Transformation: The Political and Economic Origins of Our Time.* Boston, Mass. : Beacon Press（カール・ポラニー『大転換―市場社会の形成と崩壊』野口建彦・栖原学訳，東洋経済新報社，2009年）。
Rochlitz, M. (2014) Corporate raiding and the role of the state in Russia. *Post-Soviet Affairs*, 30:2–3, 89–114.
Rosenfeld, B. (2021) *The Autocratic Middle Class: How State Dependency Reduces the demand for Democracy*, Princeton University Press.
Schobert, F. (2002) Seigniorage: An argument for a national currency?. *CEPS Research Report*, No.28, August 2002, pp. 1–49.
Szakonyi, D. (2020) *Politics for Profit: Business., Elections, and Policymaking in Russia.* Cambridge University Press.
Tanzi, V. (2020) *The Economics of Government: Complexity and the Practice of Public Finance.* Oxford University Press.
Taylor, B. D. (2018) *The Code of Putinism*. Oxford University Press.
Wood, G. and Wright, M. (2015) Corporations and New Statism: Trends and Research Priorities. *Academy of Management Perspectives*, 29 (2), pp.271–286.

World Bank Group (2016) The Russian economy inches forward: Will that suffice to turn the tide?. *Russian Economic Report*, No.361, November 2016.

Wright, M., Wood, G., Musacchio, A., Okhmatovskiy, I., Grosman, A. and Doh, J. P. (2021) State capitalism in international context: Varieties and variations. *Journal of World Business*, 56 (2021) 101160.

Yano, M. (2009) The foundation of market quality economics. *Japanese Economic Review*, 60 (1): 1-31.

Yano, M. (2010) The 2008 world financial crisis and market quality theory, The Earth Institute at Columbia University and the Massachusetts Institute of Technology. *Asian Economic Paper*, 9:3, pp. 172-192.

（ロシア語）

Anchishkina, O.V. (2018) Sektor G2G Goszakupok. *Analiticheskiy doklad* RANKhiGS, M.

Federal'naya Antimonopol'naya Sluzhba (2020) *Doklad o sostoyanii konkurentsii v Rossiyskoy Federatsii za 2019*, M.

Radchenko, T., Kovaleva, E., Volkov, A., Malykh, S., Gerasimova, E., Goldina, A. (2020) Gossektor v rossiyskoy ekonomike, *Byulleten' o razvitii konkurentsii, Analiticheskiy tsentr pri pravitel'stve rossiyskoy federatsii*, No. 30, iyun' 2020.

Radchenko, T., Sukhorukova, K., Parshina, E., Volkov, A. (2016) Gosudarstvennoe uchastie v rossiyskoy ekonomike. goskompaniya, zakupki, privatizatsiya. *Byulleten' o razvitii konkurentsii, Analiticheskiy tsentr pri pravitel'stve rossiyskoy federatsii*, No. 13, mart 2016.

Trubin, V., Nikolaeva, N., Gavdifattova, S., Paleeva, M. (2016) O rezul'tatakh analiza sotsial'no-ekonomicheskikh posledstviy realizatsii mer sotsial'noy podderzhki naseleniya sub"ektami Rossiyskoy Federatsii v sootvetstvii s Federal'nym zakonom ot 22 avgusta 2004g. No. 122-FZ. *Sotsial'nyy byulleten', Analiticheskiy tsentr pri pravitel'stve rossiyskoy federatsii*, No. 07, sentyabr' 2016.

Volkov, A., Malykh S., Gerasimova, E., Goldina, A. (2020) Konkurentsiya v sfere gosudarstvennykh i munitsipal'nykh zakupok. *Byulleten' o razvitii konkurentsii, Analiticheskiy tsentr pri pravitel'stve rossiyskoy federatsii*, No. 29, mart 2020.

Yakovlev, A. (2021) Kuda idet global'nyy kapitalizm?. *Mir Rossii*, No. 3, 29-50.

Yakovlev, A. A., Ershov, N.V., Uvarova, O.M. (2020) Kakim firmam gosudarstvo okazyvaet podderzhku: analiz izmeneniya prioritetov v krizisnykh. usloviyakh, *Voprosy ekonomiki*, No. 3, 47-62.

（日本語）

岩崎正洋（2021）「ポスト・グローバル化と国家」岩崎正洋編『ポスト・グローバル化と国家の変容』ナカニシヤ出版。

加藤弘之（2013）『「曖昧な制度」としての中国型資本主義』NTT 出版。

加藤弘之（2016）『中国経済学入門』名古屋大学出版会。

経済産業省通商政策局編（2021）『2021 年版不公正貿易報告書― WTO 協定及び経済連携協定・投資協定から見た主要国の貿易政策』（https://www.meti.go.jp/shingikai/sankoshin/tsusho_boeki/fukosei_boeki/report_2021/pdf/2021_00_00.pdf）

武田友加（2019）「ロシア連邦における社会福祉の諸相」仙谷学編『新世界の社会福祉 5 旧ソ連東欧』旬報社。

ジョン・デューイ（2014）『講習とその諸問題―現代政治の基礎』（阿部齊訳），筑摩書房。

中屋信彦（2019）「中国国有企業における党の領導と国家の支配：党管幹部，合同事務，定款の政治条項」『調査と資料』（名古屋大学大学院経済学研究科附属国際経済政策研究センター）第 123

号，1-56 ページ。
中山智香子（2020）「貨幣―『市場対国家』を超えて」斎藤修・古川純子編著『分水嶺にたつ市場と社会―人間・市場・国家が織りなす社会の変容』文眞堂，35-60 ページ。
ロベール・ボワイエ（2021）『パンデミックは資本主義をどう変えるか：健康・経済・自由』（山田鋭夫・平野泰朗訳）藤原書店。
溝端佐登史（1996）『ロシア経済・経営システム研究―ソ連邦・ロシア企業・産業分析』法律文化社。
溝端佐登史（2005）「制度・国家・信頼から見た体制転換論」上原一慶編『躍動する中国と回復するロシア―体制転換の実像と理論を探る』高菅出版，288-322 ページ。
宮本憲一（1981）『現代資本主義分析 4 現代資本主義と国家』岩波書店。
文部科学省 科学技術・学術政策研究所（2021）『科学技術指標 2021』調査資料 311。
矢野誠編（2007）『法と経済学―市場の質と日本経済』東京大学出版会。
マーク・ロビンソン（2022）『政府は巨大化する―小さな政府の終焉』月谷真紀訳，日本経済新聞出版（Marc Robinson, *Bigger Government: The Future of Government Expenditure in Advanced Economies*. Arolla Press, 2020）。

第Ⅰ部

国家主導システムの基本的構造

第1章

国家資本主義を再理論化する

──国家はなぜ，またどのように異なる環境で異なるタイプの経済主体として動くのか──

ジェフリー・ウッド

はじめに

1980年代と1990年代には自由市場モデルが最適かつ最も効率的な資本主義の形態であると広く考えられていたが，その後，国家統制（statism）の拡大へと向かう傾向が一般に見られる（Longstreth, 1990）。調整型に近い市場を決定づける特徴のなかには，ひとしきりの改革後も生き残り，それどころか分野によっては強化されてきたものもあるが（Thelen, 2019），国家統制への転回は多くの場合，新しいかたちや予期せぬかたちをとっている（Wood and Wright, 2015）。そもそもなぜ国家統制は復活したのか，なぜそれは様々な場所で起こっているのか，という疑問がここから生じる。これはとりわけ，国家が能動的な経済主体として積極的に動く国家資本主義に当てはまる。

おおまかにいうと，国家は安全保障，規制，社会サービス，経済の機能を担う。この4つの境界線はやや流動的である。最初の2つの機能だけが重要だと主張し，「大きな政府」をすぐに批判するひときわ熱心な新自由主義者でさえも，国家が積極的な役割を果たして民間の利益を守っているときにはたいてい沈黙している（Jessop, 2002）。これは軍産複合体の内部や，例えば規制の設計を手助けするインサイダー企業のエコシステム（新しい規制措置をつくるのを手助けするイギリスの民間コンサルタントなど）に見られるものであろう（Wood and Wright, 2015）。しかし，国家資本主義を国家のほかの機能から区別するのは，それとなくであれあからさまにであれ，公共あるいは民間の経済利益のために国家が経済に積極的に介入する点にある（Musacchio et al.,

2014)。国家が民間の利益のために動いている例として挙げられるのが，インサイダー企業が政府から巨額の契約を得ながらも，実際に提供されるサービスについては緩い監督しか受けていない状態である。そこでは，支払われる資金のうち実際のサービス提供に使われるのはごくわずかにすぎない（例えばO'Dowd（2013）を参照のこと）。

第1節　国家と市場の関係

したがって，まず国家資本主義を区別するのは，それが政府の利益のために動いているのか，あるいは民間組織のために動いているのかという点である。現代世界では純粋なモデルはほとんど存在せず，コンテクストによって様々なかたちが存在する。表面的に見るとこれは，国家と市場のバランスについてのポランニー的な考えと相反するだろう（Dale, 2010)。国家と市場の両方が同時に優位になるときがあることが示唆されるからである（Underhill, 2003)。つまり民間組織の力を抑えることができないときには，国家に経済主体として積極的な役割を果たさせ，民間アクターにレントをもたらすようにさせることがあるのだ。国家と民間アクターの両方がより多くの役割を果たすのである。

ただ，“市場”ということばは広く誤用されている。当然ながら市場は競争と同じではなく，ブローデルが論じるように，資本主義のもとでは独占が一般に思われているよりもはるかに広く見られる（Braudel, 1982)。独占は逸脱ではないのである。実際，とりわけインフラなど一部の分野では，市場原理を働かせるのがきわめてむずかしい（Jensen, 1998)。独占状態のもとでは，市場からの収入を増やす方法は限られている。できることといえば，世間から政治的な反発を招かない範囲でぎりぎりの高価格を設定することや，多角化をはかることぐらいしかない。競争相手から市場のシェアをさらに奪うことができないからである。そこで，市場外の戦略がとくに重要になる。政治的な影響力を行使すれば，望まない規制監督を免れるのに役立つだけでなく，セクターによってはエッセンシャル・サービスを提供して潤沢な政府補助金を確保できる可能性があり（Haines-Doran, 2019)，収益基盤をさらに拡大できるからだ。

新自由主義とそれに代表される時代は，市場の優位を体現していると広く考えられているが，残念ながら現実には新自由主義はやや捉えがたい概念であり，幅広く様々に解釈されてきた（Sandel, 2018）。実のところ，新自由主義のきわめて露骨な支持者も，望まれる安全や見返りを市場が投資家に提供できなかったり，投資家へのリスクを市場が緩和できなかったりした際には，たちまち国家の助けを求める（Berry et al., 2020）。実際，新自由主義の時代はかなり国家統制的な時代だといわれており，ポランニーが述べているとおり（Polanyi, 1944），国家統制は必ずしも国民にやさしいわけではない（Wood and Wright, 2015）。やはり，国家が経済主体として関与するときには，必然的に民間の利益とかかわりをもつことになる。その結果，民間の利益が減ることもあるが，反対に民間が国家を凌駕して自分たちの利益のために国家を屈服させることもある（Hertel-Fernandez, 2019）。新自由主義が必然的に国家資本主義をもたらすということではない。形式上は新自由主義であるとされるコンテクストのなかでも，国家が経済主体として動くことがあるということである。実際，新自由主義政策がその約束を果たせずにいるなかで，この現象がいっそう広く見られるようになってきた（Sandel, 2018）。したがって，現代の国家資本主義は，実際面では新自由主義と異なる現象とはいえない。新自由主義も積極的な政府と結びついていることが多いからである。しかし，市場のアクターと投資家の利益のために調整だけしている政府と，市場のアクターと投資家を支援し支える経済主体としての役割を果たしている政府のあいだにはちがいがある（c.f. Tansel, 2017）。

第2節　国家資本主義の多様性

当然ながら国家資本主義は明らかに多様であり，すでに述べたように，国家，社会，民間の利益のために動くことがある。国家が経済活動に従事するのは，国家が自らの存在に正当性を与える手段としてであったり，経済成長を牽引するためであったり，単に国家のリソースを縁故者たちに手渡すためであったりする。国家主導型の国家資本主義の例として，国民経済にはずみをつけるためにインフラ整備や建設に従事してきた中央アジアのいくつかの国を挙げることができる。建設主導の成長体制と呼ばれるものである（Wood and Demirbag, 2018）。あらゆる成長様式と同様に，これもまた一時的で不確実な解決策にすぎない（ibid.）。一方で，持続不可能で無駄が多いとしてこのようなやり方を斥けるのは簡単である（ibid.）。しかし他方で，そのような道を選んだ国は，選ばなかった同等の国と比べてマクロ経済の面で成果が劣っているわけではない。インフラへの投資は成長を助けることがわかっている（Kodongo and Ojah, 2016）。ただし，インフラへのアクセスが目に見えてよくなると正当性の維持には役立つが，だからといってほかの領域でグッドガバナンスが確保されるわけではない。完全に腐敗した政府のもとでの状況よりはましかもしれないが，やはり望ましい状態からはかけ離れている。

建設主導の成長体制は，社会的な利益にも資すると考えられるかもしれない。当然ながら，よい物的インフラがないよりもあったほうがずっといいからである。しかし，民主的な説明責任を欠く専制的な体制のもとでは，国家と市場の連携はせいぜい不完全なものにしかならない。より広い層に支えられた社会指向の国家資本主義の一例として，ドイツ政府が積極的に関与して環境分野の経済活動を推進し発展させていることを挙げられるだろう（Wurster and Hagemann, 2020）。ほかにも重点的な経済介入によって国の戦略産業を発展させる例は数多くあり，最もわかりやすいのがアジアの虎である（Chang et al., 2016）。

それでもやはり，社会指向の国家資本主義をひとつにまとめて捉えることはできない。その判断基準は，十分な善意と能力によって大きな善に貢献する結果を出し，以前より社会をよくできているか否かにある。広い層に支えられた社会指向の国家資本主義を功利主義的な基準で評価すべきと言いたいわけではない。正当性のある国家資本主義も，結局はこの定義に当てはまるかもしれない。問題は社会の広い層に支えられているか否かであり，日常的な関心事を考慮に入れて修正と調整をできるようにするボトムアップのフィードバックの余地があるか否かである。

いうまでもなく様々な国有企業も存在し，社会の重要な一部あるいは広く社会全体に雇用を創出することがある。例えばアパルトヘイト下の南アフリカでは，国営の鉄道会社と電力会社が，貧しい白人の南アフリカ人にとって頼みの綱となる職を提供していた。そうすることで国家の再投資が促され，雇用創出能力が高まり，派生的とはいえ価値ある副産物としてサービス供給も強化された（c.f. Seekings, 2007）。アパルトヘイトが終焉すると，核となっていたこの役目がなくなり，鉄道会社も電力会社も深刻なアイデンティティの危機に陥る。それにつづく管理主義の試みは，大規模な雇用創出にもサービスの改善や維持にもつながらなかった。鉄道会社と電力会社が絶えず失敗するのは，アパルトヘイト後の歴代政府の力不足のせいにされがちだが，長期的な歴史の遺産と両社の過去の目的の影響それ自体が様々な課題を残していた。南アフリカの国有鉄道会社と電力会社は，（少なくとも一部は）専門知識をもちながらもアパルトヘイト後の体制に敵意を抱く白人管理職の扱いに苦戦していた。また職員たちは再編による人員削減を恐れていて，会社の核となる目的（雇用創出，国の発展，収入の確保）も不明確だった。もちろん多くの国有企業はきわめて効率的だったが，通常それらは強力な開発主義国家と結びついていて，機能していない無駄なものをきちんとチェックしていた（例えば Huff, 1995 を参照のこと）。こうした例は比較的成功している発展途上国に多く見られるが，主要先進国でも珍しくない。交通輸送から酒の小売りまで幅広い事業を展開するカナダの国営企業（クラウン・コーポレーション）もその一例である（Rice and Lavoie, 2005）。

また，従来の中核的な社会サービスのなかにも，経済的な役割を果たすものがある。その極端な例がカイロの排水・下水システムだろう。一部の推定によると，従業員の総数は100万人にのぼるという。ほかにも社会サービスの供給が経済発展に資する例は数多くある。例えば，主要な政府省庁やサービス拠点の配置が，経済の分権化と発展を促すのもそのひとつである（Hudson, 2005）。

3つめが，民間の利益をあと押しすることをおもな目的として，国家が経済主体として動くかたちである。これは表向きは，サービス供給など別の国家機能の領域で，有力政治家と密接な関係にあるインサイダー企業に契約を提供することによっておこなわれることもある。ここで問題となるのは，業務が発注されたあとにサービスの質や量に注意が払われているか否かである。注意が払われていなければ，民間指向の経済主体として動くことがおもな目的だと考えられる。国家は民間企業の利益のためにほかの様々な分野にも介入する可能性がある。例えば，でっちあげの官民パートナーシップを結び，有利な条件のもとで民間企業に安定した収入を保証したり，地域振興の資金を社会のニーズではなくインサイダー企業のために配分したり，銀行を救済したり（例えば，2008年の経済危機後には民間の負債を国が引き受けた），政府の契約をインサイダー企業に割り振ったりといった具合である。

これらがすべて否定的な結果につながるわけでは必ずしもない。たとえ腐敗した目的のためであっても，民間企業に大盤振る舞いすることで，より大きな社会的善につながることもある。例えば，イタリアの建設業界とマフィアが因縁深い関係にあるのはよく知られているが（Paoli, 2008），それでも同国は世界に通用する高速道路を整備し，のちには高速鉄道網もつくることができた。この成果は英語圏の主要な国には見られない。

そのようなちがいが生じるのはなぜか。明らかにひとつの要因は，社会契約という共有概念が根底に強く残っていて，犯罪分子ですら少なくとも最低限はそれを認めていることにある。従来，深刻に腐敗した発展途上国では，民間企業が国家のインフラ整備事業を単独で，あるいは国営企業と連携して受注し，前払い金を受け取ったのちに建設をせずにすませる傾向が特徴的に見られた。しかしこれはアメリカやイギリスでも珍しいことではなくなっている。アメリカやイギリスでも企業が入札によって契約を獲得し，マフィアですら戸惑いを覚えるような規模と範囲で予算を超過して，最初の調査や準備より先に仕事を進められなかったり，完成がはるかに遅れたりすることがある（Sherratt et al., 2020; c.f. Bing et al., 2005）。ここから2つの問いが生じる。なぜ，どのようにして，こうしたプロセスが生じるのか。また主要先進国の一部は，なんらかの面において失敗国家になりつつあるのか。

このプロセスの原因は複雑で多面的だが，かなりの部分はエリートの行動とその物質的基盤による。新しく現れつつある一連の研究で示唆されているのは，様々な重要な国内環境のもとで寡頭的なエリートが大胆になり，国との社会契約は履行しなくてもかまわないと考えて，近い過去に見られたものよりもはるかに幅広い課題を国の制度的秩序につきつける道がひらけたことである。とくに新しい金権政治についての研究が増えていて，そこで基本的に論じられているのは，主要な自由主義市場では裕福なエリートが社会から自らを一部切り離し，リソースを要求しながらもいかなる相互的な義務も放棄できる段階に達しているということである（Goss, 2016; Formisano, 2015）。

これはある程度，独占力や寡占力と結びついていて，インターネット経済の一部を見るとそれがわかる。ただ，新しい金権政治の重要集団には，金融サービス，食品加工，製薬大手，石油・ガスなどの代表も含まれる（Goss, 2016）。新しい金権政治家たちはセクターを越えてうまく連携し，互いに利益になる領域を追求している。税金，規制，責任の軽減や，必要に応じてなされる国による救済である（DiMaggio, 2020; Stoller, 2020）。この新たに出現している階級は，どの国の制度的秩序にも忠誠心がなく，多くが個人資産を租税回避地に置いて，気が向くままに快適な土地を行き来している（Koh and Wissink, 2018）。他方で，一部の国は政治家や規制・法律の伝統が比較的柔軟であり，当然ながらほかより好ましい環境にある（Atkinson, 2016）。イギリスの自家用ジェット機ターミナルでは出入国管理がないため，名目上は税金逃れのために海外で暮らす者も，正式な身分はよそに実際は母国で多くの時間を過ごしていて，意外と移動していないこともある。

重要なのは，その連携によって前例のない政治的影響力を行使することが可能になったことである。当然ながら，昔の“泥棒男爵”もかなりの政治力をもっていたが，最近の現象は，より広い社会に対する義務をあからさまに拒むことを特徴としている。それどころか，アメリカの右派有力シンクタンクの一部では，民主主義の価値を疑問視する傾向が強まっている（MacLean, 2017; Sorenson, 2019）。新たな金権エリートたちの影響は，現在では次のようなところに現れている。すなわち，国の機能を高めたり社会をよくしたりするためではなく，単にインサイダーの利益のために政府調達がなされたり，政治的に力をもちながらも相応の税金を払わず，まともな雇用を大量に創出することもなく，その活動によって一般市民の生活の質が支えられるよりもむしろ脅かされかねない業界に財政支援や補助金が提供されたりしているところである。アメリカでは，対立候補の支持者に投票に行かせないよう工作するボーター・サプレッションや，自分たちに有利になるように選挙区を改変するゲリマンダーともあいまって，国家を捕獲し，民間のレントを最大化する積極的な経済主体としての国家の役割を拡大させる体制を維持するために，こうしたことが起こっている（Johnson, 2017）。とりわけ炭化水素周辺では，民間の利益を最大化するために，サービス供給を中心とする国家の中核機能が減らされ，一部領域の活動を維持する機能が拡大されている。

つまり，国家資本主義が民間の利益と協調して政府の能力や資源を強化したり縮小させたりするのなら，そこには本質的に政治が絡んでいるということである。国家が経済主体として動くと，有権者から称賛されることもあれば懸念を示されることもある（Engler and Zohlnhöfer, 2019）。国家資本主義が民間によって捕獲されているとき，民間は当然ながら政治からの思わぬ影響を最小限に抑えて自分たちの政治的影響力を強化しようとする。これはクライアントである政治家を買収したり，政党を支援したり，メディアを通じて政治イデオロギーや政党を宣伝したりすることによってなされることもある。メディアでの宣伝では通常，現状に対する有権者の不満につけ込み，社会的支出と規制をさらに削減する別の政治の選択肢を提示する。その根拠として政府の過去の失敗が挙げられたり，貧困者の一部が非難されたりしている。また，社会的・経済的に利益をもたらすとして特定のセクターへの介入が主張されるが，実のところそれは狭く少数の者の利益のためになされる介入である（Otjes et al., 2018）。

これについては多数の研究があり，例えば，なぜ有権者がこのようなまやかしに繰り返し引っかかるのかといった問題が検討されている（Lavery, 2018）。広く論じられているのは，人びとが社会的に下降していると感じて不安を覚えているときには，右派の主義主張から影響を受けやすいことである（Berlet and Sunshine, 2019; Lavery, 2018）。このサイクルは自己強化的だと論じられることが多い（ibid.）。しかし，この戦略は明らかに行き詰まりつつある。インサイダーとアウトサイダーの軸を中心に分断された多様性のある社会では，インサイダーの関心に訴えかける政治キャンペーンが機能するのは，インサイダーの数がアウトサイダーの数を大幅に上まわっているときだけである。しかし，それでもやはりほかのやりとりの場合と同じで，騙された者はその後も騙されたことを否定しつづけ，事実は逆なのだと自分自身を納得させようとして，最終的に現実と衝突するという厄介な事態に陥ることが多い。そうなったとき，政治家とその支持者の反応は2つある。ひとつは，政治的・経済的にきわめて無謀な行動に出ることである。分別のあるエリート的な視点からきまって抗議の声が上がるが，そうすると支持者たちはおおいに力を得た感覚を覚える。自分たちの関心事と場合によっては怒りが，実際に既成の秩序を揺るがすのを生まれてはじめて目にし，少なくとも心理的な次元で力を得たように感じるのである（Clarke and Newman, 2017）。2つ目は民主主義から離れることであり，これはひとつ目の反応とともに起こることが多い。ゲリマンダーが多くの小選挙区制の選挙制度で広く見られ，すでに触れたようにアメリカにはこの長い歴史がある。しかし，こうした手段は一時しのぎであり，政治的反動を生むリスクもある。世界中の多くの事例から明らかなのは，これがボーター・サプレッションや，さらには合法的あるいは軍事的なクーデターによる民主主義の放棄といったより極端な手段につながることである——たとえクーデターの際にはいつも将来どこかの時点で通常状態に戻すと約束されるとしても（McPherson, 2020）。

冷戦終結時には，新自由主義と民主主義は当然のパートナーだと論じられていたが，この結びつきは必然ではなく，ときには片方がもう片方を脅かすと示唆する証拠が増えている（Curtis, 2020; Caterino and Hansen, 2019）。しかし，少数のインサイダーのために動く経済主体としての国家の役割があまりにも顕著になると，たとえインサイダーの利害がかなり大きくなっていたとしても，その政府が権力の座にとどまるのがむずかしくなる可能性がある。するとそこから，（なんらかの民主的な装いをまとっていたとしても）ある種の権威主義体制へと移行する必要が生まれる。これは第三世界での現象だと思われることが多いが，近年のアメリカでの出来事と，あるていどイギリスでの出来事を見ると，必ずしもそうではないことがわかる。

第3節　国家資本主義と脱制度化

この点は，国の制度的秩序の軌跡と，それがいかに国家資本主義と関係しているのかという点につながっていく。ホールとソスキスが編んだ論考集『資本主義の多様性』(2001年）で論じられているところによると，先進国の資本主義の２つの形態，すなわち自由な市場経済（LMEs）とコーディネートされた市場経済（CMEs）のみが，発展した制度と複雑な形態の経済的・産業的組織を備えていて，それが補完性を生み，安定してすぐれた経済的・社会的成果をもたらしている。ほかのシステムはすべて，この２つのいずれかに合流するか，最適とはいえない結果が出るサイクルに閉じこめられたままになる(ibid.)。しかし，多数の新興市場が大きな前進を遂げているが，この確立された２つの制度設計をそっくりそのままほかで広く再現することはできておらず，2000年代はじめに一部の権威が予想していたほど（Crouch and Streeck, 1997)，この２つが収斂していく傾向も見られない。やはり，最適とはいえない制度的秩序でも，インサイダーにとってはかなりうまく機能することがあるのである（Wood and Frynas, 2006)。そこから今度は，補足的な制度の分類法をつくって，世界のほかの場所を理解したり（Wood and Frynas, 2006; Schneider, 2009)，CMEの大きなカテゴリー内での重要なちがいを説明したり(Amable, 2003）しようとする取り組みが生まれている。それよりはるかに少ないが，LMEのカテゴリーを整理しようとする研究もあり，アメリカとイギリスの極端あるいは純粋なLMEsと，とりわけニュージーランドやカナダといったより緩やかなLMEsとのあいだに線を引く者もいて，研究者によってオーストラリアをこの２つのカテゴリーのあいだのどこかに位置づけている(Konzelmann and Foverghue-Davies, 2011)。

しかし，そうした問題に焦点を合わせてきたことで，少なくともそれと同じぐらい重要な現象が覆い隠されてきた可能性がある。LMEの２つの代表国，とりわけアメリカにおける脱制度化（deinstitutionalisation）の現象である。このコンテクストでは，脱制度化は規制緩和とは異なる。単に規制が減り，制度の有効性が低下するということではない。それに，多くのCMEsで見られるように，当初の想定とは異なる目的に制度が使われるというだけの話でもない（Thelen, 2019を参照のこと)。制度が本来とは異なる目的に使われたり，一部の領域で効果が薄れたりするだけでなく，その社会的な土台と管理の様式が変わったということである。例えば，民間のアクターが国の制度を捕獲して影響を及ぼし，自分たちの目的のためにそれを使うようになる可能性がある。

つまり，単に制度の役割が変わるだけでなく，その社会的な土台も変化する可能性があるわけだ。

これによって正当性は絶えず危機に晒されるのではないかと思われるかもしれない。そもそも，制度が以前よりもはるかに狭い社会的土台の上に存在し，はるかに範囲を狭められた目的のために動くようになったら，もはや受益者でなくなった者たちがその目的を疑問視したり，それに異議を申し立てたりするかもしれない。しかし，制度の欠陥と思われるものはさらなる改革や再編の理由になることもあり，それによってこのプロセスがさらに強化されることもある。

とはいえやはり，成熟した制度的秩序によって持続的な成長と社会・経済の発展が確保され，安定し，支えられるのだとすれば，それが捕獲されると，経済が不安定になったり，社会と経済の不安につながったりする可能性がある。実際，その証拠も存在する。例えば，世界の基準で見るとアメリカの1人当たりのGDPはかなり高いが，学力，格差，医療保障，腐敗のレベルは，むしろ多くの新興市場に近い（Eikenberry and Mirabella, 2018; Billups and Julia, 1991）。これは，少なくとも一部の新興市場のいくつかの制度的側面がうまく機能していることと，アメリカで国家が空洞化していることを反映している。物的インフラについていえば，多くの新興市場（ウズベキスタンやケニアといった意外な国も含む）が高速鉄道網をつくることができたことは一考に値する。すでに触れたように，LMEsはどこもこのような成果を挙げることができていない。アメリカとイギリスではこれは，国家が大規模インフラ事業をおこなうのにうしろ向きであることに加えて，建設業界が寡占状態にあり，妥当というのに近い価格で仕事をする可能性が排除されているようであることも反映していると思われる（Sherratt et al., 2020）。

さらなる問題は，最大のLMEs内における法の支配の衰退である。従来，法の支配とは，権利と義務の相互的な関係と考えられてきた。この特徴はLMEsに常に存在したが，その衰退がこれまで以上に顕著になり，少数の裕福な資産家には権利があるだけで義務がほとんどなく，社会の大部分の者はその反対の状況にある（Edminston, 2017）。逆進税のためにきわめて裕福な者がたいした税金を払わずにすまされていたり，著名なホワイトカラーの犯罪者が軽い刑罰ですまされたり恩赦を受けたりしている一方で，貧しい軽犯罪者が長期刑を科されていることなどからも，これは明らかである。それによってさらに社会契約が脅かされ，民主的な制度を維持するのが困難になる（Denton and Voth, 2017）。

これは国家資本主義とどう関係するのか。国家周辺の様々な制度が目的を狭めて社会的な利益ではなく少数の利益のために動いていて，狭い社会的支持基盤の上に制度が存在していたら，経済主体としての国家の行動も変化する可能性が高い。つまり国家の機能が変わり，なんらかのかたちで社会的あるいは経済的な発展に資するよう動くのではなく，先に見たようなかたちで立場を守られた富豪階級の利益のためにおおむね動くようになるのである。

最後に，人間と自然界の接点というより広いコンテクストで国家資本主義の役割が変化している。過去のほとんどの文明と同様に，現在の人間活動の規模と範囲は自然界に打撃を与えていて，実際，自然界から広く反発が生じている。過去とのちがいは，今回の反発は地域的なものではなく地球規模のものであることだ。例えば，気候変動がすすんだり，ほかの種からウイルスが感染しやすくなったり，抗生物質が効かなくなったりしている（Phan and Wood, 2020）。長期的なエネルギー移行によって気候変動は緩和されるかもしれないが，それによって各国の相対的な競争力は根本から変化し，既存の資本配分が揺るがされる（Wood, 2019）。20 世紀はじめの長期的な危機とは異なり，これへの対応に最も苦戦してきたのが自由市場経済である（ibid.）。様々な現象が相互に結びついているそのダイナミクスを究明するのは複雑な作業だが，二大自由市場経済を右翼ポピュリズムが席巻しているのは偶然ではなく，アメリカが欠陥を抱えながらも機能する民主主義国として生き残る可能性はいまや真剣に疑問視されている。また，これは経済主体としての国家の動きにも影響を与える。アメリカでは，国家が空前の力を注ぎ，多額の補助金で石油・ガス産業を支えてきた。この業界についてまわるリスクを国家が一部引き受けていると示唆されるだけの規模である。それとは対照的に EU 内では，国家は再生可能エネルギー源を支えるための介入に集中していて，別の道筋が示されている。

おわりに

国家資本主義は多面的な現象であり，そこではおおむね国家が積極的な経済主体として活動する。市場優位のアンチテーゼだと一般には考えられているが，市場優位の経済によって寡占企業が力を増し，とりわけ主要自由市場経済では国家がそれらの企業に利用されている。ここから国家統制への転回につながる可能性もあるが，これは広範囲の社会の利益のために国家が介入して市場の過剰分を調整するのとは大きく異なる。

比較経済学では，最も成熟した資本主義は新興市場とはかなり性質が異なり，新興市場はやがて発展して成熟した資本主義になるか，遅れた状態に閉じこめられると考える傾向にある（Hall and Soskice, 2001）。また，よくも悪くも自由市場モデルが資本主義の最適基準であり，自由化へのプレッシャーは避けられないと想定されることが多く（Carroll et al., 2019），さらには，自由市場は民主主義と経済的自由を組み合わせることに成功したと主張されてきた（Pabst, 2019）。しかし，成熟した自由市場と新興市場の境界線は明らかに曖昧になっている。それは，新興市場が進歩を遂げたためだけではない。アメリカが，成長の面だけでなく様々な社会的・経済的指標においても新興国にかなり近づいてきたのである。例えば，学力，保健医療やきれいな水へのアクセス，物的インフラ，それに政治の安定といった指標である（Pabst, 2019）。イギリスの状況はややましだが，それでもやはり調整型市場に後れをとっている。それに加えてアメリカは，以前よりも確実に民主的でなくなり，政治的に不安定になっていて，より穏健な政治に戻ったとしても，構造的な問題は解消できないだろう。こうした展開のもと，国家が経済主体として介入するときには，開発のためよりも搾取のために動くことが多くなっている。また，腐敗した理由による経済介入でも多少の社会的利益をもたらす可能性はあるが，エリートのなかの富豪や金権政治家が社会契約という概念をすべてないがしろにするのなら，そうした介入によって広い範囲に恩恵がもたらされることはほとんど，あるいはまったくないだろう。

現代文明は自然界からの反発を受けて深刻な脅威に直面していて，そのために状況はいっそう複雑化している。気候変動とパンデミックに対処するために，国家による前例のない介入が必要とされているが，危機によってあと押しされたものであっても，そうした介入によって現状が悪化する可能性もあれば緩和される可能性もある。自然界からの反発は真に地球規模のものだが，それに対して多様な反応が見られることからは，資本主義の多様性がさらに深まるであろうことが示唆されている。ただしそこでは，発展途上国世界と先進国世界の境界線はいままで以上に曖昧になるだろう。"悪い"あるいは略奪的な国家資本主義は，新興市場だけのものではないかもしれない。また，より肯定的な介入が，調整型市場だけでなく，さらに広い基盤をもつ南半球の開発型国家からも現れる可能性がある。

［参考文献］

（英語）

Amable, B. (2003) *The Diversity of Modern Capitalism*. Oxford: Oxford University Press.（ブルーノ・アマーブル『五つの資本主義――グローバリズム時代における社会経済システムの多様性』山田鋭夫，原田裕治ほか訳，藤原書店，2005年）。

Atkinson, R. (2016) Limited exposure: Social concealment, mobility and engagement with public space by the super-rich in London. *Environment and Planning A: Economy and Space*, 48 (7), pp.1302–1317.

Berlet, C. and Sunshine, S. (2019) Rural rage: the roots of right-wing populism in the United States. *The Journal of Peasant Studies*, 46 (3), pp.480–513.

Berry, C., Bailey, D. and Jones, K. (2020) A beta bailout: the near future of state intervention. *Soundings*, 75 (75), pp.37–54.

Billups, J.O. and Julia, M.C. (1991) The Fourth World in the USA: Need for convergent generalist, feminist and social development approaches. *International Social Work*, 34 (4), pp.325–338.

Bing, L., Akintoye, A., Edwards, P.J. and Hardcastle, C. (2005) The allocation of risk in PPP/PFI construction projects in the UK. *International Journal of Project Management*, 23 (1), pp.25–35.

Braudel, F. (1982) *On History*. Chicago: University of Chicago Press.

Carroll, T., Gonzalez-Vicente, R. and Jarvis, D.S. (2019) Capital, conflict and convergence: a political understanding of neoliberalism and its relationship to capitalist transformation. *Globalizations*, 16 (6), pp.778–803.

Caterino, B. and Hansen, P. (2019) *Critical Theory, Democracy, and the Challenge of Neoliberalism*. Toronto: University of Toronto Press.

Chang, I.C.C., Leitner, H. and Sheppard, E. (2016) A green leap forward? Eco-state restructuring and the Tianjin–Binhai eco-city model. *Regional Studies*, 50 (6), pp.929–943.

Clarke, J. and Newman, J. (2017) 'People in this country have had enough of experts': Brexit and the paradoxes of populism. *Critical Policy Studies*, 11 (1), pp.101–116.

Crouch, C. and Streeck, W. eds. (1997) *Political Economy of Modern Capitalism: Mapping Convergence and Diversity*. London: Sage（コーリン・クラウチ，ウォルフガング・ストリーク

（編）『現代の資本主義制度――グローバリズムと多様性』山田鋭夫訳，NTT 出版，2001 年）。

Curtis, W.M. (2020) Democracy versus Neoliberalism: The Second Dewey-Lippmann Debate. *American Political Thought*, 9 (2), pp.285–316.

Dale, G. (2010) *Karl Polanyi: The Limits of the Market*. Cambridge: Polity.

Denton R.E. and Voth B. (2017) *Social Fragmentation and the Decline of American Democracy*. Cham: Palgrave Macmillan.

DiMaggio, A. (2020) *Rebellion in America: Citizen Uprisings, the News Media, and the Politics of Plutocracy*. Abingdon: Routledge.

Edmiston, D. (2017) 'How the Other Half Live': Poor and Rich Citizenship in Austere Welfare Regimes. *Social Policy and Society*, 16 (2), pp.315–325.

Eikenberry, A.M. and Mirabella, R.M. (2018) Extreme philanthropy: Philanthrocapitalism, effective altruism, and the discourse of neoliberalism. *PS: Political Science & Politics*, 51 (1), pp.43–47.

Engler, F. and Zohlnhöfer, R. (2019) Left parties, voter preferences, and economic policy-making in Europe. *Journal of European Public Policy*, 26 (11), pp.1620–1638.

Formisano, R.P. (2015) *Plutocracy in America: How Increasing Inequality Destroys the Middle Class and Exploits the Poor*. Baltimore: JHU Press.

Goss, K.A. (2016) Policy plutocrats: How America's wealthy seek to influence governance. *PS: Political Science & Politics*, 49 (3), pp.442–448.

Haines-Doran, T. (2019) Critical accounting scholarship and social movements: The case of rail privatisation in Britain. *Critical Perspectives on Accounting*, p.102126. Early online at: https://www.sciencedirect.com/science/article/abs/pii/S1045235418301904

Hall, P.A. and Soskice, D. (2001) An introduction to varieties of capitalism. In Hall, P. and Soskice, D. (eds.), *Varieties of Capitalism*. Oxford: Oxford University Press, pp.21–27.（ピーター・A・ホール，デヴィッド・ソスキス「資本主義の多様性論・序説」，ピーター・A・ホール，デヴィッド・ソスキス（編）『資本主義の多様性――比較優位の制度的基礎』遠山弘徳，安孫子誠男，山田鋭夫，宇仁宏幸，藤田菜々子訳，ナカニシヤ出版，2007 年，1–78 頁）。

Hertel-Fernandez, A. (2019) *State Capture: How Conservative Activists, Big Businesses, and Wealthy Donors Reshaped the American States—and the Nation*. Oxford University Press.

Hudson, R. (2005) Rethinking change in old industrial regions: reflecting on the experiences of North East England. *Environment and Planning A*, 37 (4), pp.581–596.

Huff, W.G. (1995) The developmental state, government, and Singapore's economic development since 1960. *World Development*, 23 (8), pp.1421–1438.

Jensen, A. (1998) Competition in railway monopolies. *Transportation Research Part E: Logistics and Transportation Review*, 34 (4), pp.267–287.

Jessop, B. (2002) Liberalism, neoliberalism, and urban governance: A state–theoretical perspective. *Antipode*, 34 (3), pp.452–472.

Johnson, D.L. (2017) *Social Inequality, Economic Decline, and Plutocracy: An American Crisis*. Cham: Springer.

Kodongo, O. and Ojah, K. (2016) Does infrastructure really explain economic growth in Sub-Saharan Africa?. *Review of Development Finance*, 6 (2), pp.105–125.

Koh, S.Y. and Wissink, B. (2018) Enabling, structuring and creating elite transnational lifestyles: Intermediaries of the super-rich and the elite mobilities industry. *Journal of Ethnic and Migration Studies*, 44 (4), pp.592–609.

Konzelmann, S. and Fovargue-Davies, M. (2011) Anglo-Saxon capitalism in crisis? Models of liberal capitalism and the preconditions for financial stability. In Wood, G. and Demirbag, M. (eds.), *Handbook of Institutional Approaches to International Business*. Cheltenham: Edward Elgar, pp.65-114.

Lavery, S. (2018) The legitimation of post-crisis capitalism in the United Kingdom: Real wage decline, finance-led growth and the state. *New Political Economy*, 23 (1), pp.27-45.

Longstreth, F. H. (1990) Historical political economy and liberal democratic capitalism. *Economy and Society*, 19 (1), pp.95-120.

MacLean, N. (2017) *Democracy in Chains: The Deep History of the Radical Right's Stealth Plan for America*. New York: Penguin Books.

McPherson, A. (2020) The Long Honduran Night: Resistance, Terror, and the United States in the Aftermath of the Coup by Dana Frank. *The Americas*, 77 (2), pp.338-339.

Musacchio, A., Farias, A. M. and Lazzarini, S.G. (2014) *Reinventing State Capitalism*. Cambridge (Ma.): Harvard University Press.

O'Dowd, A. (2013) MPs condemn Serco for substandard out of hours service in Cornwall. *BMJ: British Medical Journal* (Online), 347: 1.

Otjes, S., Ivaldi, G., Jupskås, A. R. and Mazzoleni, O. (2018) It's not Economic Interventionism, Stupid! Reassessing the Political Economy of Radical Rightwing Populist Parties. *Swiss Political Science Review*, 24 (3), pp.270-290.

Pabst, A. (2019) *The Demons of Liberal Democracy*. London: John Wiley & Sons.

Paoli, L. (2008) *Mafia Brotherhoods: Organized Crime, Italian Style*. Oxford: Oxford University Press.

Phan, P. and Wood, G. (2020) Doomsday Scenarios (or the Black Swan Excuse for Unprepardness), *Academy of Management Perspectives* ,34 (4), pp.425-433.

Polanyi, K. (1944) *The Great Transformation* (Vol. 2, p. 145). Boston: Beacon Press（カール・ポランニー『[新訳] 大転換――市場社会の形成と崩壊』野口建彦，栖原学訳，東洋経済新報社，2009年）。

Rice, M. D. and Lavoie, D. C. (2005) Crown corporations and co-operatives as coping mechanisms in regional economic development. *Canadian Geographer/Le Géographe canadien*, 49 (4), pp.367-383.

Sandel, M. J. (2018) Populism, liberalism, and democracy. *Philosophy & Social Criticism*, 44 (4), pp.353-359.

Schneider, B. R. (2009) Hierarchical market economies and varieties of capitalism in Latin America. *Journal of Latin American Studies*, 41 (3), pp.553-575.

Seekings, J. (2007) 'Not a single white person should be allowed to go under': swartgevaar and the origins of South Africa's welfare state, 1924–1929. *The Journal of African History*, 48 (3), pp.375-394.

Sherratt, F., Sherratt, S. and Ivory, C. (2020) Challenging complacency in construction management research: the case of PPPs. *Construction Management and Economics*, 38 (12), pp.1086-1100.

Sorensen, B. (2019) Book Review: Democracy in Chains: The Deep History of the Radical Right's Stealth Plan for America by Nancy MacLean. *International Social Science Review*, 95 (2), pp. 1-3.

Stoller, M. (2020) *Goliath: The 100-Year War Between Monopoly Power and Democracy*. New York: Simon & Schuster.

Tansel, C. B. ed. (2017) *States of Discipline: Authoritarian Neoliberalism and the Contested*

Reproduction of Capitalist Order. London: Rowman & Littlefield.

Thelen, K. (2019) Transitions to the knowledge economy in Germany, Sweden, and the Netherlands. *Comparative Politics*, 51 (2), pp.295–315.

Underhill, G. R. (2003) States, markets and governance for emerging market economies: private interests, the public good and the legitimacy of the development process. *International Affairs*, 79 (4), pp.755–781.

Wood, G. (2019) Comparative Capitalism, Long Energy Transitions and the Crisis of Liberal Markets. *The Journal of Comparative Economic Studies*, 14, pp.7–18.

Wood, G. and Demirbag, M. (2018) Uzbekistan: autocracy, development and international firms. In Wood, G. and Demirbag, M. (eds.), *Comparative Capitalism and the Transitional Periphery*. Cheltenham: Edward Elgar Publishing.

Wood, G. and Wright, M. (2015) Corporations and new statism: Trends and research priorities. *Academy of Management Perspectives*, 29 (2), pp.271–286.

Wood, G. and Frynas, J.G. (2006) The institutional basis of economic failure: Anatomy of the segmented business system. *Socio-Economic Review*, 4 (2), pp.239–277.

Wurster, S. and Hagemann, C. (2020) Expansion of Renewable Energy in Federal Settings: Austria, Belgium, and Germany in Comparison. *The Journal of Environment & Development*, 29 (1), pp.147–168.

第2章

国家主導ロシア経済における財政の役割

横川和穂

はじめに

財政とは，そもそも国家の領域である。ロシアのような国家主導型の経済においても，あるいはアメリカのようなリベラルな市場経済と位置づけられる国においても，その点で違いはない。では，財政が経済において果たす役割を切り取ってみたとき，ロシアのような国家主導型の経済における財政のあり方は，そうでない国の場合と何が違うのだろうか。ロシア経済において観察される国家主導性は，財政面でどのように表出するのだろうか。

ロシアではソ連崩壊による体制転換とともに，資本主義国としての新たな税・財政制度の導入が進んだ。しかし，1990年代はロシア政府の租税国家としての機能は未熟であり，不安定なマクロ経済状況が続いていた。とくに政府の徴税能力の低さやその結果としての脱税の蔓延は深刻で，この問題について多くの研究も行われている[1]。90年代の財政を介した政府の役割については，一方では徴税がソフトな予算制約のツールとなり，企業の救済が行われていることが指摘されていたが（Turley 2006），他方では徴税を通して企業を略奪する政府像（Grabbing hand）を描いた研究（Shleifer and Vishny, 1999）もあった。一見対照的ではあるが，いずれもソ連時代の遺産としての非市場経済的な政府・企業間関係が移行期の財政にも反映された現象と言える。21世紀に入ってからは，ロシアの経済成長と税制改革の結果，天然資源部門からの税収が大幅に増加し，財政健全化が実現された[2]。しかし，各論に関する分析は数多くあるものの，国家資本主義あるいは国家主導型と形容されるロシア経済において，国家が経済に介入するツールのひとつとして財政がどのような機能を担っているのか，その全体像は解明されないまま残されている[3]。

本章では，ロシア経済において財政が果たす役割，また財政面で国家主導性がどのような形で発揮されているのかを解明することを課題としている。まず第1節では民主主義諸国，および旧社会主義諸国における財政の動向を俯瞰したうえで，ロシアでの体制転換と財政再編のプロセスを振り返る。次に第2節において，ロシアにおける政府の規模や財政構造の特徴について分析し，続く第3節ではロシアにおける政府の役割とその特徴を，国際比較を通して明らかにする。最後に第4節では，公式の財政を補う影の財政としての国有企業に注目し，ロシア経済の国家主導性について考える。

第1節　国家と財政

1. 民主主義国家における財政

一国の経済において国家あるいは政府がいかなる役割を果たすべきか，経済学においてこれ以上に重要な問題はない（Tanzi, 2011：ix）。この政府の役割をめぐっては，財政学者の Musgrave（1959）によって，資源配分機能，安定化機能，所得再分配機能の3つが財政三機能として定式化され，現在にいたっている。資源配分機能については，公共財・準公共財の供給不足，自然独占，外部性の存在といったいわゆる市場の失敗を是正するために政府が介入して資源配分を行うべきだとする規範的理論が主に20世紀の英米において発展してきた。また，戦後のケインズ経済学の興隆によって，景気対策や安定化政策が政府介入の理由に加わり，経済安定化機能として定着した。さらに，国によって取り組みに差はあるものの，所得格差や貧困への対応のための所得再分配政策も政府の役割に加わった。

政府の経済的役割の拡大とともに，財政規模も20世紀に入って大きく拡大してきた。先進諸国の政府支出規模は，1870年代は平均でGDPの約10%であったが，1980年代から21世紀の現代にかけては40%を超えている（Tanzi,

2011：8-9)。この拡大の主要因は，年金，医療，およびその他の社会保障，教育，住宅などへの支出である。先進諸国ではとくにこれらを重視した福祉国家が発展し，所得格差も縮小した。しかし，1980年代頃からは，大きくなりすぎた政府に対していわゆる「政府の失敗」が批判されるようになり，小さな政府や規制緩和を志向する新自由主義の動きが目立ってきた。すなわち，公共支出が持つ非効率性の問題や，官僚や政治家による利己的な利益追求，さらに重い税負担が経済成長や企業のグローバルな活動を妨げているといった点が問題視されるようになってきたのである。

しかし，財政規模の縮小が標榜されてきた一方で，現実の世界では主要国における債務の増大が深刻化している。ドイツの社会学者ヴォルフガング・シュトレークは，現代の主要な民主主義国において「租税国家」は危機に瀕し，「債務国家」に変質していると警鐘を鳴らしている（シュトレーク，2016)。債務国家とは，歳出の少なからぬ部分を租税ではなく国債発行によって穴埋めし，結果として膨大な国家債務を積み上げ，歳入のますます多くをその償還につぎ込むようになった国家のことである。主要先進国の政府債務残高は，図表2－1にも示されるように，GDPの約250％に相当する日本を筆頭にいずれも

図表2－1　G7諸国とロシアにおける一般政府債務残高の推移

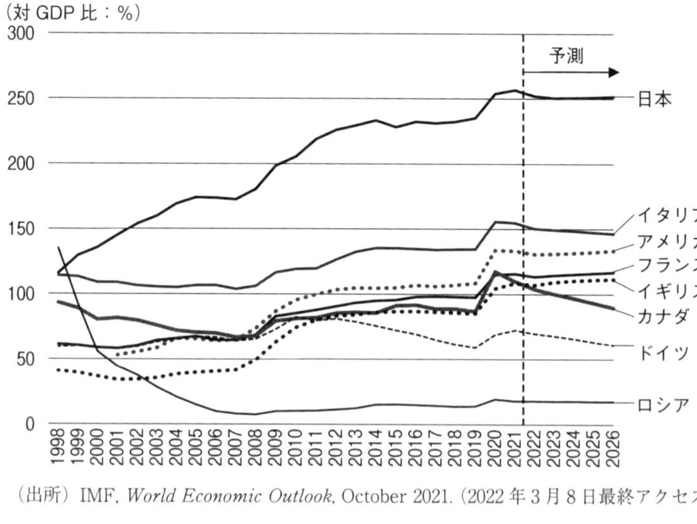

（出所）IMF, *World Economic Outlook*, October 2021.（2022年3月8日最終アクセス）

この半世紀で大きく増えている[4]。日本を例にとると，長年財政再建の必要性が指摘されながら，そのための改革は政治的な理由から実現されずに現在に至っている[5]。しかし，こうした現状を前に，近年ではむしろMMT（Modern Monetary Theory）のように財政赤字や政府債務の増大を容認するような議論も登場しており[6]，債務の膨張に歯止めがかからなくなっている。2020年から続く新型コロナウイルスによるパンデミックの下では，各国政府がコロナ対策として巨額の財政出動を行っているために債務はさらに拡張し，潜在的な危機のリスクも指摘されている。

2. 移行経済と財政

では，ロシアの財政はどのような状況にあるのだろうか。ロシア財政について語る場合，初期条件としてのソビエト財政を思い起こす必要がある。ソ連における政府の役割が資本主義国のものと大きく異なった点は，ソ連経済が原則として市場を排した計画経済によって運営されており，経済活動のほぼすべてが国家の領域だったことである。企業や組織はほぼすべてが国有あるいは公有で，家計消費など計画に含まれなかったいくつかの領域を除き，経済の大部分が国家の管理下にあった。そのため，ソビエト財政は狭義の国家予算だけでなく，国営企業その他の経済組織の財政も含んでおり[7]，国家財政が極めて広汎な領域にわたる点に特徴があった。狭義の国家予算の規模は1960年代の推計で国民所得の約50%，ソ連末期の1985年においてもGNPの50%とされており（佐藤，1965：156; Mau and Drobyshevskaya, 2013：43），またこの狭義の国家予算が国家財政全体の8割弱を占めたとされていることから（佐藤，1965：111），単純に計算すると，国営企業部門も含めた広義のソ連財政の規模は少なくとも国民総所得の6割に達していたと推測される。したがって，ソ連時代の国家財政は，福祉国家として大きな政府を抱える北欧諸国を凌ぐ規模であったと考えることができる。

その後，1991年にソ連邦が崩壊し，事態は一変する。1990年代の移行開始当初，ロシアや東欧諸国ではIMFや世界銀行主導でワシントン・コンセンサスに基づいたネオリベラルな市場経済移行政策が進められた。これらの政策は旧社会主義国における過大な国家を縮小させることを強調し，旧体制から引き継がれた国家を破壊し，「自己調整的」な市場に置き換えることを主眼としていた。また，マクロ経済の安定化のために，政府に緊縮財政・金融政策を要求した。その結果，多くの旧社会主義国では政府支出の規模が数年のうちに半減した。ロシアの一般政府支出は，体制転換直後の 1992 年には GDP の 58.4%であったが，1996 年時点では 45.3%へと[8]，数年間で急激に縮小した。

しかし，政府支出の縮小以上に，政府の機能の弱体化は深刻であった（溝端 2002）。資本主義国においても政府の存在は不可欠であり，市場経済の健全な機能のためには様々な制度を整備し，維持していく必要がある。しかし，市場経済化は旧社会主義諸国の政府が新しい機能を獲得する間もなく急激に進んだ。そのため，出来上がった新たな経済システムにおいては，私的所有権の保護や契約の執行を支える法制度は十分に機能せず，犯罪や汚職が横行した。また，政府の活動を支える財源の確保も満足に行われなかった。1990 年代のロシアでは，窮地に陥った企業を救済するために政府が減免税の形で間接的な補助金を企業に与え続け，それはある種の社会的セーフティ・ネットとしても機能したが，政府は常に財政赤字であった。また，同じく 1990 年代に進んだなし崩し的な地方分権化によって，地方政府は連邦中央への税の上納を拒むようになり，ロシア政府はもはや国家統合の維持が困難な状況に直面していた。

このような危機的な状況を受けて，1990 年代の末には，国家が経済あるいは移行において果たす役割の重要性が再認識されるようになった。ロシアなど市場移行国の経験を踏まえて，それまで自明のものと考えられてきた市場経済を支える諸制度が，国家による維持の努力なしには成り立たないことが改めて認識されるようになったのである。こうして，所有権の保護，契約の執行，徴税，社会保障，教育，研究開発，インフラ投資，産業政策などが，国家が果たすべき役割として再認識されるようになった。こうした議論の背景には，ロシアと対照的に急速な経済成長を遂げる中国の存在も影響しており，中露経済のパフォーマンスの明暗を国家の能力の違いによって説明する研究も見られた（スティグリッツ，2002）。

ただし，ここで見直された国家の役割とは，あくまでも市場経済を支えるための諸制度の維持・構築に関わるものであることに留意しなければならない。

ロシアではその後大統領が交代し，エリツィン期の国家の解体（state disintegration）とも呼ぶべき局面から，プーチン政権下での国家の再統合（state consolidation）へと移行していった（Myant and Drahokoupil, 2011：149）。そして現在，ロシアにおいて国家の「回帰」は経済のいたる側面で見られるようになり，ロシアの体制は経済への国家介入の度合いが強い「国家資本主義」とも称されるようになった（ブレマー，2011）。しかし，近年のロシア経済に見る国家の浸透ぶりは，かつて期待された市場経済の補完的な存在としての政府の役割を完全に超越するものであり，この違いは区別されなければならない。では，現代のロシアにおいて政府はいかなる機能を担っているのだろうか。また，その特徴は財政面においていかに発現するのだろうか。

第2節　小さな政府と国家主導型経済

1. 大きなロシアの小さな政府

まず，ロシアの政府の規模から確認したい。ソ連から体制移行期を経て現在にいたるまでに，ロシアの政府の大きさはどのように変化してきたのだろうか。ソ連時代には北欧諸国を上回るほどの大きな政府を抱えていたものの，1990年代には全面的な国有企業の民営化が行われ，官からの民の切り離しが進んだ。その結果，体制転換直後の1992年にはGDPの6割近くあった政府支出の規模は急激に縮小した。図表2-2は2018年におけるロシアとOECD諸国の一般政府支出の規模を比較したものであるが，ロシアの政府支出はGDPの32.9%と，同図の中ではアイルランドに次ぐ小さな政府であることが分かる。この数値は，ヨーロッパ諸国は言うに及ばず，リベラルな市場経済（LME）国と分類されるアメリカをも下回っている。国民負担率，すなわち国民所得に対する租税および社会保険料負担の比率で見ても，ロシアは30%強とOECD諸国と比べると極めて負担が軽い部類に入る[9]。つまり，財政規模で見る限りロシアの政府は決して大きくないどころか，日本やアメリカをも下回るような低負担・低福祉の国と位置づけられるのである。

図表2－2　OECD諸国およびロシアにおける一般政府支出規模（2018年，対GDP比）

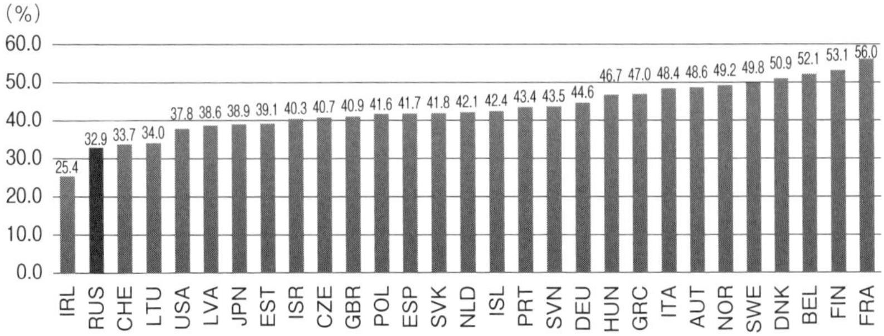

（出所）OECDおよびロシア財務省データより作成。

それでは，ロシア財政のどこに国家主導性を見い出せるのだろうか。次項でロシアの財政構造をより詳しく見ていこう。

2. ロシアの財政収支の推移

ロシアの財政は連邦財政，地方財政[10]，および3つの予算外基金（年金基金，社会保険基金，強制医療保険基金）から構成されている。規模としては，歳出ベースでみた場合，全体の約4割を連邦財政が占め，地方財政と予算外基金がそれぞれ約3割を占めている。また，予算外基金の中では年金基金が圧倒的に大きく，予算外基金の約4分の3を占めている[11]。

図表2－3は連邦，地方財政に予算外基金も含めたロシアの一般政府歳入および歳出の推移を示している。ロシアの政府支出規模は国際的にみて小さな部類に入るが，それが急激に縮小したのは1990年代である。緊縮財政政策を試みた1990年代初めに一気に縮小し，1999年には対GDP比で26%にまで落ち込んだ。しかし，歳出以上に税収の落ち込みが激しく，1990年代は一貫して多額の財政赤字が発生し，またインフレも続いていた。ところが2000年代に入ると，ロシア経済全体がプラス成長に転じ，詳しくは次項で触れるが，世界的な原油価格の高騰がもたらしたオイルマネーによって，ロシアの税収は増加した。それとともに歳出の規模も徐々に膨らんでいったが，それでもなお

図表2－3　ロシアの一般政府財政の推移（対GDP比）

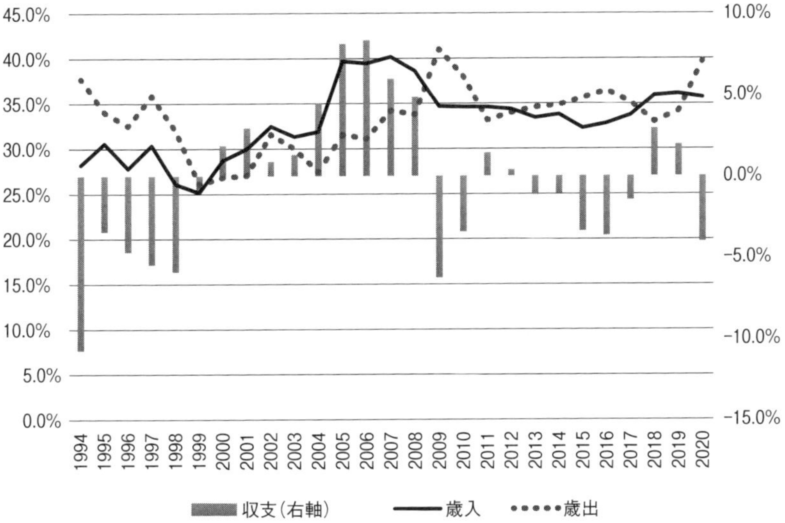

（出所）ロシア連邦出納局およびロシア財務省データより作成。

2000ゼロ年代には多額の財政黒字を計上することができた。ところが好景気は世界金融危機によって壁にぶつかる。2009年にはロシアのGDPは世界金融危機のあおりで大きく落ち込み，政府は一時的に財政出動を行って景気の下支えに努めた。そのため，2009年，2010年には歳出規模が拡大し，再び財政赤字に陥ったのである。何とか危機的状況は脱したものの，金融危機後，2010年代のロシアでは経済成長率が鈍化し，税収も伸び悩んでいる。とりわけ2014年に起こったロシアによるクリミア半島併合の結果，ウクライナとの対立が激化し，欧米諸国からは経済制裁を科されることになった。こうした中で，ロシア経済は2015年に再び大幅なマイナス成長に転落し，財政状況も悪化した。しかしその後，プーチン大統領は2018年に再選されると財政再建に努め，コロナ禍に見舞われる2020年までの数年は，再び黒字を計上するに至っていた。

3. 石油・ガス収入に依存するロシア財政

以上のように，ロシア財政は収支の浮き沈みが顕著であるが，それは税収面での石油・ガス部門への依存度が極めて高いことと関係している。石油および天然ガス産業はロシア経済の屋台骨であり，GDPの約3割弱を占めるほか，輸出総額の6割から7割を占めている。同部門がもたらす税収は，鉱物資源採掘税および輸出関税という形で連邦財政に組み込まれており，平均して連邦財政収入の約4割を占めている（図表2－4）。これらの税は原油価格に連動した従価税方式で課税される。そのため，2000ゼロ年代の原油価格の高騰局面ではロシア政府に潤沢な税収をもたらした一方で，2009年や2015-2016年のような原油価格の急落があると税収も落ち込み，結果として連邦財政も赤字に転落している。このように，石油・ガス部門からの税収は，ロシア政府にとって最大の強みである半面，市況の変化に対して脆弱であるという弱点ともなっている。

石油・ガス部門への課税[12]をめぐっては，2000年にプーチンが大統領に就任して以来，同部門を牛耳っていた新興財閥オリガルヒと政権の間で攻防が繰

図表2－4　連邦財政収入の内訳と収支（対GDP比）

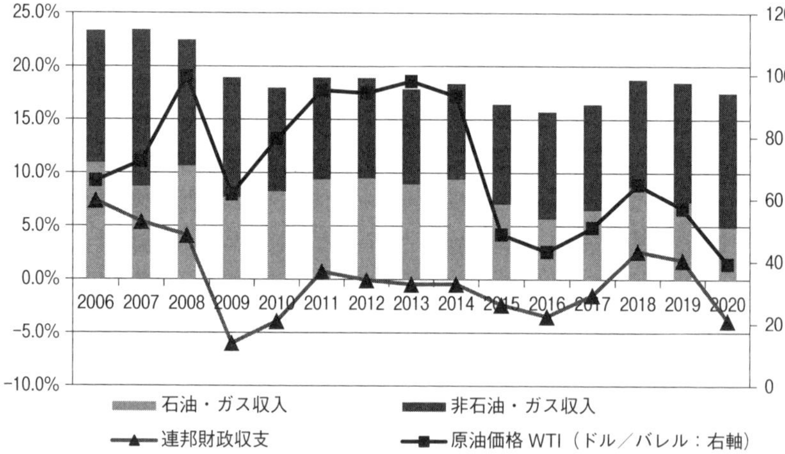

（出所）ロシア統計局およびロシア財務省データより作成。

り広げられてきた。ロシアの主力産業であり，ソ連時代から同国の経済を支えてきた石油・ガス産業は，1990年代の市場経済移行政策によって民営化され，新興財閥の手に渡った。1990年代の新興財閥はエリツィン政権と癒着し，私的な利益を享受していた。しかし2000年のプーチン政権発足後，政府との関係は一変する。新政権は石油・ガス産業に対する課税を大幅に強化し，また同時に新興財閥への締め付けを強めた。政府の税制改革に従わない企業は，石油会社ユーコスが政府の手によって解体されたように，存亡の危機に立たされたのである。こうして2000年代のロシア政府は，石油・ガス業界が得た莫大な利益の多くを国庫に回収することに成功した。ロシア政府がその唯一の富の源泉とも言える石油・ガス産業に対する支配・統制を強めたのは，これらの部門からの収入を確保し，国家財政を形成する上で不可欠だったためと言える[13]。このように，資源部門に対する強権的な課税にロシア政府の国家主導性の一側面を見ることができる。

では，その他の税源についてはどうだろうか。ロシアでは経済の石油・ガス依存がかねてより問題視されているが，それは変動の大きい石油・ガス収入への財政面での依存をどう克服するか，すなわちいかにそれ以外の財源を増やしていくかという課題ともつながる。図表2－5はロシアの一般政府財政における各種収入の推移を表したものである。石油ガス収入と並んで大きな財源は，年金基金や強制医療保険基金などの原資となる社会保険料の支払いである。また，租税収入の中では付加価値税のウェイトが高く，2019年に18％から20％への増税が行われたこともあって，その比重が高まってきている。

企業利潤税や個人所得税については，プーチン政権下で資源部門への課税が強化された際に対照的に減税が行われ，比較的負担が軽い。日本の法人税に相当する企業利潤税は一般的な税率が20％で，かつ経済特区などでは減免税措置によって最大16.5％まで税率を下げることが可能である。法人実効税率が30％弱の日本など[14]と比べると，石油・ガス部門を除く企業の税負担は軽いと言えよう。また，個人所得税については，2001年の税制改正によって最高税率45％の累進税から一律13％のフラット税へと変更され，世界の主要国と比べると，とりわけ富裕層にとって極めて軽い負担となっている。

財政の石油・ガス収入への依存度を下げるためには，資源部門以外の税収基

図表2－5　ロシア一般政府収入の推移

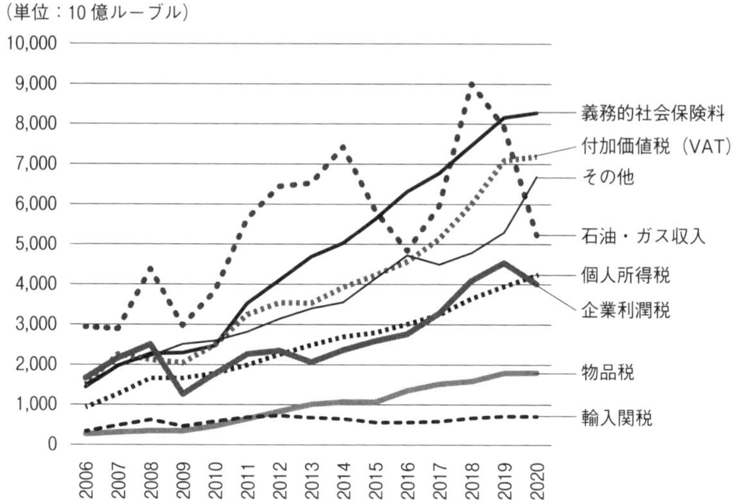

（出所）ロシア財務省より作成。

盤を強化する必要があるが，ロシアの経済構造そのものが資源部門に依存している以上，原油価格の下落局面では企業利潤税などその他の税収も落ち込みやすいという問題がある。ただし，図表2－5に見られるように，2009年には石油・ガス収入の減少と同時に付加価値税や企業利潤税も落ち込みが見られたが，2015–16年の油価下落時には，石油・ガス収入以外の税収が伸び続けていることが注目される。この理由のひとつにロシアの税務局の近年の努力による徴税率の高まりがあげられる。徴税率の低さが問題視されてきたロシアにおいて，脱税など税の抜け道をふさぎ，徴税率を上げるための改革が実施されていること自体は望ましい。ただし，結果的に企業，とりわけ徴税から逃れられない小企業の負担が重くなり，ビジネスが圧迫されているという指摘もあり[15]，課税ベース自体を縮小させないような工夫は必要だろう。いずれにしても，資源部門以外の産業を育成し，産業の多角化を図ること，また徴税能力をさらに高めていくことが，長期的により安定した財政基盤をつくることにつながると言えよう。

4. 財政収支のコントロールと国家主導性

さて，ここまでロシアの財政規模が国際的に見て小さく，また歳入面で石油・ガス部門への依存度が高いこと，石油・ガス部門からの税収を確保するために新興財閥への統制を強化してきたことを見てきた。これらに加え，ロシア財政の特徴としてさらに指摘しておかねばならないのが，財政規律に関する点である。

冒頭の図表2－1はロシアとG7諸国の一般政府債務残高を示しているが，先進民主主義諸国における政府債務の増大は近年深刻さを増し，日本やイタリア，アメリカなど多くの国でGDPの100％を超えている。こうした主要先進国における傾向とは対照的に，ロシア政府は1990年代末から債務残高を大幅に縮小させており，2019年時点でGDP比13.9％，コロナ禍に見舞われた2020年でも19.3％と，顕著に低い水準を維持している。ロシア政府がこのように債務削減に成功したことは，財政健全性の点で注目されよう。

ロシア政府は2000年代に入って国際原油価格の高騰による石油・ガス収入の増加が実現した際，歳出の拡大を回避し，増収の一定部分を基金に積み立ててきた[16]。この基金は当初は安定化基金と呼ばれ，2009年からは国民福祉基金とリザーブ基金に分割されたが，油価の高い時期に積立てを行い，油価が下落した際には歳入の補填に充てるという形で運用されてきた（図表2－6）。近年では2015年頃からの油価下落によって財政赤字が発生したため，リザーブ基金を取り崩してファイナンスが行われたが[17]，その後再び積立額が増加している。さらにロシア政府は外貨準備高も拡大させており，2021年末時点で6306億ドルの外貨準備を保有している[18]。このように，資源価格の急落に伴う財政収入の減少や為替相場の下落といった資源輸出国が抱えるリスクに対し，ロシアは比較的堅調に対処してきていると言える。

財政収支の面でも，ロシアは欧米諸国による経済制裁の中で2015年から16年にかけて財政赤字に転落しているものの，その後2018年には財政黒字を回復していることが注目される。この直接的な原因としては，2018年のプーチン大統領の再選後，政府が年金支給年齢引き上げや付加価値税増税など，財政規律を重視した政策に舵を切っていることがあげられるが，ロシアではこのよ

図表 2－6　リザーブ基金および国民福祉基金への積立（年初）

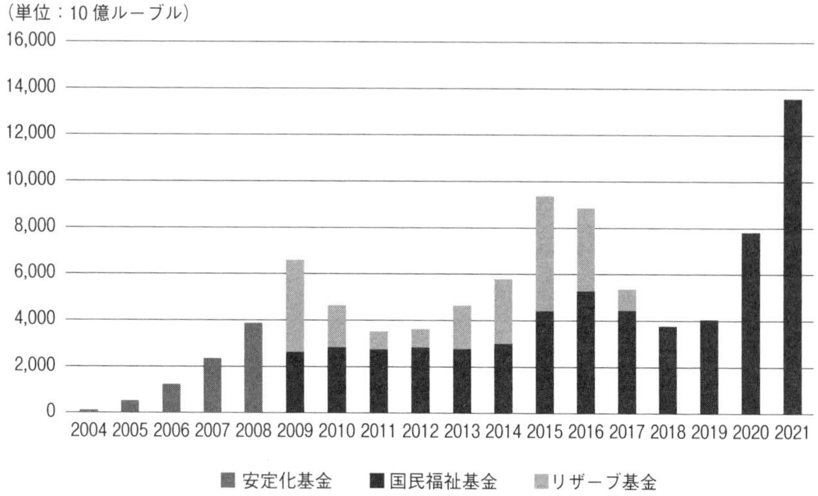

（出所）ロシア統計年鑑，およびロシア財務省より作成。

うに，財政赤字や政府債務の増大に歯止めがかからない先進民主主義国とは対照的に，財政の均衡を強く意識した政策運営が行われていることが特徴としてあげられる。

なぜロシアではこのように財政の健全性を回復することが可能なのだろうか。ロシア国民のメンタリティとして小さな政府への志向があるとは考え難く，むしろ国が生活全般を保障していたソ連時代の記憶が残る国民の間には，国家が国民の福祉を守るために積極的な役割を果たすことを期待する心理が今でも非常に強い（Lezhnina, 2019）。2018 年に政府が年金支給年齢の引き上げをアナウンスした途端に与党や大統領への支持率が急落したように，国民に痛みを強いる改革への抵抗は強いはずである。しかし，一般的な民主主義国と比べ，ロシアでは財政政策に民意が反映されにくい。大統領の権限が非常に強く，また連邦議会においても与党「統一ロシア」が議席の約 4 分の 3 を占めているため，政府主導で政策を実行する上での障害はほとんどないのである。最近では予算の審議に割かれる時間は 2000 年代初頭の半分になり，読会での修正も減っているという（Kluge, 2018：31）。このように，ロシアでは財政民主主義が実現する機運は希薄で，財政は「公共」の領域というより，むしろ国民から乖離した「国家」の領域になっていると言える[19]。また，ロシア政府は1990年代に生じたハイパー・インフレのトラウマから，財政規律を維持することを極めて重視している。強権的国家であるがゆえに財政健全性が実現されていると言え，ここにロシア経済の国家主導性の一面を見出すことができる。

第3節　財政から見たロシア政府の性格

1. ロシア政府の歳出構造

ではロシアの財政には機能の面でどのような特徴があるのだろうか。かつて宮本憲一はその著書の中で，財政とは国家の顔であり，現代資本主義国家の発展の方向性として，福祉国家，企業国家，軍事国家という3つのベクトルを見出すことができると主張した（宮本，1981）。ここでは，ロシア財政の歳出構造に基づき，その特徴，性格を明らかにしたい。

図表2-7はロシアの一般政府歳出の内訳を表している。とくに顕著なのは社会政策費の伸びで，現在では歳出全体の3分の1強を占めている。このうちの8割弱は年金であるが，ロシアでも少子高齢化が進む中，社会保障負担は年々重くなっている。ロシアでは年金は年金基金を通して国民に支給されるが，社会保険料だけでは財源が不足するため，年金支給総額の約4割を連邦財政からの繰り入れに頼っているのが現状である[20]。次に多いのが国民経済費と呼ばれる項目（燃料・エネルギー，農業・漁業，交通，道路，情報・通信の各産業，および国民経済分野に関わる基礎研究などに対する支出）で，2018年時点では全体の13%を占めている。国民経済費は2009年の世界金融危機時，および2014年にロシアが経済制裁を受けた際にとくに伸びていることがわかるが，この中には企業への補助金や公共事業も含まれるため，政府が景気対策として支出を増やしたことがうかがえる。その次に多いのが教育費と保健（医療）費で，それぞれ全体の11-12%程度を占めている。国防費については，プーチン政権下で強化されている印象もあるが，2018年度は歳出全体の8%で

図表 2－7　ロシア一般政府支出の推移

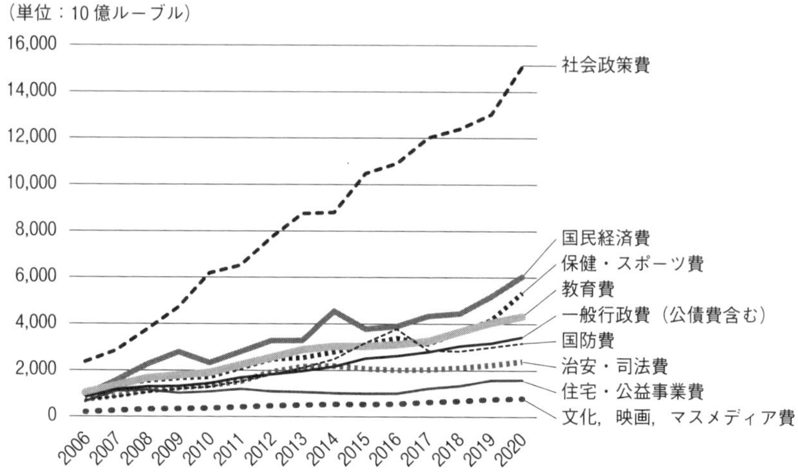

（出所）ロシア財務省より作成。

あった。時系列でみると，ウクライナ紛争や欧米諸国との関係悪化に伴い，2014 年から 16 年にかけて一時的に国防費が増加しているが，2017 年以降は減額されて通常の状態に戻っている。対 GDP 比で見ても，金融危機前の 2006-08 年の国防費が 2.5％であったのに対し，2014 年以降に一時的に増加して 2016 年には 4.4％に達していたが，2019 年には 2.7％まで下がっている[21]。

では，このようなロシア政府の歳出構造はどう特徴づけられるのだろうか。次項で他の国々との比較を通して考えてみたい。

2. OECD 諸国との歳出構造の比較

ロシア政府の 2007 年から 2015 年にかけての歳出構造を OECD 加盟国のものと比較した Akindinova, et al.（2018）によると，ロシアでは OECD 諸国の平均と比べ国防費や治安・司法費，国民経済費が多いこと，また反対に保健や教育に対する支出が少ないこと，さらに社会保障費の近年の膨張が著しく，OECD 諸国の平均程度まで増加していることが指摘されている。ただし，OECD 諸国間でも財政構造はかなり異なっている。そのため，ここでは

OECD 加盟国の中から主要な数カ国の歳出構成を抽出し，対 GDP 比および歳出総額に占める比率でロシアと比較してみたい。

図表2－8は，ロシアとアメリカ，日本，ドイツ，フランス，スウェーデンの 2018 年の歳出構造を比較したものである。ロシア政府の歳出のうち最大の比重を占めている社会保障費は，国内的には非常に重い負担となっているが，主要先進国と比較すると決して過大なわけではない。アメリカは例外としても，日本やドイツ，フランス，スウェーデンでは，支出に占める割合で見ても対 GDP 比で見ても，ロシアより多額の支出を行っている。少子高齢化に伴う社会保障費の膨張は世界共通の問題であるが，ロシアは現時点では先進諸国ほどではないものの，傾向としてそれに近づきつつあることを示していると思われる。

国民経済費（経済活動）に歳出総額の 13％を割いている点については，ロシアは他の先進国を凌いでおり，対 GDP 比で見ても，比較的この項目に力を注いでいることがうかがわれる。このことは経済への国家介入が大きいことを

図表2－8　主要国の歳出構造（対 GDP 比％，2018 年）

	ロシア	アメリカ	日本	ドイツ	スウェーデン	フランス
合計	33.0（100）	37.8（100）	38.9（100）	44.6（100）	49.8（100）	56.0（100）
一般行政	2.9（8.8）	5.7（15.1）	3.8（9.7）	5.7（12.7）	7.1（14.2）	6.2（11.0）
国防	2.7（8.2）	3.2（8.5）	0.9（2.4）	1.1（2.4）	1.2（2.4）	1.8（3.1）
治安・司法	2.0（6.1）	2.0（5.3）	1.2（3.2）	1.6（3.5）	1.3（2.6）	1.7（3.0）
経済活動	4.3（13.0）	3.4（8.9）	3.7（9.5）	3.4（7.6）	4.3（8.6）	5.8（10.3）
環境保全	0.1（0.3）	0.0（0.0）	1.1（2.9）	0.6（1.3）	0.5（1.0）	1.0（1.8）
住宅・コミュニティー関連	1.3（3.9）	0.5（1.3）	0.7（1.7）	0.4（0.9）	0.7（1.4）	1.1（2.0）
保健	3.5（10.6）	9.3（24.6）	7.7（19.7）	7.2（16.2）	7.0（14.0）	8.1（14.5）
レクリエーション・文化・宗教	0.6（1.8）	0.3（0.7）	0.4（1.0）	1.1（2.4）	1.3（2.6）	1.4（2.5）
教育	3.5（10.6）	5.9（15.7）	3.3（8.5）	4.2（9.4）	6.9（13.8）	5.1（9.1）
社会保障	11.9（36.1）	7.5（19.9）	16.1（41.4）	19.4（43.6）	19.5（39.2）	23.9（42.6）

（注）カッコ内は歳出総額に占める比重。
（出所）OECD，ロシアはロシア財務省データより計算。

裏づけていると思われる。

教育や医療についてはどうだろうか。ロシアでは歳出のそれぞれ10%がこれらの項目に振り向けられているが，他の先進国と比較すると相対的にこれらの比重は小さい。とくに保健費の少なさは顕著で，GDPの3.5%と，他の国々の半分以下の水準になっている。ソ連時代には国民に対して無償の医療や教育が保障されており，現在も教育機関や医療部門で働くスタッフの数は国際的に見てかなり多い[22]。しかし，財源不足から現場で働く教員や医療スタッフの低賃金，ひいてはサービス（とりわけ医療）の質の低さといった問題につながっている。そのため，教育や医療サービスは決して手厚いとは言えず，その点で社会主義時代の正の遺産は浸食されていると言えるのかもしれない。

国防費については歳出総額の8.2%が支出されているが，これはアメリカの8.5%に続き，他の国々よりかなり高い水準である。対GDP比で見ても2.7%と，アメリカの3.2%には及ばないものの，ヨーロッパや日本の水準を大幅に上回っている。さらに，SIPRI（ストックホルム国際平和研究所）の基準に従えば，財政統計に表れているロシアの国防費は実際の金額の4分の3に過ぎず，本来国防費に含めるべき経費で社会保障費や医療，教育費などの項目に計上されている支出を合わせると，さらにGDP比で1%程度増加するという指摘もある（Kluge, 2019：23)。こうした指摘も踏まえると，絶対額ではアメリカや中国よりはるかに少ないものの，やはりロシアの国防費は相対的に多いと言わざるを得ない。プーチン政権を支えるシロヴィキの出身母体である治安や司法分野に関わる支出も，歳出総額の6%と他国より相対的に多くなっている。

では，ロシアにおける財政の性格はどう描けるだろうか。ロシア政府の財政構造からは，政府が重点をおいている領域として，国防，国民経済，そして社会保障という3つがあげられる。国防費の多さから判断すれば，ロシアはアメリカと並ぶ軍事国家と言えるのかもしれない。ただし，ロシアの国防費は国家安全保障の観点からだけでなく，産業政策としても意味を持っている。アメリカと冷戦を繰り広げたソ連時代の遺産として，ロシアは大きな国防産業を抱えている。その中には，シベリアなど辺境の企業城下町も多く，国家発注の削減が多くの都市の経済社会情勢を不安定化させる恐れから，国防支出を減らせないという事情もあるのである（Kluge, 2019：28)。

負担が急速に増加してきた社会保障費は，国際的に見るとまだ先進国の水準ではないが，国内的には最も深刻な問題であると言える。年金生活者たちは政府に対しパターナリスティックな社会政策を求め，政府は彼らの支持をつなぎとめるために，それに応える必要に迫られている。ロシアの政治・社会的安定性の土台として，国家と市民の間の暗黙の「社会契約」の存在が指摘されているが，この議論によると，ロシア国民は政府から一定の経済的な便益を保障されるのと引き換えに政治的自由を放棄することを受け入れているとされる（Cook and Dmitrov, 2017; Feldmann and Mazepus, 2018; 林, 2018; Busygina and Filippov, 2016）。したがって，その社会契約関係が崩れる時には現政権の支持基盤が揺らぐ可能性があり，ゆえに政府にとって社会政策は削減が難しい領域である。図表２－９はOECD諸国とロシアにおける社会保障費の大きさと人口１人当たりGDPの関係を見たものであるが，大雑把に言えば経済水準が上がるほどGDPに占める社会保障費も増える傾向にある。この中で，人口１人当たりGDPが１万ドル弱のロシアは，１人当たりGDPが３万ドル程度の

図表２－９　人口１人当たりGDPと社会保障費の相関関係

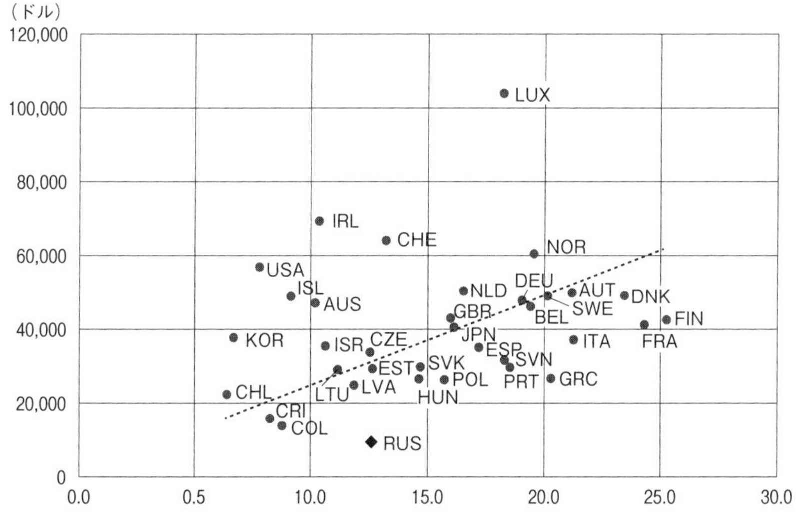

（注）縦軸が人口１人当たり名目GDP，横軸がGDPに対する社会保障費の比率を表す。
（出所）OECDより作成。

国々と同等の社会保障費を抱えていることになり，経済発展の度合いからすれば過大な社会保障負担を抱えた国と言える。その意味では，社会主義時代の遺制としての「早熟な福祉国家」としての一面もうかがえる[23]。

国民経済費の多さについては，この中に企業に対する補助金や投資などが含まれていることから，国家主導で経済を支える企業国家の一面もあると言える。この点については次節でも触れる。

以上から，ロシアは財政規模から言えば「小さな政府」を有しており，かつ先進諸国と比較すると財政赤字や政府債務の少ない健全財政が維持されていること，また財政の役割としては，社会保障負担が年々重くなっていることに加え，国防費や国民経済費といった分野に相対的に重点が置かれていること，その一方で教育や医療など人的資本の形成に関わる分野のファイナンスが手薄になっていることを確認した。

第4節　影の予算と国家主導型経済

ここまでロシアの財政構造について見てきたが，これだけでは「小さな政府」としてのロシア政府の姿と，国家資本主義と形容されるロシア政府の実像とのギャップが広がるばかりである。ロシア経済における国家主導性を理解する上では，公式の財政の理解だけでは不十分と言える。それは，ロシアには予算を介さずに政府がコントロールする資源配分，すなわち政府が支配する企業部門を通じた資金の移動が相当な規模で存在するためである。本節では，この財政の枠組みを超えて行われる，言わば「影の予算」の存在と役割に焦点を当てたい。

ロシア財政を支えている基幹財源が石油・ガス部門からの税収であることはすでに述べた。しかし，資源部門からの公式の税収は，実は同部門から徴収されている資金の一部に過ぎない。アメリカの経済学者GaddyとIckesは，ロシアの石油・ガス部門が実際に稼いだ収入と競争的な環境で発生しうる生産コストとの差額を算出し，これを「レント」と名付けた。このレントは石油の輸出価格が高騰すると当然大きくなるが，これを強権的な政府が公式・非公式の形で徴収し，他の部門，とりわけ非効率で市場経済下では生き残りが難しい企業への補助金として再分配し，これらの部門を支えていると彼らは主張している。Gadddy と Ickes はこのシステムを「レント管理システム」（Rent management system）と名付け，プーチン体制を特徴づける仕組みとして描いている（Gaddy and Ickes, 2015）。

ロシアでは石油・ガス部門をはじめとするエネルギー生産者は，電力や製造業企業などのエネルギー消費者に対して市場価格を下回る安値で資源の供給を行い，間接的な補助金を与えている。また，生産設備メーカーや鉄道，パイプラインといった輸送インフラ業者など，石油・ガスの生産を支える業者に対しては，超過支払いの形で補助を与えているとされる。「レント」の多くはこうした価格メカニズムを通して様々な部門（レント依存セクター）に分配されていくのである。また，それらはすべて公式の財政を介さないインフォーマルな仕組みを通して行われる（Gaddy and Ickes, 2015：19）。石油・ガス企業を抱える新興財閥たちはプーチンの支配下に置かれ，このシステムへの参加を強制されていると言える（ibid：25）。

こうした企業部門を介した再分配の方法は，ソ連時代の国家財政の中の「国営企業・経済組織財政収支」を思い起こさせる。その正確な規模を把握することは難しいが，IMF やロシアの研究者の推計によると，政府のコントロール下にある国有企業を広義の公的セクターとみなせば，こうした企業の支出が GDP の 29-30％に相当するという（Kluge, 2019：7）[24]。国有企業は納税も行うが，予算に組み込まれず国有企業の手元に残る留保資金も多い。ただし，国有企業は政府の政治的目標のために利用されるため，これらの企業の支出には国家プロジェクトとしての側面があり，これを広義の財政の一部と位置づけることができるのである。

Kluge（2019）はこのような影の予算の存在について指摘しているが，以下では彼の議論をもとに国有企業を通した資金の配分について説明しよう。国有企業と分類した企業のうち，最も多いのは連邦および地方政府が直接管理する「ユニタリー企業」である。よく知られているものとしては，ロシア郵便公社，モスフィルム映画スタジオ，モスクワ地下鉄公社などがあげられる。第2のグループは部分的に民間資本によって所有され，海外の証券市場に上場している合弁企業である。この中にはロシアの2大エネルギー企業であるガスプロムとロスネフチ，ロシアのパイプラインを独占するトランスネフチ，国有銀行のズベルバンクとVTB銀行，そしてサービス業のアエロフロートやロステレコムなどが含まれる。第3のグループとして，ロシア独特の国有企業形態である「国家コーポレーション」があげられる。国家コーポレーションには軍産複合ホールディング会社のロステクノロジー，開発銀行のVEB銀行（対外経済銀行）などがあり，これらは株式を自社で保有している。

これらの国有企業のうち，ユニタリー企業はそれを所有する連邦・地方政府の合意抜きには意思決定を行えないが，合弁企業と国家コーポレーションははるかに大きな独立性を有している。ただ後述するように，合弁企業も政府の影響を強く受けている。国家コーポレーションに関しては，大統領がその経営陣を指名・解任する権限を持っており，目下プーチン大統領が自らと個人的つながりのある人物を経営陣に配し，影響力を保っている。

ユニタリー企業と合弁企業は，利益の一定部分を国庫に納めなければならない。ただし合弁企業が政府に支払う配当は国際的に見ると小さいとされており[25]，2015年の油価下落の後，メドベージェフ首相（当時）は2016年に国有合弁企業により多くの配当支払いを義務づける指令，より正確に言えばIFRS（国際財務報告基準）に則って前年の純利益の50％を国庫に納めなければならないとする指令を出した。しかしながら，結果的に小規模な合弁企業は従ったものの，エネルギー企業については政府の支援の下で例外扱いが可能となり，ガスプロムやロスネフチ，トランスネフチといった企業はそれほど多くを納めてはいないという[26]。ただし，これらの企業は国庫への利益の上納を軽減される代わりに，政府が掲げるプロジェクトへの協力を行ってきた。例えば，石油・ガスパイプラインおよびその他のインフラ建設，資源輸出の管理，メディア国有化への協力などである。政府が企業にある資金そのものを直接・間接にコントロールできることで，もはや国庫を経由させる必要すらなくなっているのである（Kluge, 2019：34–37）。

国家コーポレーションに関しては，法的には政府による所有関係がないため，利益を配当として国庫に入れることはない。したがって，合弁企業の場合より多くの資金を社内で利用することが可能である。ロステクノロジーのような国家コーポレーションの傘下には，軍産複合体を含む数多くの製造業企業が含まれている。これらの企業の中には，市場経済下での生き残りが困難な企業が多数含まれているが，政府は国家コーポレーションを通して，こうした企業を財政面で支えることが可能となっているのである。

このようにロシアでは，政府が企業を直接コントロールすることで，財政を介さずに企業内に留保された資金を政治的な目的のために利用することが可能となっている。このような影の予算は，議会で審議されることも予算法の適用を受けることもなく，国民の監視の目にさらされることがない。しかし同時に，これらの資金が公式の財政ではカバーされないインフラの建設，企業に対する補助金の支出などを可能にして，ロシア経済の安定性を支える手段になっているとも言える。ここにはロシア政府の企業国家としての積極的な経済介入を見出すことができよう。

おわりに

本章では，国家主導型経済あるいは国家資本主義と称されるロシアにおいて，財政がどのような役割を担っているのか，また国家主導性がどのように発現しているのかを考察してきた。国家財政の規模から言えば，ロシアは意外にも「小さな政府」の部類に入り，また財政収支の均衡や国家債務の少なさという点で，先進民主主義諸国と比べてかなり健全財政を維持している。また，資源輸出に依存したロシアにおいて，油価の急落やそれに伴うルーブルの急な減価にも対応できるよう，基金を積み立て，外貨準備も十分に蓄えている。民主主義諸国が苦戦している財政規律の順守をなぜロシアが達成できるのか，その理由は本章で述べてきた通り，ロシア政府の強権的な性格や手法に求めることができる。民主主義を実践するがゆえに財政赤字や政府債務の拡大に歯止めがかからない国々とは対照的に，民意がそれほど反映されないがゆえに財政規律を保っているのだと言えよう。

ロシア財政が果たす役割について，国際比較を通じてその特徴を明らかにすると，国防費のウェイトが高いことがまずあげられる。ロシアがNATO諸国との関係悪化の中で安全保障を重視していること，また同時にソ連から引き継いだ大きな国防産業を支援する必要があることが，この背景にある。また，ロシアの少子高齢化に伴い，年金を中心とする社会保障費が年々膨らんでいることも大きな特徴である。パターナリスティックな社会政策を求める国民の支持をつなぎとめるためには必要な経費であるが，これがロシア財政を圧迫する最大の要因になっている。その結果，教育費や医療費といった人的資本の育成に関わる経費が犠牲になり，抑制される傾向にある。

以上の国家財政の分析からだけでは，ロシアが何ゆえに国家資本主義と位置づけられるのか，その理由は判然としなかった。しかし本章では，ロシア政府の国家主導性の大きな源泉が，国家財政を迂回した，国有企業部門を通じた資源配分にあることを明らかにした。言わば影の予算とも言えるこの資源配分は，ロシア経済を支え，社会の安定性を維持する上で極めて重要な役割を果たしている。この影の予算を含めることではじめて，実態としてのロシアの「大きな政府」の姿が浮かび上がってくるのである[27]。

今後，ロシア経済が直面する課題としては，油価が低迷し，資源部門から得られる「レント」が減少する局面にいかに立ち向かうかである。これは現在すでに直面している課題ではあるが，レントが減少するということは，公式，非公式ともに財政的操作の余地が少なくなっていくことを意味している。その中でいかに限られた資源を有効に利用していくのか，それに失敗すれば，国家主導の前提となる安定した政治が掘り崩される恐れもあるだろう。

［追記］

2014年のクリミア半島併合，そして本稿脱稿後の2022年2月に始まったロシア軍によるウクライナ侵攻と，最近のロシア政府は国内のナショナリズムを煽ることで国家統合を図ろうとする姿勢を強めているように思われる。このことは本章第3節で触れた「社会契約」モデルの揺らぎ，経済的便益による統合からナショナリズムによる国家統合への移行の可能性を示している。ただし，同時にウクライナ侵攻後にも政府は年金支給額の引き上げ等の方針を打ち出しており，社会保障は依然として「社会契約」の重要な要素であるとも言える。

＊本章は日本学術振興会科学研究費補助金（課題番号 18K11829）の研究成果の一部である。

[注]

1　Tanzi（2001），Alm and Martinez-Vazquez（2003）といった欧米の財政学者による税制の研究のほか，ロシア国内でも脱税をめぐって政府・企業間関係，企業の行動などに焦点を当てた研究が多数見られた。

2　なお，2020年からの新型コロナウイルスの感染拡大および2022年からのウクライナとの戦争によって，ロシアでも直近の時期においては財政状況の悪化が見られる。

3　日本で体制転換後のロシア財政の全体を概観した研究としては，田畑（2011）など。

4　ただし，先進民主主義国の中でも財政健全化に成功した国もあり，政府の取り組みや財政パフォーマンスにはばらつきがある（井手・パーク, 2016）。

5　2012年の日本財政学会のメイン・シンポジウムでは，日本で「なぜ」財政再建ができないのかがテーマとなったが，増税や歳出削減に対する政治家の抵抗が強く，財政規律の強化を回避してきたことが問題視されている。日本財政学会編（2013）『財政研究』第9巻，pp.4-62を参照。

6　MMTでは，自国通貨発行能力のある国では，インフレが起こらない限り政府債務増大を懸念する必要はないと考えられている。

7　ソ連時代の広義の財政を示す総合財政計画には，狭義の国家財政を表す（1）国家予算収支のほか，（2）国営企業・経済組織財政収支，（3）共同組合・コルホーズ財政収支，（4）国家信用・保険機関財政収支が含まれていた（佐藤, 1965：109-110）。

8　これらの数値はMyant and Drahokoupil（2011）p.129に基づくが，統計によって数値は若干異なっている。

9　ロシア統計年鑑および財務省ウェブサイトより著者計算。

10　ロシアの地方財政は州や共和国といった準国家レベル（連邦構成主体）の財政と，その下位に位置する市，地区，町村といった地方自治体の財政から構成され，これらを合計したものを統合地方財政と呼んでいる。

11　ロシア財務省データによる。

12　連邦財政の石油・ガス税収とは（1）炭化水素燃料形態の鉱物資源（石油，天然ガス，ガスコンデンサート）の採掘税，（2）石油輸出関税，（3）天然ガス輸出関税，（4）石油製品輸出関税から構成される。当該年度の連邦財政に繰り入れられる金額は各年度の予算法によって決まり，それ以外の部分はリザーブ基金（現在は国民福祉基金）と呼ばれる基金に積み立てられる。

13　資源部門が獲得した資金を再分配することによってロシア経済を支える仕組みは，Gaddy and Ickes（2015），Oxenstierna（2015）らによってRent Managing System，あるいはRent-dependent economyと形容されている。本章でも後述する（第4節）。

14　財務省によると，日本の法人実効税率は29.74%，フランスが31.0%，ドイツが29.89%，アメリカが27.98%である（2019年1月時点）。財務省ウェブサイト https://www.mof.go.jp/tax_policy/summary/itn_comparison/j03.htm（2020年3月27日アクセス）

15　Ekspert, 20-26 January, 2020（ロシア語）.

16　基金に積み立てられるのは，石油・ガス部門からの税収のうち，2004年には油価20ドル／バレル，2007年からは27ドル，2008年からは45ドル，2012年には91ドル，2018年からは40ドルを超える部分とされている。それ以下の部分は当該年度の連邦財政収入となる。

17　なお，リザーブ基金は2018年に残高が底をついて解消され，その後は国民福祉基金に一本化されている。

18　ロシア中央銀行。

19　ロシア語で財政のことをgosdarstvennyi financと言うが，これは英訳するとstate financeであって public finance ではない。このこともそれを象徴しているように思われる。

20　ロシア財務省データに基づく。

21　本章での考察対象時期に含まれていないが，2022年はロシアのウクライナへの軍事侵攻に伴い再び増加することが予想される。

22　なお，ロシアでは教員や病院スタッフの大部分は公務員である。ILO統計を元に分析を行ったGruvich, Khazanov（2016）によると，人口100人当たりの公務員数は，ロシアで国家行政2.4人，教育4.0人，医療2.9人，これらを合計すると9.4人になる。この数字は西欧諸国や他の東欧の移行諸国の平均と比べ，約1.5倍多いという。なお，同指標によると日本の人口100人当たりの公務員数は3.5人であった。

23　ヤーノシュ・コルナイはハンガリーを事例に，旧社会主義国がその経済発展レベルに見合わない「早熟な福祉国家」であったと，批判的な観点から主張した（Kornai, 1992）。松戸（2011）でも，1950年代以降のソ連が国民の国家への忠誠を調達するために就労や教育，医療などの面で福祉国家的な性格を備えるようになり，国力に見合わないほどの過剰な福祉国家であったとされている。

24　また，ロシア国民経済・公務アカデミーによると，GDPに対するロシアの国家セクターの比重は，2018年のデータで国家行政部門が13%，国営企業が38.7%，ユニタリー企業が1.7%となっており，合計するとGDPの53.4%にのぼる（https://ipei.ranepa.ru/ru/kgu/indeksy）。

25　本来なら支払われるべきで支払われていない配当は2015年で3860億ルーブル，2016年には3460億ルーブルにのぼったという数字もある（Kluge, 2019：36）。

26　例えば，ガスプロムはIFRSの基準によれば，前年度利益の50%ではなく20%しか国庫に納めていない。これはガスプロムによるガスパイプラインへの投資という大きな投資プロジェクトによって正当化された。ロスネフチは35%を納め，これは同社の国家による所有が直接的なものではない（ロスネフチェガスを通してである）ので，メドベージェフの指令が当てはまらないという理由で正当化された。トランスネフチも諸々の理由を付けて2017年の利益の13%だけしか収めていない（Kluge, 2019：37）。

27　本章では取り上げなかった政府系ファンドとしての国民福祉基金の資金運用については，今後の検討課題としたい。

［参考文献］

（英語）

Alm, J. and Martinez-Vazquez, J. (2003) Institutions, paradigms, and tax evasion in developing and transition countries. in Jorge Martinez-Vazquez and James Alm (eds.) *Public Finance in Developing and Transitional Countries*. Edward Elgar.

Busygina, I. and Filippov, M. (2016) The Calculus of Non-Protest in Russia: Redistributive Expectations from Political Reforms. in Cameron Ross (ed.) *State against Civil Society*. Routledge.

Cook, L. and Dmitrov, M. (2017) The social contract revised: Evidence from communist and state capitalist economies. *Europe-Asia Studies*, Vol. 69, No.1, pp.8-26.

Feldman, M. and Mazepus, H. (2018) State-society relations and the sources of support for the Putin regime: bridging political culture and social contract theory. *East European Politics*, vol.34, No.1, pp.57-76.

Gaddy, C. and Ickes, B. (2015) Putin's rent management system and the future of addiction in Russia. in S.Oxenstierna (ed.), *The Challenges for Russia's Politicized Economic System*. Routledge.

Kluge, J. (2019) Mounting Pressure on Russia's Government Budget: Financial and Political Risks of

Stagnation. SWP Research Paper, February 2019.
Kornal, J. (1992) The Postsocialist Transition and the State: Reflections in the Light of Hungarian Fiscal Problems. *The American Economic Review*, Vol.82, No.2, pp.1-21.
Lezhnina, Y. (2019) Russians' Expectations from the State Social Policy as an Indicator of Their Risks and Opportunities. *The Journal of Comparative Economic Studies*, Vol.14, pp.51-65.
Musgrave, R. (1959) *The theory of public finance : a study in public economy*. McGraw-Hill.
Myant, M. and Drahokoupil, J. (2011) *Transition Economies: Political Economy. in Russia, Eastern Europe, and Central Asia*. John Wiley & Sons, Inc.
Oxenstierna, S. (2015) The role of institutions in the Russian economy. in S.Oxenstierna (ed.), *The Challenges for Russia's Politicized Economic System*. Routledge.
Shleifer, A. and Vishny, R. (1999) *The Grabbing Hand: Government Pathologies and Their Cures*. Harvard University Press.
Tanzi, V. (2001) Creating Effective Tax Administrations: The Experience of Russia and Georgia. in Janos Kornai, Stephan Haggard, Robert Kaufman (eds.) *Reforming the State: Fiscal and Welfare Reform in Post-Socialist Countries*. Cambridge University Press.
Tanzi, V. (2011) *Government vs Markets: The Changing Economic Role of the State*. Cambridge University Press.
Turley, G. (2006) *Transition, Taxation and the State*. Ashgate.
（ロシア語）
Akindinova, N. V., Chernyavskiy, A. V. Chepel, A. A. (2018) Mezhstranovoy analiz struktury i effektivnosti byudzhetnykh raskhodov. *Voprosy Ekonomiki*, No.12, pp.5-27.
Gruvich, E., Khazanov, A. (2016) Zanyatost' v rossiyskom byudzhetnom sektore: znachmy sotsial'nye ili ekonomicheskie faktory?. *Voprosy Ekonomiki*, No.8, pp.28-56.
（日本語）
井手英策・ジーン・パーク編（2016）『財政赤字の国際比較—民主主義国家に財政再建は可能か—』岩波書店。
佐藤博（1965）『ソビエト財政論』未来社。
シュトレーク，ヴォルフガング（2016）『時間稼ぎの資本主義—いつまで危機を先送りできるか—』みすず書房。
スティグリッツ，ジョセフ（2002）『世界を不幸にしたグローバリズムの正体』徳間書店。
田畑伸一郎（2011）「ロシア財政制度の資本主義化」仙谷学・林忠行編著『ポスト社会主義期の政治と経済—旧ソ連・中東欧の比較』北海道大学出版会。
日本財政学会編（2013）「シンポジウム：『なぜ』財政再建ができないのか」『財政研究』第9巻。
林裕明（2018）「『社会契約理論』からみたロシアの社会経済システム」『ロシア・ユーラシアの経済と社会』2018年9月号（No.1032），pp.25-38。
ブレマー，イアン（2011）『自由市場資本主義—国家資本主義とどう闘うか—』日本経済新聞出版社
溝端佐登史（2002）「ロシアの市場移行における国家の失敗」『関西大学商学論集』第47巻第2・3号合併号。
宮本憲一（1981）『現代資本主義と国家』岩波書店。
松戸清裕（2011）『ソ連史』筑摩書房。

第3章

米ロ航空機産業の再編過程と国家政策の比較

伏田寛範

はじめに

2000年代以降，中国やロシアなどの新興国の経済がめざましく成長し，国際政治の場でも発言権を強めていったことを背景に，これらの国々は「政府が主に政治上の利益を得るために市場で主導的な役割を果たす」[1]国家資本主義の国であるといった議論が起こった。国家（政治）と経済との距離は国ごとによって違うが，国家資本主義と名指しされた中国やロシアでは，その距離は著しく近いと評価されている。本書でも，中国やロシアを国家資本主義と呼ぶかどうかはさておき，今日の中国やロシアでは国家主導の経済システムが形成されているとの認識に立ち，その実態に接近することを試みている。

本章では，国家（政治）と経済との距離，あるいは経済における国家の主導性を考察するにあたって，航空機産業という特殊な産業を例に挙げたい。航空機産業はその誕生以来，常に国家の安全保障と密接に関わり，国家からの介入を受けてきたからである。それは今日，自由市場経済（Liberal Market Economies: LME）のモデルと目され，世界で最も発展した航空機産業を有するアメリカにおいても同様である。航空機産業は，本書全体を通じてのテーマである「国家の主導性」を見るのに格好の材料を提供するだろう。

以下では，LMEの代表とされるアメリカと国家資本主義の代表とされるロシアとにおいて，航空機産業における国家の介入にどのような違いがみられるのかを比較検討し，ロシアにおける国家主導の経済の特徴を描き出したい。ただし，創成以来100年以上の歴史を誇る米ロ両国の航空機産業と国家との関係を全期間にわたって比較検討することは，紙幅の都合上非常に困難であるため，本章では1980年代末の冷戦終結後から今日に至るまでの時期，すなわち米ロ両国で航空機産業の再編が大々的に進められた時期に限定して論じたい。

第1節　航空機産業と国家

1. 航空機産業への国家介入の根拠

古今東西を問わず，航空機産業への国家介入は広く見られてきた。例えば，第二次世界大戦後のイギリスにおける民間機開発計画では政府の省庁間委員会が主導的な役割を果たしていたし，1950年代末から1960年代初頭にかけての航空機産業合理化の際も政府は調達や新型機の開発支援を少数の企業に集中することで再編を促した[2]。エアバス・インダストリーの設立（1970年）にあたってはイギリス，フランス，西ドイツ政府がそれぞれ外交交渉の前面に立つ一方，国内では同コンソーシアムに参加する企業を選定した[3]。新型ジェットエンジンの開発の際に多額の損失を出し，経営破綻したロールスロイスはイギリス政府によって国有化され（1971年），サッチャー政権時の1987年に民営化されるまで同社は政府の管理下に置かれた。また，アメリカでも政府による航空機メーカーの救済が行われた。旅客機L-1011トライスターの販売不振と軍用大型輸送機C-5の開発費超過により経営危機に陥ったロッキードは，アメリカ政府によって救済された[4]。他にも，実現こそならなかったものの，EADS社とBAEシステム社の合併交渉（2012年）にあたっては，イギリス，フランス，ドイツ政府がそれぞれの立場から利害を主張しあい，終始交渉過程に大きな影響を及ぼした[5]。そして，詳細は後に検討することになるが，冷戦終結後のアメリカとロシアにおける航空機産業再編においても政府の多大なる影響を認めることができる。

このように航空機産業への国家介入は頻繁にみられるが，ではなぜこうした介入が行われるのであろうか。また，その根拠はどこにあるのか。航空機産業に国家が介入する最大の根拠は，同産業が国家の安全保障を支える産業的基盤

（これを軍事産業基盤，あるいは国防生産基盤という）を構成していることにある。航空機産業は軍隊の必要とする装備品（戦闘機や輸送機など）を供給する役割を担う産業であるがゆえに，多様な形で国家政策の影響を受けることになる。ロシアやアメリカのような，安全保障面での高い水準での自立性を追求する国家にとっては，軍事産業基盤である航空機産業を維持するために国家が何らかの形で介入することは半ば自明のこととされる。また，今日，航空機を丸ごと一から開発すること（全機開発という）ができる国は技術面からも資金面からも限られており，航空機産業を維持し自国で全機開発ができることを示すことは，その国の国力を顕示することにつながる[6]。こうした政治的な「ショーウインドー」効果を狙って，国家は航空機産業を保護・育成しようとする。

こうした政治的な理由以外にも，経済的側面からも国家の介入はしばしば正当化される。近年，航空機の技術水準が飛躍的に向上したことに伴い，高度先端技術を有する多様な産業が裾野産業として航空機の開発・生産に携わるようになった。ひとたび航空機の開発に成功すれば，長期にわたって多くの産業が裨益することになる，言い換えれば，多大な波及効果が期待できるということから，政府の産業政策の対象として航空機産業が選好される。また，技術水準が高度化するに伴って，航空機の開発・生産にあたっては巨額の資金が長期にわたって必要とされるようになったことも国家介入の根拠となっている。航空機の開発は成功すれば多額の利潤を長期にわたってもたらすが，ひとたび失敗すれば，過去にはロッキードの大型旅客機トライスター，近年ではエアバスの超大型機 A380 やボーイングの小型機 B737MAX の例のように多大な損害をもたらし，企業経営を一挙に傾けさせかねない。航空機製造企業やその関連企業は多数の雇用を生み出し，経済・社会的な影響が大きいことから，政府はこれら企業の安定的な経営に強い関心を寄せる。

さらに，経済学の理論からも航空機産業への国家介入は正当化されうる。航空機産業のおかれる市場は，需要者・供給者共に寡占の状態にあり（軍用機の場合，国家が需要を独占する），情報の非対称性がしばしば見られる，完全競争市場からは最も かけ離れた市場であり，経済学の教科書でおなじみの「規模の経済」や「ロックイン効果」などの「市場の失敗」が起こりやすい。こうした市場特性を有することから，「市場の失敗」を是正するという理由で，航空機産業への国家介入は正当化されうるだろう。

以上のような根拠をもとに，政治的にも経済的にも，あるいは経済学の理論からも，航空機産業への国家介入は正当化されてきたし，実際に各国の政府は様々な手段を使ってこの産業への介入を行ってきた[7]。次項では，国家の航空機産業への介入手段と影響力について検討しよう。

2. 国家の影響力をどのように見るのか？

航空機産業に対して国家はどのように介入し，またその影響力はどのようなものなのだろうか。国家は様々なチャネルを使って航空機産業に直接的にも間接的にも影響力を及ぼす。国家の代表的な政策ツールとしては，安全規制（型式証明や耐空証明といった航空機の安全性を国が審査・確認する諸制度など），国家発注契約にかんする制度[8]，企業合併の際の許認可権の行使，といった産業全体の「ゲームのルール」を規定する諸制度のほか，国家発注の実施や補助金の供与，企業の所有，議決権の行使，国家が関与する企業の人事への介入，といった個別の企業経営により直接的に影響する性格のものも挙げることができるだろう。こうした諸政策を，本書序章（図表序－7）で示された国家の影響力を検討する際の3つの軸（「大きさ」「強さ」「深さ」）に照らし合わせれば，どのように整理することができるだろうか。

まず航空機産業における国家介入の「大きさ」についてだが，さしあたっては，労働者数や売上高，国家発注案件における国有企業の占める割合や，ある企業の売上高に占める国家発注の割合，また国際比較をする際には国家発注額自体の多寡，などで表わすことができるだろう。

次に国家介入の「強さ」についてだが，これは政策の執行能力や政策執行の一貫性と読み換えても良いだろう。例えば1990年代のロシアでは，航空機産業の発展のための各種国家プログラムが策定されたが，政治・経済の混乱から予算の裏付けがきちんとなされていなかったため，これらプログラムのほとんどは執行されずに終わった。この場合，1990年代のロシアのような，政策執行能力の低い国家介入の「強さ」は低いとみなすことができるだろう。また，ある政策が策定・執行される際，特定の企業や業界団体からの圧力がかけられたことにより，当初の政策の企図がゆがめられ，圧力をかけた特定の企業や業界団体に特別の利益が提供されるようなことがあれば，政策執行の一貫性が損なわれていると判断でき，こうした場合も国家介入の強度は弱いと言えるだろう。

最後に国家の「深さ」についてだが，これは政策の浸透度や浸透領域の大きさと説明され，例えば国家発注の特定企業への集中度をもって測ることができるだろう。集中度が高ければ，国家発注の恩恵を受けられる企業は一部に限られることを意味するので，政策の浸透度は低い（＝国家の「深さ」は浅い）と言える。また，国家発注がどのような企業になされているのか，すなわち国家発注を受ける企業が国有企業（ロシアの場合，国が資本参加する国家参加型企業が多数あり，これらも国有セクターを構成する企業として含めることがある）なのか民営企業なのか，といった点も政策の浸透度を測る指標となりうるだろう。国有か民営かを問わず多様な企業が国家発注を受けるのであれば，政策の浸透度は高い（＝国家の「深さ」は深い）と言える。

以下本章では，この3つの軸を踏まえつつ，冷戦終結後のアメリカとロシアの航空機産業の再編過程において国家がどのように影響を及ぼしたのかを検討してゆこう。まず次節ではアメリカにおける航空機産業の再編過程を，続く第3節ではロシアの航空機産業の再編過程について概観しよう。

図表3－1　国家の影響力を図る3つの軸と主な指標

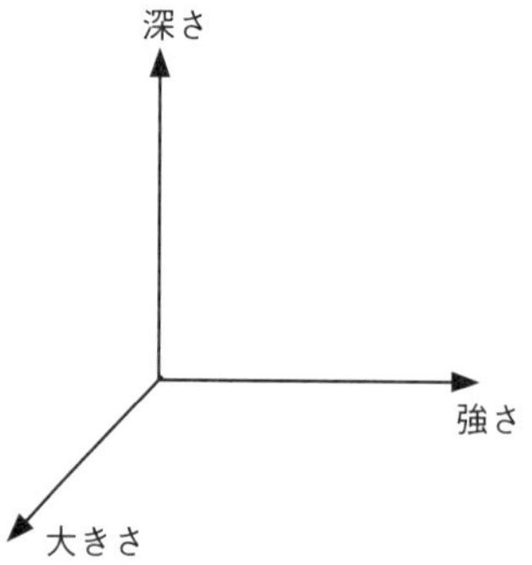

大きさ…航空機産業全体に占める国営企業の比重（労働者数，売上高，国防発注の受注件数や受注額など），ある企業の総売上高に占める政府（国防）関連の売上高の割合，など

強さ…政策の執行能力（例：予算の裏付けの有無）や政策執行の一貫性（レントシーカーの圧力に負け，国家が特定の主体にレントを提供するようなことがあるか否か）

深さ…国家発注の特定企業への集中度

（出所）筆者作成。

第2節　冷戦終結後のアメリカにおける航空機産業の再編

冷戦の終結により世界規模で軍縮が進められようとした1990年代，世界最大規模の航空機産業[9]を抱えるアメリカは産業再編の一大中心地となった。本節では，今日のアメリカの航空機産業のあり方を形作った，冷戦終結後の1990年代から2000年代までのアメリカ航空機産業の再編過程について概観しよう。

冷戦終結後，クリントン政権は今後どのような装備が国防に必要となるのかを積み上げて検討する「ボトム・アップ分析」を行い，装備品を供給する少数の企業をアメリカの国防生産基盤の中核を担う主契約企業として残し，その他の企業は国防産業から撤退させる方針を打ち出した（図表3－2参照）。この方

図表3－2　クリントン政権による「国防生産基盤」の概念

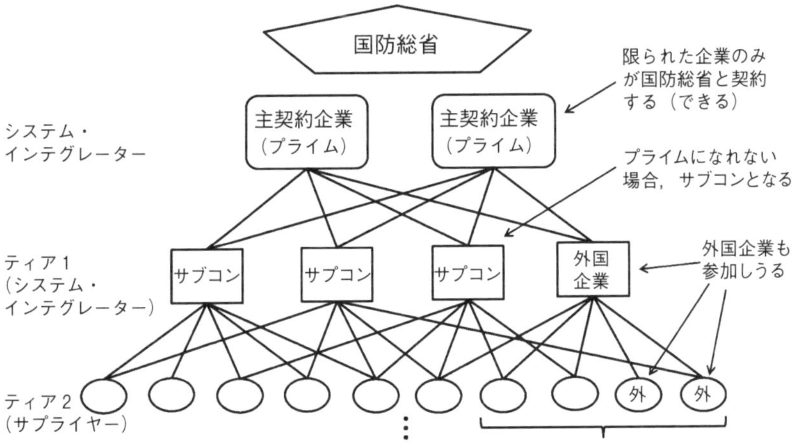

（注）国防総省からの契約を受注する主契約企業は限られた数に絞られる。主契約企業は国防総省から受注したプロジェクト全体の遂行を管理し，ティア1以下のサブコントラクター（サブコン）から納入された主要部品ユニットを組み立て，完成品を国防総省に納品する。ティア1のサブコンは国防総省ではなく主契約企業に対して責任を負い，ティア2以下のサプライヤーから部品供給を受け，主契約企業に部品ユニットを納入する。ティア1以下の企業には外国企業（とりわけイギリス企業）や民生部門の企業も参加し，これらの先端技術を新兵器開発に取り入れることが企図されている。

（出所）筆者作成。

針に従い1993年7月，ペリー国防長官（当時）は航空機産業も含む国防関連産業の経営幹部を招集し，冷戦の終結とそれに伴う国防費の削減によって，今後は国防総省からの発注の増加は期待できないことと，兵器の発注先となる企業数が削減されることを明言し，さらに，国防関連産業の過剰生産能力の処理について政府は関与せず，企業同士で調整するようにと述べた[10]。後に「最後の晩餐」と呼ばれるようになったこの会合を契機にアメリカ航空機産業ではM&Aが活発化し，1997年にロッキード・マーチンとノースロップ・グラマンの合併が司法省によって否認される[11]までM&Aによる産業再編は続いた。こうして1998年までに国防総省の主契約企業は，ボーイング，ロッキード・マーチン，ノースロップ・グラマン，レイセオン[12]，ジェネラル・ダイナミクス[13]の5社に集約された[14]。

この5社体制の成立にアメリカ政府は積極的に手を貸した。国防費削減が避けられないなかで，国防総省はこれを機に冷戦期に肥大化した国防産業をスリム化すると同時に将来にわたってアメリカの技術的優位を確保し最先端の装備品を供給する国防生産基盤を育成しようとした。そして，その政策手段として企業のM&Aを利用し，M&Aを推進するため，国防総省は合併した企業がリストラを行う際にはその費用を負担するといった補助金政策も行った[15]。国防総省は，連邦取引委員会や司法省に対し国防関連企業の合併の際には反トラスト法を厳格に適用しないように要請し，また反トラスト当局自身も従来の合併政策を大きく転換させ[16]，結果として国防総省の意向に沿う形で合併の認否を下していった[17]。

他方，航空機産業側も政府に対してM&Aの規制緩和を求めた。クリントン政権が打ち出した，ポスト冷戦期に相応しい国防生産基盤を育成するという方針は，軍需産業のスリム化だけでなく，軍需産業と民需産業それぞれが有する技術を融合することによってアメリカの技術的優位を確保するというものであった。こうした政府の方針を実現するためにも，航空機産業はM&Aを進めることで多角化し軍民融合が可能となると主張した。また，こうしたM&Aの規制緩和を求める背景には，「最後の晩餐」によって打ち出された兵器の発注先（主契約企業）の削減方針を踏まえ，企業側は国防省に選ばれる可能性を高めるためには，有力な企業との合体が生き残りには不可欠であるとの判断もあった[18]。

こうして政府・産業界双方の思惑が合致する形で航空機産業の再編が進められ，5大グループに集約されることになったのだが，この結果はクリントン政権の当初の意図通りとなったとは言えなかった。政権は国防費の縮小に伴い，国防関連発注の主契約企業の数を減らすことだけでなく，同時に企業規模の縮小をも意図していた。たとえ一部門に一企業しかなくても，小規模企業であれば独占企業のような市場影響力を持つことはないだろうと考えていたのだ[19]。だが，実際には企業規模は縮小するどころか，5大グループに集約されることでさらなる肥大化をみた。企業の集約を進めれば，独占を助長しかねないことは政権も気がついてはいただろうが，産業側の協力なしには軍民融合を通じてアメリカの技術優位を確保する国防生産基盤を構築することはできないとの判断が，独占による弊害に対する懸念に優先した。また，自社の不必要な事業を売却し，必要な事業を他社から購入するというM&Aの過程そのものが，産業内で健全な競争原理が働いているかのように見えたことも，競争政策の規制緩和を後押しすることになったと言えるだろう。

このようにして形成されたアメリカの航空機産業における寡占体制は，ブッシュ Jr. 政権以降も引き継がれ，強化されて今日に至る[20]。冷戦期より兵器体系がますます高度化し複雑化するなかで，国防総省はごく少数の軍需企業にその供給を依存しなければならない状況が生み出され，軍事政策自体もこうした軍需産業のあり方に大きく左右されるようになっていた[21]が，上に見た冷戦終結後の産業再編による5社体制の成立をもって「国防省との関係において航空宇宙企業がはじめて優位」[22]に立つようになり，かつてアイゼンハワー大統領がその危険性を指摘した「軍産複合体」が完成の域に達したと言えるだろう。

以上のような冷戦終結後のアメリカ航空機産業の再編過程を踏まえ，そこでの政府の役割と産業側の反応を整理すると，次のようにまとめることができるだろう。アメリカ政府が国防費の削減という大なたを振るって産業再編を始め，またロッキード・マーチンとノースロップ・グラマンの合併否認をもって産業再編の終焉宣言をしたという点では，確かに政府がイニシアチブを握り再編を誘導していたのだが，産業側も政府の方針を見据え，自らの生き残りと諸利益の獲得をかけて主体的に再編に参加していったとも言えるだろう。

第3節　ロシアにおける航空機産業の再編

今日，ロシアでは2006年に設立された統一航空機製造会社（OAK）[23]が航空機の開発と製造を一手に担っている。ソ連時代からの伝統あるスホーイやミグ，ツポレフ，イリューシン，ヤコヴレフといった設計局やこれら設計局の設計した航空機を製造してきた工場のほとんどがこのOAKの傘下に入っている。同様に，ヘリコプターの開発・製造に携わってきたミルやカモフといった企業はヴェルタリョートゥイ・ロシー（ロシアのヘリコプターの意）社の傘下に，航空機用エンジンを開発・製造してきた企業は統一エンジン製造会社（ODK）の傘下に収まっている[24]。さらに，これら分野ごとに設立されたOAKやODKといった企業は国家コーポレーション[25]・ロステフの傘下にある。本節ではロシアの航空機産業[26]の再編とその過程において果たしたロシア政府の役割についてみてゆこう。

ソ連時代の航空機産業は，ソ連航空機産業省の管轄の下で航空機の開発を担当する設計局と生産を担う工場とが有機的に結びついていた。計画経済システムの下で航空機産業省は，設計局に対しては軍や国営航空会社アエロフロート[27]の必要としている航空機の仕様を提示して新たな航空機を開発させ，生産工場に対しては設計局で開発された航空機の生産を命じた。こうして生産された航空機は国防省や民間航空省を通じてユーザーである軍や航空会社に引き渡されていた。ソ連の崩壊に伴い，こうした国家の計画指令に基づく航空機の開発・製造体制は崩れ去った。航空機産業省は廃止され，その管轄下にあった設計局や工場は相次いで民営化されていった。だが，民営化の結果，従来の企業間の技術的・経済的な結びつきが失われ，航空機の開発・製造の現場では混乱が引き起こされた[28]。こうした混乱に加え，国防発注や航空会社からの発注が激減したことにより，かつて世界の航空機の約1/4を生産していたロシアの航空機産業の生産高は大きく落ち込み[29]，中国やインドへの軍用機の輸出によってかろうじて生き延びている状況にあった。

こうした事態を重く見た政府は，民営化によって失われた企業間の生産・技術的連関を復活させることを企図し，また同時に民営化の過程で失われた企業への影響力の回復を狙って，各設計局を中心に主だった企業を垂直統合させる方針を打ち出した。1993 年にはツポレフ設計局をベースに株式航空機製造会社ツポレフが設立され，1995 年にはミグ戦闘機の開発・製造にかかわる企業を基にモスクワ航空機企業合同ミグが設立された。さらに翌 1996 年にはスホーイ戦闘機の開発部門と製造部門とを統合した航空機軍産複合体スホーイが創設された。また，政府の主導ではなく，民営化された企業側からのイニシアチブによって独自の企業集団を形成しようとする動きも現れた。1990 年代前半に民営化され，経営陣が支配株を有していたイルクーツク航空機生産合同（2002 年に現社名のイルクートに改称した）は，もともとはスホーイ戦闘機などを製造する一工場に過ぎなかったが，2004 年にヤコヴレフ設計局を傘下に収めたことで，航空機の開発から製造に至るまで一手に担う企業グループへと変貌した。

このように 2000 年代前半までに，スホーイ，ミグ，ツポレフ，イリューシン，イルクートといった企業グループが形成されたが，政府はこうした企業グループをさらに統合する意向を示した[30]。軍需・民需問わず国内外で航空機ビジネスの競争が激化するなかで，ロシア企業同士による過当競争状態を解消し，限られた資源を有望なプロジェクトに集中してアメリカやヨーロッパに伍する航空機メーカーを育成するためには，既存の企業グループのさらなる統合が必要だと判断したのである。産業エネルギー省（現在の産業貿易省の前身）は「統一航空機製造会社の設立構想」案（2004 年 10 月）や「2015 年までの時期における航空機産業の発展戦略」案（2005 年 2 月）を相次いで発表し，ロシアの航空機産業の将来像を示した。すなわち，最終製品である航空機を開発・製造する統一航空機製造会社（OAK），エンジンの開発・製造する 1～2 社の巨大エンジン製造会社，航空機器や装置の開発・製造に携わる 2～3 社の巨大会社が創設され，そして個々の計器や部品を製造する専門企業のネットワークが形成されると謳われた。

このような政府の航空機産業再編計画に対し，産業界からは戦闘機の輸出によって資金を稼いだスホーイやイルクートといった有力企業が積極的に支持し，これらの企業は OAK の中核企業として同社の経営に強い影響を及ぼすことになった[31]。実際に，今日の OAK ではスホーイの開発した戦闘機や小型旅客機の製造が優先され，かつてソ連戦闘機の代名詞であったミグ戦闘機の生産は脇に追いやられた。新型旅客機の開発・製造でもイルクートのプロジェクトが最優先とされ，ツポレフの旅客機に至っては軍や政府の専用機用に僅かばかりが製造されるにとどまっている。こうしたエピソードからも，OAK内でのスホーイやイルクートの立場の強さをうかがい知ることができるだろう。

2006年2月，プーチン大統領は統一航空機製造会社（OAK）の創設に関する大統領令を署名し，スホーイ，ミグ，ツポレフ，イリューシン，イルクートといった主要企業グループは，政府が新たに設立する持株会社OAKの傘下に入ることとなった。こうして同年11月にはロシアの主だった航空機メーカーを統合したOAKが正式に発足した。政府は同社株式の75%以上[32]を保有することが定められ，政府は航空機産業に対する強い統制力を手にすることとなった。同時に，政府は人的な側面からも航空機産業に対するコントロールを強化した。OAKの初代取締役会長にはプーチン大統領の側近であるセルゲイ・イワノフ国防相兼副首相（当時）が選出され，社長にはアレクセイ・フョードロフ（ミグ社長，当時）[33]が就任した。取締役には政府高官や政府系大銀行のトップが名を連ね，こうした政府の影響を強く受けた同社の幹部人事は今日まで続いている[34]。この構図はかつてソ連航空機産業省が設計局から工場まで様々な企業を管轄していたことを彷彿とさせる。OAKは組織形態としては一株式会社に過ぎないが，産業政策を遂行するための司令塔として位置づけられるという点で，またより直接的には政府との人的なつながりの点から，省庁に類するもの（「疑似省庁」）とみなすことができるだろう。

こうして国内の主要な企業をほぼ傘下に収める持株会社OAKが創設されたのだが，OAKと政府はさらなる産業再編を企図した。2016年12月，OAKは傘下の企業を軍用機部門，民間機部門，輸送機部門といった事業部に組み入れ，整理・再編し，社屋や工場などの重複する資産の売却や人員の再配置を行う方針を明らかにした[35]。だが，傘下企業の再編は遅々として進まなかった。ソ連時代はそれぞれ独立の企業として競合関係にあったことや，再編によって自分たちの工場が整理・縮小されるのではないかといった懸念がトップダウンの方針への反発を生みだし，再編を阻む一因となっていたと考えられる[36]。それでも，2020年2月にはスホーイの社長をミグ社長であるイリヤ・タラセン

図表3-3　OAKのロステフ移管後のロシアの航空機産業

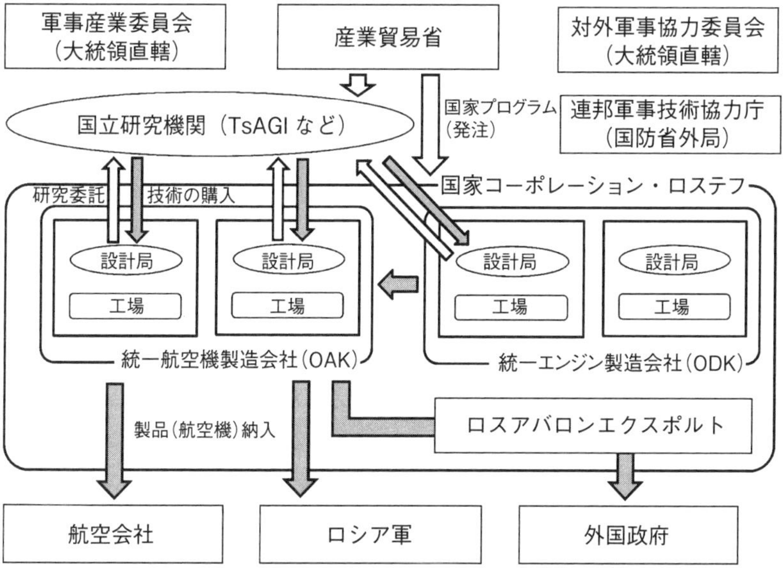

（注1）今日のロシアの航空機の開発・製造体制では，産業貿易省の国家プログラムや国防省の国家兵器プログラムによる発注（なお，国防発注は図中の軍事産業委員会が取りまとめる）を受けた企業や研究機関が航空機を開発・製造し（一部例外的に企業側のイニシアチブによって開発されるケースもある），ユーザーである航空会社や軍に納入している。兵器輸出についてはロステフ傘下の兵器輸出会社ロスアバロンエクスポルトを通じて契約・納品がなされている。

（注2）ソ連時代には，設計局と工場は別組織として存在していたが，ソ連崩壊後の産業再編に伴い，生産・技術的連関に基づいて設立された企業グループの傘下組織となった。その後，こうした企業グループを傘下に収める形で設立されたのが，図中のOAKやODKであり，これらをさらにロステフがその傘下に収まる「入れ子」構造となっている。

（注3）図中にあるTsAGIは，中央流体力学研究所（Tsentral'nyi aerogidrodinamicheskii institut）の略称で，1918年に創設された国立の航空工学研究所である。ここでの実験結果をもとに各設計局では航空機の設計をし，その設計図をもとに工場では航空機を量産する。2014年，TsAGIは他の航空工学関連の著名な研究所とともに国立研究センター・ジューコフスキー研究所を構成する一員となった。https://www.tsagi.ru/institute/history/ 参照（2021年8月13日アクセス）。

（出所）伏田（2021）の図を修正。

コが兼ねるようになり[37]，イルクートの民間航空機部門にスホーイの民間航空機部門が吸収合併され[38]，また2020年6月にはスホーイがミグの経営権を譲り受けるようになるなど，OAK内での軍用機事業部の創設に向けた動きが進んでいった[39]。

このOAK自身による再編計画が発表された後，ロシア政府はOAKのさらなる改革を促す決定をした。2018年10月，ロシア政府は保有するOAK株式をすべて国家コーポレーション・ロステフに譲渡することを発表した[40]。ロステフとは国営兵器輸出会社ロスアバロンエクスポルトを母体として設立された産業コングロマリットで，軍需産業をはじめとする多種多様な産業をその傘下に収め，傘下企業の整理統合と経営改善を行ってきた[41]。また，ロステフ総帥のセルゲイ・チェメゾフはプーチン人脈の有力者でもある。かねてよりロステフはOAKを自社傘下に収めることを政府に求めていたのだが，このロシア政府の発表によって，その「念願」が叶った形となった[42]。これまでのOAK自身による傘下企業の再編が進まないことを受けて，プーチンはロステフに移管することにより「外圧」をかけ一挙に改革を進めようとしたのではないかといった観測が流れた[43]。こうしてロシアの航空機産業では，機体メーカーからエンジンやアビオニクスなどのコンポーネントのメーカーに至るまで，ほぼすべての企業がロステフの傘下となったわけだが，今後のロシア航空機産業の再編はロステフ内の組織再編と同義語となったと言えるだろう。

以上のような一連の産業再編過程を整理すると，ソ連時代は航空機産業省によって体系的にコントロールされていたロシアの航空機産業は，国策によって設立された持株会社OAKという「疑似省庁」の下に再度集結され，さらにOAK自体が，現政権トップと極めて近い人間関係にある人物が率いる国家コーポレーション・ロステフに「払い下げられた」とまとめることができるだろう。

第4節　米ロ航空機産業の再編期における国家の影響力

ここまで冷戦終結後のアメリカとロシアにおける航空機産業の再編過程を整理してきた。そこで明らかになったのは，アメリカ，ロシアいずれのケースでも政府が産業再編を主導したが，政府の政策に対する産業側の反応に大きな違いが認められるということである。

アメリカでは政府の再編政策を触媒に各企業がM&Aを進め寡占体制を築き上げた。政府と企業の協力関係によって，当初政府が計画していた「国防生産基盤」とは形を異にするものの，国防総省と少数の主契約企業からなる体制[44]が形成された。他方，ロシアでは政府が主導する形で設計局・工場からなる企業グループを形成し，そうしてできた企業グループをさらに政府が新たに創設した国策持株会社OAKの傘下に置くことで産業再編を進めた。ほとんどのケースで再編を主導していたのは政府であり，一工場が設計局など他社を買収して形成されたイルクートやOAKの移譲を政府に求めたロステフのような例を除き，産業側のイニシアチブが発揮されることはほとんどみられなかった。

こうした両者の違いを踏まえつつ，本章第1節で示した3つの軸（「大きさ」「強さ」「深さ」）から，アメリカとロシアの国家の影響力（主導性）について検討してみよう。なお，本書の序章の説明にあるように，国家の主導性は「大きさ」「強さ」「深さ」の3つの軸から合成されるベクトル（図表序-7の点A-点G）に見出すことができるが，このベクトルを平面上に図示するのは困難であるため，ここでは便宜的に3つの軸から形成される三角錐で表すことにする。

1. 冷戦後の航空機産業の再編期にみるアメリカ政府の影響力

まず，アメリカ航空機産業における国家の「大きさ」だが，第2節でみたボーイング，ロッキード・マーチン，ノースロップ・グラマン，レイセオン，ジェネラル・ダイナミクスの主要5社のいずれもが国有企業ではない。国有企業のプレゼンスといった点からは国家の「大きさ」を認めることはできない。だが，資金面からみた国家の浸透度については相当程度認めることができるだろう。第2節でみたように，1990年代の航空機産業の再編に際して国防総省はリストラに伴う費用を負担した。こうした一時的な補助金供与だけでなく，アメリカ軍による兵器調達[45]や，国防総省の国防高等研究計画局（DARPA）による新技術の研究開発資金の提供など，様々な経路を通じて恒常的に国家資金が注ぎ込まれており，航空機産業に対する国家の影響力は十分に「大きい」と認めることができるだろう。

次に「強さ」についてだが，第2節でみたとおり，「最後の晩餐」で示した主契約企業の数を減らすことについて政府の態度は一貫していたと言えるだろう。政府は産業再編に強い意志を見せ，実際にM&A規制の緩和や合併後のリストラを実施する企業への補助金の供与などの手段でもって産業再編を強力に推し進めた。こうした政府の政策執行能力や政策の一貫性から，国家の「強さ」は十分にあったと評価することができるだろう。他方，産業再編政策の結果をみれば，国家の「強さ」は別様に描かれるだろう。産業再編によって成立した5社体制は，当初の政府が志向していたような，少数の主契約企業とそれらを技術面では軍民統合によって支える多数の小規模企業（サブコンやサプライヤー）からなる「国防生産基盤」を形成するといったものではなかった。企業の合従連衡によって主契約企業は肥大化し，その数が減少したに過ぎなかった。第2節でみたように，これをもって政府と産業の力関係が逆転したと言うならば，国家の「強さ」は低めに評価されることになるだろう。

それでは「深さ」についてはどうであろうか。第1節でみたとおり，「深さ」は国家発注の特定企業への集中度によって測ることができる。1990年代の産

図表3－4　冷戦後の航空機産業の再編期にみるアメリカ政府の影響力

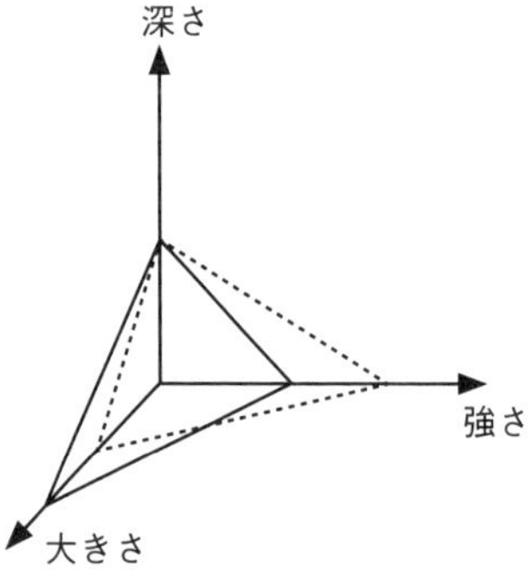

大きさ…国有企業は存在しないが，資金面で政府は多大な影響を及ぼしており，国家の「大きさ」は大きい。

強さ…政府は軍需・民需の多数の小規模企業からなる「国防生産基盤」の創出を目指し，産業再編を促したが，軍需企業は政府の再編政策を換骨奪胎し，少数の巨大企業による寡占体制を形成した。当初の政策目標は達成されなかったことから，国家の「強さ」は強いとは言えない。

深さ…少数の巨大企業に国防発注が集中する寡占体制が形成されたことにより，国家政策の浸透度は低下している。よって，国家の「深さ」は浅くなっているとみなせる。

（注）点線は見かけ上の評価を意味する。「強さ」の軸では，当初政府の意図していた少数の主契約企業と多数の裾野産業によって支えられる「国防生産基盤」の創出が，実際には少数の巨大企業による寡占体制の形成にすり替わってしまったことをもって政策が侵食されたと評価し，実線では低めに示している。

（出所）筆者作成

業再編以前から，軍需関連の国家発注は特定企業に集中する傾向にあったが，5社体制の成立により集中度はさらに高まった。国防発注を受けた企業上位5社の受注額が国防発注の総額に占める割合を見ると，1990年は21.7％であったのが，2000年には31.3％にまで上昇している[46]。図表３－２で示したように，主契約企業の下にはサブコン以下多数の企業が連なり，国家発注の裾野は広がりを見せるが，ティア１以下の企業は国防総省ではなく直近上位にあたる企業に対して責任を負うことになるので，これらティア１以下の企業には間接的にしか政策の影響は及ぼされない。したがって，集中度が高まれば，政策の浸透度は一部の企業に限られるようになると言え，国家の「深さ」は浅くなってゆくと評価できるだろう。

2. ソ連崩壊後の航空機産業再編にみるロシア政府の影響力

市場経済への移行政策が他の何よりも優先され，産業政策がほとんど実施されなかった1990年代前半を除き，ロシアでは航空機産業に対する国家の影響力は一貫して強いと言えるだろう。

まず，航空機産業における国有企業の割合といった点でみれば，国家の「大きさ」は著しい印象を受ける。民営化政策が実施された1990年代前半においてすら，国家は支配株や黄金株の保有などを通じて常に一定のプレゼンスを維持していた[47]。後の産業再編過程では，こうした各社の政府保有分株式を集結することで，スホーイやミグといった企業グループやこれら主要企業グループのすべてを傘下に収めるOAKを創設していった。OAKが国家コーポレーション・ロステフに移譲される時点でのOAK株式の政府保有分は９割を超えており，国家のプレゼンスは圧倒的である（今日，ロステフにOAKが移譲されたことで，政府は直接にはOAKを保有していないが，国家コーポレーションという特殊法人を通じて間接的に所有しているともみなせる）。さらに人事面をみても，取締役会には政府系銀行や管轄する産業貿易省の幹部が顔をそろえており，実質的にはOAKは国有国営企業に他ならない。また，OAKの総売上高に占める兵器の割合も８割と高く[48]，官需に支えられた経営体質であると言え[49]，所有面・人事面・経営面とあらゆる場面で国家の影響を受けずにはいられない。

次に国家の「強さ」だが，これらについては幾分慎重に評価する必要があるだろう。市場経済移行期の1990年代，航空機産業も含む軍需産業の発展・育成を目的としたプログラムやこれら産業を再編するプログラムが立案されてきたが[50]，ロシア政府の深刻な財政事情を背景にほとんど実施されずに終わった[51]。1990年代のロシアは実効性のある政策をなんら実施することができなかったという点においては，国家の影響力は所有面以外では限定的であった[52]ということができるだろう。その後，2000年代に入り国家財政が好転したことにより，ロシア政府は予算の裏付のある政策を実施することができるようになった。こうして第3節でみたような政府主導の産業再編が進められていったが，その際，1990年代の経済混乱のなかで政府が保有することになった各社の株式は，政府主導の産業再編の有効なツールとして機能した。政府主導の産業再編計画に対し，産業側からの反対が全くなかったわけではないが[53]，おおむね政府の計画通りに再編が進んだと言え，この点に関しては政策の一貫性を認めることができ，国家は「強い」と言える。

他方，近年進められているOAKのロステフへの移管を産業界からの圧力によるものとみるのか，それとも政府内での監督機関の移し替えとみるのかは意見が分かれるところだろう。国家コーポレーションという特殊法人の性格をどのように捉えるのかによって評価が分かれる。国家コーポレーションを国家機関の一部であるとみるならば，政府内での監督機関の移し替えと言えるし，ロステフを率いるチェメゾフという政権中枢に近い利害関係者（軍をはじめとする武力関係省庁，通称シロビキの出身者）に注目するならば，産業側からのレントシーキング活動の一環とも言える。いずれにせよ，一経済主体であるロステフの利益が反映される形で政策が決定されたということはできるだろう。この点を積極的に評価するならば，国家の「強さ」は損なわれたと言えるだろう。

最後に国家の「深さ」，すなわち国家政策の浸透度についてみてみよう。1990年代後半以降の政府主導の産業再編政策により，航空機産業の主たる企業は国策持株会社の傘下に入ることになった。国策持株会社を通じて政府は，1990年代初期の民営化の結果失われた産業に対するコントロールを復活させ

図表3－5　2000年代以降の航空機産業再編にみるロシア政府の影響力

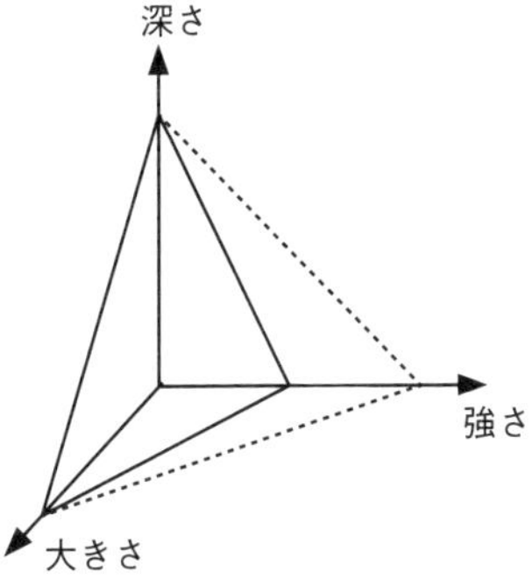

大きさ…国内主要企業を傘下に収めるOAK株式の9割は政府が保有していた。また，OAKの総売上高のうち軍需品の占める割合は8割，ヴェルタリョートゥイ・ロシーも総売り上げの8割を軍需品が占めており，国家への依存度は強い。

強さ…航空機産業を再編する計画は紆余曲折はあったものの，ほぼ政府の思惑通りに進み，OAKの創設に結実した。他方，OAK創設過程ではスホーイグループの利害が強く反映され，また，OAKのロステフへの移管は，ロステフ側からの強い働きかけによって実現するなど，特定の利害関係者の利益が反映されたとも言える。

深さ…OAK創設の前後に見られるように，ロシアでは航空機産業の垂直統合が進み，国家の政策は国有持株会社を通じて浸透するようになった。

（注）点線は見かけ上の評価を意味する。政策の「強さ」については，OAKの創設過程やロステフへのOAKの移管にみられるように，特定の利害関係者の利益が反映されることが起きており，実際は「強さ」が弱い可能性のあることを示唆している。
（出所）筆者作成。

ており，国家政策の浸透度は強まったと言えるだろう。また，国家資金の流れからも国家政策の浸透度の強さを指摘できるだろう。産業再編の結果，国家発注はOAKをはじめとする垂直統合された組織（ロシア語ではvertikal'no-integrirovannaia strukturaという）に集中することになった。とはいえ，ロシアでは航空機産業のほとんどの企業がロステフ傘下となっているため，ロステフやその傘下企業に国家発注が集中していても，国家資金は航空機産業をあまねく覆っているとみなすことができるだろう。以上から，政策の浸透度は非常に強く，国家の「深さ」は深いとみなせるだろう。

おわりに

自由市場経済（LME）のモデルと目されるアメリカにおいても，国家資本主義の代表国と見なされるロシアにおいても，航空機産業という国家安全保障と密接な関係にある産業分野においては，政治が経済に対して主導的な役割を果たす「国家の主導性」がみられる。だが，その主導性の発揮のされ方にはそれぞれ特徴がある。

冷戦終結後のアメリカでは，政府の積極的なイニシアチブとそれを実現するための環境整備（M&A 規制の撤廃など）によって，航空機産業の再編が進められた。その結果，当初政府が想定していた少数の主契約企業と多数の裾野産業からなる「国防生産基盤」の構築計画は換骨奪胎され，肥大化した寡占企業による「軍産複合体」が形成されたが，アメリカの軍事経済構造を温存するという点にかんしては一定の目的を果たした。アメリカでは，政府は産業再編のための新たな「ゲームのルール」を作り出し，各企業は新たな「ゲームのルール」の下で自らの最適解を追求していった結果，当初の政府の意図したものとは違う形での産業再編が実現した。

他方，ロシアではより直接的に国家が介入することで産業再編が進められた。1990 年代の市場経済移行（とりわけ民営化政策）によって，政府は一時的に産業に対するコントロールを弱めたが，経済混乱で困窮する企業への直接的な支援との引き替えに支配株や黄金株を手にし，後の産業再編のための手段を獲得した。そして，政府のイニシアチブにより新たに創設した国有持株会社の下に各企業を置いた。ロシアでは産業再編の「ゲームのルール」を作るのも，その「ルール」に従って「ゲーム」をプレーするのも政府（国家）であった。今日のロシア経済が国家資本主義であるとの評価がなされるのはまさにこの点においてであり，またその「ゲームのルール」が（資産の強制接収などを伴わず）基本的には市場経済のルールに沿ったものとなっているという点が，ロシア資本主義を特徴づける勘所だと言えるだろう。

［追記］

2022 年 2 月 24 日，ロシアは「特別軍事作戦」と称して隣国ウクライナへの全面的軍事攻撃を開始した。これを受けて西側諸国はロシアに対して前例のない規模での経済・金融制裁措置を発動し，ロシアの航空機産業は国際金融市場やハイテク製品市場にアクセスすることができなくなった。OAK の創設は，本章で論じたような航空機産業の再編を促すだけでなく，現代的な企業形態をとる OAK を通じて西側も含む外国企業と資金面・技術面での協力を進め，ロシアの航空機産業の自立的な発展を目指すものでもあったが，制裁下ではこうしたシナリオを実現することは不可能となった。近い将来に制裁が解除される見通しはほとんどないなか，西側諸国とロシアの航空機産業のデカップリングは決定的となり，ロシアの航空機産業はますます国家の政策や資金に従属せざるをえなくなっている。今後，ロシアでは航空機産業に対する政府の影響力は一層強まってゆくだろう。

［注］

1　イアン・ブレマー（2011），59頁。

2　詳細は坂出（2010）を参照されたい。

3　エアバス・インダストリーの設立過程におけるイギリス，フランス，西ドイツ政府の果たした役割については河越（2018）が詳しい。

4　宮田（2019）。

5　坂出（2013）。

6　ロシアのメドベージェフ首相（当時）は，新型旅客機MS-21の完成式典において，「航空機産業の発展した国は非常に限られており，こうした国々は『トップリーグ』と呼ばれています。私たちはどのような場合でもこの『トップリーグ』から消え去ってはならないのです。」と述べたが，これこそ航空機産業を「ショーウインドー」としてロシアの科学技術と工業力をアピールした好例であると言えるだろう。なお，メドベージェフ首相による新型旅客機MS-21完成式典でのスピーチはhttp://government.ru/news/23338/（2020年9月28日アクセス）を参照されたい。

7　その他，航空機の技術的な安全面の確保を目的とした国家介入（安全規制）があるが，安全規制については各国ともほぼ同一の仕組みで行っている（アメリカ連邦航空局（FAA）の定める基準と欧州航空安全機関（EASA）の定める基準が事実上のグローバル・スタンダードとなっている）ため，本章での議論からは除外する。

8　国防関連発注の契約方式には，固定価格契約と柔軟価格契約とがあり，前者は契約後にコストが上昇した場合は企業側がそれを負担する（逆にコストが削減されれば，その分は企業側の取り分となる）というものであり，後者はコスト上昇分は価格に上乗せされる（すなわち，コスト上昇分は国防省側が負担する）というものである。

9　今日においてもアメリカは世界最大の航空機生産大国であり，世界最大の航空機メーカーボーイング社の2018年の売上高は1011億2600万ドルにも上った。ちなみに，民間旅客機部門でボーイングと並ぶヨーロッパのエアバス社の2018年の売上高は751億9500万ドルであった。ロシアの主要航空機メーカーを束ねる統一航空機製造会社（OAK）に至っては65億6300万ドルに過ぎず，欧米の両巨頭とは桁が違っている。Fleurant A., Kuminmova A., et al.（2019）参照。

10　宮田（2015），上田（2007）参照。

11　1997年，ロッキード・マーチンがノースロップ・グラマンを買収しようとしたが，国防総省が合併に難色を示したことを受け，司法省はこの合併を認めなかった。この合併否認により，アメリカ政府はそれまでの産業集約化を積極的に支援する政策を転換した。河音（1999）参照。

12　レイセオンはミサイルやレーダーの開発製造で著名な企業だが，1980年にビーチ・エアクラフトを買収し，1997年にはテキサス・インスツルメンツの防衛エレクトロニクス部門とGMの子会社ヒューズ航空機を買収し，航空機産業に参入した。

13　大手軍需企業ジェネラル・ダイナミクスはアメリカ空軍の主力機F-16の開発製造元であった

が，戦闘機部門をロッキードに，宇宙システム部門をマーチン・マリエッタに，セスナ機事業をテキストロンにそれぞれ売却し（他方，1999年にはビジネスジェットを開発製造するガルフストリームを買収した），現在は艦船や戦車などの開発生産を主たる事業にしている。

14　航空機産業以外でも国防総省の主契約企業は減少した。1990年から2000年にかけて，戦術ミサイルの主契約企業は13社から3社に，軍用車両は6社から3社に，水上艦艇は8社から2社に減少している（SIPRI, 2004：465）。

15　河音（1999）。

16　反トラスト当局は，合併によって価格や市場占有率にどのような影響がもたらされるのかを主な審査の基準としてきたが，合併が将来のイノベーションにとってプラスとなるのかどうかといった評価も加わるようになった（河音, 1999）。

17　連邦取引委員会は，企業合併の審査ではアメリカの消費者の利益のみを考慮するという公式見解を定めているが，軍需企業の合併審査の場合，「消費者」である国防総省の利益，すなわち調達コストの削減につながるかどうかが争点となるがゆえに，国防総省からの「助言」が認否に決定的な影響を及ぼした（河音, 1999; 宮田, 2015）。

18　西川（2008）251頁参照。

19　西川（2008）264頁参照。また，寡占体制が築かれても競争は維持されるとの見方もある。宮田（2015）によれば，軍用機の入札の場合，いったん入札に勝てば20年以上にわたって継続的にお金が入ってくることが保障されるため，企業はなんとしても契約を得たいと考え，ライバル企業と談合するようなことは起こりにくくなるという。

20　2001年9月11日のニューヨーク世界貿易センタービルへの旅客機突入事件の後，対テロ戦争の名の下，ブッシュJr. 政権は軍備拡張に突き進んだ。その後，オバマ政権下で国防費は削減されたものの，トランプ政権になって再び増加に転じ，バイデン政権発足後も国防費の増加傾向は続いている。https://www.whitehouse.gov/wp-content/uploads/2021/05/hist03z2_fy22.xlsx 参照（2021年10月19日アクセス）。

21　こうした状況をいち早く分析したのが坂井（1984）である。坂井によれば，1970年代以降，軍事技術や兵器の高度化が加速度的に進む一方で，主要兵器体系のタイプと調達数の減少が進み，国防発注自体は少数化・巨額化していった。また，不断に開発・製造される新兵器に合わせてアメリカの軍事戦略そのものが左右されるようになっているなど，軍需企業自身が合理的な戦略決定のあり方を掘り崩しているとの指摘がなされている。

22　西川（2008）288頁参照。

23　ロシア語ではOb"edinennaia Aviastroitel'naia Korporatsiiaと表記される。英語名はUnited Aircraft Corporationだが，かつてアメリカに同名企業が存在していたため，本章ではロシア語表記の略称を翻字したOAKを用いることにする。統一エンジン製造会社（Ob"edinennaia Dvigatelestroitel'naia Korporatsiia）についても同様に，本章ではODKと表記する。

24　ヘリコプター部門での企業統合は，2002年に国営兵器輸出会社ロスアバロンエクスポルトが創設した持株会社アバロンプロム傘下にミル設計局のヘリコプターを開発・製造する企業が入ったことにより始まった。2006年，アバロンプロムはヘリコプター関連企業を統合する持株会社ヴェルタリョートゥイ・ロシーを設立し，翌2007年にはカモフ設計局とその関連企業を傘下に収め，ロシアの主要なヘリコプター関連企業の統合は完了した。同様に，航空機用エンジン部門でもアバロンプロムが2007年に創設した統一エンジン製造会社（ODK）の傘下に主要な企業が入ることによって統合が進んだ。

25　国家コーポレーションを規定した法律（連邦法「非営利組織について」）によると，国家コーポレーションとは「社会的機能，経営的機能あるいはその他の社会的に有益な機能を果たすためにロシア連邦の特別法によって創設される非営利組織」と定義されている。さしずめ，公益を実現するために国によって設立される公社と理解してよいだろう（伏田, 2014：62）。

26　本節では，固定翼機の開発・製造に携わる企業の再編過程に絞る。回転翼機，航空用エンジン関連企業の再編についてのあらましは注24を参照されたい。

27　ソ連崩壊後，アエロフロートは分社化・株式会社化され，今日はロシア政府が57.3％の株式を保有する半官半民の会社となっている。https://www.aeroflot.ru/jp-ru/about/aeroflot_today/company_profile 参照（2021年10月13日アクセス）。

28　民営化された企業では大株主の間で主導権争いが起こり，現場の混乱に拍車をかけることもあった。一例として，1990年代中頃，スホーイの大株主であったオネクシムバンクを率いるウラジーミル・ポターニンとインコムバンク率いるウラジーミル・ヴィノグラードフが，同社の経営や関連企業（生産工場）との統合の方針を巡って争ったことを挙げておこう。https://lenta.ru/lib/14175260/full/ 参照（2020年9月28日アクセス）。

29　生産高が最も落ち込んだのは1997年で，1992年水準の2割程度に過ぎなかった。同年の軍用機の製造は1992年の1/4であった。旅客機の製造が最も落ち込んだのは1996年で，わずか5機しか製造されなかった。生産減のため設備稼働率は平均25～30％にまで落ち込み，労働者数は約半分にまで減少した（Kolpakov, 2011：487-510）。

30　当初，イリヤ・クレバノフ軍需産業担当副首相（当時）は，2つの持株会社の下，主要な企業を統合する計画を立てていた。ひとつ目の持株会社の傘下にはスホーイ，イリューシン，ミルといった企業が入り，もうひとつの持株会社の傘下にはミグ，ツポレフ，カモフといった企業が収まるとされていた。その後，産業エネルギー省連邦産業庁（当時）を率いるボリス・アリョーシンによってクレバノフ計画は修正され，OAKの創設が計画された（伏田, 2007）。

31　航空機産業からはスホーイと，同社設計の戦闘機を生産しスホーイと密接な関係のあるイルクートがOAK創設を積極的に支持し，結果として，スホーイ・イルクート連合が他の企業グループを「飲み込む」形でロシアの航空機産業が再編されたとも言えるだろう（https://lenta.ru/lib/14175260/full/　2020年9月28日アクセス）。

32　なお，2018年11月時点での政府保有分は92.31％であった（伏田, 2018）。

33　アレクセイ・フョードロフは，OAK創設にイニシアチブを発揮した人物の一人とされている。同社の社長に就任するまで，フョードロフはイルクートの前身であるイルクーツク航空機生産合同社長（1993～1996年），スホーイ（1996～1998年）社長，イルクート会長（1998～2004年），ミグ社長兼主任設計士（2004～2006年）を歴任した。2011年1月，メドベージェフ大統領（当時）は，フョードロフをOAK社長の座から解任し，後任にスホーイ社長のミハイル・ポゴシャンを据えた。こうした人事からもうかがえるように，OAKはスホーイ・グループの経営陣から強い影響を受けていると言えるだろう。

34　2020年8月現在，OAK社長には産業貿易省次官やイルクート社長を務めたユーリー・スリュサリが就いている。

35　「2035年までのOAKの戦略目標とその達成のための再編方針」（https://www.uacrussia.ru/upload/OAK_Стратцели_2035.pdf　2020年8月13日アクセス）。

36　例えば，ツポレフとイリューシンとの経営一体化は，ツポレフの資産を使った苦境にあるイリューシンの救済に他ならず，意味をなさないといった声が上がっている。また，ツポレフの主要工場があるタタールスタン共和国の首相顧問ナズィル・キレーエフは，全く違った企業文化の両社の一体化は上手くいかないとあからさまに反発している。https://www.business-gazeta.ru/article/477021 参照（2020年8月6日アクセス）。

37　タラセンコはモスクワ航空大学を卒業後，2002年にスホーイ設計局に入社し，2005年から2009年まで同社幹部を務めた後ミグに異動した。その後，2014年から2016年までスホーイ・グループの民間航空機部門の社長を務め，2016年からミグの社長となっている。さらに2018年からはOAK

の兵器輸出担当副社長に就任している。https://www.rbc.ru/business/06/02/2020/5e3c21019a7947cf69de5e26 ならびに http://www.migavia.ru/index.php/ru/o-korporatsii/rukovodstvo/generalnyj-direktor 参照（2020 年 9 月 28 日アクセス）。

38　https://www.rbc.ru/business/18/02/2020/5e4c05129a7947c94aaebaa8 参照（2020 年 8 月 13 日アクセス）。

39　2022 年 6 月 1 日，OAK は自社傘下のスホーイとミグを吸収合併したことを発表した。OAK は経営管理体制を見直し，重複する部署を廃止するなどの組織改革を行ってコスト削減を進めると言う。OAK の親会社であるロステフのチェメゾフ総裁は，今回の合併によって OAK 自身が事業持株会社となることで航空機の開発生産に直接携わるようになり，世界的に有名なスホーイとミグのブランド価値は高まり続けると述べている。https://www.uacrussia.ru/ru/press-center/news/oak-sukhoy-i-mig-obedinilis-v-odnu-kompaniyu 参照（2022 年 6 月 3 日アクセス）。

40　OAK が兵器輸出公社を母体とするロステフの傘下となることによって，次のような効果が得られると期待されている。(1) ロステフの有する潤沢な資金を OAK に投下することが可能となり，OAK の抱える債務の返済や研究開発プロジェクトが加速化する。(2) ロステフ傘下の ODK をはじめとする航空機関連の企業との協業を通じて，航空機の開発から製造・販売までをロステフが一手に行えるようになり効率性が上がる。他方，デメリットとして以下のような点が考えられる。(1) アメリカの対ロシア制裁の対象であるロステフ傘下に入ることで，OAK 自身も制裁対象となり，今後の航空機（特に民間機の）開発・製造にネガティブな影響がもたらされかねない。事実，新型旅客機 MS-21 の主翼を製造するロステフ傘下の企業がアメリカの制裁対象となったことにより，MS-21 の開発計画に遅れが生じている。(2) 株式会社と比べ規制の緩い国家コーポレーションの傘下となることで，コーポレート・ガバナンスが不透明となりうる。実際，連邦政府からロステフに移管されたことにより，OAK は自社の長期発展計画について連邦政府の承認を受ける必要はなくなった（OAK 2020：15）。

41　Zel'dner（ed.）(2021) p.52, 114.

42　ロステフのチェメゾフ総裁は，2017 年 3 月に政府に対し OAK 保有株式をロステフに譲渡するように求めたことを明らかにした。このチェメゾフ提案に対しては，大統領府内は反対の声が，政府内ではデニス・マントゥロフ産業貿易大臣を中心に賛成する声があがり，すぐには合意に至らなかった。チェメゾフ提案への主な反対意見は，ロステフがアメリカの制裁の対象であることから，OAK がロステフに移管されれば OAK も制裁対象となりうるといったものや，すでにロステフは様々な産業を抱え込んでおり，これ以上の肥大化を望まないといったものであった。その後，産業貿易省内でチェメゾフ提案についての検討が始まり，2018 年 5 月には OAK 内でもロステフ傘下に入るための準備が始められた。https://www.kommersant.ru/doc/3242015 ならびに https://www.kommersant.ru/doc/3676791 参照（いずれも 2020 年 9 月 28 日アクセス）。

43　https://www.business-gazeta.ru/article/477021 参照（2020 年 9 月 28 日アクセス）。

44　西川（2008）はこの体制を「軍産複合体」の最高の発展段階であると非難する。

45　SIRPI の公表している 2018 年の世界の軍需企業トップ 100 によれば，アメリカの主要 5 社のうち，ロッキード・マーチン，ノースロップ・グラマン，レイセオンの総売上に占める兵器の割合は 90％に迫る。ジェネラル・ダイナミクスも 61％と兵器の売り上げは大きく，民間航空機分野の雄であるボーイングのみが兵器の売り上げは 3 割程度とそれほど依存しないで済んでいる。ただし，ボーイングは総売上がロッキード・マーチンの約 2 倍もあり，兵器売上高の絶対額でみれば，ロッキード・マーチンに次ぐ第 2 位を占めている。Fleurant, Kuminmova, et al.（2019）参照。

46　Carril and Duggan（2018）.

47　航空機産業も含む軍需企業の民営化の結果，多くは「政府の参加する株式会社」へと転換された。また，経営危機に陥った企業は，政府に支配株や黄金株を引き渡す代わりに国防発注や輸出契約を獲得しようとした。こうして政府は民営化後も企業の株式を一定程度保有することができた（Deriabina, 2002）。

48　Fleurant, Kuminmova, et al.（2019）.

49　OAK の民需製品の代表である小型旅客機スホーイ・スーパージェットは，政府の積極的な支援のもと，アエロフロートをはじめとするロシア国内の航空会社で運用されている。なお，アエロフロートをはじめとするロシアの航空会社の多くは半官半民で，また機材を提供するリース会社も政府系銀行の子会社である。事実上，民間機部門も「官需」によって支えられていると言える（伏田, 2018）。

50　1990 年代のロシアでは，軍需産業の持つポテンシャルを最大限に生かし，競争力のある民需品を生産することを狙った軍民転換プログラムが 1993 年，1995 年，1998 年と策定された。また，軍需産業を整理統合する計画は 1998 年の軍民転換プログラムに明記され，2000 年代に策定されたプログラムにも受け継がれた。

51　2000 年に発足したプーチン政権以降，ロシア政府の財政事情が好転したことを受け，国家発注の執行率は飛躍的に高まった。

52　確かに政府は企業株式の大多数を保有していたが，経営面についてはほとんど関与せず（関与する能力を有していなかったと言った方が正確かもしれないが），経営者任せであった。1990 年代の軍需企業を含む国営企業においてはソ連時代からの企業長がそのまま経営者として居座る，いわゆる「赤い経営者」が多く存在した（Deriabina, 2002）。

53　例えば，スホーイ・グループの統合過程では，地方の生産工場は地方政府と共同して連邦中央の進める統合路線に反対した。統合されると地方工場の収益はモスクワの持株会社に，地方政府の税収は連邦中央へ吸い上げられると危惧したのがその背景にある。

[参考文献]

（英語）

Carril R. and M. Duggan (2018) The Impact of Industry Consolidation on Government Procurement: Evidence from Department of Defense Contracting. *NBER Working Paper 25160*, October 2018 (https://www.nber.org/papers/w25160)

Fleurant A., Kuminmova A., et al. (2019) The SIPRI Top 100 Arms-Producing and Military Services Companies, 2018. *SIPRI Fact Sheet*, December 2019 (http://www.sipri.org/sites/default/files/2019-12/1912_fs_top_100_2018.pdf)

（ロシア語）

OAO «Aviaprom» (2017) *Aviaprom Rossii v epokhu peremen* (1991-2016) – M.: OAO «Aviaprom».

Deriabina, M. (2002) Rol' chastnogo kapitala v reformirovanii rossiiskogo OPK. *Voprosy ekonomiki*, 2002 No.4.

Zel'dner, A.G. (ed.) (2021) *Rol' i mesto gosudarstvennykh korporatsii v sovremennoi modeli ekonomicheskogo razvitiia Rossii*. Dashkov i K°.

Kolpakov, S.K. (2011) Istoriia aviatsionnoi promyshlennosti Rossii. P.S. Filippov (ed.) *Istoriia novoi Rossii. Ocherki, interv'iu:* v 3 t.. SPb.: Norma.

OAK (2020) *Godovoi otchet Publichnogo aktsionernogo obshchestva «Ob"edinennaia aviastroitel'naia korporatsiia»* za 2019 god, 4 avgusta 2020. (https://www.uacrussia.ru/upload/iblock/05d/05dc305ec1760c1f6bb40b7b7720c51b.pdf)

SIPRI (2004) *Ezhegodnik SIPRI 2003. Vooruzheniia, razoruzhenie i mezhdunarodnaia bezopasnost'*. – M.: Nauka.

（日本語）
イアン・ブレマー（2011）『自由市場の終焉―国家資本主義とどう闘うか』（有賀裕子訳）日本経済新聞出版社。
上田慧（2007）「航空宇宙産業の世界的再編と「産軍複合体」」『経済系』（関東学院大学）第233集（2007年10月）。
河越真帆（2018）「航空機産業をめぐる1960年代の欧州の国家と企業関係」『神田外語大学紀要』第30号。
河音琢郎（1999）「国防削減下におけるアメリカ軍事産業の再編過程」『立命館経済学』第48巻・第4号。
坂井昭夫（1984）「アメリカの軍事生産に関する一分析」『関西大学商学論集』第28巻第6号（1984年2月）。
坂出健（2013）「EADS社―BAEシステム社合併交渉決裂と欧州軍事産業基盤」『経済論叢』（京都大学）第186巻第2号。
坂出健（2010）『イギリス航空機産業と「帝国の終焉」―軍事産業基盤と英米生産』有斐閣。
西川純子（2008）『アメリカ航空宇宙産業―歴史と現在』日本経済評論社。
伏田寛範（2022）「ロシアの航空機産業の30年の歩み―ソ連型産業統制メカニズムの復活か？」『大国間競争時代のロシア』（令和3年度外務省外交・安全保障調査研究事業）日本国際問題研究所。
伏田寛範（2021）「復活するロシアの航空機産業」『修親』2021年10月号（通巻747号）。
伏田寛範（2018）「岐路に立つロシアの航空機産業」『CISTEC Journal 2018.1』No.173。
伏田寛範（2014）「ロシアにおける軍需産業政策と政策策定メカニズムの研究」京都大学学位申請論文。
伏田寛範（2007）「ロシアにおける航空機産業の再編」『比較経営研究』第31号。
溝端佐登史（2021）「現代比較経済学序説―市場の経済学から国家の経済学へ」溝端佐登史教授退職記念講演（2021年3月）。
宮田由起夫（2019）「アメリカ航空機産業の競争力の源泉に関する考察―政府の役割と企業戦略」『関西学院大学国際学研究』第8巻第1号。
宮田由起夫（2015）「アメリカの航空宇宙産業と公共政策」『経済学論究』（関西学院大学）第69巻第1号。

第Ⅱ部

ロシア国家主導システムの諸相

第4章

ロシアの国家と企業
――2010年代を中心に――

藤原克美

はじめに

本章では2010年代を中心にロシアの国家と企業の関係を検討する。ソ連時代には，鉱工業，商業，運輸，建設，金融はほぼ全面的に国家的所有（国有）であった。しかし，ソ連崩壊後，ロシアでは国有企業[1]の私有化と新規企業の設立が進み，企業数でみる国有企業の比重は急速に低下し，現在ではわずか数パーセントに落ち着いている。したがって，現在のロシア企業の大半はソ連時代とは異なる動機を持つ経済主体である。しかし，その一方で，国家は今も企業の所有者としてロシア経済で大きな影響力を持つとともに，市場の失敗の是正やその他の多様な機能を担っている[2]。

ロシア国家の企業への影響力を考察する際には，所有者としての国家と，その他の機能を果たす国家とを区別する必要がある。また，所有者としての国家は，実際には一般的な企業と，戦略的な大規模企業という2つのタイプの企業で，対応も影響の仕方も異なる。本章では，一般的な国有企業と大規模国有企業をみたあと，所有者以外の国家の役割について検討する。

第1節　国有企業のすがた

1. 経済組織の全体像

まず，ロシアの経済組織の全体像を概観しよう。

ロシアの法人は図表4－1のように分類される。市場において利潤追求を行う営利法人には合名会社，合資会社，有限会社，株式会社，生産協同組合，ユニタリー企業，その他がある。法人の大半（78.9%）は組織形態としては有限会社で，株式会社はわずか1.7%である。2014年9月以降の株式会社は株式が公募発行され市場で流通する公開会社と，この条件にあたらない非公開会社に分かれることになり，有限会社と閉鎖型株式会社も非公開会社に含まれるとされたが，既存企業の再登録は義務づけられていないため，図表4－1のように2021年10月の時点でも従来の区分が残されている[3]。

図表4－1　法人の構成（件数）

	2021.10.1.	割合（%）	2020.10.1.	増減
国家統一法人登録総数	3300917	100.0	3535553	-234636
営利法人	2694443	81.6	2919293	-224850
合名会社	100	0.03*	126	-26
合資会社	208	0.06*	237	-29
有限会社	2602821	78.9	2823045	-220224
株式会社	57483	1.7	61645	-4162
うち　公開会社	876	0.3*	995	-119
非公開会社	31490	1.0	30157	1333
公開型	7614	0.2	8819	-1205
閉鎖型	17503	0.5	21674	-4171
生産協同組合	8916	0.3	9720	-804
ユニタリー企業	12181	0.4	13155	-974
その他	6661	0.2	5326	1335
非営利法人	606474	18.4	616260	-9786

＊単位は‰

（出所）連邦税務局（国家統一法人登録）より筆者計算（http://www.nalog.ru/rn77/related_activities/statistics_and_analytics/regstats/ 2021年10月30日アクセス）。

ユニタリー企業とは，企業の所有権が分割できず，物権が設立者に属する企業である。ロシアでは，2002 年 11 月の連邦法 No.161-FZ「国家および自治体ユニタリー企業法」に基づき，国（連邦および連邦構成主体）または地方自治体のみが設立でき，定款の中で，事業の目的や扱う品目だけでなく，活動の範囲を定める必要がある。国または自治体は経営者を任命し，利潤を受け取る。資産は国または自治体の承認なしに売却・譲渡できない。図表 4 - 1 によると，ユニタリー企業は法人のわずか 0.4%だが，株式会社の 1/5（21%）程度であることを考えれば，無視できない存在である。

ユニタリー企業は，公共性のあるものが中心で，自治体ユニタリー企業の中心は，住宅公共サービス（42%），商業・レストラン（14%）で，連邦構成主体ユニタリー企業で多いのは，農林業や運輸・通信（それぞれ 16%）である[4]。自然独占分野（暖房，上下水道等）では市場の 37.7%をユニタリー企業が占めている[5]。ただ，国家ユニタリー企業，自治体ユニタリー企業ともに，設立当初の組織的・法的形態や本来の目的と合致しないものや，赤字の企業が多いという問題を抱えている。例えば図表 4 - 2 は連邦ユニタリー企業の内訳を見たものであるが，これによると実際に活動しているのは 7 割以下で，清算・破産段階の企業や活動を停止している企業も多いことが分かる。

図表 4 - 2　連邦ユニタリー企業の内訳（カッコ内は比重）

	2018 年 1 月 1 日		2019 年 1 月 1 日		2020 年 1 月 1 日	
	統一国家資産管理システム	連邦資産登録	統一国家資産管理システム	連邦資産登録	統一国家資産管理システム	連邦資産登録
連邦ユニタリー企業	862（100.0）	697（100.0）	700	598	626（100.0）	541（100.0）
うち：						
活動中	537（62.3）	491（70.4）	452	416	391（62.5）	360（66.5）
精算段階	71（8.2）	25（3.6）	40	22	38（6.1）	22（4.1）
再編過程	23（2.7）	14（2.0）	14	11	24（3.8）	21（3.9）
破産段階	169（19.6）	147（21.1）	156	138	158（25.2）	135（25.0）
金融経済活動をせず	62（7.2）	20（2.9）	38	11	15（2.4）	3（0.6）

（出所）Schetnaya palata（2020：38）より筆者作成。

2. 国有企業の動態と構成

以上の分類で公的所有企業が含まれているのは，株式会社と有限会社，ユニタリー企業である。また，公的所有の経済組織には国有（連邦および連邦構成主体）と自治体所有がある。さらに，国有および自治体所有企業・組織の数は，上述の連邦税務局（国家統一法人登録）と，ロシア統計局，および連邦資産管理局によって異なる。例えば2019年に連邦税務局に登録されていた国有株式会社とユニタリー企業はそれぞれ218社と792社，ロシア統計局ではそれぞれ1059社と760社，連邦資産管理局ではそれぞれ1025社と626社であった[6]。とくに連邦税務局の国有株式会社数が極端に少ないが，その他の数字にもばらつきがあり，国家自身が国有資産を正確に把握できていないことは，2020年の会計検査院の報告書においても批判されている[7]。

ここでロシア統計局のデータを用いると，すでに8割以上の企業・組織は私的所有である（ピークは2015年で86.8%，2020年は84.6%[8]）。図表4－3は国

図表4－3　国有企業・組織，自治体所有企業・組織の数と比重（1996-2020年）

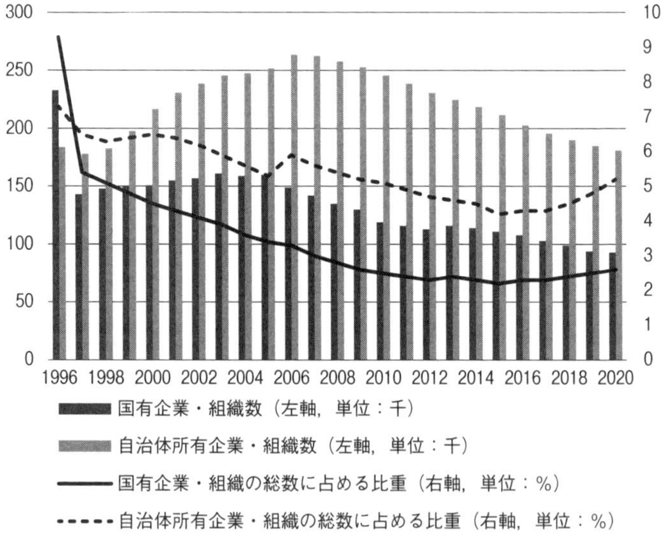

（出所）Rosstat, *Rossiya v tsifrakh* 各年版より筆者作成。

有企業・組織と自治体所有企業・組織の動態をグラフにしたものである。全企業・組織に占める比重を見ると，国有企業は 2015 年の 2.2%が最も低く，2020 年には 2.6%と若干上昇している。自治体所有企業は 2006 年に一度増加している点が異なるが，最も低い値が 2015 年の 4.2%，2020 年は 5.2%と，近年は国有企業とほぼ同じ動きをしている。実数ではともに，2000 年代前半に一旦上昇し，後半に減少に転じたことが確認できる。

第 2 節　私有化

一般に国有企業はコスト削減への動機が弱く，民間企業に比べて経営効率は低い。ソ連邦末期の経済改革のなかでも，社会主義体制下での国有企業改革の限界が露呈し，そのことがソ連崩壊と市場経済移行に至るひとつの要因となったと考えられている。それ故に，ソ連崩壊後のロシアでは，国有企業を市場経済で機能する民間企業に転換させるための私有化政策が経済改革の主要な柱の一つとなった。

旧社会主義諸国における国有企業の私有化は，多くの人が予想したよりもはるかに長期的で複雑なものであった。本節では以下，連邦所有企業を中心に国有企業の全体的な私有化について検討する。

1990 年代には，バウチャー私有化（1992-1994）と貨幣私有化（1995-1999）によって，多数の企業が私有化された（図表 4 - 4）[9]。2003 年から統計の公表方法が変更されたために連続的な比較はできないが，2000 年代には 2004 年と 2009 年に一時的に増加するものの，私有化件数は次第に低下している。

連邦レベルの私有化計画は，2010 年までは毎年立案されていたが，2011 年以降は 2011-2013 年，2014-2016 年，2017-2019 年，2020-2022 年の 3 カ年計画が 4 度作成されている。そこでの私有化計画は，大きくは大規模企業の私有化，株式会社の株の売却，国庫資産の売却，連邦ユニタリー企業の私有化，垂直統合企業の形成に分類される。大規模企業については次節で別途検討する。国庫資産の大半は不動産や船舶であるため，ここでは株式会社の株の売却と連邦ユニタリー企業の私有化，垂直統合企業の形成について検討しよう。

図表 4 − 4　企業の私有化の実績（1993-2015 年）（件）

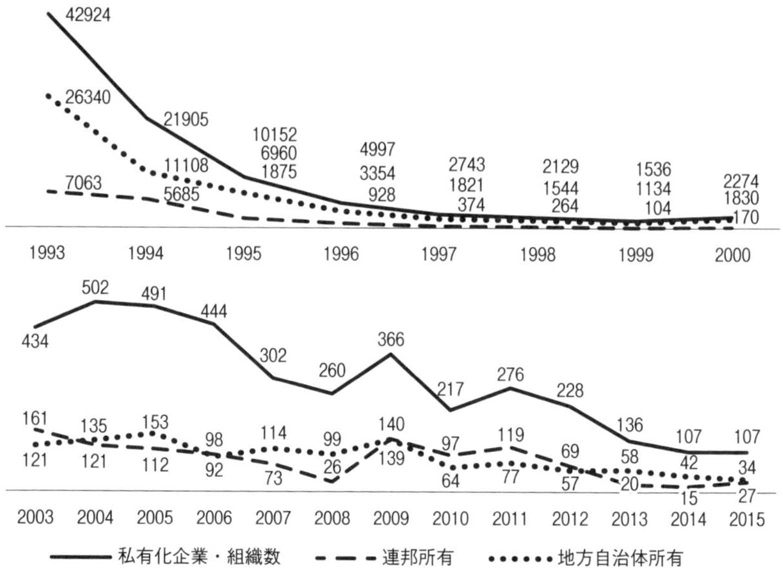

（出所）Rosstat, *Rossiya v tsifrakh* 各年版より筆者作成。2003 年以降の数字はユニタリー企業の資産コンプレックスで，連邦資産管理局が実施した私有化を含まないため，それ以前と直接比較することはできない。2016 年以降はこの統計は公表されていない。

まず，国有企業の売却の前には移管や改組が実施される。図表 4 − 3 のように，自治体所有企業・組織の数は 2006 年までは明らかに増加しているが，その背景には 1990 年代から行われている国有企業の自治体所有への移管がある。また，本来の事業活動に利用されていない資産や土地区画は「連邦資産」として切り離される[10]。そして，活動している連邦ユニタリー企業は株式会社に改組された後，売却される。

株式会社はオークションによって売却され，民間企業だけでなく国有企業・組織が買い手となることもある。オークションが不首尾に終わった場合には，公募（Public offering）や価格設定をしない方法に切り替えられたり，再度オークションが繰り返されたりする。競争率はそれほど高くはなく，初回のオークションで売却された企業の割合は，2011-2013 年プログラムで 51%，2014-2016 年プログラムで 39%，2017-2019 年プログラムで 36%と減少している[11]。その理由としては，企業そのものの経済的ポテンシャルが低いことや，情報不足によって投資家の関心が集まらないこと，加えて，外部からの参入を阻止しようとする閉鎖的傾向が地域にあることが指摘されている。

私有化のもうひとつの方法は，垂直統合企業の形成と既存の垂直統合企業への編入である[12]。大統領令や政府決定により2011-2013年には44，2014-2016年には19，2017-2019年には14の垂直統合企業の形成・拡大が計画された。代表的な垂直統合企業は国家コーポレーション[13]の「ロステフ」，「ロスコスモス」，「ロスアトム」のほか，軍事企業，鉄道企業など，国家戦略上重視される企業である。したがって，垂直統合企業の形成・拡大は私有化計画に含まれてはいるものの，対象企業は国有企業の傘下に入るため，「準国有企業」あるいは「擬似民間企業」になると言うこともできる[14]。また，2008年にロシアテクノロジー（現在のロステフ）への多数の国有企業の編入が報じられた際に，ロシアテクノロジー側は，編入される企業の大半は優良企業ではなく（30％は破産寸前），かえって負担であると弁明した[15]。ここから，垂直統合企業への編入という私有化の方法は，国家としては社会的意義やポテンシャルを評価しているものの，独立した企業として存続するには経営的に厳しい企業を救済するための方策だと考えられる。

図表4-5の私有化計画の実施状況をみると，2010年代には株式会社・有限会社とユニタリー企業の私有化件数，垂直統合企業への編入件数のいずれもが減少しており，その傾向は2020-2022年の私有化計画（2019年12月31日政府決定No. 3260）にも引き継がれている。これらの件数が減少している第一の理由は，国有企業・組織数自体の減少である。次に，株式会社・有限会社とユニタリー企業の私有化では計画と実績の乖離も大きい。恐らくこれは，企業の経営状況が悪いために，私有化の前に破産・清算に追い込まれたり，私有化計画がキャンセルされたりしたケースが多いためだと思われる[16]。

今後，私有化はどこまで行われるだろうか。民間部門の経済的優位性は一般論としては支持されており，溝端・岩﨑も移行諸国の研究のメタ分析から「民間部門は，国家との比較において，より望ましい企業所有主体」であると結論づけている[17]。しかし，電力産業のような自然独占分野では，国際的にはPFI等を導入して民間に委ねる動きもみられるものの，競争メカニズムが本来的に

図表 4－5　2010 年代の私有化計画の実施状況

			2011-2013	2014-2016	2017-2019	2020-2022
株式会社・有限会社		計画	1477	990	581	267
		実績	730	530	51	
		実績／計画（%）	49.4	53.5	8.8	
ユニタリー企業		計画	298	500	253	91
		実績	182	128	81	
		実績／計画（%）	61.1	25.6	32.0	
垂直統合企業への編入	株式会社	計画	98	158	66	27
		実績	85	141	60	
		実績／計画（%）	86.7	89.2	90.9	
	ユニタリー企業	計画	163	52	40	21
		実績	154	30	28	
		実績／計画（%）	94.5	57.7	70.0	

（出所）Rosimushchestvo（2014, 2017, 2020, 2021）より筆者作成。

弱く，民間企業の優位性には異論もある[18]。さらに，国有企業には公的な役割を担っているものも多く，企業の形態や存続は経済原理のみで決められる訳ではない。例えば，ロシアでは，2025 年 1 月 1 日までに競争的市場のユニタリー企業は清算されるか再編されることとなった（2019 年 12 月 27 日の連邦法 No. 485-FZ）。しかしながら，法案審議の過程で，軍および国防分野から，文化の発展のための企業や極北その他辺境の生活に必要な企業まで，例外の範囲が拡大された[19]。したがって，今後の私有化は，残された国有企業の特徴をふまえながら，より慎重に進められていくだろう。

第 3 節　大規模国有企業

1. 大規模国有企業の特徴

国有企業・組織の比率は全体としては減少しているにも関わらず（図表 4－3），様々な試算によると，2000 年代以降 GDP に占める国家の比重は次第に増加している[20]。最も体系的で時系列で比較できるものとして，ここではRANKhiGSの調査を取り上げる（図表4－6）。そこでは，GDPに占める国家セクターの比重を，国家管理セクター，国家参加企業，国家ユニタリー企業の3つに分けて算出している。

国家管理セクターは2000年に7.1%であったが，ゼロ年代に9%台半ばまで上昇し，2010年代に入ると11～13%台にまで拡大した。国家参加企業は，2000年に20.1%，その後2001，2002，2004年に20%台を切るが，2009年には30%を超え，直近の2019年には38.0%にまで急上昇している。国家ユニタリー企業は逆に2000年台前半は4.1～5.4%であったものが，3%台，2%台と減少し，2018年には1.7%にまで落ち込んでいるが，これは，前節で述べた私有化手続きを反映していると考えられる。

これらを総合した全体のGDP比を見ると，2000年の31.3%から2019年の53.2%にまで21.9%も上昇している。このように経済に占める国家セクターは2000年と比べて2010年代には大きく拡大したことがわかる。

企業数の比率の低下とGDPに占める比率の拡大から，国有企業の規模が拡大していることが推測される。図表4－7は『エクスペルト』紙の売上高ラン

図表4－6　GDPに占める国家の比重

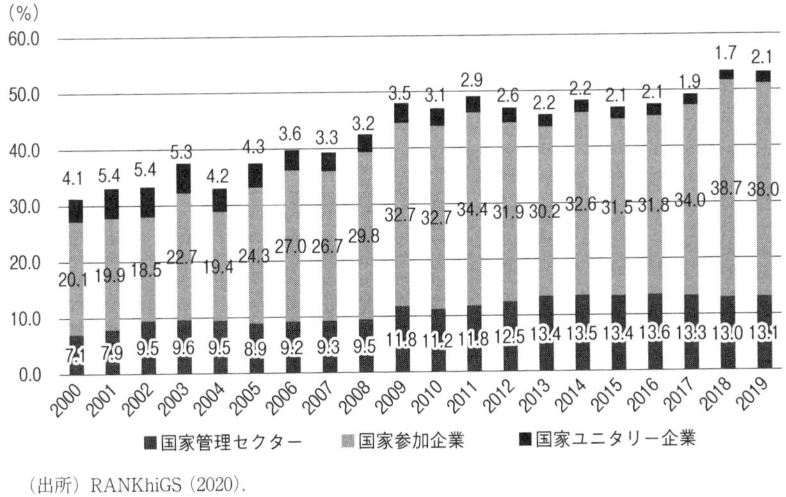

（出所）RANKhiGS（2020）.

図表 4－7『エクスペルト』紙ランキング：2020 年売上高上位 20 社（100 万ルーブル）

順位	企業名	主要部門	売上高	順位	企業名	主要部門	売上高
1	石油会社「ロスネフチ」	石油・ガス	8238000.0	11	株式企業「トランスネフチ」	運輸	979958.0
2	ガスプロム	石油・ガス	8224177.0	12	「Интер PAO」グループ	電力	962582.0
3	石油会社「ルクオイル」	石油・ガス	8035889.0	13	タトネフチ	石油・ガス	910534.0
4	ロシアズベルバンク	銀行	2813800.0	14	ノヴァテック	石油・ガス	831758.0
5	ロシア鉄道	運輸・ロジスティクス	2412881.0	15	エヴラズ	鉄金属	804917.0
6	スルグトネフチェガス	石油・ガス	1867120.0		株式金融会社「システマ」	複合ホールディング	777405.0
	ロステフ	複合ホールディング	1642000.0		EN+	複合ホールディング	776197.0
7	X5 Retail Group	小売	1532537.0	16	ノヴォリペツク冶金コンビナート	鉄金属	756222.0
	サフマル	複合ホールディング	1203529.0	17	冶金会社「ノリリスクニッケル」	非鉄金属	728915.0
8	VTB グループ	銀行	1124000.0	18	メガポリス	卸売	706738.0
9	小売網「マグニット」	小売	1123015.0	19	統合会社「ルサール」	非鉄金属	644636.0
	ロスアトム	複合ホールディング	1034000.0	20	アエロフロートロシア航空会社	運輸・ロジスティクス	611570.0
10	ロシア網	電力	1021602.0				

（出所）*Ekspert*（No.43, October 18, 2021：78-79）より抜粋。

キング 400 の上位 20 社を示したもので，背景がグレーの部分は事実上国有企業，ランキングのないものはホールディング・カンパニーである。ランキングのある企業のみでみると，上位 5 社のうち 4 社，10社のうち 6 社が事実上国有企業であり，それらは分野的には石油・ガス，銀行，運輸，電力である。国家はロシアにとって最も重要な企業群の多くをコントロールしているのである。

さらに図表 4－8 は，各産業部門につき上位 100 社の売り上げに占める国有企業の売り上げの割合を示したものである。ここからは国有企業の割合は産業部門によって大きく異なることがわかる。運輸，エネルギー，有用鉱物採掘の 3 部門では国有企業が 70％以上を占め，金融・保険は半数弱である。以上は上

図表4-8　売上高でみる部門別国家参加度（2015年）

部門	国家参加比率（部門上位100社の売り上げに占める国有企業の売り上げ）	部門	国家参加比率（部門上位100社の売り上げに占める国有企業の売り上げ）
運輸	83.0%	化学	9.3%
エネルギー	70.9%	法曹・コンサル等サービス	8.5%
有用鉱物採掘	70.0%	ホテル・食堂	6.7%
金融・保険	46.8%	その他**	4.9%
住宅・公共事業	31.9%	金属採掘・加工・冶金	4.4%
機械・自動車産業	30.9%	文化・芸術・スポーツ・くじ	3.5%
情報・通信・メディア	22.7%	薬品	2.6%
建設・建築資材	18.4%	森林・木材加工	1.3%
不動産	15.9%	商業	1.1%
教育*	11.8%	農工コンプレックス，食品	1.0%
保健*	11.5%	軽工業	0.7%

*公的施設を除く　**実際には他の項目に入るOKVED分類上の不整合を含む
（出所）Tsentr strategicheskikh razrabotok（2018a：46）.

述のエクスペルト・ランキング上位の国有企業の活動分野ともほぼ一致しており，国家の関心がこれらの部門に集中していることがわかる。逆に，11の部門では国家の割合は一桁台であり，軽工業では1%にも満たない。

以上から，所有者としての国家は，大半の産業ではごくわずかな市場シェアと影響力しか持たない一方，石油・ガス，運輸，エネルギー（電力），金融（銀行）等の一部の部門では，圧倒的なプレゼンスを誇っていることが分かる。

2. 大規模私有化

特別大きな規模と重要性を有する大規模企業の私有化は，ロシア連邦大統領府またはロシア連邦政府によって詳細が決定される。国家戦略上も重要な物件のため，オークションへの外資の参加には制約があり[21]，国家指導者の意思にも大きく依存する。メドベージェフ大統領（当時）は，「民間ビジネスと民間投資がロシア経済において支配的になるべきである」[22]と述べるなど，民間企業の優越性への信念を持ち，2009年11月には，2016年末までに実施される大規模な私有化計画を発表した（図表4－9）。

これは，それまでにない大胆な構想で，そこにはロスネフチやロシア鉄道，ズベルバンクなどのロシアを代表する企業が含まれていた。さらに，2010年10月プラン，2012年6月プランと一部の例外を除きこの計画はより野心的なものとなり，対象物件も倍増した。実は最後のプランはプーチン大統領時代に入っており，ほぼ同じ時期に開催されたサンクトペテルブルク国際経済フォーラムではプーチン大統領も「近代的な経済を建設するために私有化が必要である」[23]と，この路線の継承に意欲を示していた。

しかし，図表4－9のように実際には多くの企業で私有化は予定どおりに進展しなかった。私有化が遅れた理由としては，2014年以降の経済制裁と経済危機がある。景気の悪化によって売却価格が伸びないことが予想され，2015年には予定されていた「ソフコムフロート」，「ロスネフチ」の私有化がキャンセルされた。2017年に予定されていたVTB銀行株の売却も，EUとアメリカの制裁が株価に否定的影響を及ぼしうるとして中止された。

さらに，2020-2022年の私有化プログラムには，図表4－9の企業のうち3件しか含まれていないことから，大規模企業に対する国家の政策そのものが変化したとも考えられる。ロスネフチに限れば，複数の外資を受け入れ，さらに，2020年3月には国家（実際にはロスネフチェガス）の所有比率が過半数を割った。このような所有構造の変化は，ロシアで資源ナショナリズムが高揚しているというイメージとは合致しないが，ロシア経済を屋台骨から支える石油産業の最大企業を国家が手放すと考えるのは難しいため，国家の意向が必ず反映されるという確信の上での例外的な動きだと思われる。

2019年に大規模民営化として唯一実現した，ロシア最大の宝石工場「クリスタル」の売却も興味深い。クリスタルの連邦株100％が売却されたが，その売却先は図表4－9にも名前のある「アルロサ」であった。クリスタルは巨額の負債を抱え，設備の近代化を条件としていたという事情はあるが，大規模私有化でも「私有化」プログラムによって必ずしも私的所有に移されるとは限らないことが示されている。

図表4－9　大規模企業の私有化計画

企業名	産業部門	国家の所有比率				備考	2020-2022年予定
		2010年初時点	2010年10月プラン	2012年6月プラン（2016年までの計画）	2021年4月現在		
ロスネフチ	石油	75.2%	50.2%＋1	50%	40.4%＋2	ロスネフチェガスの所有 その他： BP Russian Investments Limited：19.75% QH Oil Investments LLC：18.53% 2020年　国家が9.6%をロスネフチの子会社へ売却	
ロシア鉄道	鉄道	100%	75%＋1	75%＋1	100%	ロシア連邦政府の所有	
ズベルバンク	銀行	57.6%	50.02%＋1	50.02%＋1	50%＋1	2012年　7.58%-1を売却 2020年　中央銀行から財務省（国民福祉基金）の所有へ	
VTB銀行	銀行	75.5%	40%＋1	50%＋1	60.9%	連邦資産管理局の所有 2011年10%売却 2013年IPO	普通株50%＋1
ロスセリホズバンク	銀行	100%	75%	0%	100%	2012年　キャンセル	
ロスアグロリーシング	農機具リース	99.9%	49.9%＋1	49.9%＋1	100%	2012年　キャンセル	
FSK EES	送電	79.1%	74.99%＋1	74.99%＋1	80.13%	Rosseti（連邦資産管理局が88%所有）の所有	
ルスギドロ	水力発電	58.0%	50.03%＋1	0%	61.7%	2014年　キャンセル	
ソフコムフロート	船舶	100%	50%＋1	50%＋1	82.8%	2020年　IPO	75%＋1
OZK	穀物卸売	100%	0%（2012まで）	0%	50%＋1	残りはVTB銀行の子会社	

企業名	産業部門	国家の所有比率				備考	2020-2022年予定
		2010年初時点	2010年10月プラン	2012年6月プラン(2016年までの計画)	2021年4月現在		
シェレメチェヴォ国際空港	空港	100%	計画に含まれず	0%	30.46%	連邦資産管理局の所有 その他：シェレメチェヴォ・ホールディング：66%	
Inter RAO	火力発電	14.8%		0%	36.87%	内訳： ロスネフチェガス：26.37% FSK EES グループ：9.24% その他：Inter RAO Kapital グループ（準国）：29.39%	
ザルベジネフチ	石油	100%		0%	100%	連邦資産管理局の所有	
アルロサ	ダイアモンド	59.0%		0%	33.03%	連邦資産管理局の所有 その他： サハ共和国：25%+1 2013年 7%売却 2016年 10.9%売却	29%+1（共和国所有分も）
アエロフロート	航空	51.2%		0%	57.34%	51.2% →2020年 IPO（国民福祉基金投入）	
トランスネフチ	石油パイプライン	78.1%		75%+1	78.55%	連邦資産管理局の所有	
ウラル車両工場	鉄道車両	100%		75%+1	100%	2016年 アルファバンクによる破産申立 →12月 ロステフの所有へ	
OSK	船舶建設	100%		50%+1	100%	連邦資産管理局の所有	
OAK	航空機	83.0%		50%+1	92.3%	連邦資産管理局の所有	
ロスナノ	ナノテクノロジー	100%		90%	100%		

（出所）各種報道，各企業のホームページより筆者作成。

3. 国有企業の管理

国有企業の効率性の問題は，政府による国有企業の監督に内在する「プリンシパル—エージェント問題」として考えることができる。この問題に対してロシア政府は，ビジネスの専門家や市場ツールを利用することで対応している。

国家が株式会社に出資をしている場合には，国家は取締役会に代表者を送ることができ，さらに取締役会に参加する政府代表は株主総会の選任を必要としない。かつては，国有企業の取締役会には官僚が派遣されていたが，官僚には個別企業の経営に割く時間的余裕がなく，規制者としての利害と経営者としての利害は対立しうることなどから，政府は2008年頃よりこれを独立した専門家に置き換える方針を示した[24]。その後2014年には，取締役として相応しい専門家が十分に育っていないことや，特定企業に対する国家の影響力を取り戻すために，官僚の派遣を一部復活させた[25]。しかし，資産管理に関する政府プログラム[26]では，競争力や公開性を高めるために引き続き官僚の比率の50%への低下を数値目標として掲げ，2019年にこの目標は達成された（49.2%）。

また，国有企業が市場の評価に柔軟に反応する仕組みの構築も進められている。経営者評価において最も一般的に用いられているのはTSR（株主総利回り）である。さらに，2012年から国有企業の投資収益を測り，配当や経営者評価に用いるために，経済発展省と連邦資産管理局の要請で，モスクワ証券取引所が国家参加型株式会社（16社）と自然独占企業（16社）の国家セクター株式指数（Indeksy aktsiy gosudarstvennogo sektora）を作成している。

ついでながら，国家は近年，国家が出資している企業に対して純利益の50%を配当として配分することを要求している。アルロサ，アエロフロート，ルスギドロなど多くの企業が既にこの要請に応じており[27]，2021年7月からは各種例外が廃止され，大規模企業にとっては義務となっている。税であれば国家だけが先に資金を吸い上げてしまうが，配当であれば株主が平等に受け取ることができる。そのため，投資に十分な内部留保があるのかという問題をひとまず脇におけば，配当の引き上げは民間の投資家からも歓迎される[28]。

第 4 節　所有者以外の国家の機能

1. 反独占規制

国家は所有者として企業経営に関わるだけでなく，その他の方法でも経済や企業に影響を及ぼしている。

まず，公害や失業など「市場の失敗」への対応は国家の役割として広く認められている。ここでは，「市場の失敗」のなかでも独占・寡占に対するロシア政府の対応を見てみよう。

ロシア政府は，競争的な市場環境を保障するために，法律としては競争法を整備し，組織としては連邦反独占局を有している。競争法は 1991 年に初めて制定され，現行の連邦法 No.135-FZ「競争の保護について」は，2006 年 7 月制定後，2011 年の大幅改正を含む多くの改正を経ている。反独占政策を担当する部署は，本庁および地方を含め 2000 年には 1804 人の規模であったが，2004 年に連邦反独占局が設立されて以降職員数は急増し，2010 年代には 3000 人を超え，現在は約 3500 人が勤務している[29]。さらに，2017 年 12 月にはロシア連邦大統領令 No.618「競争の発展に関する国家政策の基本方向」も示されており，ロシア政府は反独占政策に積極的に取り組んでいる[30]。

しかし，ロシアでは競争法違反の多くが政府自身によるものであることが課題として指摘されており[31]，その意味では競争分野において「市場の失敗」ではなく「政府の失敗」が目立っていた。

図表 4 - 10 を見ると，競争法違反の数は近年一貫して減少しており，違反総数に占める政府の違反の割合も 2017 年の 52%から 2020 年の 43%に減少している。また，上の大統領令 No.618 の附則では，当局による競争法違反を 2020 年には 2017 年の半分以下に下げることが計画されていたが，実際，2020 年には 2017 年の 49.6%となり，この目標を達成することができた[32]。このように，反独占局の報告書を見る限り，競争的な環境の整備においてロシア政府は着実な成果をあげているということができる。

しかし，戦略センターの調査によると，企業家からは競争条件が悪化してい

図表 4－10　競争法違反の件数

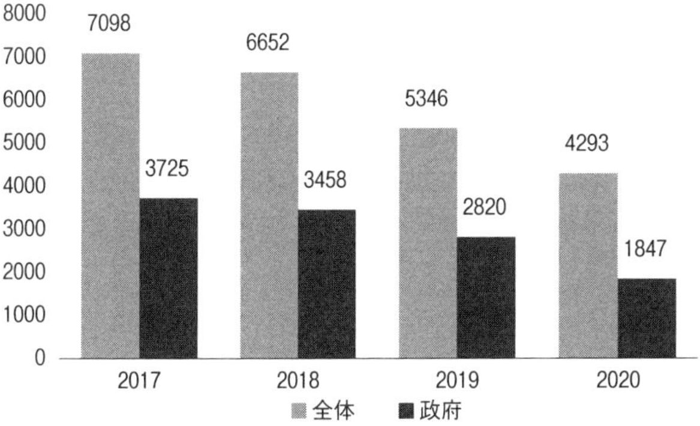

（出所）Federal'naya antimonopol'naya sluzhba（2021：70).

るという評価が下されている。これによれば，競争は激しいと答えた人の割合は2015年の53％から2018年の46％へと減少し，競争が弱い，あるいは無いと答えた人は2015年の21％から2018年の27％に増加した。しかも，競争の減少の要因の49％は，当局による反競争活動だと答えている[33]。したがって，反独占局の公表する成果のみに基づいて，政府が反競争的活動から手を引いたとか，競争的市場が保障されているといった結論を導くことは早計である。

2. 官民パートナーシップと民間アクターの育成

公共サービスの分野で民間の資金やノウハウを活用する官民パートナーシップは，経済における国家のプレゼンスを下げるためのひとつの方法として多くの国で導入されている。ロシアでは，2006年1月に設立された「ロシア連邦投資基金」が民間との共同出資で運輸を中心とするプロジェクトに投資を行ったが，これは民間の投資家がリスクと責任を負わず，結果として全体の投資効率が悪いとの評価を受け，2015年に廃止された。

2015年7月，改めて連邦法No.224-FZ「ロシア連邦における国家・民間パートナーシップ，自治体・民間パートナーシップ法」が採択された。ここではそれまでの問題点を踏まえて，リスクと責任の配分において官民が同等な長期の民法契約を結ぶことが確認されている。「官民パートナーシップ・ナショナルセンター」によると2019年初めで3422件，2兆1820億ルーブルの契約が結ばれている。契約の88.7%が地方自治体レベルで締結されており，分野としては住宅公共サービスとエネルギー分野が主流（合わせて82%）である[34]。しかし，ここでも，民間がリスクを負わず，実際には予算によるインフラ整備と変わらないという批判が繰り返されており，民間活力を導入して財政支出を抑制するという本来の目的からは十分効果をあげているとは言えない[35]。

さらに，官民パートナーシップは伝統的に国家の領域であった公共セクターに民間資本を入れる動きであり，国家の領域の縮小であるが，ロシアではさらに，通常であれば民間で行われている領域にも国家が積極的に関与している。

そのひとつがベンチャー企業の育成である。2006年にロシア政府は株式会社「ロシア・ベンチャー・カンパニー」を設立し，国が49%を出資するベンチャー・ファンドを運営している。また，戦略的イニシアチブ機関（Agentstvo Strategicheskikh Initsiativ）は2011年にプーチン主導で設立された非営利組織で，グローバルリーダーの育成，長期的リーダーのファンダメンタルズの形成，投資環境の改善と投資支援などを事業の目的としている[36]。

このように，企業家がなかなか育たないといわれるロシアで，起業のための技術的・金銭的支援を国家が行っている。民間の投資家が不足しているために国家がイニシアチブを取らざるを得ないが，国家が主導することによってさらに民間のアクターが消極的になるという負の連鎖が続くことも懸念される[37]。

3. 国家発注と金融

最後に，資金面からの国家の影響力を簡単に確認する。

国家は予算の執行を通じて企業に影響を与えることができるが，ロシアの国家発注の規模は特に大きい。国家と地方自治体による発注に，国有企業の調達を含めると，2020年で実に28兆8000億ルーブル（GDPの27%以上）にのぼる。したがって，国家発注における公平なルールの構築は，市場機能の維持にとっても極めて重要である。

まず，国家発注の73%は民間企業とのもので，所謂G2Gの取引は割合としては大きくはない[38]。

また，ロシア政府は中小企業への発注を増やすことを目標として掲げている。例えば国家発注[39]のうち中小企業への発注は2017年の15.4%から2020年の20.0%（政府目標は31%）へと増加し，同じく国有企業など国家が関与する発注[40]に占める中小企業の割合も11.2%から24.8%へと大きく拡大しており，中小企業支援策として一定の成果を上げているように見える[41]。

ただし，会計検査院によると調達の際の違反は2014年の21500件から2020年の83500件へと4倍に，金額では661億ルーブルから3620億ルーブルへと6倍に増えており，国家の資金配分における公平性の担保には課題がある[42]。競争入札を経ずに受注が行われた大規模な事例としては，2015年の「ストロイガスモンタージュ」によるケルチェンスク橋（クリミアと本土をつなぐ橋）の受注も広く知られている。このように，様々な規模の不透明な取引によって国家発注の効率自体が低下しているという指摘もある[43]。

なお，第5章で見るように，ロシアでは国家が資本参加する銀行も多く，金融面から国家が企業をコントロールする可能性もある。しかし，国家があらゆる企業の経営に関与することは不可能であろう。さらに，2014年以降の金融危機下で行われた国民福祉基金やヴネシュエコノムバンク（VEB.RF）の資金投入は国家にとっても大きな負担であった。したがって，現在の金融面での国家の高いプレゼンスは，国家による金融支配の意図を反映しているだけでなく，景気低迷下で国家がロシア経済と企業を支えようと努めてきた結果であるとも見ることができる。

おわりに

本章では2010年代を中心に，ロシア企業の活動に国家の主導性がどの程度現れているのかを考察した。

まず，所有者としてのロシア国家には次のような特徴があった。

第1に，2010年代には，国有企業とユニタリー企業の数はわずか数パーセントにまで減少しており，国家が経営に直接関与するような企業の数は多くはない。

第2に，国家が所有する企業は経営効率の低いものが多く，なかには私有化の前に破産する企業や，私有化オークションで買い手がつかない企業もある。それでも国家が必要と判断する場合には，垂直統合企業の傘下に入り「準国有企業」として生き残ることになる。社会的なインフラを担う企業については，今後も公的なものとして残される可能性もある。

第3に，大規模国有企業では，私有化は停滞し，むしろその社会的プレゼンスは高まっている。石油・ガス産業や銀行，電力，運輸部門などの大規模企業は，かつて大規模な私有化が計画されたこともあったが，その大半は実現しておらず，GDP に占める国家の比重を大幅に引き上げている。当面は，市場のツールを利用しながらも，これらの企業への国家の影響力は維持されるだろう。

次に，ロシア国家は，市場の調整者やゲームのルールの設計者として，さらに本来は市場に任されることの多い領域でも企業への影響力を持っている。

第1に，「市場の失敗」を補うために政府が担う反独占政策においては，目覚ましい改善がみられているとはいえ，ロシアでは政府自身が違反者でもあるという課題を抱えている。

第2に，市場機能の拡張を意図した官民パートナーシップも本来の役割を発揮せず，企業家の育成という通常は市場が担うべき領域でも国家がイニシアチブを握っている。これらは総じて，企業家精神を持つアクターや投資家が不足していることから生じる課題である。そして，その不足を補うために実施される国家の施策が，結果として民間のアクターの自発的登場をさらに阻害する結果にもなりうるのである。

以上を改めて要約しておこう。ロシアでは国家による企業支配や影響力の拡大が，多くの人によって実際に知覚されている。また，GDP の約半分を実質的な国有企業が占めるという状況は，市場競争や企業効率の維持という点からは十分問題とされるべき規模だと思われる。しかし，第1に，企業支配に対する国家の強い意思は戦略的に重要な分野でしか見られず，第2に，全般的な国家の拡大には，民間のダイナミズムの欠如に規定された，おそらくは当局にとっても意図せざる結果も含まれている。企業に対するロシア国家の主導性を考える場合には，この二点に対する理解も不可欠である。

［追記］

2022年2月24日のロシアによるウクライナ侵攻により国際情勢は大きく変化した。それはロシアの国家と企業の関係にも必然的に影響する。資源産業を含む多くの産業からの外資の撤退も日々報じられているが，断片的な情報にとどまっており，また，2022年半ばの時点ではロシアの国有企業のホームページは海外からアクセス不能となっていることから，本章では特に情報の追加は行っていない。また，本章の結論には現在のところ大きな修正はない。

［注］

1　ロシア連邦においては，公的所有は連邦および連邦構成主体が所有する国家所有と，地方自治体所有に分けられる。また，国家が株の一部だけを所有する企業も国有に含まれる。しかし，本章では，これらを区別して論じる箇所を除き，政府が所有者として支配的な影響力を持つという広く一般的な意味で「国有」を用いる。

2　国家と市場の関係については以下を参照。青木・奥野・岡崎編著（1999）。

3　株式会社は，2014年8月末までは株式譲渡時の制約によって閉鎖型株式会社と公開型株式会社に分かれていた。

4　Kuz'menko T., A. Makrushin（2004）.

5　Rosimushchestvo, December 6, 2018（https://www.rosim.ru/press/news/341496　2021年10月30日アクセス）.

6　*RBK*, No. 831, August 31, 2020, p.2.

7　*Ibid*.

8　Rosstat, *Rossiya v tsifrakh* 各年版より筆者計算。

9　ロシアの私有化の歴史や特徴，成果については，以下を参照されたい。Radygin A.D. et al.（2014）.

10　連邦資産管理局に登録されている連邦の資産は，「連邦が出資している経済主体」「連邦ユニタリー企業」「連邦国庫企業」「連邦資産」のカテゴリーに分かれる。

11　Baturkin A.（2021）p.34.

12　私有化による垂直統合企業の形成については連邦資産管理局の私有化の報告書を参考。Rosimushchestvo（2014; 2017; 2020; 2021）.

13　個別法によって設立される公益法人。「住宅サービス改革助成基金」，「ヴネシュエコノムバンク」（現在のVEB. RF），「ロスアトム」，「ロスナノ」（現在は株式会社），「ロシアテクノロジー」（現在のロステフ），「オリンプストロイ」などがあった。

14　Tsentr strategicheskikh razrabotok（2018a）p.26.

15　2008年7月10日の大統領令に基づき181のユニタリー企業が株式会社化され，ロシアテクノロジーに編入されることが決定された。その後，22は破産や改組で中断し，159が実際に同社の傘下に入った。

16　会計検査院もこの考えを支持している。*RBK*, No. 831, August 31, 2020, p.2.

17　溝端・岩崎（2018），302頁。

18　本章では連邦企業を中心に論じているが，連邦構成主体や地方自治体ユニタリー企業には，電力，暖房，水道，住宅などの社会的インフラを担う企業が多い。海外ではこれらの事業でPFIが積極的に取り入れられている。

19　企業や監督省庁の抵抗については，2020-2022 年の私有化計画策定前に経済発展副大臣も認めている。*Vedomosti*, October 21, 2019, p.4.

20　例えば以下を参照。*Vedomosti*, April 30, 2019.

21　2004 年 8 月 4 日の大統領令 No.1009 により戦略的企業に指定されると，私有化の対象にはならない。また，2008 年 4 月の連邦法 No.57-FZ において外資の参入規制が定められている。

22　*RIA Novosti*, June 17, 2011（https://ria.ru/20110617/389662370.html　2021 年 10 月 30 日アクセス）. サンクトペテルブルク国際経済フォーラムでの発言。

23　*Rossiyskaya gazeta*, June 21, 2012（https://rg.ru/2012/06/21/putin-site.html　2021 年 10 月 30 日アクセス）. サンクトペテルブルク国際経済フォーラムでの発言。

24　藤原（2009）, 208 頁。原典は，*Vedomosti*, No.105, June 9, 2008, p.1.

25　*Gazeta.ru*, January 27, 2014.

26「連邦資産管理政府プログラム」(2014 年 4 月 15 日の政府決定 No. 327，最終版は 2019 年 3 月 29 日の政府決定 No. 352-20 による修正，ただし，2020 年 3 月に失効)。

27　Schetnaya palata（2020）p.11.

28　企業を投資先として見た場合には，国民も大規模国有企業に否定的ではない。慎重な私有化によって過剰な株が流通せず，財務省が配当を監督し，国家が余計なリスクから保護してくれるからである。モスクワ取引所での個人投資家による投資は，ガスプロム（23%），ズベルバンク（普通株 11%，優先株 8%），アエロフロート（8%）など大手国有企業に集中している。*Ekspert*, No.26, June 22, 2020, pp.42-45.

29　連邦反独占局（FAS）のウェブサイト（www://fas.gov.ru　2021 年 10 月 30 日アクセス）。

30　大統領令 No.618 によれば，例えば，自然独占分野と軍事部門を除いて各分野には最低 3 つ以上の経済主体が必要で，そのうちの少なくともひとつは民間企業でなければならない。また，国家の小ビジネスからの買付けを現在の 2 倍に，国有企業の中小企業からの買付けを 18% にまで引き上げることが計画された。

31　*Kommersant"* July 2, 2018.

32　Federal'naya Antimonopol'naya Sluzhba（2021）p.30.

33　*Kommersant"* August 6, 2018. 1300 人への調査。

34　Kashin A. V., V.A. Markelov（2020）p.126.

35　民間アクターが限定的で，資金からみると官官パートナーシップになっているという批判もある。Kashin A.V., V.A. Markelov（2020）.

36　より具体的には Doing Business Ranking（World bank）で 2015 年までに 50 位，2018 年に 20 位入りを目標としていた。2015 年には 51 位でほぼ達成されたが，2020 年には 28 位で 20 位入りの目標は未達成である。

37　自身で事業を起こしたいと思わない人の割合は 2001 年の 43.7% から 2019 年には 57.6% に増加している。*Vedomosti*, October, 4 2019, p.6.

38　Tsentr strategicheskikh razrabotok（2018b）p.15.

39　2013 年 4 月 5 日の連邦法 No.44-FZ の対象となる契約をいう。

40　2011 年 7 月 13 日の連邦法 No.223-FZ の対象となる契約をいう。

41　Schetnaya palata（2021）p.21.

42　Schetnaya palata（2021）p.3.

43　以下では，2011-2017 年に国家発注の効率が低下したと論じている。Malkina M. Yu., A.V. Vinogradova（2020）. その他の課題としては，国が求める技術水準を満たす企業の不足がある。

【参考文献】

（ロシア語）

Baturkin, A. (2021) Otchet o rezul'tatakh ekspertno-analiticheskogo meropriyatiya. *Byulleten' Schetnoy palaty RF*, No.5 (282), pp.6-62.

Federal'naya Antimonopol'naya Sluzhba (2021) *Doklad o sostoyanii konkurentsii v Rossiyskoy Federatsii za 2020 god (kratkaya versiya)*.

Kashin, A.V., Markelov, V.A. (2020) GChP ili GGP? *EKO*, No.2, pp.123-142.

Kuz'menko T., Makrushin, A. (2004) *Razrabotka i sozdanie bazy dannykh po kolichestvennym i kachestvennym kharakteristikam obshchestvennogo sektra sub"ektov RF i munitsipal'nykh obrazovanii*. M.: SITE.

Malkina, M.Yu., Vinogradova, A.V. (2020) Kak rossiyskie instituty vliyayut na effektivnost' goszakaza. *EKO*, No.3, pp.8-29.

Natsional'nyy tsentr GChP (2018) *Proekt natsional'nogo doklada o privlechenii chastnykh investitsiy v razvitie infrastruktury i primenenii mekhanizmov gosudarstvenno-chastnogo partnerstva v Rossiyskoy Federatsii*.

Radygin, A.D. et al (2014) *Privatizatsiya v sovremennom mire: Teoriya, empirika, «novoe izmerenie» dlya Rossii*. Tom. 1, 2., M: Delo.

RANKhiGS (2020) *Indeks gosudarstvennoy sobstvennosti IPEI RANKhiGS 2000-2020 gg.* (https://ipei.ranepa.ru/ru/kgu/indeksy 2021年10月30日アクセス).

Rosimushchestvo (2021) *Otchet o vypolnenii prognoznogo plana (programmy) privatizatsii federal'nogo imushchestva 2020-2022 gg. v. 2020 g.*

Rosimushchestvo (2020) *Otchet o vypolnenii prognoznogo plana (programmy) privatizatsii federal'nogo imushchestva 2017-2019 gg. v 2019 g.*

Rosimushchestvo (2017) *Otchet o vypolnenii prognoznogo plana (programmy) privatizatsii federal'nogo imushchestva na 2014-2016 gg. v 2016 g.*

Rosimushchestvo (2014) *Otchet o vypolnenii prognoznogo plana (programmy) privatizatsii federal'nogo imushchestva 2011-2013 gg.*

Rosstat, Rossiya v tsifrakh 各年版.

Schetnaya palata (2021) *Otchet o rezul'tatakh ekspertno-analiticheskogo meropriyatiya "Monitoring razvitiya sistemy gosudarstvennykh i korporativnykh zakupok v Rossiyskoy Federatsii za 2020 god"*.

Schetnaya palata (2020) *Zaklyuchenie Schetnoy palaty Rossiyskoy Federatsii o rezul'tatakh vneshney proverki ispolneniya Federal'nogo zakona «O federal'nom byudzhete na 2019 god i na planovyy period 2020 i 2021 godov» i byudzhetnoy otchetnosti ob ispolnenii federal'nogo byudzheta za 2019 god v Federal'nom agentstve po upravleniyu gosudarstvennym imushchestvom (Rukovoditel' - V.V. Yakovenko)*.

Tsentr strategicheskikh razrabotok (2018a) *Effektivnoe upravlenie gosudarstvennoy sobstvennost'yu v 2018-2024 gg. i do 2035 g.*

Tsentr strategicheskikh razrabotok (2018b) *Sektor G2G Goszakupok: analiz kontraktnykh otnosheniy i rezul'tatov raboty kontraktnoy sistemy v segmente gosudarstvennykh zakupok tovarov, rabot, uslug, postavlyaemykh gosudarstvennymi organizatsiyami.*

（日本語）

青木昌彦・奥野正寛・岡崎哲二編著（1999）『市場の役割　国家の役割』東洋経済新報社。

溝端佐登史・岩﨑一郎（2018）「私有化政策と企業再建：ポスト私有化期の所有構造と経営成果」岩

崎一郎編著『比較経済論講義』日本評論社，249-308 頁。
藤原克美（2009）「ロシアにおける株式会社」細川孝・桜井徹編著『転換期の株式会社：拡大する影響力と改革課題』ミネルヴァ書房，193-216 頁。

第5章

ロシア銀行制度における国家主導性の検証

ビクトル・ゴルシコフ

はじめに

金融（銀行）制度は持続可能な経済成長を促進するために重要な役割を果たしている。多くの発展途上国または新興国にとっては，健全な金融システムの構築が焦眉の課題である。市場経済の脆弱な当該国においては，効率的な金融制度を構築するために国家主導が必要不可欠である。ロシアでは長い間，健全な金融制度の構築が国家政策のプライオリティであるにもかかわらず，現金融制度はロシア経済の近代化およびその原動力となる国内投資を促進することに未だに成功していない。

2019年にロシアの国際競争力指数（Global Competitiveness Index）のトータルランキングは，2018年と変わらず43位であった。依然として発展途上国以下の水準の項目がある。とりわけ，制度（74位），インフラ（50位），健康（97位），財市場（87位），金融制度（95位）が低いレベルにある。その中で，金融制度の国際競争ランキングが極めて低く，2018年の86位からさらに悪化した。金融深化は中小企業向けの融資が不十分なため世界141カ国のうち95位であり，他方，金融市場の安定性は銀行の健全性の低さ（115位），不良債権の割合の大きさ（107位），銀行自己資本比率の低さ（132位）という問題が多く，いずれの指標も昨年度より極めて悪化し，金融制度の安定性のランキングが120位まで下がってしまっている。

このような状況の中で，ロシア政府はロシア中央銀行（Bank of Russia）を通して以前から銀行制度の監視制御の機能を強化し，マクロ・プルーデンス政策により銀行制度の健全化と再建を図っているが，結果的に，銀行制度のさらなる国家化と国有銀行による独占化が生じている。ロシア中央銀行およびロシア政府がロシア銀行制度総資産の70－80％を支配しており，銀行制度を通して他産業部門への影響力を増している。むろん，銀行制度の国家化は国際社会による対ロシア経済・金融制裁，原油価格の激変動，ルーブル下落がもたらす影響を緩和するために行われていると捉えることができるが，実態はより複雑である。

ロシアでは，政府による銀行制度の支配は新しい現象ではない。国有銀行が銀行制度の総資産・預金，個人・法人向けの貸出残高に占める割合は伝統的に高い（Gorshkov, 2017）。しかしながら，絶え間ない銀行ライセンスの取り消し，ロシア銀行協会の分断，国有銀行を中心とした優遇措置，キャッシュレス決済などへの国家による過剰な加入といった近年の動向がますますロシア銀行制度の設計の再構築をもたらしている。

健全な銀行市場の環境および市場規律の設立を目的とした中央銀行の監視制御システムの強化をポジティブに評価できるが，一方では，現状の政策は同時に銀行制度における市場競争の抑圧という負の効果を生み出し，市場構造上の歪みをもたらしている。

本章では，2013年以降のロシア中央銀行による銀行制度のクリアランス・キャンペーン（clearance campaign）に焦点を当て，その政策がいかに国有銀行に有利に働くか，そして，いかに銀行制度の更なる国家化および国有銀行による市場の独占化をもたらしているのか明らかにする。また，国有銀行の活動を分析することによって，ロシア経済におけるその役割を考える。

第1節　銀行制度の穴（Banking Holes）

2013年にロシア中央銀行は銀行法で定めた規制を満たしていない銀行のライセンス取り消しを目的とした大規模なクリアランス・キャンペーンを発足した。このキャンペーンはペーパーカンパニーを通して行われている違法な資本逃避を抑制するために，大統領によるロシア経済の脱オフショア化政策と同時期に始まった。

ロシア中央銀行は監査制御機能を強化し，商業銀行による法令遵守の状況を徹底的に調査し，その結果，多くの銀行の資本構成では大規模な穴があることが明らかとなった。銀行の穴（banking holes）は，非効率的な経営やリスクの高い企業向けの貸出業務による損失を粉飾することで，銀行の実質資産・負債構成と帳簿上の資産・負債構成との大幅なずれを指している。ライセンスを取り消された銀行の多くは，ペーパー・カンパニー向けの架空企業融資，価値のない資産獲得および預金口座のオフバランス（簿外取引）の計上などの違法な取引を行っていた[1]（Katasonov, 2018）。国内商業銀行の経営破綻，とりわけ，2017年の大手民間銀行OtkrytieとBinbankの倒産と中央銀行によるその再編では，ロシア銀行制度が多くの銀行の穴を抱えていることが露呈し，2013年までのロシア中央銀行のマクロ・プルーデンスな政策と監視制御機能が問題視された。

ソ連崩壊と市場経済への転換が始まって以来，ロシア中央銀行により登録された3000銀行のうち2600行に関しては，疑わしい取引への疑惑，脱税，資金洗浄，その他の理由などでライセンスの取り消しが行われた。当該銀行の多くは1990年代にオリガルヒなどの企業・産業資本で設立され，伝統的な銀行業務よりも，当時，株主の意向で民営化の対象となる国有企業の株の売買取引に専念していた。現在においても，多くの銀行は疑わしい取引に携わっているほか，資産略奪のための手段として使用されている。このような状況を改善するために，ロシア中央銀行は商業銀行による市場規律を遵守するために，銀行活動業務の規制を著しく強化した。その結果，銀行は偽担保付きの貸出残高の増加，関連会社との架空取引を通じて資産・負債の膨張を行い，実物経済向けの融資よりも相対的に利益の高い社債および国債の売買に資金を投資した（Movchan, 2018）。

2022年1月現在，ロシアで営業している銀行の数は335行であった。定款資本に関する規制の強化および国内M&A，銀行の再編などにより銀行の数は継続的に減少しており，銀行制度の再編が進んでいる。ロシア中央銀行は資本化レベル基準を満たしていない中小銀行および零細銀行を厳しく監視し，市場規律および規制の強化を図っている。また，経済・金融制裁の影響があいまって，海外資金調達が困難になった銀行の倒産が相次いだ。その結果，2013－2022年の間にロシアで営業している銀行の数はおよそ2.7倍減少した（図表5－1）。

ライセンスの取り消しの動向が著しい。2012年に30行の倒産またはライセンス取り消しが行われたが，2014－2016年にはその件数がピークを迎えた。この時期は制裁による伝統的な資本市場からの資金調達の枯渇のほか，原油価格の暴落，ルーブルの下落が起こり，多くの銀行の財務状況が悪化した（Gorshkov, 2020）。銀行数減少の原因には，合併（再編）や自ら清算（倒産）するケースがあるが，主因は銀行ライセンスの取り消しである。ライセンス取り消しは極端な措置であるが，近年，ロシア中央銀行により頻繁に使用されるため，ロシア国内では「銀行システムの浄化（クリアランス・キャンペーン）」という言葉が定着した。

銀行のライセンス取り消しの主な理由は，資金洗浄などの疑わしい取引（25.6％），ハイリスクの貸出業務（23.6％），資本損失（21.6％），帳簿の装飾などである（Bitkina and Korenkova, 2019：1125）。

2004年1月に国家コーポレーションとして預金保険局（Deposit Insurance

図表5－1　ロシアで営業している銀行の数 2013-2022

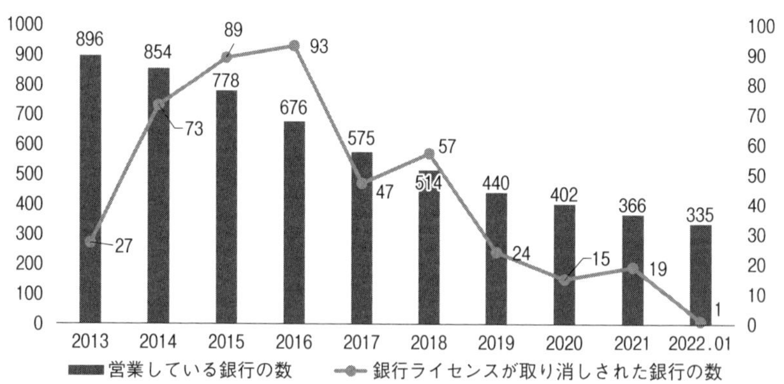

（出所）営業している銀行の数に関するデータは，ロシア中央銀行の公式統計より筆者作成 http://www.cbr.ru/statistics/bank_sector/lic/（2022年3月7日アクセス）。ライセンスが取り消し銀行に関するデータは https://www.profbanking.com/articles/2170-banki-otzyv-litsenzij より筆者作成（2022年3月7日アクセス）。

Agency, DIA）が設立され，2012年以降のライセンス取り消しおよび銀行の倒産による銀行制度への負の影響をある程度緩和することができた。2004年11月に正式に活動し始めて以来，預金保険局が737件の銀行清算の手続きに携わり，実際に清算手続きが終わった銀行の数は392行であった。また，2008年から預金保険局は69行の銀行の財政再建（再編）を行っており，そのうち56行に関してはその手続きがすでに完了している。再編にかかった支援はほぼロシア中央銀行による資金注入であった。加えて，預金保険局は一部のロシア銀行制度上重要な銀行[2]の再編に携わっていた。

2017年に預金保険局に関する規定が改定され，特別措置としてロシア中央銀行100％出資の銀行部門救済ファンド（Banking Sector Consolidation Fund, BSCF）が新たに設立された。このように，ロシア中央銀行は直接的に再編および清算手続きに関われるようになり，対象となる銀行の株式，資産および負債を保有し，再編後，それらを新しい投資家に売却できる仕組みができた。銀行部門救済ファンドを通してロシア中央銀行は銀行市場の監視機能を強化し，市場規律を正している（図表5－2）。

図表5－2　銀行部門救済ファンドによる銀行の再編メカニズム

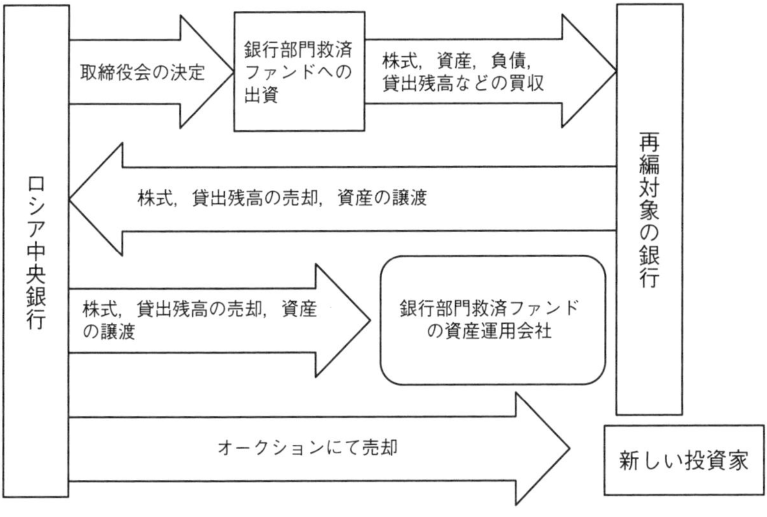

（出所）ロシア中央銀行

銀行部門救済ファンドによる再編メカニズムが，銀行制度上重要な銀行リストに入っている3つの大手銀行（Otkrytie，Binbank，Promsvyazbank）の経営破綻と同時期に導入された。当該銀行はロシア銀行ランキングトップ15行に安定的に入っている。預金保険局の資金力が2017年までに枯渇し，当局の財務報告書から明らかなように，2013－2018年間，長期借入金が6倍，ロシア政府による拠出金が4.5倍に増加した一方，預金保険局の銀行による強制拠出金（自己資本）が4.2倍減少した[3]。

ロシア中央銀行の取締役会の決定により，ロシア中央銀行が再編対象となる銀行の資産，負債，貸出残高および株式を購入し，取引終了後，当該資産を銀行部門救済ファンドに譲渡する。2022年3月現在，銀行部門救済ファンドによる再編手続きが行われていた銀行は10行であり，当該銀行の経営は，事実上，ロシア中央銀行によって行われていた[4]。再編手続きが終了次第，再編対象となった銀行の資産はオークションを通して売却することが定められているが，再編を完了した銀行のうち，売却まで至ったケースは1件しかない[5]。このように，中央銀行による売却計画がスムーズに行われておらず，新しい投資家はいまだに見つかっていない中で，銀行部門救済ファンドが商業銀行の資産を獲得したままで，ロシアの銀行制度の国家化が進んでいる。

第2節　国家対ロシア銀行協会
――銀行制度における市場競争への大きな打撃

ロシア銀行制度の2つ目の懸念は，ロシア銀行協会（The Association of Russian Banks）の分断である。当協会は1991年に非営利・非政府団体として設立され，大手銀行のみならず，中規模の銀行および零細銀行向けのサポート業務および支援を行っている。2017年に当協会の会員であった大手銀行Sberbank，VTB，VTB 24[6]，Rosselhozbank，Gazprombank，Alfa-bank，PAO BANK FK Otkrytie，Binbankが，当協会の方針に異議があるとして退会することを発表した。とりわけ，当該銀行経営者は，ロシア銀行協会による中央銀行の政策の過小評価を著しく批判した。その後，当該銀行は別団体である銀行協会「ロシア」（Association of Banks of Russia）[7]に新たに加盟した。銀行協会「ロシア」は1990年12月に設立され，当時，ソ連のPromstroybankの37支店を含んでいた。当協会はロシア中央銀行の旧取締役副会長を新たな会長として任命した。このように，大手国有銀行は中規模・零細銀行の多くが加盟しているロシア銀行協会を退会し，当団体の役割が非常に脆弱した。それと同時に，銀行協会「ロシア」に大手国有銀行が加盟することで，同団体における国家の影響力が拡大した。

第3節　ロシア銀行制度における国家の役割

ロシア銀行制度における国家介入の大きさはソ連時代の遺産であり，様々な手段を通して行われている。国家（政府）は直接的に株式を保有する国有銀行を通してだけではなく，株主になっていない銀行にも間接的に影響を与え，事実上，銀行制度を支配・独占している。

図表5-3では，国家持ち株比率50％以上の銀行のリストがまとめられている。第1グループ法律上国有銀行（*de juro* state banks）として設立されている銀行には，ロシア中央銀行（ロシア連邦法第86号「ロシア中央銀行について」）とVEB.RF（Vneshekonombank）（ロシア連邦法第82号「ロシアの開発銀行について」）が入っている。ロシア中央銀行はロシア憲法第75条により，特別な法律上の身分を有し，中央銀行法では，その主な活動として，ルーブルの発行と為替レートの安定化，ロシア銀行制度の発展，ロシア決済システムおよび金融市場の安定化などが定められている。ロシア中央銀行はロシア政府と共同で金融政策を実施するほか，銀行制度のマクロ・プルーデンス政策を行っている。

VEB. RF（Vneshekonombank）はロシアの開発銀行であり，ロシアの長期経済成長への貢献が当行の主な設立目的であるため，個人顧客向けのリテール業務を行っていない。VEB. RFはインフラストラクチャー，製造業，社会開発を目的とした大規模なプロジェクト向けの融資を行うことにより，ロシア経済の開発を通して，社会の生活水準の向上を目指している。2017年のVEB. RFの貸出残高が2.7兆ルーブルであり，そのうちプロジェクト・ファイナン

図表 5－3　国有銀行の分類

銀行	国家（政府）による持ち株比率
法律上国有銀行（*De jure* state banks）	
ロシア中央銀行	ロシア政府持ち株比率 100%
VEB.RF（Vneshekonombank）	
ロシア中央銀行またはロシア連邦政府が主な株主となっている国有銀行	
Sberbank	ロシア中央銀行の議決権付き持ち株比率 52.32%（現在ロシア国
VTB	民国富基金（Russian National Wealth Fund 50+1%株を保有）
Promsvyazbank	国営資産運営連邦局 60.9%
Rosselkhozbank	預金保険局 100%
PAO BANK 'FK Otkrytie'	国営資産運営連邦局 100%
Svyaz-Bank	ロシア中央銀行の 99.9%
MSP Bank	VEB.RF 99.9%
Rossijskiy Kapital	中小企業開発支援の国家コーポーレーション 100%
RNKB Bank	DOM.RF（国営資産運営連邦局により設立）100%
Rosgosstrah Bank	中小企業開発支援の国家コーポーレーション 100%
Bank Trast	PAO BANK FK Otkrytie を経由でロシア中央銀行 93.77%
Novikombank	ロシア中央銀行 99.9%
Roseksimbank	ROSTECH 国家コーポーレーション 100%
Aziatsko-Tikhookeansky Bank	VEB.RF 100%
Roskombank	銀行部門の救済ファンド 99.99%（2021 年 10 月まで）
	ロシア宇宙国家コーポーレーション 100%
地方政府・自治体が主な株主となっている国有銀行	
AK BARS	タタルスタン共和国 25.78% +14.57%
Bank of Kazan	カザン市 42.17%
Khakasskiy Municiplany Bank	アバカン市 31.56%
OIKB 'Rus'	オレンブルグ州 82.92%
Bank 'Ekaterinburg'	エカテリンブルグ市 29.29%
国有企業または国家の影響を受けている民間企業が主な株主となっている国有銀行	
Gazprombank	Gazrpom35.54%，VEB.RF 9.1%
Vserossijsky Bank Razvitiya Regionov（VBRR）	Rosneft100%
国有銀行が主な株主となっている国有銀行	
Pochta Bank	VTB 50+1%
Kraiinvestbank	RNKB（クリミア）99.9%
Dal'nevostochny Bank	VBRR100%

（出所）https://proficomment.ru/gosudarstvennye-banki-rossii/#____2019 より筆者作成・加筆。2022 年 3 月 7 日アクセス。

ス56.3%，民間融資26.4%，証券投資8.6%，輸出金融4.8%であった。2017年12月現在，当行のトップ3の顧客は貸出残高に占める割合が28.8%，その次のトップ10社は21.6%を占めており，VEB.RFは概ね大規模のプロジェクト融資を行っていると確認できる（Vneshekonombank, 2018）。

第2グループには，ロシア中央銀行，ロシア連邦政府（例えば，国営資産運営連邦局the Federal Agency for State Property Management, FASPM）または他の国家コーポーレーションが株主である商業銀行が含まれる。また，ロシア中央銀行は預金保険局または銀行部門救済ファンドを通して商業銀行を所有しているケースがある。

Sberbank（ロシア中央銀行持ち株比率50＋1%）は最大の商業銀行であり，2020年に，ロシア銀行制度総資産の31.3%，総資本46.3%，個人融資42.3%，法人融資32.3%（Sberbank, 2021）また，個人預金の46.1%，法人預金の20.9%（Sberbank, 2019）を占め，ロシア銀行市場において圧倒的な影響力を持っている。Sberbankの貸出残高の産業別内訳は，個人融資32%，石油・ガス産業8.9%，不動産7.9%，金属7.5%，商業7.2%，食品および農産物5.2%，機械メーカー4%，通信産業4%である。トップ20の顧客は2017年度の貸出残高の26.4%を占めており，国有企業および政府の影響力を受けている大手企業向けの融資が圧倒的に多い（Sberbank, 2019）。

加えて，ロシアにおける国有銀行は地方政府および自治体，国有企業および他の国有商業銀行によって所有され，運営されている（図表5－3）。

ロシアにおける国有銀行の分類およびその大きさが最も正確にVernikov（2019）によって分析されている。彼はオリジナルデータベースを作成し，国有銀行を，国家が所有している商業銀行（state-owned banks）と国家によって支配されている商業銀行（state-controlled banks）に分類した。その結果，1991－2018年の間，両グループの年間平均行数は40－50行であったと推測している。2019年1月現在，その数が42行[8]であり，総銀行数に占める国有銀行の割合が1991年の2%から9.5%まで拡大した。2018年に銀行市場に占める国有銀行のシェアが68.3%[9]まで達し，中東欧諸国の中で圧倒的に高い水準となった。

このように，国有銀行は国内資金調達の流れを支配し，ロシア銀行制度は国家主導下で機能している。図表5－4から明らかなように，国有銀行[10]は銀行制度の個人預金の75％，法人預金69.7％，個人融資74.3％，法人融資81.5％を占めており，法人融資に占める割合が極めて高いことが確認できる。2016－2018年の法人融資の貸出残高が68％増加し，トップ92社が計35％の貸出残高を占めていることから（Bank of Russia, 2019），法人融資は国有企業を含む大手企業向けに優先的に行われていると推測できる。国有銀行との競争で勝ち抜くために，資金力に限度がある民間銀行は法人顧客誘致のために預金金利を高く設定せざるを得なく，結果的に利益率の悪化をもたらしている。

ロシアのトップ15行にロシア資本民間商業銀行および外国資本商業銀行が入っているが，多くの銀行は国有銀行である（図表5－5)。2020年7月現在，大手国有銀行Sberbankの総資産額は第2位にあるVTBの2倍，第5位民間銀行Alfa-Bankの8倍，第10位外国資本参加銀行UniCredit Bankの22倍であり，国有銀行の影響力が依然として突出している。

さらに，SberbankとVTBは政府の数多くの拠出金および流動的な資金を獲得している。銀行制度の総資本に占める預金保険局の出資比率が増加し，2019年4月に連邦予算基金および地方予算基金の84％が当該2行に注入されている（Center of Development of Higher School of Economics, 2019年7月26日)。

図表5－4　銀行制度の総預金・融資に占める各国商業銀行の割合

（2019年1月1日現在，％）

商業銀行の分類	個人預金	法人預金	個人融資	法人融資	ROA (2018)	ROE (2018)
国有銀行	68.4	62.4	69.4	72.8	2.6	19.6
外国銀行（外国投資家の持ち株比率50％以上）	10.0	13.2	14.5	10.1	2.8	18.0
中規模・大手民間銀行	14.5	14.6	12.2	9.3	1.2	9.0
基本ライセンスを有する銀行	0.5	0.3	0.3	0.3	0.2	1.1
再編の対象となっている銀行	6.6	7.3	4.9	8.7	—	—
非銀行信用機関	0.0	2.1	0.0	0.0	—	—

（注）法人預金は信用機関以外の金融機関の預金を含む 。
（出所）ロシア中央銀行（http://www.cbr.ru/Content/Document/File/82951/bsr_e_2018.pdf）より筆者作成（2020年8月18日アクセス）

図表5-5　ロシアトップ15行のランキング

（総資産額ベース，2022年1月現在）

順位	銀行名
1	Sberbank
2	VTB
3	Gazprombank
4	National Clearing Center (Subsidiary of the Moscow Exchange)
5	Alfa-Bank（民間）
6	Rosselkhozbank
7	Moskovsky Kreditny Bank（民間）
8	Bank 'Financial Corporation Otkrytie'（中央銀行による再編中）
9	Sovkombank
10	Raiffaisenbank（オーストリア）
11	Rosbank（フランス）
12	Rossiya（民間）
13	Tinkoff Bank（民間）
14	UniCredit Bank（イタリア）
15	VBRR

（出所）https://www.banki.ru/banks/ratings/（2022年3月7日アクセス）

加えて，近年，ロシア国有銀行は他産業への進出を拡大しており，SberbankはIT企業・検索エンジンのYandex（2009年），Yandex.Money（2012年），Rambler.ru（2019年），病院予約サイトのDocDoc.ru（2017年），オンライン・リクルートRabota.ru（2019年）を買収している。Gazpromはロシアの通信会社Megafonおよび国家コーポーレーションRostecとブロック・チェーン開発を目指した技術協力を目指している。VTBは運輸，金属，農業，リテール，などの企業へ出資している（Szakonyi, 2019）。このように，とりわけ，ロシアのIT企業における政府の影響力が拡大している。加えて，2020年9月24日にSberbankはオンラインビデオ会議を行い，金融デジタル会社Sberとしてのブランド名を改めると発表した。Sberbankはすでに5年前に独自なデジタル・エコシステムの開発を推進しており，Sbertechでは1万人以上の国内最大規模のICT専門家が採用されている。Sberのデジタル・エコシステムは金融サービスの他，電子取引（e-commerce），電子医療サービス（e-health），娯楽，フードテック，モビリティなどの分野を含んでおり，当銀はモバイルオンラインサービスの開発や人工知能（AI）の積極的な活用に非常に多くの力を注いでいる。2021 年に，非金融サービスからの利益が 1 億 218 万ルーブルに達し，デジタル・エコシステムは猛スピードで発達していると言える。国有銀行が IT をはじめとする他産業に加入するケースは世界的に見ても極めて稀であるため，今後 IT 業界における Sberbank の動きが興味深い。

第 4 節　国家主導のキャッシュレス・エコノミーとデジタル・ルーブルへの歩み

ロシア銀行部門における国家化は，クリアランス・キャンペーンのみでもたらされただけではない。国際金融市場のデジタル化への対応として，ロシア国内においてもキャッシュレス・エコノミーやデジタル通貨への関心が強まっていたことは事実であるが，加えて，ロシア政府は，2014 年にロシア経済に対して科せられた金融制裁や Visa 社・Mastercard 社によるロシア銀行の電子決済をブロックする可能性，国際銀行間通信協会（SWIFT）からの排除などを安全保障への直接的な外部脅威として捉え，ますますその対抗措置を考え出したのである。このような外部要因は，政府が長年目指していた取引コストの削減や取引の透明性の向上，違法な資金移転の阻止，電子政府の拡大などの国内要因と相まって，ロシア国内で国家主導のキャッシュレス・決済の浸透とデジタル・ルーブルの開発を一層加速させた。

2014 年に，ロシア中央銀行は国民決済カードシステム（National Payment Card System）を設立し，国内決済のすべてがそのシステムを通して行われている。加えて，Visa 社と Mastercard 社と競争できるように，独自な決済カードブランド Mir を導入し，公務員や国有企業の社員の他，年金・奨学金などその他の社会給付金を受け取る層には，このカードの保有を事実上義務づけた。加えて，2019 年より，即時決済システム（Quick Payment System（QPS）または Fast Payment System）を導入し，24 時間 365 日，決済だけではなく，携帯電話と相手の銀行名さえ分かれば，1 日当たりの送金額など一部の条件を満たした上で P2P 送金もできるようになった。SWIFT からの排除への対応として，ロシア銀行間の金融メッセージ交換（通信システム）の開発も進められてきた（Gorshkov, 2022）。

上記の短期間で実行した国家主導の取り組みにより，著しい成果が得られた。2012－2019年の間，ロシアのキャッシュレス化比率は17.1％から116.3％まで著しく増加し，多くの先進国レベルを上回り，新興国の中で中国に次いでロシアが２位となった（Gorshkov, 2021a）。2019－2020年の間，QPSを通して行われた取引件数は17倍，取引額は13倍増加した。また，Mirカードの発行比率は2016年の0.1％から2020年の24.0％にまで増加し，その利用は一部の旧ソ連諸国においてもできるようになった。さらに，2020年10月より，中央銀行によりデジタル・ルーブルに関するパブリック・ヒアリングが行われ，2021年４月に，中央銀行は『デジタル・ルーブル』のコンセプトを制定した（Gorshkov, 2021b）。2022年２月に，ロシア中央銀行は，デジタル・ルーブルの試験的運用が３行において無事に完了，９行においては，試験的運用が現在行われていると発表した。

第５節　ロシア銀行部門における国家主導生の特性と課題

金融（銀行）制度における国家の役割は多岐に渡っており，国家は伝統的に銀行制度の成長の推進者（promoter），国有銀行の株主，金融市場の規律と安定性を目指すルール・メーカー，または金融危機の対策防止のアクターである。金融市場固有の市場の失敗および不完全性が存在することから，金融（銀行）制度における上記のような国家の役割が存在する。国家は自身の規制および監視制御機能を強化することで，金融市場における負の効果をもたらす市場の失敗を抑制・改善することができる（World Bank, 2012：3）。この観点から，金融市場の安定化および規律を目的とした2013年以降のロシア中央銀行の政策をポジティブに評価できる。疑わしい取引に関わっている銀行や銀行法の基準を満たしていない銀行のライセンスの取り消し，銀行の再編，銀行制度上重要な銀行および国有銀行への優先的な支援を行うことで，ロシア中央銀行は銀行の穴の回復と同時に，銀行制度の健全化を目指している。

一方，世界銀行のグローバル金融開発報告書（Global Financial Development Report, 2013）で指摘されている通り，国家による金融市場への過剰な加入はひとつの市場の不完全性を改善すると同時に，新しい金融市場の不完全性，市場の歪みを生み出す可能性がある。ロシア銀行制度における国家主導性はまさに銀行制度における市場競争の原理を抑制し，国有銀行の独占は市場の大きな歪みをもたらしている。国有銀行は国家資金への無限のアクセスを有し，民間資本の中小商業銀行よりも遥かに国家の温情主義の恩恵を受け，個人・法人顧客向けに有利な金利の設定および住宅ローンの充実を行っている。

国有銀行への偏頗はロシア銀行制度の国家化と独占化を促進している。むろん，発展途上国の金融市場の発展段階に応じて，国家による加入が望ましい時期はあるが，ロシアの場合，国家介入が慢性的になっており，政府による銀行制度の持ち株比率は2/3以上を超えるほど，国営化の度合いが極めて高い。また，銀行部門救済ファンドの再編メカニズムにより，国家はさらに銀行資産を獲得することができ，まさに，銀行制度の国家化が進んでいる。

国家による所有権自体は問題ではないが，国家が銀行制度のルール・メーカー，主なプレイヤーおよび監督者である限り，国有銀行は国家の恩恵と公共資金を受け続け，中央銀行による国有銀行のデュー・ディリジェンスが難しくなり，市場の歪みが拡大する可能性が高い。加えて，銀行制度の国家化はロシア政府による金融資金をコントロールする手段であり，ロシアの政治的な多様性を阻止するという見解もある（Szakonyi, 2019）。国家プロジェクトへの優先的な資金注入，国有企業向けの企業融資，国有銀行に対する温情主義，銀行協会への過剰な加入，Sberbankの事例で見てきたように，国有銀行による他産業への参入拡大，国家主導のキャッシュレス決済およびデジタル・ルーブルの導入といった動向は国家主導の真の動機に対する懸念を引き起こしていると言わざるを得ない。銀行部門におけるこのような動きはますます国家主導の経済の構築を強めている。

2022年2月24日のロシア軍によるウクライナ侵攻[11]による日欧米諸国は前代未聞の対ロシア経済制裁を科した。その中で，金融制裁措置が極めて強く，ロシア政府との強い関係を持つ特定銀行およびロシア中央銀行の資産凍結，新規証券の発行や募集の許可制への変更または制限，特定銀行の金融取引の制限，SWIFTからの特定銀行の排除，Visa社やMastercard社による決済の停止などがある。この金融制裁は，2014年にロシア政府が金融システムへの脅威として考えていたシナリオを遥かに上回り，貿易制限措置，個人制裁，その他制裁と相まって，ロシア経済への極めて大きな中長期的な影響を与え，まさに，国家主導の経済システムの持続可能性への試練となるだろう。

［謝辞］

本章は，Gorshkov (2019). The State in Russia's Banking Sector. *KIER Discussion Paper*, No. 1015およびGorshkov (2020). State-permeated Banking Sector: Recent Trends in Russia's Banking. *The Comparative Economic Review*, Vol. 27 (2), pp. 1-27を修正・加筆したものである。本研究の一部は，科学研究費補助金（基盤研究B「ソーシャル・キャピタルによるロシアの社会構造に関する研究」課題番号20H04404）と若手研究「ロシアにおけるキャッスレスエコノミーに関する研究」課題番号21K17964）の支援を頂戴し行われたものである。記して感謝を申し上げたい。

［注］

1　オフバランス預金口座とは，簿外取引の一種で貸借対照表に計上しない顧客の預金口座のことである。このような預金口座は預金保険局（Deposit Insurance Agency, DIA）の保証外であるため，銀行の経営破綻が生じた場合，顧客に多額の損失をもたらす。

2　ロシア銀行市場の安定的で継続的な発展のために，2014年よりロシア中央銀行は銀行制度上重要な銀行のリストを発表している。現在当該リストには，6行の国有銀行（Gazprombank, VTB, Sberbank, Promsvyazbank, Financial Corporation "Otkrytie", Rosselkhozbank），3行の外国資本参加銀行（UniCredit Bank［イタリア］，Raiffeisenbank［オーストリア］，Rosbank [Societe Generale,［フランス］）と2つの民間銀行（Alfa-Bank, Moskovskiy Kreditny Bank）の計11行の重要銀行が含まれている。当該銀行は銀行制度の総資産に占める割合が60%以上であり，銀行市場におけるその影響力が極めて大きく，ロシア銀行制度にとりいわゆるtoo big to failの存在である。

3　2013年の長期借入金は3,003億ルーブル，ロシア政府による拠出金1,646億ルーブル，自己資本（強制拠出金）1,681億ルーブルであった。2018年に当該指標はそれぞれ1.9兆ルーブル，7,352億ルーブル，402億ルーブルであった。(https://www.asv.org.ru/en/dia/reports/ 2020年8月18日アクセス)。

4　AO 'Vokbank'，PAO 'MinBank'，PAO 'Aziatsko-Tikhookeansky Bank'，AO 'Bank AVB'，PAO 'Bank TRAST'，AO 'ROST BANK'，AO 'Bank Sovetsky'，PAO 'BINBANK'，PAO 'Promsvyazbank'，PAO BANK 'FK Otkrytie'。2019年に再編手続き中のBinbankがPAO BANK 'FK Otkrytie'の傘下に，AvtovazbankとAO 'ROST BANK'がPAO 'Bank TRAST'の傘下に入り，Fondervisbankが再編後Roskombankに銀行名を変更し，ロシア宇宙国家コーポーレーション（ROSKOSMOS）の傘下に入った。このように，中央銀行主導の銀行市場の再編が行われている。

5　2021年10月に，PAO Aziatsko-Tikhookeansky BankはTOO 'Pioneer Capital Invest'（カザフスタン）により買収された。

6　VTB 24は2018年1月にVTBによる買収された。

7　旧名は協会「ロシア」，1998年に「ロシアの地域銀行協会」に改名された。

8　そのうち，国有銀行が株主となっている銀行12行，地方政府・自治体が株主となっている銀行

10行，連邦政府が株主となっている銀行9行，国家コーポーレーションが主な株主となっている銀行7行，国有企業が設立した銀行4行であった（Vernikov, 2019：18）。

9　同時期の中央銀行の評価は62.4％であった。

10　預金保険局および銀行部門の救済ファンドによる再編の対象となっている銀行の割合を国有銀行に含む。

11　ロシア政府の公式見解では特別軍事作戦。

[参考文献]

（英語）

Bitkina, I. and Korenkova, T. (2019) Revising monopolization of the Russian banking system. *Advances in Economic, Business and Management Research*, International Scientific Conference "Far East Con", Vol. 47, pp.1124-1127.

Gorshkov, V. (2017) Chapter 10. Finance, pp. 193-211. In The *Unwinding of the Globalist Dream: EU, Russia. and China.* eds. by S. Rosefielde, M. Kuboniwa, S. Mizobata, and K. Haba, Singapore: World Scientific, 2017. https://doi.org/10.1142/9789813222076_0011

Gorshkov, V. (2020) Chapter 4. Fundamentals and recent trends in Russian banking, pp. 73-93. In *Putin's Russia. Economy, Defence and Foreign Policy.* Ed. by S. Rosefielde, World Scientific, 2020. https://doi.org/10.1142/9789811212680_0004

Gorshkov, V. (2021a) The specificity of Japan's cashless payments and the impact of COVID-19 pandemic. *Regionalistica [Regionalistics]*, Vol. 8 (5), pp. 44-56. http://dx.doi.org/10.14530/reg.2021.5.44

Gorshkov, V. (2022) Cashless payment in emerging markets: The case of Russia. *Asia and the Global Economy.* Vol.2 (1). 100033. pp. 1-10. https://doi.org/10.1016/j.aglobe.2022.100033

Movchan, A. (2018) How to fix Russia's broken banking system. *Financial Times.* 15 January 2018. Available at: https://www.ft.com/content/b90754a8-f7c0-11e7-a4c9-bbdefa4f210b（2022年3月7日アクセス）。

Sberbank (2021) Sberbank Annual Report 2020.

Szakonyi, D. (2019) Banking on politics: How Russia's banking sector clean-up affects regime stability. 13 May 2019. Available at http://www.ponarseurasia.org/point-counter/article/banking-politics-how-russias-banking-sector-clean-affects-regime-stability（2022年3月7日アクセス）。

Vernikov, A. (2019) A guide to Russian bank data: Breaking down the sample of banks by ownership. *SSRN Discussion Paper, 2600738.* July 2019, 21 p.

World Bank (2012) *Global financial development report 2013. Rethinking the role of the state in finance*, 194 p.

（ロシア語）

Bank of Russia (2019) *Obzor finansovoj stabil'nosti IV kvartal 2018 – I kvartal 2019 goda [An overview of the financial stability in IV quarter of 2018 – I quarter of 2019]*, No. 1. Available at https://www.cbr.ru/Collection/Collection/File/19790/OFS_19-01.pdf（2022年3月7日アクセス）。

Center of Development of Higher School of Economics. *Kommentary o gosudarstve i buznese [Comments on state and business].* July 26, 2019. Available at https://dcenter.hse.ru/data/2019/07/25/1481293695/KGB_220.pdf（2022年3月7日アクセス）(in Russian).

Gorshkov, V. (2021b) Central banks digital currencies: world trends and Russia. *Fundamental and Empirical Research in Management, Economics and Trade. Proceedings of the Russian scientific conference. Part 1.* Politech-Press: Saint-Petersburg, pp. 34-38 (in Russian).

Katasonov, V. (2018) Chernye dyri bankovskoj sistemy. Kak bankiri miniruut Rossiu [Black holes of Russia's banking system. How do bankers mine Russia?], *Knizhnij mir: Moscow*, 384 p. (in Russian).

Sberbank (2019) *Konsolidirovannaja financovaja otchetnost' Publishnoe aktsionernoe obschestvo 'Sberbank Rossii' i ego dochernie organizatsii za 2018 god s auditorskim zaklucheniem nezavisimogo auditora"* [Consolidated financial report of public joint-stock company 'Sberbank of Russia' for 2018 and the auditing report of an independent auditor]. Available at: https://www.sberbank.com/common/img/uploaded/files/info/ifrs2018/-_sberbank_ifrs-ye2018-rus_.pdf (2022年3月7日アクセス)。

Vneshekonombank (2018) *Auditorskoe zakluchenie nezavisimogo auditora o konsolidirovannoj financovoj otchetsnosti gosudarstvennoj korporatsii "Bank razvitija i vneshneekonomicheskoj deyatelnosti (Vneshekonombank) i ee dochernih organizatsij za 2017 god"* [Financial report and independent audit statement of the state corporation "Bank for development and foreign economic activity (Vneshekonombank) and its subsidiaries" for 2017]. Available at: https://вэб.рф/files/?file=6c30c09e4bcf1956c2c7dd3ec2b2f6bd.pdf (2022年3月7日アクセス)。

第6章

生活領域における国家依存性と社会契約[1]

林　裕明

はじめに

現代ロシアでは移行あるいは体制転換といったことが話題になることも少なくなった。1992年の体制転換開始から30年近くが経過し，市場経済・資本主義への体制転換はおおむね完了したとみてよいだろう。では，体制転換過程を経て出現したロシアの社会構造にはどのような特徴があるのだろうか。先進資本主義国と類似した社会構造が生じているのであろうか。結論を先取りして言えば，ロシアの社会構造には，生活不安定層の規模の大きさ，中間層の規模の小ささ・構成の特殊性という点で，先進資本主義国とは異なる特徴が存在する。では，そうした特徴は，ロシア社会の安定的発展という点とはどのように関係しているのであろうか。

本章の目的は，ロシアにおける国家と一般大衆の生活との関係を理論的・実証的に探ることによって，国家主導の経済において生活領域がどのように位置づけられるのかを明らかにすることである。ロシアの人びとの生活において国家が及ぼす影響がどの程度なのか，ロシアでは生活面における一般大衆の国家への依存度・適応が高いとすれば，その背景にある要因は何かといった点が課題となる。以下，まず第1節では，先行研究に基づき，国家主導経済のもとで政権と一般大衆の生活とがどのように関係しているのかについて考察する。国家と社会（個人）との関係を整理しよう。第2節では，一般大衆は政権に対してどのような態度をとっているのか，社会調査結果に基づいて確認してみよう。一般大衆の政権に対する依存の強さが示されよう。第3節では，大衆が国家に強く依存する背景にある要因を，補助金および仕事の提供という観点から探ろう。第4節では，国家と社会との関係の考察に基づき，ロシアの社会構造（マクロ，ミクロ）を評価してみよう。おわりにでは，以上の考察に加え，2022年2月に発生したロシアのウクライナ侵攻も踏まえ，今後のロシア社会の持続可能性を展望する。

第1節　国家主導経済下での政権と住民生活との関係

ロシアのような国家主導経済の下で，国家と一般大衆の生活との関係はどのように整理することができるだろうか。Lane（2014）は，政権（国家）と個人や家族との間の社会空間を市民社会とみなし，個人の影響力が強く作用する“organic”タイプの市民社会と国家の影響力が強く作用する“mechanical”タイプの市民社会が区別されうるとしている。前者は自由民主主義国における市民社会であり，自発的組織の役割の大きさが顕著である。後者は国家社会主義国における市民社会であり，様々な組織が国家に埋め込まれた形で存在している。図表6－1および図表6－2は，先進資本主義国および国家社会主義国の市民社会を特徴づけたものである。先進資本主義国における自立的な市民社会に対して，国家社会主義において市民社会は国家による調整・行政的分配の構造に埋め込まれていたとされる。

図表6－3は，国家社会主義からの体制転換過程において，改革者が目指した方向性を示している。私的所有や市場による調整，競争的選挙による民主主義といった長期的な目標を達成することと並行して，国家から自立した多元的な組織による市民社会が目指された。ただし，市民社会がもつ意味や重要性は地域によって異なり，時期とともに変化してきた。中東欧諸国では，体制転換当初，国家活動は共産主義と結びついており，正当性を失っていたとされ，改革の方向性は政治面での市民社会の促進（国家の影響力を弱化させること）であった。その後，体制転換過程の進捗とともに，市民社会に関する議論は政治面から経済面へ移り変わっていった。こうして，中東欧諸国では市場経済化，国家所有から私的所有への所有形態の変化が目指され，脱国家化，市場化，民

図表 6－1　先進資本主義国における市民社会

所有形態	経済的調整のあり方	政治的調整	正当化	市民社会のタイプ
私的所有	市場による調整	選挙による民主主義	法律	自立的，自己規制的

（出所）Lane（2014：218）.

図表 6－2　国家社会主義における市民社会（初期形態）

所有形態	経済的調整のあり方	政治的調整	正当化	市民社会のタイプ
国家／集団的所有	国家計画による調整	支配政党による	階級	国家によって結合された組織

（出所）Lane（2014：219）.

図表 6－3　国家社会主義における市民社会（改革者の意図した帰結）

所有形態	経済的調整のあり方	政治的調整	正当化	市民社会のタイプ
国家／集団的所有 長期的には私的所有	国家計画／市場の要素 長期的には市場システム	多元的調整 長期的には競争選挙による民主主義	市民や集団の権利	国家から独立した組織，多元的形態の促進

（出所）Lane（2014：219）.

営化といったネオリベラルな経済政策が実行に移された。同時にこのことは社会移転のような社会主義国家での実践が弱体化されるに至ったことも意味している。他方，ロシアのような旧ソ連圏の多くの国々において，市民社会には国家の影響力がより強く作用し続けた。ただし，このことは，旧ソ連諸国において，国家が住民生活を完全にコントロールしていることを意味するわけではない。

ミラノヴィッチ（2021）は，現在の世界には，アメリカを代表とするリベラル能力資本主義と中国に代表される政治的資本主義[2]という２つの資本主義モデルが存在するとし，後者の主要な特徴として，①きわめて効率的でテクノクラート的なやり手の官僚にシステムが任せられていること，②法の支配が欠如しており，エリート層による恣意的な意思決定が可能となること，③国益によって誘導され，民間部門を統制する国家の力が大きいことという３点を挙げている。この特徴の結果，政治的資本主義ではエリート層の腐敗が構造的に生じざるを得ず，不平等を拡大させ，システムを不安定化させる要因となる。統治を正当なものとするためにも，エリート層は一般大衆の生活水準に目に見える改善をもたらし，不平等を抑制する必要が生じる。また，坂田（2015）は，国家資本主義における政府の経済への介入が，民主主義を著しく制限した形（開発独裁，権威主義体制など）でなされる可能性が高いことを指摘している。国家資本主義下においては，国家による開発戦略の策定，投資分野の選定（優先度）が産業部門間においても，地域間においても，発展における不均衡を生みやすい点を指摘し，こうした状況下において国民の不満を抑え込むためには，成長の果実を国民に分配し，それによって体制への統合・忠誠を高める必要があるとしている。このことは，国家主導経済下の住民生活を考える際にも，同様に政権側と一般大衆との間の相互関係を考慮しなければならないことを示唆している。

以上のように，ロシアのような国家主導経済において，政権は，一方で，一般大衆の生活に関与し，マスメディアに対する統制といった手段も用いながら，人びとの生活をコントロールしようとしているが，他方で，何らかの手段を用いて経済成長の成果を一般大衆に分配し，人びとの生活の下支えを試み，それによって大衆の支持を得ようと務めている可能性が高い。以下では，大衆の支持を得るためにとられている手段について考察していくが，その前に，ロシアの一般大衆が政権をどのように見ているのかについて確認しておこう。

第2節　ロシアにおける国家–社会関係
――人びとはどの程度国家に依存しているのか？

本節では，国家と個人との関係，人びとが国家をどのように見ているのかという点に注目して，主に2000年代以降のロシアの人びとの社会意識・価値観について考察していこう。

図表6－4～6は，レバダセンターが実施した市民と政府との関係についての調査[3]結果をまとめたものである。まず，図表6－4はロシア市民が政府に対して果たすべき責務（法令の順守，税の支払いなど）をどの程度遂行していると考えるのかについての調査結果である。経済成長開始当初の2001年と比較

して，2000年代半ば以降，責務を果たしていると考える人の比率が増加している。2018年の調査では，「ほとんど果たしている」が36%，「完全に果たしている」が15%となっており，2 項目の比率の合計は50%を超えている。

図表 6－4　ロシア市民はロシア政府に対して果たすべき責務（法令の順守，税の支払いなど）をどの程度果たしていますか？

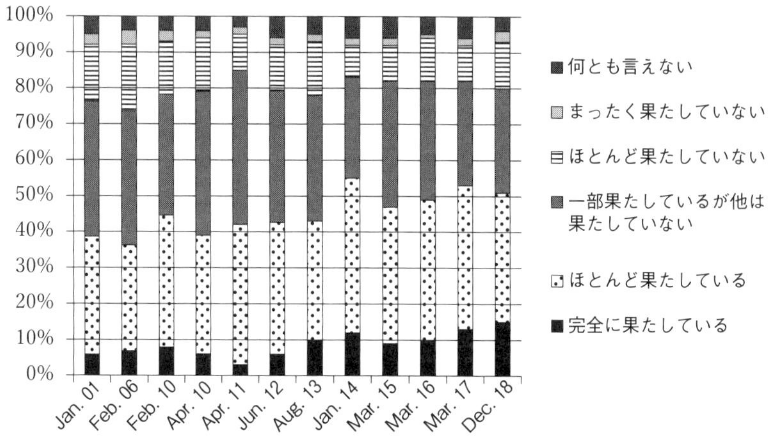

図表 6－5　ロシア政府は市民に対して果たすべき責務をどの程度遂行していますか？

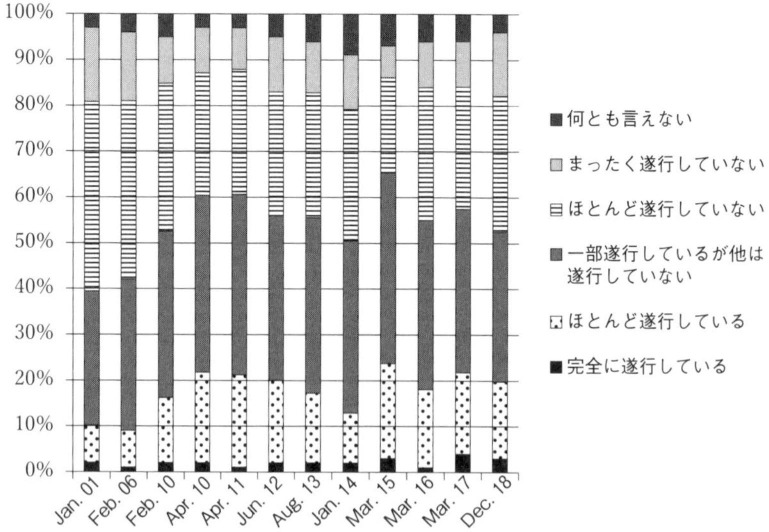

次に，図表6－5は逆に，市民に対して果たすべき責務をロシア政府がどの程度遂行していると考えるのかについての調査結果である。図表6－4と比較して，遂行していると考える度合いは低くなっており，また時期によって変動はあるものの，ここでも2001年と比較して，2000年代半ば以降，政府が責務を遂行していると考える人の比率が高まっている。2018年の調査では，「完全に遂行している」が3%，「ほとんど遂行している」が17%であり，「一部遂行している…」の33%を含めると過半数という結果になっている。図表6－4と重ね合わせると，2000年以降の経済成長に伴い，人びとは自らが政府に対する責務を果たしていると実感するとともに，政府の責務遂行にも一定の評価をおこなっていると考えることができるだろう。

さらに，図表6－6は，国家と住民との関係をどのように見るのかについての調査結果である。ソ連末期の1989年には，多くの人びと（37%）が「たとえ犠牲を払っても国家を援助すべき」と考えていたのに対し，体制転換後，その比率は急落し，とくに1999年には逆に，「国家は何も与えてくれないので，

図表6－6　以下の選択肢のうち，ロシア市民と政府との関係に最も近いのはどれですか

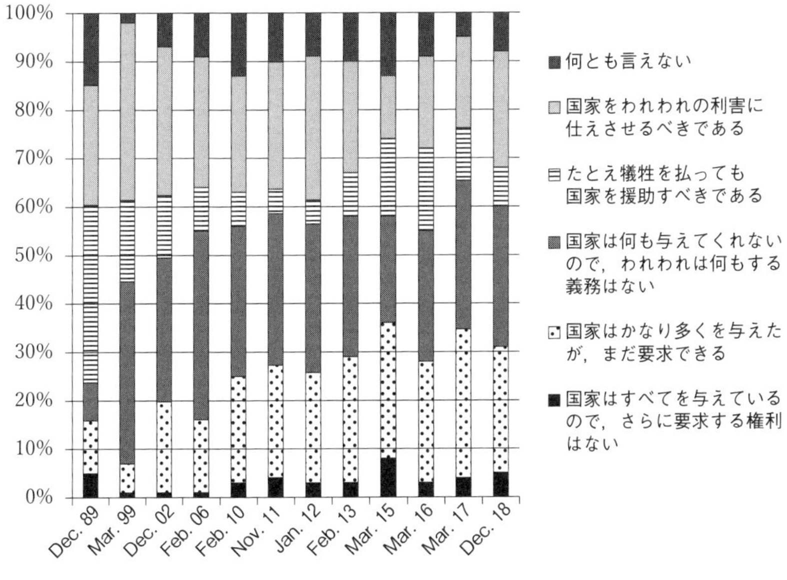

われわれは何もする義務はない」が急増（38％）している。しかし，その後，2000年代を通じ，「…何もする義務はない」比率が徐々に低下し，「国家は多くを与えたが，まだ要求できる」が徐々に増加している（2018年に26％）。このことは国家に対する支持が回復していることを示している。ただし，「…何もする義務はない」比率も大きく低下しているわけではなく（2018年に29％），ソ連時代のような国家に対する高い支持が観察されるわけではない。こうして，政府と住民との関係は，ソ連末期における政権に対する強い支持から，1990年代の国家に対する無関心を経て，おおむね2000年代半ば以降，支持と無関心が共存する方向に変化していっていることが確認できる。

このように，体制転換後ロシアの住民は政府に対する態度を変化させており，2000年代半ば以降，政府に対する肯定的な態度の増加が観察される。他の調査・分析においてもこうした傾向は確認されている。図表6-7は，国家による社会的保護を一般大衆がどのように見ているのかについてロシア科学アカデミー社会学研究所が実施したモニタリング調査[4]結果である。調査年度によって変動はあるが，「国家は援助を必要とするすべての人びとを保護するべきである」が40％を超えて最大となっており，「社会的保護は主として企業によってなされるべき」や「自力で問題を解決すべき」を大きく引き離している。人びとは社会的保護の主体としての国家の役割を重要視していることがわ

図表6-7　社会的保護システムについての望ましい原則（2006～2018年）単位：（%）

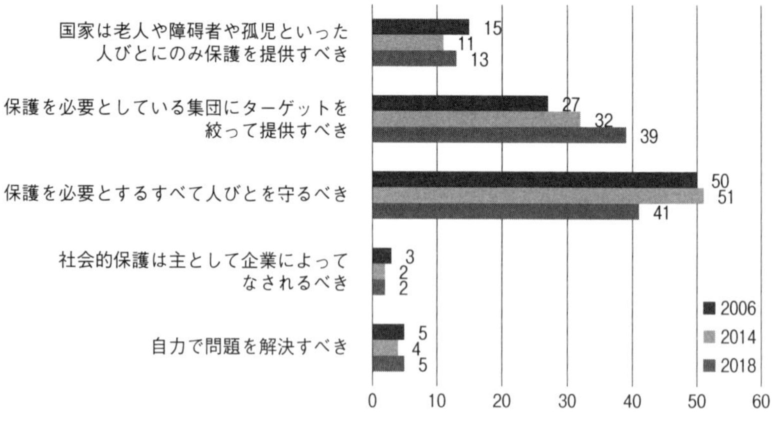

かる。なお，Lezhnina（2019）によると，現代ロシアの大衆は合理的かつ現実的な形でプーチン政権とのかかわりを保っているとしている。

こうした人びとの国家に対する依存の強さの背景にはどのような要因があるのだろうか。以下では，社会契約の見方に基づいて見ていこう。

第 3 節　ソ連・ロシアにおける社会契約と国家－社会関係

1. 社会契約と国家に対する人びとの支持・無関心

前節までに見たように，ソ連・ロシアの人びとは政権・国家に対して，ソ連末期の強い支持から，1990 年代の無関心を経て，2000 年代半ば以降以降，支持と無関心が共存する方向に態度を変化させていっていること，国家に対する依存が相対的に強いことが確認できた。こうした特徴の背景にある要因を，社会契約の見方に基づき読み解いていこう。そもそも社会契約とは，ソ連時代に指摘されたもので，ソビエト政権が一般大衆に，完全雇用や安定かつ補助された消費財価格，社会主義的保健・教育サービス，平等な賃金や所得政策といった財やサービスの提供を行い，それに対して大衆は共産党の一党支配を受け入れたとする考え方である[5]。とくに明示された契約が存在したわけではないことから，「暗黙（“implicit”）」の社会契約とも呼ばれる（Hauslohner, 1987）。

ソ連における社会契約の変遷を辿ろう。1920 年代，30 年代のソ連ではすでに社会契約は成立していたとされる。ソ連の人びとの大多数は仕事で大成功を収めるわけでも，社会主義のイデオロギーに強く惹かれていたわけでもなかった。一般大衆の体制への支持を得るためには，政権側は抑圧的なガバナンスに加え，何らかのポジティブなインセンティブを付与する必要があった。例えば，教育水準の向上，生活の質の着実な上昇などであり，それらは実際に実現された。その後，第二次大戦による中断をはさんで，1950 年代に入り，経済成長とともに生活の質は再び向上し始め，社会契約は継続した。1960 年代初頭には社会契約の危機が生じたが，1960 年代半ば以降に再生した。ソ連経済が石油への依存を強め，そこから得られた資金によって寛大な社会政策を追求したためである。ソ連の多くの国民が「社会契約」によって提供される財やサービスを重視したこと，スターリン以後のソ連の指導者が社会の安定を最優先の課題として認識し，抑圧のコストより「社会契約」による財・サービスの提供の方が低コストであると判断したことという2つの前提の下で，ソ連時代に確かに「社会契約」は機能したと考えられる。

こうして，ソ連では時期を問わず包括的な社会契約が実施され，このことが一般大衆から政権に対する高い支持の背景をなしていたと考えられる。ただし，ホワイトカラー層は教育水準の高さにもかかわらず，物的側面で熟練の肉体労働者を上回るほどの良い生活を送ることができたわけではなく，徐々に不満を募らせていった。経済発展によって生み出されたホワイトカラー層に不満が蓄積されていったことは，教育水準の向上によってホワイトカラー層の数が増えていったことを考慮すれば，ソ連という経済システム全体の不安定化につながったとも考えることができよう[6]。

Cook and Dmitrov（2017）はソ連期の国家－社会関係を説明するために生み出された「社会契約」の見方を再考するとともに，プーチン体制の国家－社会関係に適用し，ソ連崩壊後のロシアにおいて「社会契約」が形を変えて再興しているとしている。1990年代には経済停滞に伴う福祉削減によって，国家－社会関係における「社会契約」は観察されなかったが，プーチン体制は2000年以降の経済成長にともなってソ連期とは異なる形での「市場型社会契約」を生み出した。ソ連期に存在した消費財の価格補助金，完全雇用，包括的な公共サービスは1990年代に消失したものの，範囲を狭めて，より戦略的な形での新たな「社会契約」が生み出されたとされる。

体制転換後のロシアにおける社会契約はどのように推移していったのだろうか。まず，エリツィン時代にはいわゆる「社会契約」は存在しなかったと考えられる。体制転換過程の混乱に際し，多くの人びとが最低限の生活を維持するのに必死であったことと，自ら積極的に行動する人びとには社会的上方移動の可能性もあったことが背景にある。その後，1990年代の経済混乱を脱して，経済成長を開始した2000年代初頭のプーチンの時代に，社会契約が再構築されたと考えられる。この背景には，原油価格の上昇やマクロ経済政策の有効性も指摘されている。さらに，2005年に実施された特典の貨幣化，2008－09年の金融危機，2011－12年のプロテスト，その後の経済危機，2018年の年金受給年齢の引き上げ等に際して，社会契約も調整されてきたとされる[7]。

こうした社会契約を成立させるためには，財政面における負担の担保および資金活用における自由裁量が必要となる。ソ連・ロシアの政権はどこからこの資金を捻出してきたのだろうか。

2. 資源開発からの税収・レント

Oxenstierna（2015）は，体制転換後のロシアで，とくに2000年代の後半以降に確立したシステムを政治化した経済システム（politicized economic system）と名付け，国家の役割の重要性とともにその制度枠組の脆弱性を指摘している。政治化した経済システムの全般的特徴は以下の通りである。まず，経済の大部分が市場ではなく国家によってコントロールされている状態であり，2009年以降とくに国家介入が強化されている。この背景として，非公式な制度の形ではあるが，ソ連の遺産も影響しているとされる。次に，経済面の繁栄より政治面の権力バランスが重視されており，近代化や新規のイノベーションが生じる兆しは限定的である。また，国家は表面上は法治国家（constitutional state）ではあるが，その実態は管理国家体制（administrative regime）という二重の国家として出現し，民主主義や近代化を抑制するうえ，汚職・腐敗も広範にみられる。最後に，市場経済をサポートする制度が不足しており，汚職・腐敗とともに企業の効率的な経済活動を阻害している。非公式の雇用比率も高い。

加えて，このシステムの中核に位置づけられるのが，レント運営システム（rent management system）と呼ばれる仕組みである。Gaddy and Ickes（2015）は，この仕組みを以下のように説明している。まず，資源レント（resource rent），レント常習者（rent addicts），レント運営システムという3つの要素の相互作用を前提とする。ロシア経済はソ連時代より資源レントによって支配されており，その中で，レントが生みだされ，集積され，再分配される独自な制度メカニズムが存在するようになり，これが実際に機能するメカニズムとあわせてこの仕組み全体がレント運営システムと呼ばれるものである。資源賦存量の大きさと，ソ連時代の非市場・行政管理システムに基づく経済システムという特徴により，レントに依存する経済構造が生まれたとされる。ソ連崩壊とともにソ連期に生まれたレント運営システムも崩壊したが，その後2000年頃からの石油価格上昇にともないプーチン体制で新たにレント運営システムが確立したとされる。ここで重要視されるのは政治的な権力バランスであり，生産性や効率性の上昇といった経済的論理は優先されない。結果として，政治的影響力を維持するために非効率な産業（rent addicts）への補助金提供が続くことになる。

図表6－8をもとに，レントに依存する経済のメカニズムを説明しよう[8]。レント依存経済は，図にあるように，政府，レント創出セクター（rent creating sector），レント依存セクター（rent-dependent sector），新興民間セクター（new private sector）という4つの主体によって構成される。レント創出セクターは商品（ロシアの場合は石油や天然ガスなどの天然資源である）の販売によって利益を得て，政府に税金を支払う（白抜きの矢印）。政府はレント依存セクターに対し，補助金，移転，国家発注の形でレントを分配する（チェック柄の矢印）。政府はレント依存セクターから財やサービスを調達したり，この分野に投資をしたりする際にもレントを分配していることになる。レント依存セクターの非効率な経営や過剰なコストにより，高価格を支払っていることになるためである（斜め線の矢印）。また，レント創出セクターもレント依存セ

図表6－8　レント依存経済のイメージ図

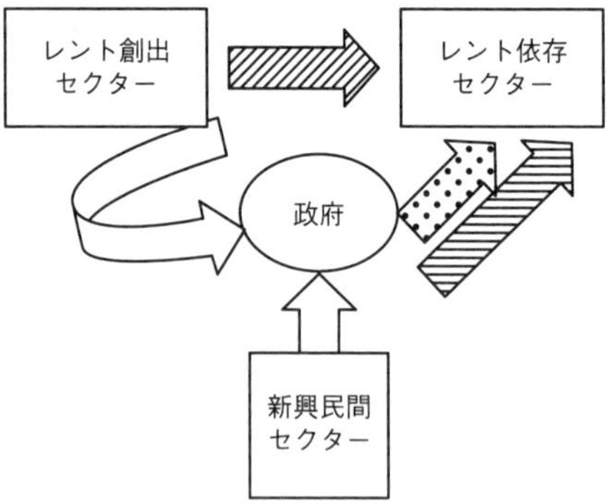

（出所）Oxenstierna（2015：100）.

クターから財を購入したり，投資をしたりする際にレントを分配していることになる。主として中小企業によって構成される新興の民間セクターは市場経済環境のもとで活動しており，政府に税金を支払う（白抜きの矢印）。コスト水準の高さ，インフラの未整備その他の理由により，このセクターもレント運営システムから間接的に影響を受けているが，レント運営システムの根幹には関係しないため，この分野は政府の関心を惹きにくいことになる。

レント依存経済の問題点はレントへの依存そのものにあるのではなく，遅れた非効率なレント依存セクターへの補助金として天然資源から得られたレントが用いられる構造にある。これとは逆に，資源から得られた収入を技術発展や持続的成長のエンジンとするような経路を作り出すことができれば，ロシアの健全な経済発展を見通すことができよう[9]。ただし，こうした経路を作り出すことができなければ，ロシア経済は中長期的にレント依存経済から脱却できない可能性が高い。

第4節　ロシアにおける社会構造の独自性
——受益者と負担者の視点から

前節で見たように，ソ連期および2000年代半ば以降のロシアにおいて，資源開発に基づく税収・レントをもとに，政権が人びとに成長の果実を分配し，人びとが政権を支持するという社会契約の構図が成立してきたとみることができよう。このことはソ連期の「社会契約」が形を変えて継続していることを意味し，プーチン政権に対する支持の高さの背景となっていると考えられる。図表6-9はプーチン政権に対する支持率の推移を示したものである。変動はあるものの，2000年以降おおむね支持率は60％以上を保っていることが確認できる。

では，こうした国家－社会関係に基づいて，体制転換後のロシアの社会構造はどのように評価できるだろうか。経済格差と階層化という点から，ロシアの社会構造を特徴づけてみよう。第1に，経済格差の拡大およびその後の格差の高止まりである。1990年代の停滞を脱し，1999年から経済成長を開始したロシアは，2008年まで年平均6.9％の高いGDP成長率を示したのち，2009年以

図表6－9　プーチン政権への支持・不支持

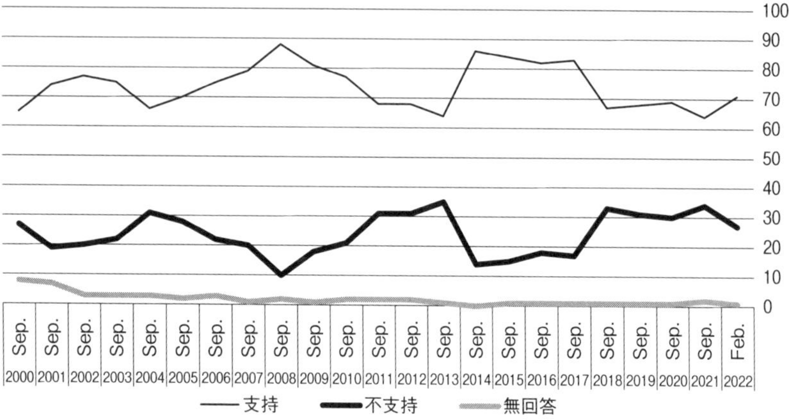

（出所）レバダセンターホームページ（https://www.levada.ru/）

降，世界経済危機や経済制裁の影響を受け，成長率を低下させてきている（図表6－10）。GDPの伸びは貧困率の低下という形で人びとの生活改善に大きく貢献してきた。図表6－11にあるように，1990年代には20～30％であった貧困率が2000年代の経済成長とともに低下し始め，2000年代後半には10％台前半になっている。他方，経済成長は経済格差の拡大・高止まりも伴っている。ジニ係数の推移から，体制転換直後に経済格差が急激に拡大し，2000年代の経済成長期に入っても経済格差の拡大・高止まりが続いていることが確認できる（図表6－12）。このことは，体制転換後のロシアにおいて，ソ連時代とは異なり，経済格差の拡大，社会階層の二極分化が進んでいる可能性を示唆している。

ロシアの社会構造の第2の特徴として，ソ連期と比較して生活が不安定な人びとの比率が高まっていることが挙げられる。ソ連時代には完全雇用の実現，必需品の低価格，社会保障の充実をはじめとした諸政策により，貧困に陥る人びとはほとんどいなかった。体制転換後，人びとの生活に対する国家の影響力の低下とともに，貧困層および生活不安定層が急増した。2000年以降の経済成長によって貧困率は徐々に低下してきているが，経済成長とともに格差が徐々に拡大していること，そのことが上下両極への階層分化を促し，階層の下

図表 6－10　GDP の推移

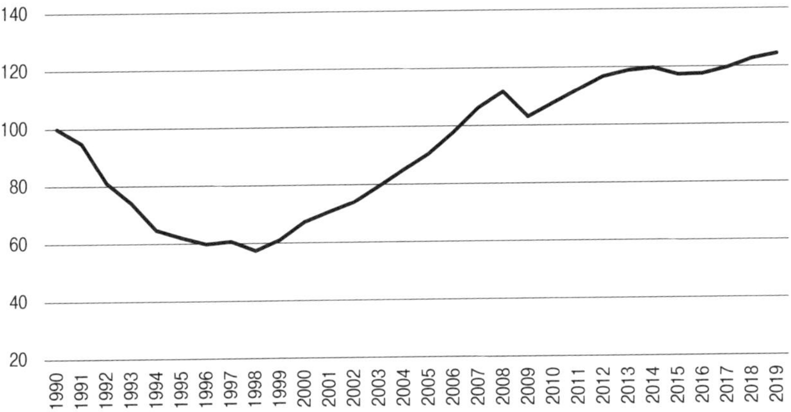

（出所）ロシア統計年鑑各年版および Росстат ホームページ（https://rosstat.gov.ru/）

図表 6－11　貧困者数と貧困率の推移

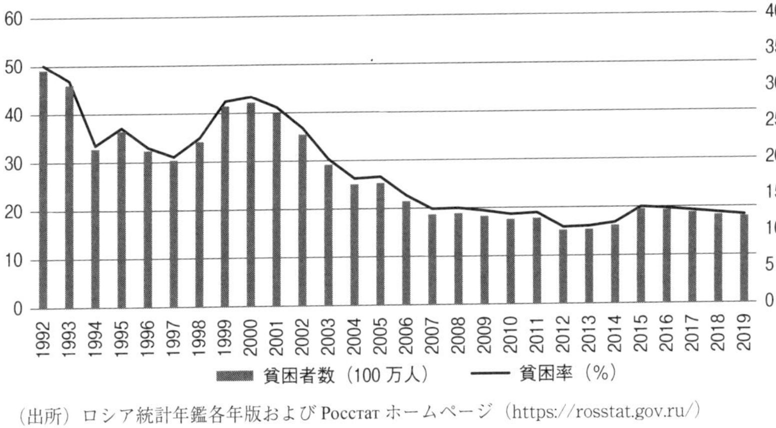

（出所）ロシア統計年鑑各年版および Росстат ホームページ（https://rosstat.gov.ru/）

方移動につながっている可能性もあることを考慮すれば，現代ロシアにおいて生活が不安定である人びとの比率は相対的に高いと考えられる。

第 3 に，中間層の規模が小さく，構成にも特殊性が観察されることも指摘しておきたい[10]。ロシアにおける中間層にかんする実証研究は主に 1990 年代後半から開始され，とくに 2000 年以降の経済成長にともない，多くの研究によって中間層の規模の拡大が示されてきた。それでも，ロシアにおける中間層

図表6－12　ジニ係数の推移

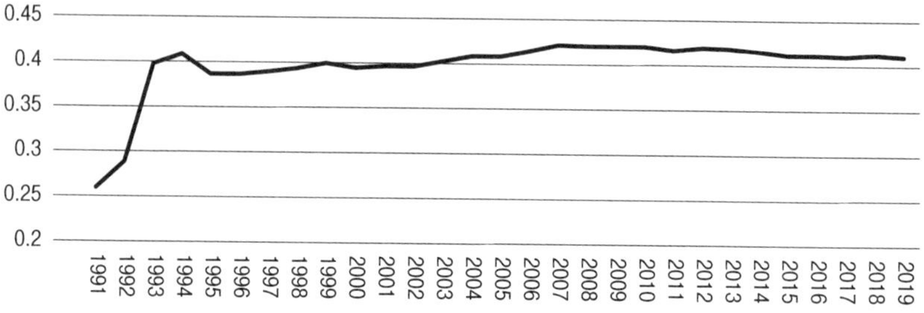

（出所）ロシア統計年鑑各年版および Росстат ホームページ（https://rosstat.gov.ru/）

の規模はおおむね20％程度と見積もっている研究が多いように，ロシアの中間層の規模は必ずしも大きくなく，2000年代の経済成長にもかかわらず，急速に拡大しているわけではないことが確認されている（Gontmakher and Ross 2016）。加えて，その構成および価値観も先進資本主義国における中間層とは異なっているといわれる。構成においては，経営者や専門家層の比率が高くなく，公務員，天然資源関連企業の従業員，軍関係者が相対的に多く含まれている。価値観においても，市場経済や民主主義を必ずしも強く支持しているわけではない点，勤勉・勤労といった価値観以上にコネや人間関係を重視する点に独自性が観察される。

では，次に，こうしたロシアの社会構造を前提に，政権と大衆との間の社会契約がどのような形で実現されているのか，誰が負担者で誰が受益者とみることができるのかという問いに考察を加えてみよう。

Busygina and Filippov（2016）は，一般大衆と政権との関係を以下の社会階層別に分析している。まず，富裕層およびエリート層は，経済的不平等の大きいロシアにおいて，民主化が進むと，所得再分配の可能性が高くなるため，現状のままの方がよいと判断しているとされ，政権に対する支持が高いとしている。次に，中間層は，潜在的には民主化を支持する可能性が高い階層ではあるが，ロシアの中間層は規模があまり大きくないうえ，多様なグループが含まれており，価値観は一様とは言えないとし，とくに近年では，公務員や国家セクターの比率が高まっており，政府への依存を強めていることから，必ずしも強い対抗勢力とはなりえていないとしている。最後に，肉体労働者層・貧困層について，この階層は本来，民主化することでより多くのメリットを受け取るはずの階層ではあるが，1990年代の体制転換過程において被った多くの否定的な状況を考慮すると，現状の改革・民主化に賛成しかねる状態であるとしている。こうして，Busygina and Filippov（2016）は，現状のプーチン政権に対して有力な対抗勢力は見当たらないと結論づけている。

Cook and Dmitrov（2017）は，プーチン体制が再編した社会契約を，より戦略的な「市場型社会契約」と名付け，ソ連期のものと区別している。その中で，プーチン政権は特定の社会集団に対して優先的に社会契約を締結しようとしているとし，そうした社会集団は，① 年金生活者，② 工業労働者，③ 医療関係従事者であるとしている。上記3種の社会集団が，プーチン政権が実施してきた改革から防御されてきたことがその根拠となっているとし，具体的には，① 年金生活者については，国家年金基金から相対的に高い年金支給を受け，経済停滞やインフレーションの影響から免れている点，② 工業労働者については，EUよりも強力であるとされる雇用保護立法を背景に，とくにソ連期から続く国営企業や都市形成企業を中心に，雇用の安定が図られており，GDP変動の影響を抑制しえている点，③ 医療関係従事者については，雇用水準がソ連時代から引き続いて国際的にみて過剰に大きいうえ，2000年代以降，医師の数は増加しており，人口当たりでみるとEUよりも多いとされる点が指摘されている。

World Bank Group（2016）は，2014年時点のデータをもとに，ロシアの所得再分配に基づく経済格差の変容を示している。以下の図表6－13は再分配による経済格差（ジニ係数）の変動を示したものである。課税前所得でみたジニ係数は0.485と高いが，再分配後の最終所得でみたジニ係数は0.300まで低下し，西欧諸国ほどではないにせよ，経済格差縮小の効果が表れている。

また，同報告書は，図表6－14のように，所得階層別にみた再分配の受益と負担との関係を示している。10のグループに分けた場合，所得の最も低い層から6つ目のグループまでが受益層で，上位4グループが負担していることが示される。当然のことではあるが，低所得層ほど受益率が高まっており，年金が大きな役割を果たしている。このことは，低所得層が国家・政権への支持を強める背景となっていると考えられる。

図表６－13 再分配によるジニ係数の変化

	控除前所得	可処分所得（純直接税および社会移転を含む）	消費可能所得（純間接税を含む）	最終所得（現物の移転を含む）
ジニ係数	0.485	0.334	0.337	0.300
控除前所得との比較（％）		−31.2	−30.5	−38.1

（備考）拠出年金は政府移転に含めている。
（出所）World Bank Group（2016：32）.

図表６－14　所得階層別にみた受益・負担の関係

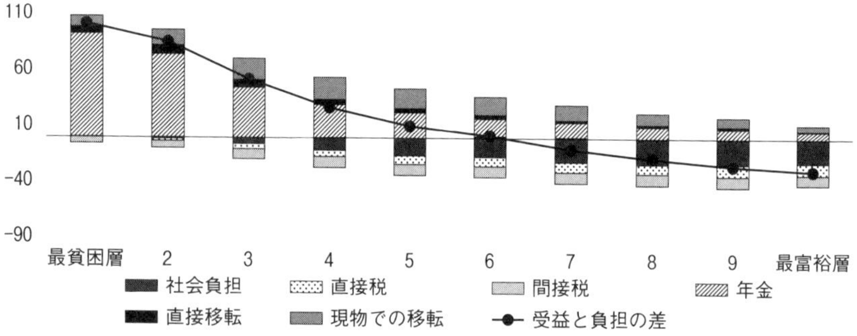

（出所）World Bank Group（2016：33）.

以上を踏まえ，富裕層およびエリート層，中間層，低所得層および肉体労働者層という３つの階層に分けて，受益と負担の関係を探ってみよう。まず富裕層およびエリート層は，国家・政権との関係の下，他の階層と比較してレントを手にする可能性が高いと考えられ，貧困層とともに政権に対する支持を生む要因となっていると考えられる。中間層は，再分配におけるメリットおよびレントを得る機会という２点に関して，富裕層およびエリート層，低所得層・肉体労働者層と比較して，機会が少なく，言わば最も割を食っている階層とみることもできるだろう。ただし，既述のように，ロシアの中間層は規模が小さいこと，とくに近年は中間層に占める国家セクター関係者の比率が高まっていることから，大きな抵抗は生じていない。加えて，中間層には，職の確保という意味での配慮がなされている可能性が高い。医療関係者および公務員の職は安定ないし拡大しており，とくに，医療関係者については，ソ連時代の名残で，体制転換当初，多くの旧ソ連諸国の医療従事者数（単位人口当たり）はEU水準よりも大きかった。その後，旧ソ連諸国の多くが医療従事者数を低下させていく中，ロシアは特に1990年代末以降，その数を増やしており，EU水準で見ても多い方である[11]。

このように，富裕層・エリート層は政権とのかかわりの中でのレントや特権を，中間層には職の安定を，低所得層・肉体労働者層には再分配と職の安定をそれぞれ享受しており，どの階層が受益者でどの階層が負担者であるとは必ずしも明確には言えない。このことは，プーチン政権への支持率の高さにも貢献している可能性が高い。図表6－15は，プーチン政権が依存している社会階層／社会集団についての聞き取り調査結果である。従前よりプーチン体制が基

図表6－15　プーチンが依存しているのは以下のどのグループだと思いますか？（複数回答可）

	Oct. 00	Jul. 01	Jul. 03	Jul. 05	Oct. 10	Sept. 11	Aug. 14	Aug. 16	Oct. 17
治安当局（情報活動コミュニティー，軍，内務省）	54	43	51	51	35	47	45	41	51
「オリガルヒ」，銀行家，実業界のリーダー	24	15	27	25	31	42	37	32	34
政府関係者，官僚	12	15	21	26	25	36	29	27	31
「管理者」（大企業のトップ）	16	16	21	23	23	30	24	20	26
「中間層」（暮らし向きのよい人びと）	10	16	19	23	21	25	21	21	22
エリツィンの旧側近，「ファミリー」	25	22	25	20	11	15	10	8	9
市井の人びと（オフィスワーカー，労働者，農業労働者）	12	15	15	18	17	12	13	12	16
文化・科学エリート	4	8	9	11	8	12	12	11	16
知識人	5	10	9	12	9	11	10	11	13
「ルンペンプロレタリアート」（社会の底辺の貧困層）	<1	<1	<1	1	1	1	1	1	1
すべての人びと	5	7	7	5	8	8	11	13	14
何とも言えない	13	18	11	12	12	10	13	13	11

（出所）レバダセンターホームページ（https://www.levada.ru/）。

盤としていたとされる保安機関に次いで，オリガルヒや政府関係者・官僚といった集団の数値も高まっている。さらに，比率はそれほど高くないとはいえ，オフィスワーカー・労働者・農業労働者など市井の人びとの数値も低くなく，すべての人びとという回答の数値も近年高まってきている（2017年に14%）ことが注目される。このことは，ロシア社会の中で，再分配や職の安定とレントが有効に作用して，階層間の対立が緩和されている可能性を示唆している。ここには，ロシアの人びとが重視する平等性・安定性という価値観との調和も想定される。

ただし，問題は，既述のように，こうした社会的な安定が石油・ガスからの収入やレントによってもたらされていることである。この収入・レントが消失すれば，ロシア社会は急速に不安定化するとともに，階層間の対立が激化する危険性もはらんでいる。また，この構造が持続するかぎり，ロシア社会は安定する可能性が高いが，このことは不採算企業，低生産性企業を存続させることにつながり，イノベーションを阻害する方向に作用する点も危惧される。

おわりに

本章では，ロシアを例に，国家主導経済下における生活領域の位置づけ，国家－社会関係の特質を明らかにしてきた。社会契約の見方に示されるように，政権は経済成長の成果の分配を通して一般大衆からの支持を取り付けようとし，人びとは政権の提示する財やサービスに対して，合理的・現実的に反応していると考えられることが示唆されよう。このことは社会契約の見方の妥当性を示していると考えられるが，ロシアの政治文化の特性などを踏まえてさらに検討する必要があるだろう。

他方，このことは，ロシア社会の今後の持続可能性についての問いも生み出す。現在のロシアの社会構造，国家－社会関係は，資源による収入が続く限り持続すると考えることができるのか，資源価格の下落等によって収入が大きく落ち込んだ場合はどのような事態が生じると考えられるのか，そもそもイノベーションなど近代化を目指した社会変革を阻害することにはならないかといった問いへの回答が求められる。また，中国など他の国家主導経済でも同様のストーリーが描けるのか，一般化できる部分はあるのかといった問いも生じてこよう。

本書刊行の最終段階の2022年2月24日に生じたロシアのウクライナ侵攻にかかわって，政権と一般大衆との関係にも変化がみられている。政権による情報統制などの影響もあってか，プーチン大統領の支持率の低下として明確に現れているわけではないが，多くのロシア市民が反戦・反プーチンのデモに参加している[12]。このことは，本章で明らかにした政権と一般大衆との社会契約がきわめてもろいものであった可能性を示唆している。人びとはプーチン政権に対してきわめて現実的な対応をしてきた可能性が高く，その点で今後も大きな変化はないものと推察される。政権と一般大衆との関係がどうなるのか，今後の見通しは必ずしも明らかではないが，欧米諸国を中心とする多くの国々からの経済制裁によってロシアの一般大衆の生活にも大きな制約が課せられることを考慮すると，プーチン政権と一般大衆との社会契約は大衆側から破棄される可能性もあろう。

[注]

1　本章は，拙著『ロシア社会の体制転換―階層構造の変化に着目して―』（国際書院，2021年）の第3章「体制転換と社会意識の変化―国家への依存に着目して―」に加筆したものである。また，本章は科学研究費補助金（基盤研究B「ソーシャル・キャピタルによるロシアの社会構造に関する研究」課題番号20H04404，研究代表者：溝端佐登史）の研究成果の一部である。

2　ロシアを含めた旧ソ連諸国は政治的資本主義の条件を完全に満たしているわけではなく，明確に政治的資本主義に位置づけられているわけではない。ただし，ロシアも政治的資本主義の課題を共有していると見ることはできるだろう。

3　調査は2018年12月13日～19日にロシアの52連邦構成主体の136地区にて18歳以上の1600人に対してインタビュー形式により実施された。ここでは過去に実施された調査のデータとともに表示されている。レバダセンターホームページ https://www.levada.ru/2019/01/22/grazhdane-i-gosudarstvo-3/　最終アクセス日 2022年2月26日

4　18歳以上のロシア国民4000人を対象に2014年から実施され，2018年の調査が第8回となる。Lezhnina（2019）p.62を参照のこと。

5　社会契約の見方はソ連など旧社会主義諸国のみに観察されるものではなく，筆者はどのような経済システム下においても社会契約関係は存在しうると考えている。

6　レーン（2007）を参照のこと。

7　2000年代半ば以降の社会契約がどの程度有効に作用したのかについては，見解が分かれている。

8　以下の記述は，Oxenstierna（2015）pp.99-100を参照のこと。

9　Gaddy and Ickes（2015）p.17を参照。

10　以下の記述は，Hayashi（2007, 2017）および Mizobata and Hayashi（2019）を参照のこと。

11　人口1万人当たりの医療従事者数は50.1人（2009年）であり，欧州では最多とされる。Popovich et al.（2011）を参照のこと。

12　ロシアの人権団体「OVD インフォ」によると，2月24日以降，抗議行動で拘束された市民の累計は1万3000人を超えたとしている。『日本経済新聞』2022年3月7日。

[参考文献]

（英語）

Busygina, I. and Filippov, M. (2016) The Calculus of Non-Protest in Russia: Redistributive Expectations from Political Reforms. in C. Ross ed., *State against Civil Society*, Routledge.

Cook, L. J. and Dmitrov, M. K. (2017) The Social Contract Revisited: Evidence from Communist and State Capitalist Economies. *Europe-Asia Studies*, Vol. 69, No. 1.

Dreger, C., Kholodilin, K. A., Ulbricht, D. and Fidrmuc, J. (2016) Between the Hammer and the Anvil: The Impact of Economic Sanctions and Oil Prices on Russia's Ruble. *Journal of Comparative Economics*, Vol. 44, No. 2.

Gaddy, C. and Ickes, B. (2015) Putin's rent management system and the future of addiction in Russia. in S. Oxenstierna ed., *The Challenges for Russia's Politicized Economic System*. Routledge.

Gel'man, V. (2016) Political Opposition in Russia: A Troubled Transformation. in C. Ross ed., *State against Civil Society: Contentious Politics and the Non-systemic Opposition in Russia*. Routledge.

Gontmakher, E. and Ross, C. (2016) The Middle Class and Democratisation in Russia. in C. Ross ed., *State Against Civil Society: Contentious Politics and the Non-systemic Opposition in Russia*. Routledge.

Greene, S. A. (2017) From Boom to Bust: Hardship, Mobilization and Russia's Social Contract. *Daedalus*, Spring 2017.

Hauslohner, P. (1987) Gorbachev's Social Contract. *Soviet Economy*, Vol. 3, Issue 1.

Hayashi, H. (2007) Uniqueness of Russian Middle Class and its Future. *The Journal of Comparative Economic Studies*, Vol. 3.

Hayashi, H. (2017) Quality of Market, Government, and Society in Russia: Focusing on the Middle Class. *The Journal of Comparative Economic Studies*, Vol. 12.

Kaufmann, D., Kraay, A. and Mastruzzi, M. (2010) The Worldwide Governance Indicators: Methodology and Analytical Issues. The World Bank, Policy Research Working Paper, 5430.

Lane, D. (2014) *The Capitalist Transformation of State Socialism*. Routledge.

Lezhnina, Y. (2019) Russians' Expectations from the State Social Policy as an Indicator of Their Risks and Opportunities. *The Journal of Comparative Economic Studies*, Vol. 14, December 2019.

Makarkin, A. (2011) The Russian Social Contract and Regime Legitimacy. *International Affairs*, 87: 6.

Mizobata, S. and Hayashi, H. (2019) Market transition without an accompanying industrial revolution: A reexamination. *Annals of Corporate Governance*, Vol. 4, Issue 4.

Oxenstierna, S. (2015) The role of institutions in the Russian economy. in S. Oxenstierna ed., *The Challenges for Russia's Politicized Economic System*. Routledge.

Popovich, L. et al. (2011) Russian Federation: Health system review. *Health System in Transition*, Vol. 13, No.7., WHO.

Tikhonova, N. (2017) The Social Structure of Russian Society: The Impact of the Economic Crisis on

Russians' Employment and Human Capital. *Sociological Research*, Vol. 56, No. 4.
Vendil Pallin, C. (2015) The basis for institutions among the population in Russia. in S. Oxenstierna ed., *The Challenges for Russia's Politicized Economic System*. Routledge.
White, D. (2018) State capacity and regime resilience in Putin's Russia. *International Political Science Review*, Vol. 39 (1).
World Bank Group (2016) The Russian Economy Inches Forward: Will that suffice to turn the tide?. *Russia Economic Report*, No. 36, November 2016.
（ロシア語）
Rosstat (2021) *Rossiyskiy Statisticheskiy Ezhegodnik 2021*.
（日本語）
スレイマン・イブラヒム・コーヘン（2012）『国際比較の経済学―グローバル経済の構造と多様性』NTT 出版。
坂田幹男（2015）『グローバリズムと国家資本主義』御茶の水書房。
林裕明（2021）『ロシア社会の体制転換―階層構造の変化に着目して―』国際書院。
イアン・ブレマー（2011）『自由市場の終焉―国家資本主義とどう闘うか』日本経済新聞社。
ブランコ・ミラノヴィッチ（2021）『資本主義だけ残った―世界を制するシステムの未来―』みすず書房。
レーン，D.（2007）『国家社会主義の興亡』明石書店。

第Ⅲ部

国家主導システムの展開

第7章

「国家のことば」の比較制度分析

――旧ソ連地域における国家語と共通通商語をめぐる相克――

徳永昌弘

はじめに

近代世界の国民国家の下では，言語とは「国家のことば」[1]を意味し，それはいかなるコストを払ってでも習得すべき言葉であった。すなわち，国家の主導下で行われる「国家のことば」の教育と習得は，自由に選択できるような性格の事柄ではなく，国民としてのメンバーシップを得るために必要な義務かつ権利であると考えられていた。それに対して，諸国語（諸民族）の平等や母語といった欧州の近代言語観に立脚しつつも，民族間交流語と位置づけられたロシア語と基幹民族語の教育・普及・使用を両立させようとした多民族・多言語国家のソビエト社会主義共和国連邦（以下，ソ連と略す）の言語政策は，1920～30年代当時には先進的な内容を含んでいた（佐野，2017）。米国のソ連史家テリー・マーチンが大著『アファーマティヴ・アクションの帝国』の中で問題提起したように，同時期に各地で民族語を公用語とするだけでなく，書き言葉の形式を備えた文章語の発展と確立に注力し，国の財政支援の下で何十もの言語による教育・文化的実績を生み出した革命政権は，欧州における旧来の多民族国家とは異なり，単一の中央国家体制と矛盾しない限り，民族の四形式（民族領土，民族語，民族エリート，民族文化）を最大限支持し，国民国家を想起させる諸制度が配置された数多の民族領域をソ連全土にわたって創出した（マーチン，2011：19-51）。

ソ連の民族・言語政策にアファーマティブ・アクション（affirmative action）[2]に似た性格が観察されることは，他の論者もしばしば指摘しており，その公的なイデオロギーにおいて，フランスや日本を典型とする同化主義を退け，一種のアファーマティブ・アクションとして「現地化（土着化）政策」を推進したソ連は独自の多言語主義イデオロギー国家であった（塩川, 2015：250）[3]。マーチンが指摘するように，こうしたアファーマティブ・アクション的な性格は1930年代に入ると後退し，主要な民族語の表記をキリル文字に切り替えた正書法の変更や，第二言語としてのロシア語教育の義務化に象徴されるように，ロシア人の民族性とロシアの民族文化の復権へと舵が切られた（マーチン, 2011：477-520）。その後も，民族語とロシア語の二言語併用（バイリンガリズム），より正確に言えば，ロシア語に優位を置く階層的な二言語併用は維持されたが（塩川, 2015：255），フルシチョフ政権下で1950年代末に進められた教育改革の一環として，民族語学校とロシア語学校の自由選択制が認められると，どちらの言葉で学ぶべきかという教授言語の選択に直面した人びとは，特定の言語を習得することのコストやメリット，さらには個人にとっての有用性や効用を考えるようになった（佐野, 2017）。以上の経緯を踏まえると，言語習得に関する効率性概念や機会費用に基づく経済合理的な選択行動は，言葉の経済性や将来性を考慮した言語選択の問題として，第二次世界大戦後のソ連社会に胚胎していたと考えられる。そして，ソ連末期ならびに独立後の各国では，ナショナリズムの発揚と絡み合って，「国家のことば」の位置づけと在りようは重大な政治的・社会的問題に発展してきた一方で[4]，資本主義の浸透や国民経済のグローバル化とともに経済的にも看過できない影響をもたらし，各々の言葉の市場・商品価値をめぐる議論が今日も続いている。

本章では，経済言語学の嚆矢と言われるフロリアン・クルマス著『ことばの経済学』や言語経済学者の議論，ならびに国際経営・ビジネス研究および国際経済学の分野における言語研究の成果を継承しつつ，新制度学派の取引費用論や比較制度分析における制度的連結および制度的補完性の議論に言語的要素を取り入れる。それを踏まえて，共通通商語もしくはリンガ・フランカ（lingua franca）[5]としてのロシア語の機能性に焦点を当てながら，旧ソ連構成諸国が自らのアイデンティティを表現するために欠かせない国家語である基幹民族語との相克の実相を具体的に検討する。ここでは，先行研究の成果に加えて，著者自身によるヒアリング調査（後述の注34以下を参照）を通じて得られた知見も考察に用いたい。

第１節　経済・経営的視点から見た言語

1.「ことばの経済学」「ことばの商品化」：言語学者による問題提起

経済言語学の嚆矢とされる『ことばの経済学』を著したフロリアン・クルマス（Florian Coulmas）が提起した主要な論点を大胆に要約すると，以下の５点に整理される（クルマス, 1993)。

1）言語は商品である（使用価値と交換価値で評価可能)。

2）経済発展（経済の近代化）と言語発展（言語の近代化）には一定の関係がある。

3）言語には計算可能な側面がある（一定の条件下で費用便益分析が適用可)。

4）言語の盛衰には経済的要因が強く働く。

5）言語体系と経済体系には共通点が見られる。

上記の議論に基づくと，世界の言語地図を塗り替えるのは，ひとえに言語の経済性であり，コミュニケーション手段を効率的に使用する必然性から生じる言語の内的経済性が生き残りのカギを握るという結論が導き出される（クルマス, 1993：396)。こうした議論に触発されて，「言語市場」,「言語の市場価値」,「言語産業」などを扱う学問分野として経済言語学を提唱する井上史雄（2001：30-31）は，言語の盛衰過程には経済的要因が大きく関係していると述べている。すなわち，マクロの経済的関係では産業集積が言語の盛衰に影響していると考えられる一方で，ミクロの経済的関係では，話者数が多く使用範囲も広いメジャーな言語の市場価値は高いが，マイナーな言語の場合は低いという言語市場の階層性が見られる。また，異なる言語同士が接触すると，言語使用の内外効率性の格差が当該言語の盛衰過程の引き金を引く。世界経済が発展し，交易圏が広がると，必然的に言語接触の機会が増えるため，言語盛衰の過程はより顕著になるという（井上, 2010)。

経済学の概念や専門用語を言語学の分野に取り入れる動きは1960～70年代から見られたが[6]，「ことばという商品」を射程に入れた言語経済学の本格的な議論の展開は1990年代以降のことである（佐野，2017：16，22）。その主要な契機となった出来事は，言語経済学の第一人者であるフランソワ・グラン（François Grin）によれば，1）ベルリンの壁の崩壊，2）情報通信革命，3）グローバリゼーションの進展である（Grin, 2016）。ここで，1）に関して付言すると，ソ連とユーゴスラビアの解体により，多数の言語が国家語や公用語として表舞台に登場したことは，多言語社会における言語政策の効率性や公平性をめぐる議論に大きな一石を投じたと言えよう。中東欧諸国の欧州連合（EU）加盟に伴い，その内部の言語マネジメントが以前にも増して煩雑化したように[7]，中東欧・旧ソ連地域の体制転換が生み出した新たな「国家のことば」への政策的対応の必要性は，当該国の内部に留まらず，他の国々や国際機関にも及んでいる。その象徴的な出来事は国名の表記変更であろう。かつてはロシア語風に「グルジア」と呼ばれていたサカルトベロの公的な日本語表記は，同国政府からの求めに応じる形で2015年4月に英語風の「ジョージア」に改められた[8]。その背景には，ジョージア（グルジア）語が唯一の国家語および民族間交流語であると国内法で定められた一方で，ロシア語は外国語に指定されたことが挙げられる（Khruslov, 2006）。また，独立後に国家語はキルギス語，公用語はロシア語という序列がつけられたキルギス共和国の一般的な呼称は不安定で，ロシア語風かキルギス語風で異なるだけでなく（キルギスもしくはキルギスタンに対して，クルグスないしクィルグィスもしくはクルグスタンないしクィルグィスタンなど），ソ連崩壊前後の名称変更も影響して（1990年末の国家主権宣言に伴いキルギスからキルギスタンへ，独立後の憲法制定に伴いクルグスないしクィルグィスへ），論者によって呼び方が異なる（小田桐，2015：xii）[9]。こうした歴史的な事情を知らないと，多様な呼び名がひとつの国名を指しているとはとても思えないであろう。

言語学および経済学の双方の領域で，言葉の市場・商品価値や言語と経済の相互依存関係をめぐる問題が多岐に渡って取り扱われてきた一方で（Gazzola et al., 2016），前述のグランによれば，概念上および方法論上のギャップが学際的交流の発展を阻んできた（Grin, 2016）。また，言語と経済の関係性が明示化もしくは定量化される研究は少なく，両者間の内生性ゆえに因果関係の方向性を特定化することが困難な場合も少なくない（Grin et al., 2010, 39–54）。さらに，ある特定の言語能力を個人の所有物のように見なす言語観である言語道具主義（linguistic instrumentalism）に囚われると，言語能力は公共財としての性格を多分に併せ持つ点が見逃されてしまう。その証左は，多くの国々で言語教育が積極的に進められていることであり，単に個人の将来的な収益を最大化するためだけではなく，公共的な意義が認められるからこそ，公教育の場に取り入れられていると考えられる（寺沢, 2017）。換言すれば，言語の習得には正の外部性が存在するため，その適正な運営には政府の関与が欠かせない。そこで，本章では言語経済学ないし経済言語学の業績を参照しつつ，取引費用論の概念や比較制度分析のモデルを適用することで，政治と経済の相克という観点から国家語と共通通商語の関係性を検討したい（後述の第２節を参照）。その前に，経営学や経済学の分野では，言葉と言語をめぐる問題がどのように取り扱われてきたかを振り返りたい[10]。

2.「言語論的転回」：国際経営・ビジネス分野における言語研究の台頭

国・地域間の市場制度の異質性を測る指標はいくつか考えられるが，言語，移民，歴史などの観点から社会的な関係性を広く表現しようとする試みは，総称して市場制度の社会的紐帯（social ties）に関する比較研究と呼べるだろう。社会的紐帯が企業活動の国際化に及ぼしうる影響については，すでに1950年代半ばには議論の端緒が見られ，文化的差異に起因する心理的距離（psychic distance）の構成要素のひとつとされた。一例を挙げると，ウィルフレッド・ベカーマン（Wilfred Beckerman）の論稿では，本文の議論を締めくくる形で，「同じ原材料を買うにしても，価格や輸送費が変わらないのであれば，スイス企業はトルコ企業よりもイタリア企業を選ぶであろうが，それは言葉で苦労する心配が少ないことを含めて，両国は心理的により近いからである」と最後に述べている（Beckerman, 1956）。

言語面を含む心理的距離が企業活動の国際化に及ぼす影響は，その後も研究者の関心を惹き続けた。たびたび引用される代表的な研究成果として，ヤン・

ヨハンソン（Jan Johanson）の業績が挙げられる。スウェーデン企業の海外進出のパターンを分析したヨハンソンらの研究グループは事例研究を積み重ねて，進出先の市場規模に加えて，本国との心理的距離が企業活動の国際化に大きく影響していることを突き止めた。例えば，代理店を経由した海外輸出や駐在員事務所の設立などの初期段階では，市場規模よりも心理的距離の方が重視される一方で，販売子会社の設立や生産拠点の開設といった後期段階になると，市場規模の方が国際化のあり方を強く規定すると主張した。企業経営の国際化のパターンには，規則性と漸進性が観察される。それは戦略的な意思決定の結果というよりも，本国と海外の間の心理的距離に起因する行動パターンとして解釈される。また，海外の市場知識（market knowledge）を取得する際にも，心理的距離は大きく影響する。市場知識には，市場自体に関する知識に加えて，事業面の問題や機会の認識も含まれるため，当該市場への関与と経験の度合いが重要になる。企業が海外事業に関する何らかの意思決定をする際には，その時点における市場関与および経験知のレベルとリスク認知に基づいて，当該市場への関与行動に変化をもたらすが，市場環境が安定的で本国市場と同質的な構造であるほど，要求される知識や経験のレベルは低くなるため，海外事業の活動は容易になると考えられる（Johanson and Wiedersheim-Paul, 1975; Johanson and Vahlne, 1977）。近年の研究は，現地企業に比べて進出企業は負債（liability）を抱えているという視点で，本国と進出先の市場環境の差異のみには解消されない他者との関係性や社会的ネットワークの特殊性に起因する費用問題を捉えようと試みている（Zaheer, 1995; Johanson and Vahlne, 2009）。

文化的な差異が企業経営に及ぼす影響の大きさを定量的に明らかにした研究として，今日でも頻繁に言及されるのは，ヘールト・ホフステード（Geert Hofstede）[11]による一連の業績である。ホフステードによれば，各国・地域で様相が大きく異なる文化は，集団的メンタル・プログラミング（collective mental programming）の帰結として理解される。1960年代後半から1970年代にかけて，主に多国籍企業の従業員に対して実施したアンケート調査結果（50カ国の出身者11万6千人）の統計分析（因子分析）に基づいて，国民文化を4つの次元に整理した上で（権力格差，個人主義／集団主義，女性性（らしさ）／男性性（らしさ），不確実性の回避），国・地域で大きく異なる企業経営のあり方は，各次元の違いによって説明可能であるとした。そのため，米国流の企業経営の理論や手法を単に他国に移植するだけでは，失敗に終わることは自明であり，各国の文化的差異に配慮した対応が必要になる。この点で，日本は米国で発展した企業経営論を自国の文化に上手く融合させた国として高く評価される（Hofstede, 1983）[12]。ホフステードが提唱した国民文化モデルは6次元に拡張され，各次元のスコアが国毎に算出されてホフステード指標（Hofstede index）と呼ばれるなど，その定量的に精緻化された議論は国際経営・ビジネス分野の研究に大きな足跡を残した。文化的な差異もしくは文化的距離（cultural distance）が企業経営の国際化に及ぼす研究は，現在でも理論および実証の両面で進められている（Kirkman et al., 2006; 2017; Shenkar, 2012; Stahl and Tung, 2015; Beugelsdijk et al., 2017）[13]。この分析枠組みにおいては，言語面のギャップは文化的距離を測定する一要素と捉えられるであろう。

上述のように，心理的距離もしくは文化的距離を構成する要因のひとつと見なされてきた言語面の問題を独立させて，企業活動の国際化や国際経営のあり方に及ぼす言葉の影響を正面から議論した国際ビジネス研究が近年増えている。その嚆矢とされるレベッカ・ピエカーリ（Rebecca Piekkari）らの研究グループは，主にフィンランド企業の国際経営に関する事例研究を踏まえて，国際化する企業経営において使用言語の選択が及ぼしている影響や，企業活動の国際化の経路やパターン（ライセンス契約，輸出，投資など）に言語面のギャップが少なからず影響していることを明らかにした。しかしながら，企業内外の使用言語をめぐる問題は事後的な対応を余儀なくされるケースが多く，現在でも戦略的に対応している企業は少ないとされる（Piekkari et al., 2014）。

国際ビジネス研究の専門誌である「国際ビジネス研究ジャーナル」（Journal of International Business Studies）に発表された研究成果の中で，言語を分析対象とした論文に焦点を当て，その取り扱われ方や論文のテーマを時系列に整理したレビュー論文によると（Brannen and Mughan, 2017），国際経営・ビジネス分野における言語研究は，現在までに4つの時期に分類される。すなわち，1）国際経営に影響を与える個人技能としての言語能力（1970〜90年代），

2）異文化経営が求められる情勢下での言語対応の必要性（1990年代～2000年代中葉），3）グローバルな経営戦略の策定・実施に不可欠な要素としての組織的な言語マネジメントの重要性（2000年代中葉以降），4）戦略的な国際経営に不可欠な要因としての言語の位置づけ（2010年代）に大別される。3）から4）に至る過程の中で，20世紀の人文・社会科学の発展に大きな影響を及ぼしてきた「言語論的転回」（linguistic turn）[14]が，国際ビジネスの研究領域にも押し寄せてきたという。ここで興味深い点は，日本企業の海外進出（日本発の対外直接投資）と旧共産圏の資本主義化（移行経済諸国向けの対内直接投資）が，異文化経営と言語対応の重要性を実業界に喚起したという指摘である（Brannen and Mughan, 2017）。前項でも述べたように，中東欧・旧ソ連地域の移行経済諸国の動向が，言葉の機能性や多言語対応の必要性を認識させる重要な契機になったことは間違いないであろう。

3. 拡張版重力モデル：国際貿易および海外直接投資の誘引要因としての言語

初回のノーベル経済学賞を受賞したヤン・ティンバーゲン（Jan Tinbergen）が1962年に提唱した国際貿易の重力モデル（gravity model）は，輸出入国の経済規模と両国間の地理的距離が二国間貿易の動向を決定するという考え方で，物理学を修めたティンバーゲンがニュートンの重力方程式から着想を得たとされる。その説明力の高さには定評があり，数多の実証研究を通じて支持されてきた（Feenstra, 2004：119-185）。二国間の経済規模および地理的距離に加えて，現在は種々の説明変数が導入されており，特に様々な貿易障壁を表現するための費用変数が用いられる。言語，移民，歴史などの観点から心理的ないし文化的距離の遠近を表す社会的紐帯変数は，そのひとつであろう。世界140カ国を対象に二国間貿易（2005年）の決定要因を拡張版重力モデルで推定した研究によると，全観測数19460件（140カ国×139カ国の組数）の内，共通の言語，植民地時代の支配・被支配関係，同一の支配者による植民地としての歴史を共有する国同士の二国間貿易の組み合わせは，それぞれ1590件，266件，1546件に上る（Felipe and Kumar, 2012）。多くの場合，社会的な繋がりの有無を示す二値変数（ダミー変数）として分析に供されるが，一部の実証研究では地理的距離と同様に連続変数に変換されて投入されることもある。こうした拡張版重力モデルは，海外直接投資（FDI）の決定要因に関する実証分析にも応用されており，企業活動の国際化における社会的紐帯の影響力を計測する有力な手法となっている。グローバリゼーションの進展に伴って国境を跨ぐ事業活動が活発になると，言語を含む過去の文化的・歴史的な繋がりが国際貿易とFDIに及ぼす影響を学術的に検証しようとする試みが1990年代以降に増加する[15]。

管見の限りでは，地理的に遠く離れたスペインと中南米地域のスペイン語圏諸国が1990年代以降に経済関係を深めた事例が実業界で注目されたことで（*The Financial Times*, March 5, 1997），社会的紐帯で結ばれた経済圏の形成に関する研究が本格化したようである。1990年代半ばにスペインはFDIの純受入国から純投資国に転じ，当初は隣国のポルトガルが最大の投資先であった。新興市場の勃興に伴い，投資先が先進国から新興国へと拡大する時代に入ると，スペイン発のFDIの多くは中南米のスペイン語圏に向かう一方で，地域大国であるブラジルへの投資は伸び悩んだ。言うまでもなくブラジルの公用語はポルトガル語で，スペイン語との類似点は多く見られるにしても，ポルトガル本国のポルトガル語とは文法，語彙，音韻の面で異なる点が多々あり（吉野, 2017），言語間の障壁は低くない（ブラジル・ポルトガル語，略してブラポル語とも呼ばれる）。スペイン系の多国籍企業の中南米進出が20年間続いた後には，スペイン語圏の中南米企業によるスペイン本国への事業投資が本格化すると同時に，同国を離れた労働移民が海を渡り，中南米のスペイン語圏諸国に向かい始めたことで，両者間の言語的，文化的，歴史的な繋がりの経済的効果が再び注目を浴びた（*The Economist*, January 25, 2014）。スペインの対外FDIの決定要因を計量的に分析した研究によると，その受入先の市場規模に加えて，言語的要素を含む文化的・歴史的な近似性が有意に影響している（Galan et al., 2007; Barrios and Benito, 2010）。同様の議論は，スペインと同様に世界各地を植民地支配に収めていたポルトガルにも当てはまり，前出のブラジルを筆頭にポルトガル語圏への対外FDIは文化的・歴史的な近似性によって説明されるとした上で，同じような社会的紐帯の誘引効果は中東欧諸国からの対外FDIにも観察されるという（Simões, 2003）。

同一の言語文化圏に属するか，過去に植民地支配・被支配関係にあった方が，国際貿易をはじめとする企業活動の国際化を促進することはおおむね確認されており，世界の主要国を分析対象とした先行研究によれば，共通言語を有するか，植民地支配の過去を共有する場合，二国間貿易は有意に増大する（Rose, 2004; Helpman et al., 2008）。旧共産圏の中東欧・旧ソ連諸国を分析対象に含んでも，二国間貿易に対する社会的紐帯の誘引効果はおおむね認められ，言語，移民，歴史，文化で結ばれた社会的な絆は国際貿易を促進させることが定量的に確認されている（Ghatak et al., 2009; Besedeš, 2011; Martí et al., 2014）。こうした議論をより精緻化して，言語間の距離を共通か否かでなく連続的に把握するために，すなわち，二値変数ではなく連続変数として計量分析に供するために，言語学者が構築したデータベースに基づいて作成した言語障壁指標（Language Barrier Index）を貿易決定要因の推定に用いた研究や，国際貿易への言語面の影響に関する過去の推定結果をメタ分析と呼ばれる手法で統合した研究においても，言語面の近似性は二国間貿易を促進させる効果があると結論づけている（Lohmann, 2011; Egger and Lassmann, 2012）。FDI を被説明変数とする拡張版重力モデルでは，こうした社会的紐帯を表す説明変数が推定式に含まれることは，貿易研究に比べると少ない。それでも，中東欧・旧ソ連地域における対内・対外 FDI の決定要因を推定した一連の研究は，言語を含む文化的・歴史的な紐帯には二国間の事業投資を増大させる効果があることをおおむね支持している（Bandelj, 2002; 2008：103-130; Deichmann, 2004; 2013; Kalotay and Sulstarova, 2010; Panibratov and Ermolaeve, 2017）。

しかしながら，本章の著者が独自に作成した「中東欧・旧ソ連向け貿易・FDI 決定要因推定値データベース」[16] を利用して，広い意味での社会的紐帯を示す説明変数の推定値 126 点を抽出した上で，経済学分野におけるメタ分析の基本的手法を用いて，その貿易・FDI 誘引効果を統合的に推定した結果，社会的紐帯変数，とりわけ言語・移民関連変数には確かに誘引効果は認められるものの，他の貿易・FDI 決定要因と比べて，その効果の程度は小さいことが判明した（図表 7 - 1 を参照）。それゆえ，言語や移民に関する社会的紐帯の経済的効果の検証は，他の要因と比較考量しながら，慎重に進めるべきである（徳永, 2021）。

図表７－１　中東欧・旧ソ連地域における国際貿易・FDI 誘引効果の比較

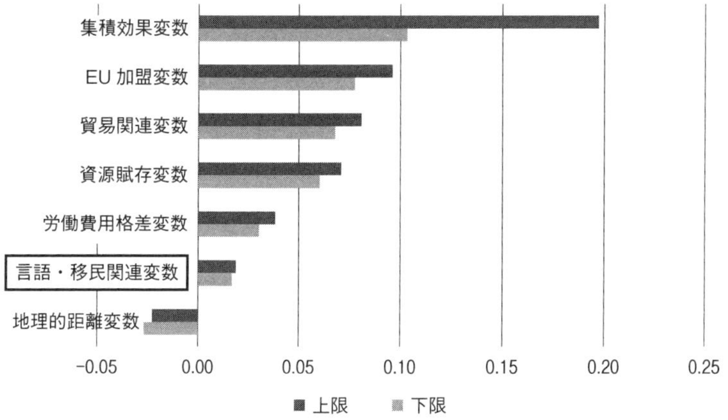

（注）公表バイアス調整済みの効果サイズの推定値に基づき，真の効果が検出された変数を降順に配列した。具体的な分析手法と推定手順については，徳永（2021）を参照のこと。
（出所）筆者推定。

第２節　制度論から見た国家語と共通通商語――政治と経済の相克

前節の議論をまとめた概念図（図表７－2）が示すように，言語学，国際経営・ビジネス研究，経済学の各分野において，企業経営や経済活動と言語使用が織りなす現実世界への探求が，それぞれの立場から深められてきたことが分かる。他方で，多くの国々で憲法や言語法において，国家語や公用語が指定されていることからも分かるように，伝統的に言語は国家の主導性が発揮される領域に服する。そのため，実際の言語使用状況から懸け離れた施策が打ち出されることも珍しくなく，その場合，政治的目標と経済的合理性の狭間で進退窮まるケースが出てくる。次節で紹介するように，独立前後に基幹民族語とロシア語の序列を入れ替え，前者を国家語とした旧ソ連諸国（ロシアを除く）は，世界的な有力言語のひとつであると同時に，ユーラシア地域では英語以上に共通通商語として機能性を発揮しているロシア語との距離の取り方に苦労しており，政治と経済の相克に見舞われている。本節では，新制度学派経済学が発展

図表 7－2　経済・経営研究と言語研究の関係図

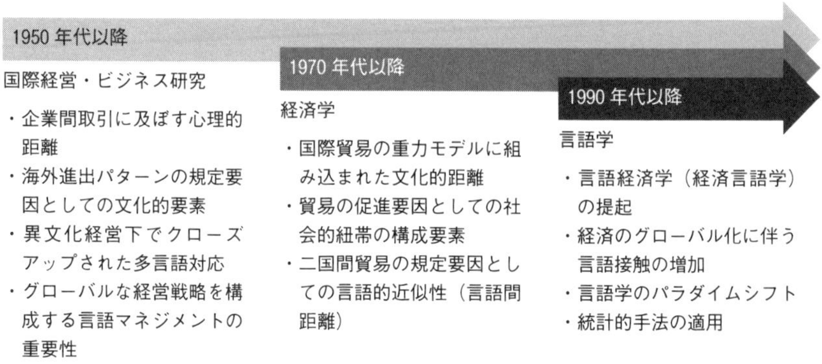
1950 年代以降
国際経営・ビジネス研究
・企業間取引に及ぼす心理的距離
・海外進出パターンの規定要因としての文化的要素
・異文化経営下でクローズアップされた多言語対応
・グローバルな経営戦略を構成する言語マネジメントの重要性
1970 年代以降
経済学
・国際貿易の重力モデルに組み込まれた文化的距離
・貿易の促進要因としての社会的紐帯の構成要素
・二国間貿易の規定要因としての言語的近似性（言語間距離）
1990 年代以降
言語学
・言語経済学（経済言語学）の提起
・経済のグローバル化に伴う言語接触の増加
・言語学のパラダイムシフト
・統計的手法の適用

（出所）筆者作成。

させてきた概念やモデルを用いて，この点を明示的に分析する枠組みを提示したい。

1. 取引費用と言語

新制度学派経済学の創始者と言われるロナルド・コース（Ronald Coase）が提起し，オリバー・ウィリアムソン（Oliver Williamson）やダグラス・ノース（Douglass North）らが発展させてきた取引費用論を拡張し，そこに言語的要素を明示的に取り入れると，経済・経営的視点から見た言語の機能性や経済性が視覚化される。経済史家のノースによれば，「経済学的に定義すると，取引費用とは，交換されているものを測定し，合意を執行する費用のことである」（ノース, 2002：179）。人間同士のコーディネーションと協力のコストに焦点を当てながら，取引費用が歴史的に削減されてきたプロセスを振り返ると，1）非人格的な交換を可能にする制度が登場したこと，2）国家が財産権の保護と執行を引き受けたこと，3）近代科学革命のもたらした成果が現実化したことの 3 点が画期的な出来事であり，今日でも多くの国・地域では，かような意味で取引費用を削減するイノベーションに必要な制度的要件が充たされていない一方で，コースが強調した個人間の相互作用に伴うコストを体系的かつ効率的に削減する諸制度は，完全無欠ではないにせよ西洋世界，とりわけ英国とオランダで発展してきたという（ノース, 2002）。上記のような文脈で取引費用を把握すると，抽象的な議論には止まるが，口頭による個々人のコミュニケーションに始まり，政府による施策の遂行や企業による科学技術成果の吸収へと至るまで，多くの部面に言語が介在し，その過程で情報を媒介する言語面の機能性や効率性が取引費用の多寡に直結することが見て取れる。ここで注意すべきは，法令や契約書などの公・私文書に加えて，書籍をはじめとする情報媒体で用いられる文章語の役割である。話者数が多くても安定した正書法を欠いた言葉や，各人は裕福ではあっても話し手の数が限られている言葉をビジネス言語に使用することは，この後に述べる市場取引に伴う各種コストの増大をもたらす恐れがあるため，取引費用の観点からは考えにくいであろう[17]。

自らのアプローチとは対照をなすとノースが明言したウィリアムソンの議論は（ノース, 1994：47），取引費用を分析ツールとして操作可能な概念にすることに重きを置いている。曰く，主流派の典型的な経済学的見方に対して，その利点（合理性やシステム的思考など）を活かしながらも，概念に操作性や予測性を持たせ，いわゆるトートロジー的な状況に陥らないようにするために，次のような一般的戦略を取引費用経済学は有すると主張する。すなわち，分析の基本単位を取引に据えることで，ミクロ経済学的よりもさらに細やかなナノ経済学的な論法を用いて，企業内部組織の研究の一環として，取引価格が企業のガバナンス様式や資産特殊性とどのような関係にあり，その変化を促す制度的環境とは何かを考察する。それゆえ，取引費用経済学の枠組みで実行される実証研究は，常に比較制度分析である（ウィリアムソン, 2002）。ウィリアムソンによれば，取引費用は事前的コスト（契約文書作成，商議，契約書の保証等のコスト）と，事後的コスト（契約履行の監視，紛争発生時の契約修復，紛争解決機構の開設・管理，安定関与をもたらす固縛等のコスト）に大別される（Williamson, 1985：20-22）。それを分かりやすく整理すると，1）市場で取引される商品・サービスに関する情報の収集・解析に伴うコスト，2）取引相手に関する情報の収集・解析に伴うコスト，3）取引先との交渉・契約手続きに伴うコスト，4）取引先のモニタリング・コストもしくは取引先の変更に伴う調整コストと言い換えられる（明石, 1993）。ここまで議論が具体化されれば，市場取引における共通通商語の有無は取引費用の水準に大きな影響を及ぼしうることが理解されるだけでなく，企業内部組織に存じる優位性のひとつであるとウィリアムソンが論じるところの効率的なコミュニケーション手段としての言語という議論に繋がる。コースが最初に提起した命題，すなわち，「…取引費用の存在に対するもっとも重要な適応は，企業の発生であろう」（コース，1992：9）は，上記の1)〜4）のような市場取引に随伴するコストを縮減する過程の産物として企業が登場することを意味するが，ウィリアムソンの議論に従えば，複雑な事象を非公式的な仕方で要約する特異な言語は，取引主体に内在する限定された合理性を節約するコード化（coding）の手段として，市場での反復的な交換を通じてよりも内部組織において発展する（ウィリアムソン，1980：42-43，58-60)。ここで念頭に置かれている事柄は，コミュニケーションの円滑化と効率化をもたらすジャーゴン（専門用語，業界用語，隠語など）の使用や製品・部品の記号化・番号化などだが[18]，これと原理的に同じ問題は自然言語にも当てはまり，会社組織における社内公用語の導入や位置づけをめぐる論争など，現代的な意義を帯びた問題と密接に関わってくる。

著名な社会言語学者であるルイ＝ジャン・カルヴェ（Luis-Jean Calvet）が，「グローバリゼーションの結果，生まれたハイパー中心言語」（カルヴェ，2000：36）と呼ぶ英語の社内公用語化の動きは世界的な潮流だが，それが会社組織の内外に及ぼす影響は多義的で，必ずしも事業経営の効率性の向上に直結するわけではない。コース流に解釈すれば，取引費用の発生や増大を避けるために，それを内部化することで企業は発展するが，事業活動の多角化や国際化に伴い，企業内コミュニケーションを円滑化するために，今度は社内取引に伴う各種コストを低減する必要性が高まる。その方策のひとつが，使用言語の共通化や社内公用語の導入であろうが，ここでは通常の市場取引とは異なり，不得手な言語の使用忌避や言葉に堪能な同僚への課業の押しつけ（Piekkari et al., 2014：50-93)，企業内にアイデンティティや対等性を生み出す共通語の象徴的な機能（ネクヴァピル，2017)，企業内コミュニケーションのスタイルの変化（岡本，2017）など，実際の費用便益計算が困難な事案も少なくない。それゆえ，言語面の経済的事象をすべからく取引費用に還元することは，原理的に不可能であろう。

さらに，取引費用アプローチには理論的な前提があり，それが依拠する効率性基準は付加的な条件なしには成立しない。換言すれば，どのような資源配分の問題にも多数の異なる効率的解決法があるため，効率性だけでは明確な予測力や説明力を与える基準とはならない（ミルグロム，ロバーツ，1997：37-38）。実際のところ，今日でも多国籍企業は最も効果的な内部のコミュニケーション方法を見つけることに腐心していることが示唆するように（ネクヴァピル，2017），一見すると社外の取引費用と社内のコミュニケーション費用を最小化してくれそうな，言うなれば最も効率的な共通通商語に見える英語の公用語化が言語マネジメントに一意的な解を与えてくるわけではなく，各々の国・地域における使用言語状況や各業界に特有のコミュニケーション事情に応じて，異なる言語組織形態が効率性基準と両立しうる。そして，もうひとつ留意すべき問題は，そもそも経済的合理性に依拠しない論法が，言語なかんずく「国家のことば」には通用することと，明文化された公的な言語ルールの設定は，共通通商語をはじめとするビジネス言語の展開にとって強力な制約条件になることである。次に説明する比較制度分析の用語法を援用すれば，政治ドメインで決定される言語ルールが民間主体のフィールドにおける言語使用に方向性を与えると同時に，その逆のフィードバック・メカニズムも想定できる状況である（青木，2003：167-198）。政治ドメインで決定される以上，言語ルールの決定は国家の主導性が発揮される分野のひとつだが，次に述べるように，市場取引に参加する経済主体による言語使用の選択次第で，その安定性や効率性は異なる。

2. 制度と言語

「新制度派経済学がその公約を果たすとしたら，それはこれまでに展開されてきた記述や洞察・仮説を越えて，それらを体系的な理論的枠組に転形していかなければならない」[19]と述べたノースが，その試みのひとつとして高く評価した業績が，青木昌彦による比較制度分析である。制度や組織など，いくつかの重要な概念規定において，ノースと青木の間に重大な相違は見られるが，両者の問題意識は基本的に一致しており，ゲーム理論に依拠した立論も共通している。以下では，青木が比較制度分析の理論的枠組みで提起した諸概念や思考法に依拠して，主に旧ソ連地域における国家語，共通通商語，基幹民族語の関係性を念頭に置きながら，制度と言語をめぐる問題について考えてみたい。その際，上述の取引費用アプローチは「新制度派経済学の別称」(Menard, 2001) とも言われることから，その考え方も適宜参照する[20]。

ソ連崩壊もしくは解体という歴史的事実を踏まえると，制度変化のメカニズムの解明を念頭に置いた主観的ゲーム・モデルが（青木, 2003, 251-266），議論の出発点として妥当であろう。本モデルの中で，青木流の制度危機 (institutional crises) が論じられているだけではなく，言語の理解や使用には主観的な要素が非常に色濃く表れるためである（小田桐, 2015：19-22）。青木の議論に従い，制度はひとたび確立されると，個々の主体によって客観化されたものとして認知されるという意味で，主観的ゲーム・モデルの内生的要素であると考えると，以下の4つの条件が満たされるときに，言語に関する個人レベルの主観的ゲーム・モデルが再生産される，もしくは認知的均衡にあると判断される。その際，政治体制や経済システムのように，各主体を取り巻く社会環境は安定的に推移しているという前提で議論を進める[21]。

(1) 技術的に実行可能な無限の選択肢の中から，社会主体 i は限られた数の言語の組み合わせを戦略的選択肢 S_i として保有する。

(2) 社会主体の間では，各々の内生的ルールに関する共通予想のシステムのひとつとして，言語政策や言語計画の内容を言語制度 Σ^* の形式で共有しており，それに基づいて言語に関する各人の戦略的選択を行う。

(3) このように認知された言語制度 Σ^* を所与として，各々の主体は自らの戦略的選択 S_i と私的に形成された情報 $I_i(s)$ を参照しながら，各自の言語選択 $s_i \in S_i$ に伴う客観的もしくは社会的帰結 $\Phi_i(s_i, I_i(s):\Sigma^*, e)$ を推測する（e は外生的環境を意味する）。

(4) 戦略的選択肢 S_i の中から，言語制度 Σ^*，私的な残余情報 $I_i(s)$，特定の言語選択の帰結 $\Phi_i(s_i, I_i(s):\Sigma^*, e)$ に関する推測を所与として，各主体が自らの利得 $u_i(\Phi_i(s_i, I_i(s):\Sigma^*, e))$ を最大化すると予想される言語選択を社会主体は戦略的に行う（$u(.)$ は利得予想子を意味する）。

多民族・多言語国家のソ連では，レーニン以来の国家語の否定論が建前であったため，それが明文化されることは最後までなかったが（塩川, 2004：

65)，本章の冒頭で述べたように，ロシア語に優位を置く階層的な二言語併用が維持された背景には，言語の習得や使用に伴う効用計算の存在を前提にして，(1)～(4) のような戦略的意思決定が働いていたと考えられる。ロシア語が事実上の公用語としてソ連社会で広く利用されてきた背景には，その徹底した語学教育を通した社会普及という言葉の供給側の事情に加えて[22]，つまり政治ドメインに属する公教育の場での国家主導性という要因と並んで，次の点が含まれる。すなわち，言葉の需要側にいる多数の使い手の中で，上述した意味における主観的ゲーム・モデルの認知的均衡が達成され，その過程を通じて成員の共同生産物もしくは要約表現として生成された言語制度は，社会的に再生産可能という意味で一般的認知均衡の状態にあったと見るべきであろう。制度の再生産可能性には，全成員による認知的均衡の一致や厳密な再生産を必要としないように，ロシア語を中心とする言語制度に疑問を覚えたり，異を唱えたりする人びとも非ロシア系住民を中心に一定程度は存在したであろうが，いったん成立した一般的均衡条件を覆すまでの勢力には至らなかった。その力学が大きく揺るぎ始めるのは，よく知られているように，ソ連末期に相次いだ各共和国の国家主権宣言や独立宣言の採択へと至る過程で，言語選択をめぐる問題がソ連各地で提起されてからである（塩川, 1997：14-57; 2004：193-251）。

独立前後に法的に定められた国家語は，現在のロシア連邦を含めて，すべての旧ソ連諸国に存在する。国によって濃淡の差はあるが，かつての公用語であるロシア語との関係は多分に緊張を孕んでおり，独立から30年間を経た今も火種を抱えたままである。根本的にはロシアとの政治的関係が言語問題に投影されていることは言うまでもないが，旧ソ連諸国の国家語の中では話者数の多さで抜きん出ているロシア語の経済的な機能性，すなわち，ロシア語を共通通商語とすることで期待もしくは実現される取引費用の低減効果も大きく影響している（徳永・菅沼, 2019）。端的に言えば，政治的にはロシア語から離れたくても，経済的には容易に離れられないというジレンマを多くの国々が抱えている。前項で紹介した社会言語学者のカルヴェが「言語的な重力系」と呼ぶ力学に従えば，その中心に位置するハイパー（超上位）中心言語の英語に次いで，2番手に位置する10前後の上位中心言語に含まれるロシア語に否が応でも引きつけられる構図である（木村, 2009）。このように直感的には理解できる議論を厳密に検証するために，先程と同様に青木による比較制度分析の枠組みを用いて，この問題を政治と経済の相克という観点から検討したい。

先の議論を引き継いで，社会の構成員による主観的ゲーム・モデルの認知的均衡に基づいて成立した一般的均衡条件が破られる状況を想定する。青木によれば，外部ショックだけでは制度変化を招来する引き金となるには不十分で，主観的ゲームを繰り返す過程で内的に累積された帰結がルールの正統性や実効性への疑問に繋がったり，相当量の突然変異的行動の選択と能力が内部で累積されたりすることが重なって，認知的側面から見た制度変化のメカニズムが始まる（青木, 2003：260-266)。この図式を言語問題に援用すれば，ソ連崩壊・解体という外部ショックに加えて，ソ連社会に胚胎・累積していた言語制度への異議や不満が独立前後に噴出したことや，新たに誕生した独立国家の民族的特徴として言語が利用されたことで，基幹民族語を国家語とする新たな序列を伴う制度配置が生まれたと解釈される。しかしながら，一部の国ではロシア語の法的地位が後に保障され，国家語（ベラルーシ），公用語（カザフスタンおよびキルギス），民族間交流語（タジキスタン）に指定されたように，あるいは法的地位の付与を求める声が絶えないように（ウクライナ，モルドバ，エストニア，ラトビアなど），独立後の各国は新たな言語制度に関する主観的ゲーム・モデルの認知的均衡に基づく一般的均衡条件へと至る進化ではなく，不断の認知的不均衡や制度的危機が繰り返される状況下にあったと言えよう。

青木が主張する6つの基本的タイプのドメイン（共用財，財取引，組織，社会的交換，政治，原初的な組織フィールド）のすべてに（青木, 2003, 26-34)，自然言語は多かれ少なかれ関係しているが，議論の簡便化のために，以下では政治および財取引の2つのドメインを想定し，各ドメインに所属する同質的な主体の集合は重ならないと仮定する[23]。まず，政治ドメイン G (Government) に属する主体の集合 P (Politicians) は，国家語をはじめとする言語の公的ルールの選択を行い，次に財取引ドメイン M(Market) に属する主体の集合 E (Entrepreneurs) は，最小の取引費用が期待される共通通商語を使用するという私的ルールの選択を行うものとする。それぞれのルールは二項選択集合 $\{\Sigma^*, \Sigma^{**}\}$ および $\{\Lambda^*, \Lambda^{**}\}$ で表現され，他方の選択集合をパラメータ集合とする同一の利得関数を各主体は有すると仮定する。ここで，Σ^*はロシア語に法的地位を付与する言語計画，Σ^{**}は法的地位を認めずにロシア語を外国語もしくはマイノリティ言語のひとつとしてのみ扱う言語計画と定義した上で，Λ^{*}は共通通商語の選択肢の中にロシア語を含める言語使用ルーティン，Λ^{**}は逆に含めない言語使用ルーティンと規定する。政治ドメインで行われる公的ルール $\{\Sigma^{*}, \Sigma^{**}\}$ の選択には国家の主導性が反映される一方で，その決定は財取引ドメインにおける私的ルール $\{\Lambda^{*}, \Lambda^{**}\}$ の選択にも影響を及ぼす。逆に，後者から前者へのフィードバックも行われ，直接的な相互作用はなくても，一方の制度的環境の変更を通じて他方の制度的環境に影響すると考える。各ドメインでは，当該主体の均衡選択として，どちらかのルールが実現するという意味で，内生的なルールが制度化されていると見なす。

上記のモデルで制度的補完性が成立するとき，$(\Sigma^{*}, \Lambda^{*})$ および $(\Sigma^{**}, \Lambda^{**})$ という２つのタイプの制度配置（ナッシュ均衡）が存在しうる[24]。ここで，前者を「ロシア語頼り」の言語計画，後者を「ロシア語離れ」の言語計画と呼びたい。独立前後の社会情勢を踏まえると，ロシアを除く旧ソ連諸国は後者の制度的環境の組み合わせを目指していたと考えられる。次に指摘すべき点は，仮に後者がパレート優位の制度配置であったとしても，ある歴史的理由によって，どちらか一方のドメインでΣ^{*}かΛ^{*}が選ばれ，それが他方のドメインに対峙する制度的環境になると，それに呼応した他方のドメインの主体は，制度的補完性の条件下ではΛ^{*}かΣ^{*}を選択することになるため，パレート劣位の制度配置が結果として登場することである（青木, 2003：248）[25]。一方のドメインで内生的に制度化されたルールが，他方のドメインに属するルールを一方的に支配しない限り，両ドメインの主体とも他方のドメインでどちらのルールが制度化されているかを考慮しながら，自らのドメインで制度化されるルールを選択することになる。この議論を言語制度に適用すると，政治ドメイン G に属する主体の集合 P は，特定言語の法的地位を決定したり，公教育で用いられる教授言語に関する指針を与えたりするものの，財取引ドメイン M に属する主体の集合 E が市場取引や内部組織において使用するビジネス言語を全面的に束縛することは，現実的には不可能に近い。むしろ蓋然性が高いケースは，特定言語の経済性や共通通商語の使用による取引費用の低減効果に関する情報が，ドメイン M の E からドメイン G の P にフィードバックされて，後者の側で軌道修正が行われる状況である。ロシア語が国家語に追加されたベラルーシや，公用語もしくは民族間交流語に昇格した中央アジアの一部の国々の事例が示唆するように，(Σ^{**}, Λ^{**}) から離れるような制度配置の転換は，ロシア語が長年にわたり事実上の公用語であったという歴史的経緯によるところが大きいであろう。さらに，ドイツ語話者や日本語話者の倍以上に及ぶ2億人台の話し手を抱えるロシア語と比較して（町田, 2008：87），他の基幹民族語は話者数が圧倒的に少ないだけでなく（ウクライナ語，ウズベク語，カザフ語のみ，一千万人以上の使い手を擁する），度重なる正書法の変更やロシア語との言語間距離の近さにより，標準語や文章語としての機能性や安定性を欠くケースが少なからず見られることも関係していると考えられる（徳永・菅沼, 2019）。

このように言語制度の形成と発展における国家の主導性は不可侵の聖域ではなく，旧ソ連諸国の経済主体は，程度の差こそあれ，海外取引を含む市場メカニズムに関与している以上，それぞれの基幹民族語や共通通商語の取引費用に関する情報は，好むと好まざるとにかかわらず，財取引ドメインから政治ドメインへと伝わるであろう。ここで問題となるのは，こうした情報のフィードバックが行われないか，仮に行われたとしても片方のドメインの主体によるルール選択が変更されず，制度的補完性を達成していない制度配置が出現することである。仮に，財取引ドメイン M の主体 E の利得関数 $v_i=v(i\in E)$ について，もっぱら経済的理由に基づいて $v(\Sigma^*, \Lambda^*)>v(\Sigma^{**}, \Lambda^{**})$ が顕在化するか，このような関係に変化したとしても，別言すれば，共通通商語としてのロシア語の機能性や経済性を高く評価する姿勢が実業界で明らかにされたとしても，政治ドメイン G の主体 P の利得関数 $u_i=u(i\in P)$ が $u(\Sigma^{**}, \Lambda^{**})>u(\Sigma^*, \Lambda^*)$ の状態のままで，主に政治的理由から「ロシア語離れ」の制度配置を変えないとすると，かような状態に陥るであろう。政治的にはロシア語の法的地位を保障できないが，経済的には離れられないという意味で，「ロシア語雑居」の言語事情（Σ^{**}, Λ^*）とも呼べる第三の制度配置である。完全な「同居」でも「別居」でもなく，非公認の棲息実態を踏まえての「雑居」という表現であり，それゆえに言語政策の実効性にも乏しいという視点から「計画」ではなく「事情」とした。こうした場合，2つのドメイン G および M を包摂する全体的な制度配置は頑健とは言えず，明らかに不安的な連結状態である。次節では，具体例を交えながら，ここまで述べてきた点をさらに掘り下げてみたい。

第3節 ロシア語と基幹民族語の実相――3つの制度配置

前節の議論を振り返ると，旧ソ連諸国におけるロシア語と基幹民族語の実相は，1)「ロシア語頼り」の言語計画（Σ^*, Λ^*），2)「ロシア語離れ」の言語計画（Σ^{**}, Λ^{**}），3)「ロシア語雑居」の言語事情（Σ^{**}, Λ^*）という3つの制度配置に大別される[26]。どちらがパレート優位もしくは劣位かを問わず，（Σ^*, Λ^*）および（Σ^{**}, Λ^{**}）と比較して，（Σ^{**}, Λ^*）は全体的な制度的連結としての安定性と効率性を欠くことは，前節の末尾で述べた通りである。以下では，具体的な事例を挙げながら，それぞれの制度配置に見られる特徴を述べる。

1.「ロシア語頼り」の言語計画（Σ^*, Λ^*）ならびに「ロシア語離れ」の言語計画（Σ^{**}, Λ^{**}）：ベラルーシとジョージア

「ロシア語頼り」の言語計画（Σ^*, Λ^*）に該当するケースはベラルーシ，「ロシア語離れ」の言語計画（Σ^{**}, Λ^{**}）に最も近い例はジョージアであろう（Tokunaga et al., 2021）。

ベラルーシは経済的にロシアに大きく依存しており，2020年3月末時点で対外債務の48％を借り入れ，貿易額の約半分も同国との取引で占められる。ロシアから低価格で供給される石油も，ベラルーシのルカシェンコ政権と国家経済を支えてきた。ルカシェンコ大統領の再選（6選目）に対する大規模な抗議運動にコロナ禍の混乱が加わって，2020年に入り政治・経済の両面で混迷の度を深めるベラルーシに対し，ロシアのプーチン大統領は支援融資を表明するだけでなく，かねてから要求していた連合国家の創設に向けた具体的な取り組みの履行をベラルーシ側に改めて要求した（『日本経済新聞』2020年9月15日）[27]。このように，ロシアに将来の行く末を握られているかのように見えるベラルーシにおいて，もうひとつ指摘すべき重大な点は，ロシア語抜きでは社

会生活が送れないほど，言語面での「ロシア語頼り」が進行していることである[28]。同国では1990年代前半にはベラルーシ語のみが唯一の国家語であったが（1990年制定の言語法で明文化），1995年の国民投票の結果を受けて，ロシア語が国家語に指定されてからは（1996年に改定された憲法で明文化），ベラルーシ語で教育を受ける児童・生徒数は減り続けており，特に高等教育になるとベラルーシ語を教授言語とするケースは皆無に近い。そのため，同国の基幹民族語であるベラルーシ語は，象徴的にも実用的にも機能性を喪失しつつあり，国連ユネスコによって消滅の危機にある言語と認定された。特に都市部では，家庭内を含めて日常的なコミュニケーションはロシア語で行われるため，社会生活におけるベラルーシ語の使用頻度は相対的に低い[29]。ロシアを除く旧ソ連諸国では，ロシア語が基幹民族語と法的に同列に並び，社会的には上位に位置する唯一の国である。ベラルーシのルカシェンコ大統領自身が，「ベラルーシ語ではウズベク人は理解できないが，ロシア語ならできる」と述べて，両言語の機能性の違いを率直に認めているように，「ロシア語頼り」の言語計画（Σ^*, Λ^*）は国家の主導性さえ発揮されれば，相対的に安定した連結状態に至る制度配置と言えよう。ちなみに，ルカシェンコ大統領は「地球上に存在する偉大な言語はロシア語と英語のみである」と公言しており，2020年の大統領選挙の結果をめぐるルカシェンコ陣営と反対派の論争も，少なくともメディア上ではロシア語で交わされている。

これとは逆に，「ロシア語離れ」を貫徹させようとしている国はジョージアであろう。同国からの分離独立を目指す南オセチアとアブハジアをめぐり，ロシアと戦火を交わした2008年の紛争は記憶に新しい。ソ連崩壊後のロシアが関与した最初の国家間戦争の結果，「私の国の20%はロシアに占領されています」という状況下に置かれたジョージアは，紛争後に独立国家共同体（CIS／NIS）を脱退し，欧米諸国から最恵国待遇を得たように，政治的にも経済的にもロシアの「勢力圏」から離脱しようとしている（小泉，2019：85-102）。旧ソ連諸国の主要な民族語の中では，ロシア語よりも古い言語文化と独自の文字体系を誇るジョージア語の位置づけは（Medvedev, 2007），ソ連時代から政治的に厄介な問題であり（塩川，1997：70-73; 2004：79-80，174），1970年代後半におけるロシア語の使用領域の拡大とジョージア語の非国家語化の試みは，首都トビリシでの抗議デモや大学生のサボタージュを招いたこともある(Bilinsky, 1981)。ジョージアでは独立後の言語法の制定に伴い，ロシア語は外国語のひとつとされたため，マスメディアを中心にロシア語の使用領域は狭められ，教育や文化の分野に限定されることになった（Khruslov, 2006)。現在でも，公的な場面でのロシア語使用に対するアレルギーは強く，紛争後の外交関係の途絶を経て，徐々に二国間関係の改善を模索していた最中にジョージアとロシアの関係を暗転させた発端は，議会交流のためにジョージアを訪れていたロシアの下院議員が，ジョージア国会の議長席に座るや否やロシア語で演説を始めたことにある（2019年6月)。同議員の行動に反発した市民がトビリシ市内で抗議活動を展開した結果，両国を結ぶ直行便への停止命令が双方の側から出され，ジョージアの通貨ラリは過去最安値を記録するなど，経済的にも看過できない事態へと発展した（ジェトロ, 2019；前田, 2021)。ジョージアは対外経済面ではCIS／NIS諸国への依存度が依然として高く，ロシアは今でも主要な貿易相手国であり，経済的に素通りできるような隣国ではない[30]。ソ連時代から基本的に変わらないジョージアの国内産業構造を根本的に見直さない限り，こうした状況は当面続くと見られていることから（Athukorala and Waglé, 2014)，経済面でのロシア離れがどこまで進むかは不透明であるが[31]，現下の情勢では「ロシア語離れ」の言語計画（Σ^{**}, Λ^{**}）に最も近いと考えられる。ただし，いかに国家の主導性が強力であったとしても，私的な領域での民間主体による言語使用ルーティンを完全に束縛することはできないため，ベラルーシのような「ロシア語頼り」の言語計画（Σ^{*}, Λ^{*}）に比べると，制度的連結の強さという点では劣るであろう。

2.「ロシア語雑居」の言語事情（Σ^{**}, Λ^{*}）

上記の2カ国を除けば，多くの旧ソ連諸国は政治的にはロシア語から離れたくても，経済的には容易に離れられないというジレンマを抱えている。程度の差こそあれ，「ロシア語雑居」の言語事情（Σ^{**}, Λ^{*}）が当てはまるケースであろう。それゆえ，基幹民族語とロシア語の関係性が日々問われており，国内におけるロシア語の位置づけをめぐり，社会を二分するような論争がたびたび起きている（Khruslov, 2006）。別言すれば，言語面で安定した制度配置が実現できていないため，政治と経済の狭間で制度的連結が上手く維持されていない状態である。

(1) ロシア語の経済的価値[32]

「我々は毎日５つの言語と接していた。…当局の公用語はラトビア語で，273名に及ぶ労働者と現地マネージャーが話すのはロシア語だけであった。英語は言うなれば我々の仕事道具であり，…数名の古株の従業員とドイツの取引業者とはドイツ語でコミュニケーションし，…我々の仲間内〔デンマーク駐在員〕では当然ながらデンマーク語で話していた。こんなにも多くの異なる言語に毎日接することは，人びとの語学力を鍛えることになろうが，常に必要とされる通訳には当然ながら手間も暇もかかる。ただ，私はとても幸運だった。私の秘書兼通訳であった若いラトビア人女性は，語学の才に極めて秀でていた。」（Jacobsen and Meyer, 1998：11）

以上は，バルト諸国のひとつであるラトビアと，ロシアのサンクトペテルブルグで事業をしていたデンマーク人駐在員へのインタビューからの抜粋である。バルト諸国のロシア語と聞けば，独立後に公共の場から放逐されたような印象を受けるが，近年の調査によると約３割のラトビア住民は都市部を中心にロシア語で生活している（BBC, 2014）。こうした状況に対して，ラトビアのマスメディアや教育機関も配慮し，言語別学校制度の下でロシア語は教授言語のひとつとして使われ続けているため（小森, 2017），世界の諸言語に関するデータベースのひとつであるエスノローグ（Ethnologue）は，同国で使われる主要言語の中にロシア語を含めている[33]。

旧ソ連地域におけるロシア語の経済的な役割を考える上で，上記の短い抜粋の中には，いくつかの重要な示唆が含まれている。それは，1）ソ連時代の多民族・多言語社会をめぐる状況は，各国の独立に伴うロシア系住民の大量流出で激変したとはいえ，今でも失われていないこと，2）重要な社内言語としてロシア語は機能し続ける一方で，世界最強のビジネス言語である英語の使用価値が外資系企業を中心に高まっていること，3）語学力，とりわけ現地語以外の主要言語の運用能力の高さが，就職や収入の面でキャリアアップに繋がり，「ことばが金になる」ことの3点である。

筆者が研究代表者を務めた研究プロジェクト「日系企業の新興国市場ビジネスと政府間経済協力：ロシア語圏市場を中心に」（2017～2019年度科研費基盤研究（B））の一環として，ビジネス言語という観点からロシア語の経済的価値を考察するために，これまでに延べ24名に及ぶ旧ソ連諸国出身者に対してヒアリング調査を実施した[34]。以下では，その内容を一部紹介しながら，前述した3つのポイントのうち後二者に議論を絞って，ロシア語圏市場におけるロシア語と他言語の役割や位置づけを考えてみたい。なお，言語別市場規模の推計によると，2015年時点でロシア語圏市場の割合（世界全体に占める比率）は，名目GDPベースで2.5%前後，購買力平価GDPベースで4.5%である。前者はポルトガル語圏市場（2.9%）に次ぐ大きさで，後者は日本語圏市場（4.5%）と同等である[35]。

最初に，ロシア語の経済的価値について検討したい。ここで取り上げるのは，主に政治的な理由から独立後に「ロシア語離れ」を政策的に推し進めたモルドバの状況である（塩川，1997：27-37; 2004：205-212）。中央アジアの一部の国々でロシア語の法的な復権が行われた時期に，モルドバでもロシア語を公用語もしくは第二国家語に指定するとともに，学校教育のカリキュラムで必修化する動きが政権内で見られたが，大規模な抗議運動に直面して頓挫した。このように同国ではロシア語の浸透はロシア化の象徴と見なされ，しばしば激しい攻撃を受ける一方で，ビジネスやサイエンスの分野で最新の動向や知識を習得するという点では，ロシア語は機能性や有用性を十分に発揮しているという（Khruslov, 2006）。

以下の情報提供者はともに神戸市在住（当時）のモルドバ出身者で，前者はロシア語（第一言語）・英語・日本語話者である。ルーマニアとの二重国籍者である後者はモルドバ語（第一言語）・ロシア語・英語話者で，興味深いことに「ロシア語は意識的に勉強したことはないが，自然に身について，ライティングに少々難はあるものの会話には苦労しない」という。なお，独立前にモルドバ語はキリル文字からラテン文字に変更されたこともあり，市井の人びとの間ではルーマニア語と同一視される傾向にある。

「モルドバの独立後，しばらくはモルドバ語（ルーマニア語）オンリーで，ロシア語話者は肩身の狭い思いをした。例えば，自分自身も体験したが，モルドバの自宅近くでロシア語で話していると，『外ではモルドバ語で話せ』と赤の他人から注意されたこともある。ロシア人やロシア語を取り巻く状況は厳しい。私自身もモルドバに帰国して生活基盤を整える自信はない。…しかしながら，最近の10～15年間で状況は変化した。以前はモルドバ語オンリーであったが，今はモルドバ語とロシア語の通用度は半々といったところで，ロシア語への回帰が進んでいる。モルドバに住む私の両親も，以前よりは楽になったと話していた。ロシア語学校や幼稚園の復活も顕著で，評判の良い私学のロシア語学校は非常に人気が高く，高額の授業料にもかかわらず，入学希望者が列をなしていると聞く。その背景には，欧州に対する幻滅と同時に，『強い言語』としてロシア語を見直す動きが人びとの中に出ているのであろう。モルドバ語（ルーマニア語）だけを話せても国外では意味がないし，ロシア語が話せればロシアで働くこともできる。」（社会人）[36]

「ロシア語話者であれば，経済・ビジネス面でチャンスを得る機会が開かれる。実際に，多くのロシア系モルドバ人はロシアに渡り，彼の地で移民労働者として働いている。さらに，ロシアはルーマニアに次いで主要な貿易相手国であり，ロシア語が話せれば，本国にいても仕事の幅が広がる。その意味では，今でもロシア語は英語よりも重要なビジネス言語であると言える。…モルドバ社会において英語の習得は必須ではない。外資系企業などを除けば，英語ができなくても就職・昇進に支障はない。…ラトビアと同様に，長期的にはロシア語話者は減少し，その影響力も徐々に小さくなると思う。ただし，ロシア語話者は少数派になるほど保守化する傾向が見られるため，ロシア語をめぐる政治的な軋轢は今後も残るであろう。」（学生）

モルドバと同じような状況は，やはり「ロシア語離れ」を政策的に推し進め，基幹民族語のウズベク語の表記をキリル文字からラテン文字に改めたウズベキスタンでも見られる。「私自身もモルドバに帰国して生活基盤を整える自信はない」と似たような話は，ウズベク語が苦手なロシア語話者のウズベキスタン出身者からも聞かれるように[37]，ソ連時代と比べて現地語とロシア語の序列は主客転倒した感は否めないが，英語よりもロシア語の方が重要なビジネス言語であるという認識は，話し手の言語的背景を問わず両国に共通して見られる[38]。その理由として，ロシアとの経済的関係の強さが挙げられる一方で，外国語になったことでロシア語の経済的機能（取引費用の低減効果）が前景化され，対外的なビジネス言語としての価値はむしろ高まったことが影響しているとも考えられる。

次に，しばしば個々人の技能として評価される語学力とキャリア形成に関する話題を紹介したい。1993年にキルギスの首都ビシケクに設立された中央アジア・アメリカ大学に勤務するインタビュー協力者（教職員）は，非常に興味深い話題を提供してくれた。以下は，ビジネス言語としてのロシア語の影響力の高まりを示すと同時に，英語の「破壊力」を示唆するエピソードである。

「キルギス社会におけるロシア語の必要性は，ロシア語学校が私立も含めて非常に人気があることに加えて，最近顕著になってきた改名の動きからも見て取れる。1990年代には伝統的なキルギス風に名前をつけることが流行ったが，2010年代以降はロシア風に変更するために改名を申し出る人びとが若年層を中心に目立って増えている。ロシアで勉強したり，働いたりするためには，キルギス風よりもロシア風の名前の方が有利であると考えるためである。実は自分自身の名前もそうであり，名刺の両面で別々の名前を印刷している（キリル文字ではキルギス風，ラテン文字ではロシア風）。」（副学長）

「英語は今や世界言語で，特にIT情報系の分野では必須である。自分の子供もパソコンを通じて英語を自然に身につけている。1970～80年代のソ連社会では英語は不人気で，そもそも必要とされないような雰囲気があった。その当時は自分も英語ができなかったが，ある時『英語が話せないのか』と言われて，『とうとうそういう時代が来たのか』と考えて，一念発起して英語の勉強を35歳から独学で始めた。その後，民間企業向けの英語インストラクターの仕事を見つけて，ビジネスパーソンがロシア語で英語を学ぶテキスト（非売品）を作成した。それが大きな収入をもたらし，自宅を購入することができた。その意味では非常に実入りのよい仕事であった。」（ロシア語教員）

最後の回答者はトルコ語にも堪能で，ロシア語とトルコ語の通訳として民間企業に勤務していた経験もある。現職の肩書きが示すように，その後もロシア語で基本的な生計を支えてきたと考えられるが，ビジネス言語としてロシア語が優勢な社会であるからこそ，英語の商品価値が急騰した一例であろう。換言すれば，旧ソ連地域における英語の希少性はロシア語によって支えられていると言えるかもしれない。

(2) 共通通商語（リンガ・フランカ）としてのロシア語[39]

前節の議論を踏まえると，ロシア語圏市場の内部ではロシア語を共通通商語として利用すれば，様々な局面において取引費用を低減させる効果が生まれると期待される。この点を確かめるために，筆者は2019年2月および9月にウズベキスタンの首都タシケントを訪れ，企業関係者，大学関係者，政府関係者などに対してヒアリング調査を行った。同国を対象に選んだのは，中央アジアではロシア人エリート層が政財界から放逐され，基幹民族系の政治家や経営者が主流派となったにもかかわらず（Zakhvatov, 2000），独立前後に思い描いていたようには「ロシア語離れ」が順調に進まず，国家語でも公用語でもないロシア語が官民双方で広く使われ続け（浅村, 2015：6），とりわけ国際ビジネスや外交の現場で幅を利かせているためである。さらに，ウズベク語の正書法改革で定められたラテン文字への切り替えの完了期限（2010年）から10年間が過ぎた今日でも，リアル世界とバーチャル空間の両方にキリル文字は遍在している。学校教育で用いられる教科書やテキスト類を除くと，ラテン文字の出版物は大きく伸びておらず（Azimova, 2008；浅村, 2015：6-15），そもそも政府や行政機関がキリル文字での文書作成を継続している。

独立後のウズベキスタンが直面した最も重要な課題のひとつは，「ロシア的なるもの，ソビエト的なるもの」との決別で，当時のカリモフ政権は急激なウズベク化と脱ロシア化を進めようと，言語を筆頭にウズベク的なものへの純化を強く指向した（帯谷, 2002）。アフガニスタン情勢やタジキスタン紛争をめぐりロシアと厳しく対立し，安全保障面で米欧に著しく接近した時期が見られるように，政治指導者の間でロシアへの不信感は根深いとされる（湯浅, 2015：107–109, 268–273）。他方で，急速な市場経済化を拒否した漸進的な経済改革路線は「ウズベク・モデル」と呼ばれ，かつての計画経済を彷彿させる「ソビエト的なるもの」が近年まで色濃く残されていた（岩﨑, 2004：117–153; 樋渡, 2008：23–37）。対外経済面ではロシアへの依存が全般的に大きく，同国が圧倒的な地位を占める貿易構造に取り込まれているだけでなく，移民労働者の送り出しと海外送金の受け取りを通じて，ウズベキスタンの市井の人びとの生活は「ロシア的なるもの」と分かちがたく結びついている（雲, 2010）。

このようにロシアとの距離感が測りづらいウズベキスタンの基幹民族語および国家語であるウズベク語の歴史を簡単に振り返ると，以下のようにまとめられる[40]。テュルク系諸語のひとつであるウズベク語は，ウズベク・ソビエト社会主義共和国の誕生（1924 年）に合わせて，それに相応しい言葉として整備され始めた。1920 年代初頭には改良アラビア文字が使用されたものの，イスラム世界との紐帯を想起させるアラビア文字への警戒感を背景に，革命の象徴として前衛的な意味合いも帯びていたラテン文字化を決定し，実際に 1930 年代半ばまで用いられていた。しかし，社会主義国家としてのソ連の国家建設の文脈が重視されるようになると，今度はキリル文字がレーニン主義の文字として導入され，1942 年までに移行作業を終えた。それから半世紀の間はロシア語と並存した後に，1993 年および 1995 年の大統領令に基づいて独立後はラテン文字に再び変更された。しかし，文字の変更期限は事実上反故にされ，今でもキリル文字とラテン文字が混在しており，現代のウズベク語は事実上 2 つの異なる文字体系で表記されている。文字の選択をめぐる問題は，しばしば国を二分する論争にまで発展し（Sharifov, 2007），最近ではウズベキスタンを代表する文学者シュフラト・リザエフ（Shukhrat Rizaev）がミルジョーエフ大統領宛の公開書簡の中で，ウズベク語を再度キリル文字に戻すことを提案したことで，キリル文字派とラテン文字派の論争が再燃した（Il'khamov, 2017）。

ビジネス言語には，当事者のコミュニケーションを媒介する機能の他に，契約書や技術仕様書に代表される事業用途の文章語として安定した役割を果たすことが求められる。1989年10月の国家語法の制定以降，正書法の変更が繰り返されてきたウズベク語には（Schlyter, 1997; 淺村, 2015：39-54），そうした機能が弱いようで，タシケントの外資系企業で働く現地採用者によると，「1990年代にキリル文字からラテン文字への変更が行われたが，ラテン文字でどのように表記すべきかという問題が頻発したため，実際にはキリル文字への回帰が進んでいる。思うに，こうした混乱が私たちをロシア語に向かわせている。独立後しばらくの間はウズベク語の習得に勤しんだことは確かだが，最近は多くのウズベク語話者がロシア語での教育を求めている」[41]。この会社では，ウズベク語の使用は顧客や取引先との商談に限定され，社外に提出する文書については，契約書の類を含めて，ロシア語単独での作成かロシア語・英語の併記が一般的であるという[42]。別の日系企業（商社）では，「ビジネス言語は99%がロシア語である。領収書類を含めて，現地語（ウズベク語）で社内文書を作成することはほとんどない。主な商談相手であるウズベキスタン国営企業とは，100%ロシア語で交渉する。見積もりやレターを出す場合，英語のみで作成すると先方の中で回覧されないことがあるため，必ずロシア語に翻訳した上で提出する。契約書は英露併記で作成し，ウズベク語を使うことはない」[43]。ウズベキスタンの政治・経済の中心地であるタシケントにおいて国際ビジネスに従事しているヒアリング協力者の話を総合すると[44]，会計・財務・税務などの専門用語やビジネス文書のひな形はロシア語で確立されているため，ウズベク語の必要性は社内でも感じられないという[45]。英語の使用が必要なケースは，主に社外の取引先と締結する契約書や外資系の親会社に提出する書類の類である。親会社から派遣される現地マネージャーがロシア語話者でない場合は，口頭を含めて必然的に英語が社内公用語になる。この点はロシアで活動する外資系企業にも当てはまり，ウズベキスタンに特有のビジネス慣行というわけではない。

公的な部門に目を向けると，在ウズベキスタン日本大使館（タシケント）で作成する外交関連の文書はすべてロシア語で作成され，ウズベキスタン政府から届く文書もほとんどがロシア語で書かれており，英語で書かれた文書がたまに届く程度であるという。ナショナリズムと絡み合う文化や民族に関する場面では，基幹民族語であるウズベク語の使用を重視しているように見える一方で，実利重視のビジネスや外交の現場では，今でもロシア語が広く使われているようで，それゆえに公的部門であれ民間部門であれ，「スペックの高い職種」に就くためにはロシア語が必須である[46]。また，タシケント市内の人文系大学の関係者の証言では，在籍学生の約3割がロシア語で授業を受けており，将来の生活や仕事に役立つことを考えて，とくにタシケントの義務教育課程ではロシア語学校の人気が高いという。同課程ではロシア語の授業が必ず開講されており，その他の授業科目のテキストもウズベク語とロシア語の両方で用意されている。さらに，科学・学術の分野になるとロシア語の方が多く使われ，医学・工学系や経済系の文献ではロシア語が主流になる。地方出身の学生はロシア語を苦手にしているケースが目立つため[47]，こうした状況を懸念したためか，最近の大統領談話で「ウズベキスタンでロシア語は不要という考え方は誤りである」と発表されたという。ちなみに，この大学内で作成される文書は基本的にウズベク語を用いるが，文字の使用に関して興味深いのは，キリル文字とラテン文字の選択が学長の判断で決められている点である。具体的には，前学長時代にはキリル文字での文書作成が求められていたが，現学長の下ではラテン文字で作成されているという[48]。タシケント市内の別の社会科学系大学を訪問調査した際に，教員が研究成果を発表する学術雑誌や学生が授業に利用するテキスト類を図書館で確認したところ，キリル文字とラテン文字が並存していた[49]。高等教育や科学・学術の分野でも，ウズベク語の文字の選択は個人に委ねられているようである。

ヒアリング調査に応じてくれた協力者は，ウズベキスタンでは英語よりもロシア語の方がビジネス言語として重要であるという点でほぼ一致していた。若年層の間で英語の学習熱は確かに高まっているが，それはもっぱら学校教育の延長上にあり，将来の海外留学の可能性は考えていても，就職や昇進を念頭に置いているわけではないという。国内で英語が必要とされる職場や肩書はごく一部に限られる一方で，ウズベク語とロシア語は仕事をする上で必要なだけでなく，日常生活を送る上でも欠かせないからである[50]。ウズベキスタンでは，ウズベク語話者同士でもロシア語で会話することが珍しくなく，二言語の使い分けがされている。すなわち，身内と語らう日常的な場ではウズベク語が用いられる一方で，よそ者と語らう非日常的な場ではしばしばロシア語で会話が始まり，両者の関係性が身内へと変化したことが判明した時点で，ウズベク語に切り替わるという（中村, 2018）[51]。国外に目を向けると，ロシアとの経済交流の拡大はロシア語の使用価値を高めるし，他の旧ソ連諸国出身者との交流にもロシア語が欠かせない。余談になるが，著者がタシケント中心部のティムール朝史博物館を訪れた際に，カザフスタンとの文化交流行事に遭遇した。児童を含めて100名程度の参加者がいる中で，ウズベク化の表象とも呼べる文化施設において[52]，通訳に頼ることなくロシア語で議事が進められていた光景を見ると（写真を参照），民族間交流語としてのロシア語の生命力の強さが改めて体感された。

モルドバやウズベキスタンのように，ロシア語に法的地位を認めていない国々でも，事実上の公用語としてロシア語は社会に浸透しており，その機能性と強靭性はビジネスの分野で明瞭に発揮されている。ロシア語を共通通商語として使用することは，少なくともロシア語圏市場の内部では取引費用を下げる方向に働くためである[53]。この点で，現時点では英語はロシア語の後塵を拝しており，グローバルなビジネス言語である英語を外国語として学習する動機が他地域に比べて弱いという興味深い特徴も，旧ソ連地域には見られる（井上, 2001：111）。他方で，ベラルーシのように名実ともに「ロシア語頼り」の言語計画（Σ*, Λ*）に移行することは，政治的には受容されにくいため，制度配

写真　ティムール朝史博物館で行われた文化交流行事（タシケント）

（注）左は建物の全景で，右は記念品贈呈のシーン（左手の人物がカザフスタンからの来賓で，右手の人物はウズベキスタン側の主催者）。
（出所）著者撮影（2019年2月22日）

置としては頑健性に欠ける「ロシア語雑居」の言語事情（Σ^{**}, Λ^{*}）が続くことになる。ロシア語を公用語にしたキルギスやカザフスタンのように，現状では「ロシア語頼り」の言語計画（Σ^{*}, Λ^{*}）に近い国々でも，国家語の奨励を政策的に推し進めており（Derbisheva, 2009；小田桐, 2015：149–171；クアニシ, 2007），カザフスタンでは英語学習の強化と並行して，基幹民族語であるカザフ語の文字をロシア語と同じキリル文字からラテン文字に変更するという最終決定が下された[54]。また，タジキスタンでは公用語法の刷新に伴い，ロシア語を民族間交流語とする規定が削除された（塩川, 2015：285）。こうした一連の動きを見る限り，今はロシア語に依存している中央アジアの国々も，将来的には「ロシア語離れ」の言語計画（Σ^{**}, Λ^{**}）を念頭に置いていると考えられる[55]。ロシア語圏市場の外に目を向けると，ロシア語をビジネス言語として利用し続けることは，むしろ取引費用の増加に繋がるため，経済的合理性の観点からすれば，究極的には「ロシア語離れ」の言語計画（Σ^{**}, Λ^{**}）の方が好ましい制度配置と見なされうるし，政治的にも受け入れられやすいからである。しかしながら，仮に実現されるとしても，そこに至る移行過程が長期に及ぶことは必至であり，その間の揺れ戻しの可能性も否定できない。比較制度分析の用語法を用いれば，新たな言語制度に関する主観的ゲーム・モデルの認知的均衡に基づく一般的均衡条件へと単線的に到達するような進化経路ではなく，不断の認知的不均衡や潜在的な制度的危機を内包した「ロシア語雑居」の言語事情（Σ^{**}, Λ^{*}）は当面続くことになろう。ロシア語の位置づけや文字の選択をめぐっての終わりの見えない論争は，その反映と言えるのではないだろうか。

おわりに

ロシア語を含めて，いずれの基幹民族語も国家の主導下で「国家のことば」の発展を図ってきたが，政治的な意図を優先した言語政策や言語計画は必ずしも経済的な合理性を有さない。他方で，いかに経済的には合理的に見える選択であっても，政治的に受容されるとは限らない点が言語制度に内在する難問のひとつである。生きた言葉には必ず使い手がいる以上，その主観的もしくは心理的な側面から逃れることはできず，文字通り人生をかけた決断に迫られることも少なくない。現在のロシアでは最大のマイノリティ集団であるタタール人の中には，自らのアイデンティティを示す言葉がタタール語であるがゆえに，いかに自分はロシア語が不得手であるかを流暢なロシア語で捲し立てる者もいるとされる[56]。一見すると不合理に思える行動こそが，比較制度分析による主観的ゲーム・モデルの中で言語制度を捉える根拠であり，「国家のことば」といえども，国家主導性が決して貫徹することはない言語計画の脆さを理解するカギでもある。このように，ロシア語の本家であるロシアを含めて，旧ソ連地域における言葉をめぐる国家主導性と経済性の相克は，社会の成員一人一人の生き様を映し出す鏡であり，そこから浮かび上がる姿を描き出すことも，国家主導性を下敷きにしながら経済システムを考察する一助となるであろう。

言語をめぐる国家主導性の展開は必ずしも国内向けにとどまらず，主として海外向けに発動されることもある。例えば，プーチン政権の誕生後に本格化したロシア政府によるロシア語振興策や在外同胞への支援策，さらには移民・教育政策は，外生的な要因としてロシア語の展開に影響を及ぼしてくると考えられる（徳永・菅沼, 2019）。実際のところ，「ロシア世界」を意味するルースキー・ミール財団の設立（2007年7月）や教育分野でのCIS／NIS諸国間の協力体制の整備により，1990年代に激減した旧ソ連諸国からロシアへの留学生数は2000年代に入ると増加に転じた（澤野, 2009; 松本, 2017）。民族やエスニシティといった旧来の概念でロシアを捉えようとすると，内外で混乱や反発を招くであろうが，より明瞭な「ロシア語を話し，理解する」という判断基準を持ち出すことで，同国は国益拡大のためのカードを新たに手に入れたとも言われる（Gorham, 2011）。そうした文脈の中でロシア語の持つ強みを改めて読み返してみると，経済的な意味合いが数多く含まれており（Khruslov, 2006），少なくとも地域の実情に根差したビジネス言語として，ロシア語は言語的な優位性を持つだけではなく，取引費用を低減させるという意味で合理性や経済性も兼ね備えていることが分かる。言語間のヘゲモニー構造は，どこに分析の焦点を置くかによって大きく変化するため，言語間の階層性を先験的に措定することには慎重を要するべきだが（塩川, 2015：274-277）[57]，制度分析の視点から国家主導性と経済性の相克を語る上では，今後も重要な研究対象であり続けるであろう。

［追記］

ウクライナにおける言語問題は，文字通り人びとの生死に関わるレベルにまでエスカレートしている。軍事進攻したロシア軍兵士がウクライナ語話者を標的に殺害していると報じられる一方で，ウクライナではロシア語話者には発音しづらい「パン」（パリャヌィツャ）をウクライナ語で言わせて，「ロシアのスパイ」をあぶり出す行為が呼びかけられているという（『朝日新聞』2022年6月4日）。今に始まった話ではないが，今般のロシア・ウクライナ戦争で言葉は「武器」と化しており，砲弾や銃声が飛び交うリアル世界の戦場に加えて，バーチャル世界の戦場であるSNSを介して，一般市民を対象にした認知戦，すなわち人の脳を押さえる「制脳権」争いも激化している（『朝日新聞』2022年3月29日）。

スラブ語派の東スラブ諸語に属するロシア語，ウクライナ語，ベラルーシ語のうち，実生活で実用性や機能性を失いつつあるベラルーシ語は「消滅の危機にある言語」とユネスコに認定され（清沢，2012），それを言語学者の黒田龍之助は「似ているが故の悲劇」と呼んだ（黒田，1999）。他方で，ロシア語とウクライナ語の「似ているが故の悲劇」は，人びとの言葉が両国の国家主導性の下であまりにも政治化され，エスニシティの対立や分断をあおる道具と化したことで，制御不能な状態へと陥ってしまったことに求められよう。一時期を除いて，2000年代半ば以降に公的領域からロシア語の排除を政策的に推し進めてきたウクライナでは，それでも実社会におけるロシア語の使用頻度が非常に高く，「ロシア語雑居」の言語事情（Σ**，Λ*）の近傍に位置していたと考えられる（Tokunaga et al., 2021：徳永，2022）。しかし，戦時下で続く両国民の殺し合いというショッキングな事態を受けて，ロシア語話者の間でもロシア語の使用を忌避したり，ウクライナ語の私的な評価が向上したりするなど（下記の証言を参照），言語に関する個人レベルの認知的均衡は破られつつある。それゆえ，ジョージアやバルト三国のように，ロシア語に代わり英語が国際ビジネスの共通言語として受容されるなど，ウクライナが「ロシア語離れ」の言語計画（Σ^{**}, Λ^{**}）に一気に向かう可能性は小さくない。経済制裁下のロシアとの経済的関係が細り，欧米市場への依存度が高まることも，そうした動きをいっそう加速すると考えられる。

ウクライナの国民的作家アンドレイ・クルコフ氏（キエフ在住）の寄稿より

「ウクライナでは，人前で話すときはロシア語の場合もあればウクライナ語の場合もある。でも，認めなくてはならない。ドンバス地方での紛争が始まってから，街頭でロシア語を話すのが恥ずかしくなった。キエフでは人々は主にロシア語で話しているにもかかわらず。」（『朝日新聞』2022年3月16日）

ロシア軍による民間人虐殺が報じられたブチャ（キエフ郊外）で暮らす地域住民の声

「キーウ郊外の街ブチャで41年暮らすロシア人，ヘンナディ・クリスティノフさん（63）は，侵攻が始まった2月24日以降，ロシア語を話すのをやめ，『全て』をウクライナ語に切り替えた。自らの名前もロシア語の発音『ゲンナジー』から，ウクライナ語の発音『ヘンナディ』に変えた。…妻もロシア人。前日まで『ありえない』と思っていた侵攻に衝撃を受け，ウクライナ語の勉強に励んでいる。夫婦の会話もウクライナ語になった。」（『朝日新聞』2022年5月8日）

イタリア出身の社会学者アベル・ポレーゼ（キエフより避難）の手記より

「ロシア語を聞きながら考える。わたしが今後ウクライナに戻ったとき，再びロシア語を話す気になるだろうか。そもそも話すことが許されるのだろうか。逆に，ウクライナ語だけがそこでは使われるようになるのか。…今後は公式の場では，わたし自身もウクライナ語を使う方が快適になるかもしれないと思っている。」（『現代思想』第50巻第6号，2022年6月臨時増刊号）

［謝辞］

本章は，2020年度京都大学経済研究所プロジェクト研究「海外直接投資と取引費用に関する研究：共通通商語の役割に焦点を当てて」並びに2020年度関西大学研修員研修費による研究成果である。草稿に目を通して下さった岩崎一郎教授（一橋大学経済研究所）と清沢紫織非常勤研究員

（北海道大学スラブ・ユーラシア研究センター）からは，多くの有益なコメントを賜った。記して謝意を表したい。本章の着想は，言語学者の田中克彦氏の著作を京都大学経済学部の学部ゼミで輪読したことにまで遡る。学部・大学院の指導教員であり，筆者を研究者の道に導いてくれた尾﨑芳治名誉教授（故人）に本章を捧げたい。

[注]

1　一般的に「国家のことば」とは，国語／国家語（national language）もしくは公用語（official language）を指すが，その意味するところは論者や状況によって大きく異なるため，注意深く検討する必要がある（小田桐, 2015：22-25）。本章では，ソ連を構成した各共和国の民族語復興運動の中でペレストロイカ期以降に提起された国家語（state language）に焦点を当て，その国家主導性と経済性を中心に考察するため，関連分野の先行研究に倣い，このような文脈で用いられる「国家のことば」を国家語と記し，公的な領域で用いることができる言語を意味する公用語と区別して論じる。

2　黒人，少数民族，女性など，積年にわたり米国で差別を受けてきた人びとに対して，雇用や教育の機会を保障することで，構造的な差別解消を目指す積極的な施策や措置のこと（『日本大百科全書1』小学館，1984年，449頁）。

3　日仏における言語同化主義については，三浦・糟谷（2000）第I部に所収の各論文を参照のこと。

4　この点については，数多くの研究業績が内外で残されている。代表的な邦語文献としては，ナハイロ＆スヴォボダ（1992），塩川（1997; 2004），服部（2004），小田桐（2015）などが挙げられる。

5　現代的な用法でのリンガ・フランカとは，異言語間コミュニケーションに用いられる媒介言語のひとつであり，政治，経済，文化などの面で強い力を有する国や集団の言語，あるいは話者数の多い言語が広く使われるという意味で，「覇権言語使用」と呼ぶことができる（木村, 2009）。

6　フランスの言語学者アンドレ・マルティネ（André Martinet）が1955年に出版した書籍『音声変化の経済学』（Économie des changements phonétiques）を嚆矢とする（Gazzola et al., 2016）。

7　1958年当時の欧州経済共同体（EEC）の公用語は4言語（加盟6カ国）であったが，第5次EU拡大を経た2010年には23言語（加盟27カ国）に達し，今後も増える可能性がある（橋内, 2010）。

8　外務省「国・地域：ジョージア（Georgia）」（https://www.mofa.go.jp/mofaj/area/georgia/index.html）。サカルトベロの日本語表記をめぐる歴史的変遷については，中澤（2021）を参照のこと。

9　キルギス語表記の国名の綴りはロシア語の正書法に反するため，これをロシア語で作成された公文書に取り入れるかどうかで議論が交わされた。最終的には認められたが，それによって同国では公用語に指定されているロシア語が独自に発展していると解釈できる（Derbisheva, 2009）。なお，キルギス人であるにもかかわらず，キルギス語を話さない人びとはキルギス（クィルグィスのロシア語風発音）と呼ばれるなど，国名の綴りをめぐる問題はキルギス国内における民族アイデンティティとも結びついている（小田桐, 2015：41，210-214）。

10　以下の本節2および3の叙述は，徳永・菅沼（2019）および徳永（2021）に基づく。

11　論者や訳者によって日本語表記が大きく異なるため，以下の本文では，文献の引用を除いて，フィンランドに本社を置くHofstede Insights Groupの一員であるホフステード・インサイツ・ジャパン（https://hofstede.jp/about-us/）の表記に従う。

12　調査結果の分析に基づく経営文化の国際比較に関する詳細な議論は，ホーフステッド（1984）を参照のこと。

13　1993年から2017年までに国際ビジネスに関する代表的な学術誌に発表された約3600点の論文で扱われたトピックスを分析した研究によると，文化的距離を含む距離（distance）というキーワードの使用が2000年代末以降に急増している（Gaur, 2020）。

14　20世紀哲学の主動向を表す概念で，哲学の基本的方法が意識分析から言語分析へと転換したことを示す。それによって，哲学の考察場面を私秘的な意識から公共的な言語へと移行し，意識分析から言語分析への方法論的転換を図ることで，哲学的問題に新たな探求の地平を開こうとした（『岩波哲学・思想事典』岩波書店，1998年，453-454頁）。

15　クラリベイト・アナリティクス社提供の学術論文データベース（Web of Science）を利用して，“investment”もしくは“trade”と，“language”もしくは“culture”のクロス検索によって得られた研究業績の発行年を確認した。

16　1996～2017年に発表された計101点の学術論文（すべて英語文献）から，中東欧・旧ソ連諸国における国際貿易および対内・対外FDI決定要因の推定値3339点を選択し（2020年10月時点），メタ分析用にコーディングしたデータベースである。

17　一人当たりGDPでは常に最上位に位置するルクセンブルクでは，同国の言語法（1984年）で国語（国民語）に定められたルクセンブルク語は，もっぱら話し言葉として用いられている。正書法は存在するものの，公の場で書き言葉として使用されることは少ないという。そのため，ルクセンブルク語に近いドイツ語が書き言葉として必要であると同時に，欧州のドイツ語圏にアクセスするための共通言語でもある。他方で，公私両面で最も使用される言葉はフランス語であり，その習得レベルが社会的な地位と連動している（小川, 2017）。欧州各国における多言語使用と賃金水準の関係を定量的に分析した実証研究によると，ルクセンブルクの就業者の間では，ドイツ語もしくはフランス語の運用と経済的利益（賃金増）は正に相関している（Williams, 2011）。

18　伊藤・小林・宮原（2019）は，期待調査費用を最小にするような専門用語のリスト化（コード化）の観点から，組織論の文脈で企業内言語の問題を取り上げている。なお，ウィリアムソンの議論では，自然言語と象徴言語は明示的に峻別されずに，取引主体に内在する限定された合理性の一例として，言語全般の問題が取り上げられている（ウィリアムソン, 1980：41）。

19　青木（2003）の刊行（原著は2001年に出版）に寄せられたノースによる推薦の辞から，一部を引用した。

20　取引費用経済学の主唱者であるウィリアムソンも，その主著書において，「新しい制度の経済学をめざして」という小題の章から議論を始めている（ウィリアムソン, 1980：5-33）。

21　以下では，紙幅の都合上，数式表現は最小限にとどめる。厳密な論証は青木（2003, 251-266）を参照されたい。

22　ロシア語教育の現場では，伝統的に発音やイントネーションの習得が重視され，発音矯正の目的で口内の様子を撮影するX線装置まで用いられていたという（Kreindler, 1981）。

23　以下の議論は，制度的補完性の成立条件を論じた青木（2003：245-250）に基づき，その用語法に準拠する。そこで指摘されているように，経済主体の同質性や分離性の仮定を外しても，導出される結論に変わりはない。

24　ナッシュ均衡の定義と含意については，ギボンズ（2020：8-15）を参照のこと。グァラ（2018：44-60）は，制度論の文脈に位置づけて，ナッシュ均衡の意義や有用性を論じている。

25　ただし，政治ドメインの主体 P および財取引ドメインの主体 E の利得関数 $u_i=u(i \in P)$ および $v_i=v(i \in E)$ が推定されない限り，（Σ^{**}, Λ^{**}）から（Σ^{*}, Λ^{*}）への制度配置の転換が，パレート優位から劣位への移動を意味するコーディネーションの失敗例であると先験的に断言することはできない。

26　ロシア語に法的地位を保障していながら，それがビジネス言語としては使用されないという第四の制度配置（Σ^{*}, Λ^{**}）も理屈の上では考えられるが，現実性に乏しいため，以下の考察では捨象する。

27　ロシアとベラルーシの国家統合をめぐる事態の推移については，服部（2020）を参照のこと。

28　ベラルーシの言語状況に関する以下の叙述は，Alpatov（2000：146-200），服部（2001; 2002;

2004：123-158)，山本（2005)，Khruslov（2006)，清沢（2012; 2014; 2017）に基づく。なお，ベラルーシで最も普及している言語は，標準ベラルーシ語でも標準ロシア語でもなく，「ベラルーシ語が混じったロシア語」を意味するトラシャンカであるという指摘も興味深い（黒田, 1999)。

29 ただし，都市部で家庭言語としてベラルーシ語を使用している住民の割合は近年増えており，2009年の国勢調査時には11.3％に過ぎなかったが，2019年に実施された最新の国勢調査結果の速報によると，21.3％にまで上昇している。首都ミンスクに限れば，5.8％（2009年）から34.1％（2019年）へと急増した（Natsional'nyy statisticheskiy komitet Respubliki Belarus' 2010：25; 2020：44)。この点については，1999年と2009年の国勢調査の比較で判明した都市部での家庭言語の使用状況の変化（ロシア語の伸張とベラルーシ語の衰退）とは逆の動きを示しており（清沢, 2012)，今後の検討が求められる。

30 ジョージアの対外貿易統計によると（https://www.geostat.ge/en/modules/categories/35/external-trade)，2020年1～10月の実績で，輸出の44.5％，輸入の29.9％はCIS／NIS諸国（計11カ国）との取引で，いずれもEU諸国との貿易実績を上回る。同時期のロシアとの貿易シェアは，輸出12.9％（中国，アゼルバイジャンに次ぐ第3位)，輸入11.0％（トルコに次ぐ第2位）だが，第三国経由の物流を考慮すると，上記の数字が示す以上の実勢となる（Athukorala and Waglé, 2014)。

31 ジョージアの住民に対して紛争前に行われた社会調査（2006年）によると，回答者の約65％はロシア語でのコミュニケーションが可能で，9割近い人びと（回答者の86.6％）はロシア語で書かれた出版物を利用していた（Yatsenko, 2007)。ジョージア国内のロシア語をめぐる近年の情勢については，Gabunia and Gochitashvili（2020）を参照のこと。同国のマイノリティ集団は，ロシア系住民を含めて全住民のほぼ6人に1人の割合（約16％）に及ぶが，その中には国家語のジョージア語が不得手なために市民生活に支障を来すような人びとも一部で見られる（Veloy, 2015)。ちなみに，日本人ビジネス関係者からは，「最近ではジョージアでも，英語一辺倒からロシア語も並行的に子弟に学ばせるようになってきたとの話もあり，英語の浸透とロシア語の揺り戻しの両方の現象がみられると思われる」という証言が得られた（『旧ソ連諸国におけるビジネス言語に関するアンケート調査報告書』2018年10月)。

32 本項における以下の叙述は，徳永（2020）に基づく。

33 徳永・菅沼（2019）の表1を参照。

34 2018年8月から2019年9月にかけて，ウズベキスタン15名，モルドバ2名，キルギス6名，カザフスタン1名の旧ソ連諸国出身者にヒアリングした。ウズベキスタンおよびキルギス出身者へのヒアリングは，主に2019年2月および9月に各国の首都であるタシケントとビシケクで行い，他は日本在住の留学生や社会人に対して国内で実施した。使用言語は日本語，英語，ロシア語で，基本的にヒアリング相手に一任した。

35 徳永・菅沼（2019）の図2を参照。各言語の経済力を表す「言語総生産」(Gross Language Product）の推計によると，ロシア語は世界全体の3％を占め，フランス語やポルトガル語と同水準である（『エコノミスト』2014年1月14日号)。

36 以上は逐語的な抜粋ではなく，ヒアリング内容の要約で，下線は筆者の手による（以下同じ)。

37 家庭内でも外でもロシア語を日常的に使用し，ウズベク語を不得手とするウズベク人は今でも存在しており，ウズベク語話者であるウズベク人からはルシーと呼ばれる（ダダバエフ, 2008：43-44；中村, 2018)。

38 ウズベキスタンにおける状況については，後述の2.(2）を参照されたい。

39 本項における以下の叙述は，徳永・菅沼（2019)，Tokunaga et al.（2021)，徳永（2022）に基づく。

40 以下のウズベク語の歴史に関する叙述は，淺村（2008; 2015; 2018）を参照した。

41　自動車ディーラー社員（現地採用者）への聞き取り（2019年2月22日）。

42　自動車ディーラー社員（日本人駐在員）への聞き取り（2019年2月22日）。

43　日系商社社員（日本人駐在員）への聞き取り（2019年2月21日）。

44　タシケントに事務所を構える日系企業数社での聞き取り（2019年2月18-22日）。

45　ただし，後述するように，タシケントを離れて地方に向かうと，「ロシア語離れ」は確実に進んでいるとされる。

46　在ウズベキスタン日本大使館員への聞き取り（2019年9月11日）。

47　ウズベキスタンでビジネスもしくは調査経験のある日本人駐在員・研究者や，ロシア国内で外国人向けロシア語教育に従事しているロシア人教員も，地方出身者のロシア語運用能力の低下は顕著であると証言している（2018年1月27日／札幌，2018年3月29日／ハバロフスク，2019年2月21日／タシケント，2019年3月5日／札幌）。ウズベキスタンの大学生向けに教鞭をとるロシア語教員は，ネイティブ並みのロシア語話者から片言しかロシア語を話せない者までいるため，習熟度別のロシア語教育カリキュラムの開発と整備が急務であると述べている（Bashatova, 2007）。

48　タシケント東洋学大学（Toshkent davlat sharqshunoslik universiteti）の教員5名への聞き取り（2019年9月12日）。

49　タシケント金融大学（Toshkent moliya instituti）での訪問調査（2019年9月9日）。

50　独立行政法人（日本）のタシケント事務所に勤務する現地採用者3名（2019年2月18-19日），シンガポール経営開発大学タシケント分校（MDIS Tashkent）の教員6名（同2月20日），タシケント経済大学（Toshkent davlat iqtisodiyot universiteti）の研究者1名（同2月21日）への聞き取り。

51　ウズベキスタン出身の研究者によると，ロシア語では直截的な物言いになりがちになるのに対し，ウズベク語での会話は柔らかい表現を用いることで，相手の意見を尊重する姿勢を示すという（ダダバエフ, 2010：9-10）。

52　ティムール朝の始祖ティムールの復権はソ連崩壊まで待たれたがゆえに，ウズベキスタンの人びとの思い入れは非常に強く，独立後早々にアミール・ティムール像がカール・マルクス像に代わって設置され，その近くにティムール朝史博物館が建設された（帯谷知可（編著）『ウズベキスタンを知るための60章』明石書店，2018年，71-76，122-126頁）。

53　逆にロシア語圏市場の外に目を向けると，ロシア語が共通通商語として定着しているために英語の浸透度が低いことは，圏外の外資系企業との取引費用を高めていると考えられる（徳永・菅沼, 2019；Tokunaga and Suganuma, 2020）。

54　テュルク系諸語の国々のうち，アゼルバイジャン，トルクメニスタン，ウズベキスタンは，独立後すぐにラテン文字を導入したが，カザフスタンとキルギスは，主に経済的苦境による資金不足が原因でラテン文字化に踏み切れなかった。しかし，カザフスタンでは2006年10月のナザルバエフ大統領（当時）演説を機に本格的な検討が始まり，2017年4月に公表された同大統領の一般教書を受けてラテン文字のアルファベットが広く議論され，翌18年2月の大統領令で確定した。以上の経緯については，淺村（2011）およびクアニシ（2018）を参照のこと。

55　ベラルーシに次いで，「ロシア語頼り」の言語計画（Σ*, Λ*）に近いと考えられるキルギスでも，ロシア語に対する依存度の高さの弊害や不条理性が指摘されている。ロシア語が不得手なキルギス人の教員と学生の間であっても，ロシア語での授業を強いられている高等教育の現場が，その一例である（Derbisheva, 2009）。

56　ロシア語が堪能であってもロシア語を知らないと回答する者が，ペレストロイカ期に行われた国勢調査で目立ち始め，民族主義的な姿勢の顕れと解釈された（渋谷, 2007）。なお，テュルク語系のタタール語は，ロシア連邦を構成するタタルスタン共和国（沿ボルガ連邦管区）の国家語で，旧ソ連諸国の基幹民族語と同様に，その文字をキリル文字からラテン文字に変更する共和国法「ラテン文字を基にしたタタール・アルファベット復活法」が1999年9月に採択された。この問題はロシア連邦議会による言語法の改正（キリル文字の使用を義務づける条文の追加）に繋がり，本格的な法廷闘争を経て，2004年11月に改正言語法は違憲ではないとする判決を連邦憲法裁判所が下したことで，上記のラテン文字復活法はタタルスタン最高裁によって効力を停止された（西山，2018：158-167）。ロシア国内でも民族系共和国を中心に，民族語の復興を唱える政治家や知識人が意識的にロシア語を遠ざけようとしていた時期があり，そうした文脈の中でタタール語の復権を求める運動が展開されてきた（Alpatov, 2000：146-165）。タタルスタン共和国におけるタタール語とロシア語の位置づけをめぐる軋轢は今でも続いており，人びとの対立を招く火種として燻り続けている（Arutyunova, 2019）。

57 旧ソ連地域における言語状況は「入れ子構造」もしくは「マトリョーシカ構造」（塩川，2015：269）にあり，国家語や公用語に指定された主要な基幹民族語の関係性のみでは捉え切れない複雑な問題を抱えている（塩川，1997；北川，2011）。

［参考文献］

（英語）

Athukorala, P. and Waglé, S. (2014) Trade liberalisation and export performance in transition: the case of Georgia. *The World Economy*, 37 (12), pp. 1669-1691.

Azimova, N. (2008) Linguistic developments in post-Soviet Uzbekistan. Ernest Andrews (ed.), *Linguistic Changes in Post-Communist Eastern Europe and Eurasia*. Columbia University Press, pp. 185-203.

Bandelj, N. (2002) Embedded economies: social relations as determinants of foreign direct investment in Central and Eastern Europe. *Social Forces*, 81 (2), pp. 409-444.

Bandelj, N. (2008) *From Communists to Foreign Capitalists: The Social Foundations of Foreign Direct Investment in Postsocialist Europe*. Princeton University Press.

Barrios, S. and Benito, J. M. (2010) The location decisions of multinationals and the cultural link. *Economic Papers*, 29 (2), pp. 181-196.

BBC (2014) *Languages across Europe: Latvia*. October 2014, http://www.bbc.co.uk/languages/european_languages/countries/latvia.shtml.

Beckerman, W. (1956) Distance and the pattern of intra-European trade. *The Review of Economics and Statistics*, 38 (1), pp. 31-40.

Besedeš, T. (2011) Export differentiation in transition economies. *Economic Systems*, 35 (1), pp. 25-44.

Beugelsdijk, S., Kostova, T. and Roth, K. (2017) An overview of Hofstede-inspired country-level culture research in international business since 2006. *Journal of International Business Studies*, 48, pp. 30-47.

Bilinsky, Y. (1981) Expanding the use of Russian or Russification? Some critical thoughts on Russian as a lingua franca and the "language of friendship and cooperation of the peoples of the USSR". *The Russian Review*, 40 (3), pp. 317-332.

Brannen, M. Y. and Mughan, T. (2017) Introduction. Mary Yoko Brannen and Terry Mughan (eds.), *Language in International Business: Developing a Field*. Palgrave Macmillan, 2017, pp. 1-19.

Deichmann, J. I. (2004) Origins of foreign direct investment in Poland, 1989-2001. *Journal of Business and Economic Studies*, 10 (1), pp. 12-28.

Deichmann, J. I. (2013) Origins of foreign direct investment in Croatia: application of an expanded gravity model. Anastasios Karasavvoglou and Persefoni Polychronidou (eds.), *Balkan and*

Eastern European Countries in the Midst of the Global Economic Crisis. Physica-Verlag, pp. 3–21.

Egger, P. E. and Lassmann, A. (2012) The language effect in international trade: a meta-analysis. *Economic Letters*, 116 (2), pp. 221–224.

Feenstra, R. C. (2004), *Advanced International Trade: Theory and Evidence*. Princeton University Press.

Felipe, J. and Kumar, U. (2012) The role of trade facilitation in Central Asia. *Eastern European Economics*, 50 (4), pp. 5–20.

Gabunia, K. and Gochitashvili, K. (2020) Language policy in relation to the Russian language in Georgia before and after dissolution of the Soviet Union. Arto Mustajoki, Ekaterina Protassova and Maria Yelenevskaya (eds.), *The Soft Power of the Russian Language: Pluricentricity, Politics and Policies*, Routledge, pp. 37–451.

Galan, J., Gonzalez-Benito, J. and Zuñiga-Vincente, J. A. (2007) Factors determining the location decisions of Spanish MNEs. *Journal of International Business Studies*, 38 (6), pp. 975–997.

Gaur, A. (2020) *Asian context, global problems: opportunities and challenges for Asian management scholars*. JABES Seminar Talks (online), December 22, 2020, Ho Chi Minh, Vietnam.

Gazzola, M., François, G. and Wickström, B-A. (2016) A concise bibliography of language economics. Michele Gazzola and Bengt-Arne Wickström (eds), *The Economics. of Language Policy*, MIT Press, pp. 53–92.

Ghatak, S., Silaghi, M. I. P. and Daly, V. (2009) Trade and migration flows between some CEE countries and the UK. *The Journal of International Trade & Economic Development*, 18 (1), pp. 61–78.

Gorham, M. (2011) Virtual Rusophonia: language policy as 'soft power' in the new media age. *Digital Icons: Studies in Russian, Eurasian and Central European New Media*, 5, pp. 23–48.

Grin, F. (2016) Fifty years of economics in languages policy: critical assessment and priorities. Michele Gazzola and Bengt-Arne Wickström (eds), *The Economics of Language Policy*, MIT Press, pp. 21–52.

Grin, F., Sfreddo, C. and Vaillancourt, F. (2010) *The Economics of the Multilingual Workplace*. Routledge.

Helpman, E., Melitz, M. and Rubinstein, Y. (2008) Estimating trade flows: trading partners and trading volumes. *The Quarterly Journal of Economics*, 123 (2), pp. 441–487.

Hofstede, G. (1983) The cultural relativity of organizational practices and theories. *Journal of International Business Studies*, 14, pp. 75–89.

Jacobsen, M. K. and Meyer, K. E. (1998) *Opportunities in Russia: Internationalization of Danish and Austrian Businesses*. CEES Working Paper Series No. 17, Center for East European Studies, Copenhagen Business School.

Johanson, J. and Vahlne, J-E. (1977) The internationalization process of the firm—A model of knowledge development and increasing foreign market commitments. *Journal of International Business Studies*, 8 (1), pp. 23–32.

Johanson, J. and Vahlne J-E. (2009) The Uppsala internationalization process model revisited: from liability of foreignness to liability of outsidership. *Journal of International Business Studies*, 40 (9), pp. 1411–1431.

Johanson, J. and Wiedersheim-Paul, F. (1975) The internationalization of the firm—Four Swedish cases. *The Journal of Management Studies*, 12 (3), pp. 305–322.

Kalotay, K. and Sulstarova, A. (2010) Modelling Russian outward FDI. *Journal of International Management*, 16 (2), pp. 131-142.

Kirkman, B. L., Lowe, K. B. and Gibson, C. B. (2006) A quarter century of culture's consequences: a review of empirical research incorporating Hofstede's cultural values framework. *Journal of International Business Studies*, 37, pp. 285-320.

Kirkman, B. L., Lowe, K. B. and Gibson, C. B. (2017) A retrospective on culture's consequences: the 35-year journey. *Journal of International Business Studies*, 48, pp. 12-29.

Kreindler, I. (1981) Teaching Russian esthetics to the Kirgiz. *The Russian Review*, 40 (3), pp. 333-338.

Lohmann, J. (2011) Do language barriers affect trade? *Economic Letters*, 110 (2), pp. 159-162.

Martí, L., Puertas, R. and García, L. (2014) The importance of the Logistics Performance Index in international trade. *Applied Economics*, 46 (24), pp. 2982-2992.

Medvedev, R. (2007) The Russian language throughout the Commonwealth of Independent States: toward a statement of the problem. *Russian Politics & Law*, 45 (3), pp. 5-30.

Menard, C. (2001) Methodological issues in new institutional economics. *Journal of Economic Methodology*, 8 (1), pp. 85-92.

Panibratov, A. and Ermolaeve, L. (2017) Outward investments from China and Russia: the case of the Sino-Russian investment relationship. Kari Liuhto, Sergei Sutyrin and Jean-Marc F. Blanchard (eds.), *The Russian Economy and Foreign Direct Investment*. Routledge, pp. 173-191.

Piekkari, R., Welch, D. E. and Welch, L. S. (2014) *Language in International Business: The Multilingual Reality of Global Business Expansion*. Edward Elgar.

Rose, A. K. (2004) Do we really know that the WTO increases trade?. *The American Economic Review*, 94 (1), pp. 98-114.

Schlyter, B. (1997) *Language Policy in Independent Uzbekistan*. Forum for Central Asian Studies, FoCAS Working Paper 1.

Shenkar, O. (2012) Cultural distance revisited: towards a more rigorous conceptualization and measurement of cultural differences. *Journal of International Business Studies*, 43, pp. 1-11.

Simões, V. C. (2003) Outward foreign direct investment by Portuguese companies: relevance and lessons for transition. Marjan Svetličič and Matija Rojec (eds.), *Facilitating Transition by Internationalization: Outward Direct Investment from Central European Economies in Transition*. Ashgate, pp. 29-48.

Stahl, G. K. and Tung, R. L. (2015) Towards a more balanced treatment of culture in international business studies: the need for positive cross-cultural scholarship. *Journal of International Business Studies*, 46, pp. 391-414.

Tokunaga, M., Shomurodov, R. and Alimov, O. (2021) *A Conflict of State-led Initiative and Economic Rationality: Focusing on the State Language and Lingua Franca in Uzbekistan*. KIER Discussion Paper Series No.1068, October 2021.

Tokunaga, M. and Suganuma, K. (2020) Japan's foreign direct investment in Russia: a big return from a small opportunity. *Eurasian Geography and Economics*, 61 (3), pp. 240-265.

Veloy, S. (2015) Language policy in Georgia - bringing people together or keeping them apart?. Peace Insight, September 2, 2015, https://www.peaceinsight.org/en/articles/language-policy-in-georgia-bringing-people-together-or-keeping-them-apart/? location= georgia&theme= culture-media-advocacy.

Williams, D. R. (2011) Multiple language usage and earnings in Western Europe. *International*

Journal of Manpower 32 (4), pp. 372-393.

Williamson, O. E. (1985) *The Economic Institutions of Capitalism: Firms, Markets, Relational Contracting*, Free Press.

Zaheer, S. (1995) Overcoming the liability of foreignness. *Academy of Management Journal*, 38 (2), pp. 341-363.

（ロシア語）

Alpatov, V. M. (2000) *150 yazykov i politika: 1917-2000: sotsiolingvisticheskie problemy SSSR i postsovetskogo prostranstva*. Kraft+IV RAN.

Arutyunova, E. M. (2019) Yazykovoy konflikt v raznykh izmereniyakh: keysy Tatarstana i Bashkortostana. *Sotsiologicheskiy Zhurnal*, 25 (1), pp. 98-120.

Bashatova, N. A. (2007) Problemy funktsionirovaniya i prepodavaniya russkogo yazyka v Uzbekistane v sovremennykh usloviyakh. V*estnik MAPPYaL*, 50, https://cat.convdocs.org/docs/index-7556.html.

Derbisheva, Z. (2009) Yazykovaya politika i yazykovaya situatsiya v Kyrgyzstane. *Russian Language Journal*, 59, pp. 49-58.

Il'khamov, A. (2017) Uzbekistan: latinitsa ili kirillitsa? Vzglyad sotsiolog. Fergany.Ru, 21.08.2017, https://www.fergananews.com/articles/9524.

Khruslov, G. (2006) Funktsionirovanie russkogo yazyka v stranakh SNG. *Russian Language Journal*, 56, pp. 131-166.

Natsional'nyy statisticheskiy komitet Respubliki Belarus' (2010) *Obshchaya chislennost' naseleniya, ego sostav po vozrastu, polu, sostoyaniyu v brake, urovnyu obrazovaniya, natsional'nostyam, yazyku i istochnikam sredstv k sushchestvovaniyu*. https://www.belstat.gov.by/informatsiya-dlya-respondenta/perepis-naseleniya/perepis-naseleniya-2009-goda/statisticheskie-publikatsii/statisticheskie-byulleteni/index_544/.

Natsional'nyy statisticheskiy komitet Respubliki Belarus' (2020) *Obshchaya chislennost' naseleniya, chislennost' naseleniya po vozrastu i polu, sostoyaniyu v brake, urovnyu obrazovaniya, natsional'nostyam, yazyku, istochnikam sredstv k sushchestvovaniyu po Respublike Belarus'*. https://belstat.gov.by/upload/iblock/471/471b4693ab545e3c40d206338ff4ec9e.pdf.

Sharifov, O. (2007) Latinizatsiya alfavita. Uzbekskiy opyt. Fergany.Ru, 28.04.2007, https://www.fergananews.com/articles/5092.

Yatsenko, E. (2007) Geopoliticheskiy potentsial russkogo mira: pochemu yazyk snova stanovitsya nadezhdoy i oporoy. Nezavisimaya Gazeta, 29.05.2007.

Zakhvatov, A. (2000) Vlast' reshila operet'sya na sootechestvennikov. Russkiy Zhurnal, 17.11.2000, www.russ.ru/politics/partactiv/20001117.html.

（日本語）

青木昌彦〔瀧澤弘和・谷口和弘訳〕(2003)『比較制度分析に向けて』NTT 出版。

明石芳彦 (1993)「取引費用理論と産業組織論：論理構造の検討」『季刊経済研究』第 15 巻第 4 号，1-25 頁。

淺村卓生 (2011)「カザフスタンにおける自国語振興政策および文字改革の理念的側面」『外務省調査月報』2011 年度第 1 号，1-24 頁。

淺村卓生 (2015)『国家建設と文字の選択：ウズベキスタンの言語政策』風響社。

淺村卓生 (2008)「1924-1934 年における『ウズベク語』理念の模索：標準語の母音調和法則の扱いをめぐって」『ロシア・東欧研究』第 36 号，48-60 頁。

淺村卓生 (2018)「文字改革とウズベキスタンの国家史」『ロシア・ユーラシアの経済と社会』2018

年6月号，22-38頁。
伊藤秀史・小林創・宮原泰之（2019）『組織の経済学』有斐閣。
井上史雄（2001）『日本語は生き残れるか：経済言語学の視点から』PHP研究所。
井上史雄（2010）「言語接触の経済言語学：絶滅危機言語と日本語」『日本語学』第29-14号（臨時増刊号），208-219頁。
岩﨑一郎（2004）『中央アジア体制移行経済の制度分析：政府―企業間関係の進化と経済成果』東京大学出版会。
O・E・ウィリアムソン〔浅沼萬里・岩崎晃訳〕（1980）『市場と企業組織』日本評論社。
オリバー・E・ウィリアムソン（2002）「経済におけるヒエラルキー，市場，および権力：ある経済学的見方」クロード・メナード編著〔中島正人・谷口洋浩・長谷川啓之監訳〕『取引費用経済学：最新の展開』文眞堂，1-37頁。
岡本真由美（2017）「フレーミングとしての社内英語公用語化」『商学論究』第64巻第4号，125-140頁。
小川敦（2017）「多言語社会ルクセンブルク：移民社会の到来と言語能力維持のための課題」平高史也・木村護郎クリストフ（編）『多言語主義社会に向けて』くろしお出版，180-193頁。
小田桐奈美（2015）『ポスト・ソヴィエト時代の「国家語」：国家建設期のキルギス共和国における言語と社会』関西大学出版部。
帯谷知可（2002）「ウズベキスタン：民族と国家の現在・過去・未来」松原正毅（編）『地鳴りする世界：9・11事件をどうとらえるか』恒星出版，2002年，97-141頁。
ルイ＝ジャン・カルヴェ〔西山教行訳〕（2000）「言語生態学の重層的〈中心－周辺〉モデル」三浦信孝・糟谷啓介（編）『言語帝国主義とは何か』藤原書店，27-38頁。
北川誠一（2011）「コーカサスの事例：南コーカサスにおける言語政策・言語政治・言語外交」岡洋樹（編）『歴史の再定義：旧ソ連圏アジア諸国における歴史認識と学術・教育』東北大学東北アジア研究センター，177-225頁。
ロバート・ギボンズ〔福岡正夫・須田伸一訳〕（2020）『経済学のためのゲーム理論入門』岩波書店。
木村護郎クリストフ（2009）「異なる言語を用いる人が出会うとき：媒介言語論の射程と課題」木村護郎クリストフ・渡辺克義（編）『媒介言語論を学ぶ人のために』世界思想社，1-19頁。
清沢紫織（2012）「なぜベラルーシ語は危機言語なのか：国勢調査からみたベラルーシ共和国の言語状況」『スラヴィアーナ』第4号，69-89頁。
清沢紫織（2014）「現代ベラルーシの教育分野における言語政策および言語状況」『スラヴィアーナ』第6号，5-23頁。
清沢紫織（2017）「言語の地位計画にみるベラルーシの国家語政策：ベラルーシ語とロシア語の法的地位をめぐって」『言語政策』第13号，45-71頁。
タスタンベコワ・クアニシ（2007）「カザフスタンの言語政策：過去からの解放に向かって」『ユーラシア研究』第37号，66-70頁。
タスタンベコワ・クアニシ（2018）「カザフスタンの文字改革：カザフ語のキリル文字表記からラテン文字表記へ」『ユーラシア研究』第58号，20-25頁。
フランチェスコ・グァラ〔瀧澤弘和監訳・水野孝之訳〕（2018）『制度とは何か：社会科学のための制度論』慶應義塾大学出版会。
雲和広（2010）「中央アジア地域の人的資源と社会状況」堀江典生（編著）『現代中央アジア・ロシア移民論』ミネルヴァ書房，3-30頁。
フロリアン・クルマス〔諏訪功・菊池雅子・大谷弘道訳〕（1993）『ことばの経済学』大修館書店。
黒田龍之助（1999）「似ているが故の悲劇：ベラルーシ言語文化事情」『ポストソヴィエト期の社会と文化受容について：スラヴ，とくにウクライナ，ベラルーシ地域における』1998年度財団法人サントリー文化財団「人文科学，社会科学に関する研究助成」研究報告（代表：中澤英彦・東京外国語大学教授），1999年11月，13-31頁。
小泉悠（2019）『「帝国」ロシアの地政学：「勢力圏」で読むユーラシア戦略』東京堂出版。
ロナルド・H・コース〔宮沢健一・後藤晃・藤垣芳文訳〕（1992）『企業・市場・法』東洋経済新報社。
小森宏美（2017）「エストニアとラトヴィアの社会統合：歴史教育による国民化と社会的包摂の行方」橋本伸也（編著）『せめぎあう中東欧・ロシアの歴史認識問題：ナチズムと社会主義の過去をめぐる葛藤』ミネルヴァ書房，236-255頁。
佐野直子（2017）「『ことば』の商品化についての覚え書き」『ことばと社会』第19号，4-25頁。
澤野由紀子（2009）「CIS諸国の教育協力ネットワーク再構築」『ユーラシア研究』第41号，22-27頁。
塩川伸明（1997）『ソ連言語政策史の若干の問題』「スラブ・ユーラシアの変動」領域研究報告輯No. 42，北海道大学スラブ研究センター。
塩川伸明（2004）『民族と言語：多民族国家ソ連の興亡〈1〉』岩波書店。
塩川伸明（2015）『ナショナリズムの受け止め方：言語・エスニシティ・ネイション』三元社。
ジェトロ（2019）「ジョージア・ロシア間の直行便が停止へ，通貨ラリは過去最安値を記録」ビジネス短信，2019年6月28日，https://www.jetro.go.jp/biznews/2019/06/99b929f83b8193b4.html。
渋谷謙次郎（2007）「『母語』と統計：旧ソ連・ロシアにおける『母語』調査の行方」『ことばと社会：多言語社会研究』第10号，175-207頁。
ティムール・ダダバエフ（2008）『社会主義後のウズベキスタン：変わる国と揺れる人々の心』日本貿易振興機構アジア経済研究所。
寺沢拓敬（2017）「経済学から見た言語能力の商品化：日本における英語力の賃金上昇効果を中心に」『ことばと社会』第19号，59-79頁。
徳永昌弘（2020）「ロシア語の経済学」『ボストーク』第43号，4-7頁。
徳永昌弘（2021）「国際貿易および海外直接投資に対する社会的紐帯の誘引効果：中東欧・旧ソ連諸国の実証研究に関するメタ分析」『経済研究』第72巻第1号，59-80頁。
徳永昌弘（2022）「国家主導性と経済性の相克：ウズベキスタンにおける国家語と共通通商語に焦点を当てて」『スラヴ研究』第69号，115-135頁。
徳永昌弘・菅沼桂子（2019）「言語とビジネス：『ロシア語圏市場』に関する一考察」『ERINA REPORT PLUS』第149号，3-13頁。
中澤拓哉（2021）「明治・大正期の外国地名表記を訪ねて」『スラブ・ユーラシア研究センターニュース』第162号，17-20頁。
中村（櫻間）瑞希（2018）「日常と非日常をへだてる言語：ウズベク人社会における二言語使用を事例に」JCAS次世代ワークショップ「交歓と境界：東ユーラシア，モンゴルとテュルクにおける宴会・酒・ことばをめぐって」東京外国語大学アジア・アフリカ言語文化研究所，2018年2月17日。
ボフダン・ナハイロ，ヴィクトル・スヴォボダ〔高尾千津子・土屋礼子訳〕（1992）『ソ連邦民族・言語問題の全史』明石書店。
西山美久（2018）『ロシアの愛国主義』法政大学出版局。
イジー・ネクヴァピル〔木村護郎クリストフ編訳〕（2017）「チェコの多国籍企業の言語使用と言語管理：言語の機能の観点から」平高史也・木村護郎クリストフ（編）『多言語主義社会に向けて』くろしお出版，207-2193頁。
ダグラス・C・ノース〔竹下公視訳〕（1994）『制度・制度変化・経済成果』晃洋書房。
ダグラス・ノース（2002）「時間を通してみた取引費用」クロード・メナード編著〔中島正人・谷口洋浩・長谷川啓之監訳〕『取引費用経済学：最新の展開』文眞堂，179-193頁。

橋内武（2010）「欧州連合と欧州評議会の言語（教育）政策」『国際文化論集』第 43 号，51-70 頁。
服部倫卓（2001）「現代ベラルーシの言語状況に関するデータ的検証」『オスノーヴァ』第 1 号，89-125 頁。
服部倫卓（2002）「ベラルーシにおける国民意識の混沌：対ロシア統合の土壌を探る」『外務省調査月報』2000 年度第 4 号，44-76 頁。
服部倫卓（2004）『不思議の国ベラルーシ：ナショナリズムから遠く離れて』岩波書店。
服部倫卓（2020）「ベラルーシはロシアの従属国になるのか？甦るゾンビ条約」『The Asahi Shimbun GLOBE＋』2020 年 10 月 6 日（https://globe.asahi.com/article/13789718）。
樋渡雅人（2008）『慣習経済と市場・開発：ウズベキスタンの共同体にみる機能と構造』東京大学出版会。
ギァート・ホーフステッド〔万成博・安藤文四郎監訳〕（1984）『経営文化の国際比較：多国籍企業の中の国民性』産業能率大学出版部。
前田弘毅（2021）「2020 年ジョージア総選挙：コロナ禍・米大統領選・カラバフ戦争の嵐の中で」『ロシア NIS 調査月報』2021 年 1 月号，33-39 頁。
テリー・マーチン〔半谷史郎監修，荒井幸康・渋谷謙次郎・地田徹朗・吉村貴之訳，塩川伸明解説〕（2011）『アファーマティヴ・アクションの帝国：ソ連の民族とナショナリズム，1923 年～1939 年』明石書店。
町田健（2008）『言語世界地図』新潮社。
松本かおり（2017）「大学のグローバル化と輸出産業化する高等教育の動向：ロシアのケースについて」『神戸国際大学紀要』第 93 号，31-45 頁。
三浦信孝・糟谷啓介（編）（2000）『言語帝国主義とは何か』藤原書店。
ポール・ミルグロム，ジョン・ロバーツ〔奥野正寛・伊藤秀史・今井春雄・西村理・八木甫訳〕（1997）『組織の経済学』NTT 出版。
山本靖子（2005）「ベラルーシの言語事情：標準語の問題を中心に」『スラヴィアーナ』第 20 号，223-229 頁。
湯浅剛（2015）『現代中央アジアの国際政治：ロシア・米欧・中国の介入と新独立国の自立』明石書店。
吉野朋子（2017）「グローバル時代におけるポルトガル語の正書法改正の意義」『グローバル・コミュニケーション研究』第 5 号，57-77 頁。

第8章

政府の影響力が強い中国の経済システム

——政府-企業間関係の考察[1]——

小林拓磨

はじめに

近年，中国の経済システムについての論争が激しく行われており，中国は社会主義だとする主張もあれば，資本主義だとする主張も存在する。中国が社会主義だとする主張は共産党の一党独裁が継続していること（上原, 2009）や一定規模の生産諸手段を社会が掌握し，マクロ経済制御を行い，階層・搾取を廃止し，共同富裕化に向かっていること（井手, 2020）などを根拠に，中国は資本主義であるとする主張は，激しい市場競争の存在（加藤, 2013）や民営企業の台頭（丸川, 2013）などを根拠になされている。しかし，第2節でも述べるが，民営企業が台頭しているとはいえ，国有企業の付加価値がGDPに占める割合は縮小しつつも高い値を維持している。また，加藤（2013）は，中国の資本主義はアングロサクソン型のそれとは違ったタイプのものであり，政府のプレゼンスが強いと指摘している。したがって，中国を社会主義とみる研究者も，資本主義とみる研究者も，その現時点での経済システムが政府の影響力の強さを特徴としていることについては見解が一致している。

そこで本章では政府の強い影響力を政府と企業の関係から考察してみる。本章の構成は次の通りである。第1節では，市場経済化と政府の退出の関係に着目する。第2節では，国有部門の存在の大きさ，また，その背景にある非効率な企業に救いの手を差し伸べる政府の役割に着目する。第3節では，非国有企業と激しい競争を繰り広げる国有企業に着目し，なぜ生産性を高めることができたのか検討する。第4節では，2000年代後半以降深刻化している生産能力過剰とゾンビ企業の問題に着目し，政府の影響力は国有企業だけでなく，民営企業にも強く及んでいることを指摘する。

第１節　市場経済化の進展と政府の退出

本節では，第１に，市場経済化が進展するにつれて政府は退出していっているのかどうか，第２に，政府介入の強さは国際的に見てどうなのか，分析する。

1. 政府の退出

ここでは，中国では改革開放以降,「政府の退出」によって民間に経済的自由が与えられ経済成長がもたらされたとする岡本（2013）の議論を紹介する。社会主義から資本主義への移行，自由な労働移動，対外開放，所有と経営の分離などは「政府の退出」によってもたらされた。現在存在するシステムの上に市場経済システムを増やしていく増分改革が機能し，中国はロシアや東欧に比べて「政府の退出」がうまくいき，より高い経済パフォーマンスを見せている。計画経済期，企業は政府から指示を受け，必要な財を生産していた。そして人びとは政府から決まった量と種類の財の配給を受けていた。物資の配給の意思決定権は政府にあった。改革開放以降，市場経済化が進展し，政府の退出が進んだ。どのような財をどれだけ購入するかは人びとが自ら意思決定を行う。企業もどのような財が販売できるか，売れ行きを見ながら判断するようになった。こうしたことから，岡本（2013）は市場経済化の進展＝「政府の退出」としている。社会主義から資本主義への移行，労働移動の自由化，貿易や直接投資の増加といった対外開放の進展，所有と経営の分離などはその成果とされる。

2. 市場化指標

しかし，王ほか（2016）が算出した市場化指標の推移からは，岡本（2013）の主張とは異なった様相がみえる。市場化指標は，①政府と市場の関係，②非国有経済の発展，③製品市場の発育程度，④要素市場の発育程度，⑤市場仲介組織の発育と法制環境の5大領域の18項目の基礎指標から構成されている。市場化指標は，2008－2011年の期間は上昇と低下を交互にしており，2012年以降は上昇している。また，①の政府と市場の関係以外の4つの領域の指標はすべて2008年の水準を2014年の水準が上回っている。しかし，①の政府と市場の関係では2014年水準が2008年水準を下回っている。この政府と市場の関係を表す指標は市場による資源分配の比率，政府の企業に対する干渉，政府の規模を表す指標で構成されており，これらの3指標はすべて2014年の方が2008年よりも低くなっている。2008－2014年においてGDPに占める政府支出の割合は上昇し，行政の許認可の簡素化は進んでおらず，党・政府機関や公共団体に勤めている人の割合は上昇している。市場化指数全体としては上昇しており，中国における市場経済化が進展していることが示唆されるが，それを構成する政府と市場の関係を表す指標は低下していることから，政府の市場に対する影響力は強まっているとみなされる（図表8－1参照）。

市場経済化が進展する一方で政府の影響力は高まっていることを示唆する2008年から2014年にかけての市場化指標およびその構成指標の推移は興味深い。岡本（2013）では改革開放後，政府の退場が市場経済化の進展をもたらしたと述べられているが，2008年以降は政府の影響力は弱まるどころか，むしろ強まっているといえる。

図表8－1　市場化指標と各領域

	市場化指標	政府と市場の関係	非国有経済の発展	製品市場の発育程度	要素市場の発育程度	市場仲介組織の発育と法制環境
2008	5.48	6.83	5.40	7.59	4.01	3.58
2014	6.56	5.62	7.33	7.77	5.93	6.11

（出所）王ほか（2016）

図表8－2　政府介入の国際比較（2013年）

	中国	ロシア	米国	日本	OECD平均
PMR	2.86	2.22	1.59	1.41	1.48
政府介入	3.57	3.41	2.70	1.85	2.19
公的所有	4.15	3.94	3.03	2.15	2.71
公的企業部門の範囲	6.00	5.40	2.90	2.13	3.00
ネットワーク産業への政府関与	4.44	3.72	0.58	1.63	2.86
ビジネス企業の直接コントロール	3.16	2.87	3.00	1.85	1.41
公的企業のガバナンス	3.00	3.75	5.63	3.00	3.58
ビジネス活動への関与	2.98	2.89	2.38	1.55	1.67
指令と規制の利用	2.90	2.36	2.19	0.76	1.89
価格コントロール	3.06	3.42	2.56	2.34	1.44

（出所）OECD, Indicators of Product Market Regulation

3. 政府介入の国際比較

中国の政府の影響力は国際的に見てどれほどなのか。OECDは先進諸国における財・サービス市場における規制の質を数値化したPMR（Product Market Regulation: 製品市場規制指標）を公表している。PMRは数値が高いほど規制が強いことを意味している。構成項目には，①政府介入，②起業に関する障壁，③貿易・投資に関する障壁の3つがある。政府介入は公的所有に関する指標とビジネス活動への関与に関する指標から成る。2013年のデータによると，中国はPMRとその構成項目のほとんどでアメリカや日本，OECD 35カ国平均だけでなく同じ移行経済国であるロシアよりも高くなっている。中国の政府の経済活動への関与が先進国と比較して強いことが見て取れる（図表8－2参照）。

第2節　政府と国有企業の関係

第1節で述べたように，2000年代後半以降は政府の影響力が高まっている。

本節では，それとほぼ同じ時期に懸念されるようになった国進民退（国有経済のシェアが拡大し，民営経済のシェアが縮小する）と一般的に非効率で考えられる国有企業が存続し続ける理由について述べる。

1. 狭義の市場移行の終了

中国では改革開放以降，国有企業改革が一貫して重要課題となっている。1980 年代には，国家に集中した生産や販売などの意思決定権限の企業への移譲，利益の企業への譲渡，所有権と経営権の分離などを進め，企業側の経営に対するインセンティブを高めた。そして 1990 年代以降には，所有権の改革に踏み切り，国有企業の株式会社・有限会社への改組を進めた。この結果，統計上は国有企業でも民間の資本も入っている混合所有企業が増加した。また，多くの小型国有企業は民間に払い下げられた。こうして国家所有が縮小した一方で，私的所有が拡大し，なおかつ，大部分の財・サービスが市場で取引されるようになっていることから，加藤弘之は 2001 年の WTO 加盟前後の時期に中国は狭義の市場移行を終了したと述べている（加藤・久保, 2009）。加藤はまた，私的所有のシェアは拡大したものの，本節第 2 項で述べるように，国有経済がいまだに重要な地位を占めているが，経済発展が進めば国有経済のシェアが縮小していき，やがては先進資本主義国と同様の成熟した市場経済に収斂する，すなわち広義の市場移行が終了すると考えていたのである（加藤・渡邉・大橋, 2013：4）[2]。

2. 国進民退は生じているのか

しかし，2008 年のリーマンショックの前後から，国有企業改革の停滞が指摘されるようになる。すると物的・人的資本が集中した一部の大型国有企業が民営企業を圧迫しているとの懸念から国進民退が生じているのではないかという意見が生じた。

それでは国進民退は本当に生じているのだろうか。梶谷（2018）は以下の 3 点から検討している。

① 企業数・従業員数・生産額の国有企業シェア

2000 年代以降，国有企業の株式会社化が本格化し，国有企業の数は大きく減少している。国有企業の支配力が強いと考えられる交通運輸・倉庫・郵便・医療・社会保障・社会福祉などの分野でも国有企業が各業種の従業員総数に占めるシェアは大幅に低下し，総企業数に占める国有企業数のシェアは 10％を割り込んでいる。ただし，国有企業は規模が大きく，1 社当たりの生産額も大きいため，資産や税負担のシェアはそれぞれ 40％弱，70％弱と高い値になっている。また，建設業やサービス業を含めた GDP 全体に占める国有部門のシェアも 2014 年において 32％と，高い値を保っている[3]（梶谷, 2018：166-167）。

② 戦略産業における国有企業の支配力

「国家統制産業」（発電・送電，石油・石油化学，通信，石炭，航空）においては基本的に国有（支配）企業が支配的な地位を占め続けている。また，「主要企業支配産業」（自動車，建設，鉄鋼，非鉄金属，化学）では業界の上位シェアを占める大手企業のうち 70-90％が国有（支配）企業となっており，公有企業による支配的な地位が維持されている（中屋, 2013）。政府の経済発展戦略において重要な意味を持つ一部の「戦略産業」では国有企業の支配力が強化，または維持されている（梶谷, 2018：168）。

③ 国有企業が受ける優遇

一部の国有企業が市場における寡占・独占あるいは融資における優遇によって利益を享受し，その結果，賃金や待遇における非国有企業との格差が拡大している。国有企業は私営企業などに比べて生産性が低いにもかかわらず，労働者 1 人当たりの資本額が高くなっている（梶谷, 2018：169）。

近年，国進民退は新たな様相を見せている。2016－2018 年において，国有・国有支配企業[4]の固定資産投資の伸び率がリーマン・ショック後の 2009－2010 年以来に全体の伸び率を上回った。この期間，鉱工業企業の利潤に占める国有・国有支配企業のシェアも上昇している。また，習近平政権は国有企業や上場している民営企業に党が経営判断に関与することを認めるよう定款の変更を求めている。そして，経営危機に陥った民営企業の国有化が進んでいる[5]（三浦, 2020）。

以上のように，企業数における国有企業のシェアは低下しているが，GDPに占める国有部門のシェアは高い値を保っている。また，一部の業種では国有経済が増強される局面が表れている。そして，国有企業には例えば融資の際の優遇などの特権が与えられており，その存在は大きい[6]。

3. 政府が国有企業に与える保証

前項で述べたとおり，中国の経済システムは国有部門のシェアが高いという特徴を持っている。では中国ではなぜ一般的に非効率である国有部門のシェアが高いまま保たれてきたのであろうか。ここでは，国有部門が保持されてきたメカニズムについて述べる。

国有企業はインフラ，社会福祉，教育，そして政府の債務といった政府の責任を一部引き受けている。その一方で政府との緊密なつながりから多くの恩恵を享受している。国有企業は政府から独占的な分野への参入，主要プロジェクトの法律上の認定，税金還付，財政支出というような様々な支援を受けている。また，国有企業は低金利の銀行借り入れによる資金調達を享受している。国有企業は政府の保証により，業績や財務状況に関わらず積極的に資金を借り入れることができるのである。一方，このような政府の保証があるため，銀行は国有企業の倒産を気にせず，積極的に融資を増やしている。また，政府は国有銀行に対し，国有企業向け，または特定の分野の国有企業向けに融資をするように説得している。国有企業は低金利で銀行から容易に直接融資を受けることができるため，資金面で余裕の出た国有企業は銀行から受けた融資の一部を民間企業や中小企業に対して高利でまた貸しすることによって高い収益を上げている（朱, 2017：42-44）。

政府は国有企業を支援する一方で，国有企業から巨額の利潤を受け取る。1997年末からの国有企業改革において，中小型国有企業は企業経営者など民間へ払い下げられた一方で，金融，エネルギー，電力，通信，交通など，戦略的に重要な分野の大型国有企業については大規模な企業集団に編成され，多くの場合，中央政府の管轄となった。中央政府はこれらの大型国有企業に惜しむことなく支援する。例えば，政府が土地や鉱産物などの資源の独占と重要業種の独占を通して国有企業に製品の価格決定権を与えることで生じる巨額の利潤を中央の財政が受け取ることができるのである（何・程, 2017：85)。中国企業家協会が発表した2013年の中国製造業500強企業では，営業収入100元当たりの納税額は民営企業が3.05元であったのに対し，国有企業は8.69元と，大きく民営企業を上回っていた（杜, 2017)。また，国有企業の賃金，福利厚生，雇用，業務の安定性は民営企業や外資企業より優れているため，国有企業は役人や権力者の親族の就職先となることが多い（何・程, 2017：85-86)。世界の企業番付であるフォーチュン・グローバル500にランクインしている大型国有企業にも長期にわたって赤字を出している企業がある[7]。しかし，重要な分野の大型国有企業は経営状況が悪くても上記のような政府の保証を受けることができるのである。

また，政府は国有企業に対して債務保証を行っている。繊維メーカーである山東海龍社は経営不振によって社債のデフォルトに直面したが，山東省濰坊市政府が担保を差し出し，恒豊銀行が救済融資を行ったことによってデフォルトを免れた。国有企業は返済能力を上回る規模の債務を負いやすくなるというモラルハザードが発生している。市場メカニズムが機能していれば経営の効率性が高い企業ほど信用度が高く，資金調達コストが低くなるはずであるが，中国では経営の効率性が高い民間企業の方が高い利率で社債発行を強いられている。すなわち，国有企業はたとえ経営効率が悪かったとしても低コストで資金を調達できるようになっている（関, 2018：150)

以上のように，中国の国有経済部門のシェアが高い経済システムは政府の保証によって維持されている。

第3節　競争志向の強い国有企業

第2節では，非効率な国有企業を支援する政府の役割に着目した。しかし，今日の国有企業はすべてが非効率であるわけではない。そこで，本節では国内外の市場における激しい競争に身を置いている国有企業に着目し，なぜ国有であるにもかかわらず競争志向が強いのかについて述べる。

1. 企業の生産性

徐（2014）は1998－2007年の鉱工業各業種の国有企業と民営企業の生産性（TFP）を比較検討し，以下のようなことを明らかにした。①水道を除くすべての業種で国有企業と民営企業の生産性ギャップが縮小した。②1998年における原油・天然ガス，たばこ，2007年における原油・天然ガス，たばこ，食料品，衣服・皮製品，金属製品，自動車，電子情報機器，その他の製品，電力の生産性については国有企業が民営企業を上回っている。③1998年から2007年にかけて，国有は石油・天然ガスと水道，民営はこの2業種と石炭，金属鉱，タバコ，非鉄金属の生産性が低下したが，それ以外の業種では国有も民営も上昇している（徐, 2014）。したがって，全体としては民営企業の方が国有企業よりも生産性が高い業種が多いことは言えるとしても，国有企業であれば必ず非効率であるとは言えず，生産性が改善している業種もある。

国有企業が生産性を高めることができた理由としては次のようなことが考えられる。①現代企業制度（株式会社制度）が導入され，国有企業に法人財産所有権，自主的経営権限を認め，非国有資本の参入も認め，経営管理の効率が良くなった。②国有企業が雇用規模を維持しなければならないという政治的圧力が弱まり，大量の人員削減を行った。③小規模で生産性の低い国有企業は民営化した。④旺盛な市場参入により国有企業が激しい競争に直面し，生産性の向上に努力した。⑤WTO加盟に伴う貿易自由化と輸入関税の削減により，品質の高い原料・中間財・資本財を生産に投入するようになった（張, 2018）。

以上のように，国有企業の生産性上昇には混合所有制企業が登場したこと（第1点）と，国有企業と民営企業が同一市場（混合市場）で激しい競争を繰り広げていること（第4点）が関係している。

2. 混合体制

中国では1990年代末以降，競争的市場環境の確立と国有企業のガバナンスの強化を目指して，混合所有制改革が取り組まれている。ここでは，混合市場と混合所有からなる混合体制について述べる。

(1) 3 つの市場のなかの混合市場

すべての業種で国有企業と民営企業が激しい競争を繰り広げているわけではない。大型国有企業への戦略的重視（1990 年代半ば以降）と中小民営企業の振興（1990 年代末の農村部で急成長した郷鎮企業の民営化）を同時並行して進める政策の結果，中国には以下の 3 つのタイプの市場が並存することになった。第 1 は，政府の規制により民営企業の参入が認められず，国有企業が独占，寡占市場を形成している市場である[8]。第 2 は，民営企業同士が競争する市場である。第 3 は，混合市場，すなわち，国有企業と民営企業が並存している競争市場である[9]（周, 2006）。この混合市場では国有企業が市場に保持されていることを利益機会が存在していると捉え，市場に参入してくる民営企業が存在するため，国有企業は激しい市場競争の中に身を置くことになっている[10]。

(2) 混合所有―国有と外資の合弁企業

上述した通り，一部の業種で国有企業の生産性が民営企業に匹敵するほどになっている（徐, 2014）。ではなぜ，国有企業（混合所有企業）の生産性は民営企業に匹敵するほどに高くなっているのであろうか。加藤（2016）はその理由として次の 3 点を挙げている。第 1 に，国有と民営あるいは外資との合弁企業には文字通り民間の資本も入っているため，政府（国有資産監督管理委員会）の介入が限定的にならざるをえないことである。このような合弁企業は国有資産（株式）の割合がその他のいかなる所有者の占める割合より高ければ統計上は国有企業としてカウントされるが，民営企業あるいは外資企業と同等の経営水準を確保している企業も多数存在する。このような複雑で入り組んだ所有構造によって政府の介入が限定的になっている事例は自動車企業に数多く見られる。

第 2 に，競争的な国内市場が形成されていることである。自動車産業では，複数の外資企業を複数の国有企業と合弁させることで競争的な国内市場が形成されている。また，吉利汽車などの民族系メーカーの台頭も目覚ましい。2018 年の自動車販売台数で最大のシェアを占めるのはフォルクスワーゲンである

図表 8－3　企業類型

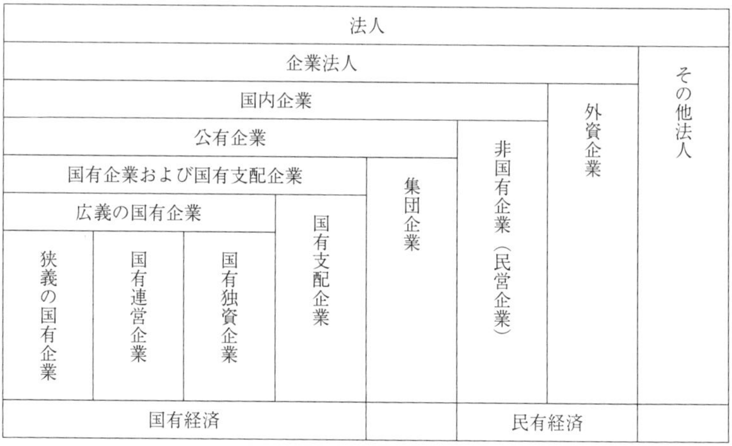
法人
企業法人
その他法人
国内企業
外資企業
公有企業
非国有企業（民営企業）
国有企業および国有支配企業
集団企業
広義の国有企業
国有支配企業
狭義の国有企業
国有連営企業
国有独資企業
国有経済
民有経済

（出所）加藤・渡邉・大橋（2013：53）。

が，そのシェアは 13.1％である。2 位のホンダは 6.4％，3 位の吉利は 5.9％となっている（兵庫三菱自動車販売グループホームページ）。

第 3 に，混合所有企業の国有資本を代表する経営者もまた，官僚や党組織内部での激しい出世競争にさらされていることである。有力な混合所有企業には共産党の高級幹部が送り込まれ，数年ごとに人事異動が行われ，企業の執行役員が地方政府の指導者や中央政府の高級官僚になるケースも少なくない[11]。

以上のような理由で，統計上国有企業とカウントされる混合所有企業の生産性は高くなっていると考えられる（加藤, 2016：104–108）。劉・聶（2015）が算出した工業 40 業種の 1998－2007 年における平均全要素生産性（TFP）によると，たばこを除く 39 業種で国有支配企業が国有独資企業を上回っている。また，自動車製造業を含む交通輸送設備製造業の全要素生産性に関して国有支配企業は民営企業に肉薄している。

3. 混合体制の行方

2013 年 11 月に開かれた共産党第 18 期 3 中全会で採択された「改革の全面的深化における若干の重大問題に関する中共中央の決定」では民間の資本参加

による混合所有の促進が提案されている。しかし，加藤弘之も述べている通り，これを国有企業の全面的な民営化への第一歩と捉えるのは無理があろう。この「決定」では国有企業の民営化について明確な方針が示されているわけではなく，「国有経済の主導的な役割を発揮させ，国有経済の活力・コントロール力・影響力を不断に増強させる」として，引き続き国有経済と民営経済が並存する混合体制を維持することが主張されている（加藤, 2016：112）。また，国有企業が支配的地位を保つべきとされる分野と民営企業の資本参加を認める分野は重複しており（図表8－4参照），国有企業と民営企業の並存という方針は具体的な政策にも反映されている。

確かに全体として国有企業（国有独資および支配企業）の生産性は民営企業に劣る（劉・聶, 2015）。しかし，それは国有企業は民営企業が行わないような公共性の高い分野やハイリスクな分野への投資を行っているからでもあり，そのような国有企業の投資は民営企業を含めた非国有企業の投資を促進するという面もある[12]。また，2016年に610の組織が科学技術の進歩に著しく貢献した市民や組織を評価する国家科学技術進歩賞（The State Science and Technology Progress Award）を受賞したが，そのなかの306は企業で，その60.5％は国有企業であったという（Qi and Kotz, 2020：8）。このことから国有企業が技術進歩に大きな役割を果たしていることがわかる。

また，国有企業は経済において存在感を強めている。戦略産業における国有企業が資産の一部を別会社として切り離し，それに非国有資本を導入させ，自らは企業集団の親会社になるといった企業再編が行われている[13]（三浦, 2015）。企業集団は政府との密接な関係や資金調達における優位性を背景に，中核業種の他に大きな利益を生む見込みのある業種にも事業展開するといった多角化の動きを見せている[14]。中核業種の業績が不良な場合，それ以外の業種で得られた利益を用いて中核業種を補填する（Ten Brink, 2019）。

以上のような技術進歩における貢献度の高さや企業集団の形成・多角化からすると，政府が国有企業のシェアを今後短期的に大きく縮小させていくことは考えにくい。

図表 8－4　国有企業が支配的地位を保つべきとされる産業と民間資本の参入を奨励すべきとされる産業

	産業分野	2005 年通達	2010 年通達
国有企業が絶対的なコントロールを保持する産業	軍事	○	
	電網・電力	○	
	石油石化	○	
	電信	○	
	石炭		
	航空輸送	○	
	船舶輸送		
国有企業が比較的強いコントロールを保持する産業	設備製造		
	自動車		
	電子情報		
	建築		◎
	鉄鋼		
	非鉄金属		
	化学工業		
	資源探査・設計	◎	
	科学技術	◎	
上記以外の社会公共サービスなど	水道	◎	
	ガス	◎	
	公共交通	◎	
	汚水処理	◎	
	教育・衛生・文化・体育	◎	
	銀行・証券・保険	◎	
	道路・港湾・民用飛行場		◎
	新エネルギー		◎
	水力・火力発電所		◎
	原子力発電所		○
	鉄道	○	◎
	都市間鉄道		○
	卸売・物流		◎

（注）○は民間の資本参加が可能な分野，◎は単独出資が可能な分野。2005 年通達の○は自然独占分野に限定され，それ以外は◎を意味する。
（出所）加藤（2016：97）。

第 4 節　生産能力過剰とゾンビ企業からみた政府と企業の関係

ここまで主に政府－企業間関係について主に国有企業に焦点を当てて述べてきた。本節では，生産能力過剰とゾンビ企業に着目し，政府の国有企業への影響力だけでなく民営企業への影響力も分析したい。第3節で述べたように，政府は国有企業に暗黙の保証を与えているため，生産能力過剰の発生源は主に国有企業であり，また，業績が悪いにもかかわらず，政府の保護を受けて生きながらえている企業の割合は他の所有形態よりも国有企業の方が高いと考えられる。しかし，2000年代後半以降，民営であってもゾンビ企業が増加していることから，政府の民営企業への影響力や保護も強いことがうかがえる。

1. 生産能力過剰の発生とその要因

図表8－5は中国のGDPに占める消費，投資，純輸出のシェアの推移を示している。1980年から2010年にかけて総資本形成（投資）と総固定資本形成のシェアが上昇しているのに対し，最終消費と家計消費のシェアは低下していることが見て取れる。中国はGDPに占める投資のシェアが他のアジア諸国の高度成長期よりも高い（三浦, 2013）。

中国は固定資産投資に強く依存した高い経済成長率を長期にわたって維持することができた。しかし，その一方で2000年代に入ると製造業において生産能力過剰問題が深刻化した。生産能力が過剰であるとは，実際の生産量が生産能力を下回り，使用されていない生産能力が一定以上存在する状態のことを指

図表8－5　GDP構成

	GDP	最終消費支出		総資本形成		純輸出
			家計消費		総固定資本形成	
1978	100.0	61.4	48.4	38.9	30.5	−0.3
1980	100.0	64.9	51.1	35.5	29.4	−0.3
1990	100.0	62.9	49.5	34.4	24.3	2.7
2000	100.0	63.3	46.7	34.3	33.3	2.4
2005	100.0	53.6	39.8	41.0	40.1	5.4
2010	100.0	48.5	35.6	47.9	45.2	3.7
2015	100.0	51.8	38.0	44.7	43.1	3.4
2020	100.0	54.3	37.7	43.1	42.5	2.6

（注）単位は%
（出所）中国統計年鑑

す。ある産業において遊休設備が多いとその産業への投資は期待される収益を生むことができず，損失を生み出してしまうことさえある。国際的な判断基準によると，生産能力の利用率が80-90%の場合は正常水準，90%以上になると生産能力が不足している状態，80%未満であれば生産能力が過剰に存在している状態，70%未満は生産能力の過剰が深刻である状態と判断される（三菱東京UFJ銀行（中国）有限公司, 2013：4）。図表8-6は鉄鋼，アルミニウム，セメント，石油精製，平板ガラス，製紙の6業種における生産能力利用率を示している。全6業種において生産能力利用率が2008年から2014年にかけて低下していることと製紙を除く5業種で生産能力が過剰になっていることが見て取れる。

生産能力過剰は次のような影響をもたらす。第1に，生産能力過剰は製品価格の下落を招き，企業の利益を圧迫する。第2に，経営不振の国有企業は融資を受けている国有銀行に対して返済ができないだけでなく，新たな借り入れを要求するため，国有銀行の経営状態が悪化する（盧, 2001）。

では，生産能力過剰が発生するのはなぜか。その理由として第1に，特定地域向けの産業政策が挙げられる。発展の遅れた地域への企業の進出を支援することは生産能力過剰を生み出すひとつの要因である。西部大開発[15]はこの典型

図表8-6　6業種における生産能力利用率

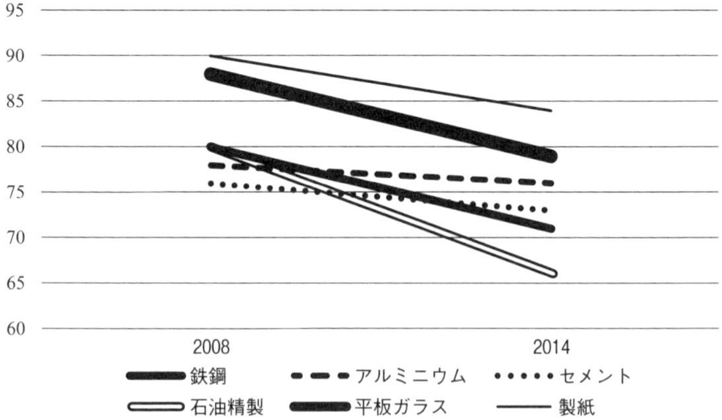

（注）数値は%。アルミニウムのデータは2008年と2015年。
（出所）European Chamber（2016：3）.

的な例である。この政策は西部地域の経済成長を加速させ，他の地域との経済格差を縮小させた。しかし，それとともに地方政府官僚に地元における生産能力を増加させ，中国の生産能力過剰問題をさらに深刻化させてしまった。第2に，生産のために必要な技術の水準が低く，低コストでその利用が可能な業種では，新規の生産ラインの構築が容易に行われることが挙げられる。第3に，地方レベルで策定される経済政策が挙げられる。地元の企業を優遇する地方政府の政策が全国統一市場の形成を妨げている。また，地方政府が与える補助金は業績の悪い企業の市場からの退出を阻んでいる。そして，補助金によって水や電気といった公共料金が低く抑えられているために新規投資や生産の増加が生じやすい（European Chamber, 2009; 2016）。

2. 生産能力過剰を生み出すゾンビ企業

上記のように，地方政府が地元企業に与える補助金が生産能力過剰発生のひとつの要因となっているが，そうした補助金によって経営改善の見込みがないのに生きながらえている企業のことをゾンビ企業という。ゾンビ企業の存在は労働力や銀行融資の配分を歪めるため，非ゾンビ企業の成長を妨げたり，技術的な進歩を抑制し，とくに斜陽産業における生産能力過剰を悪化させると考えられる（聶ほか, 2016）。

中国人民大学国家発展戦略研究院が2016年にゾンビ企業の数を算出している。2013年において鉱工業統計が対象としている34万社をベースにした調査では27167社が，上場企業2865社を対象とした調査では412社がゾンビ企業とされている[16]。また，前者では水生産・供給，電力・熱エネルギー生産・供給，化学繊維製造，後者では鉄鋼，不動産，建設といった業種でゾンビ企業の比率が高い。また，前者の調査で見た場合，ゾンビ企業比率は，2000－2004年においては平均17.09％だったのが，2005－2013年には平均7.51％へと低下している。しかし，2012年から2013年にかけてはゾンビ企業の数，比率ともに大きく上昇している[17]（聶ほか, 2016）。

それでは，なぜゾンビ企業は生まれるのであろうか。その理由としては第1に，地方政府と企業の共謀が挙げられる。企業に経営改善の見込みがなくても，地方政府や経営者は経営責任，失業，未払い債務の問題の表面化を恐れているため，また，上級政府が何らかの救済に乗り出すのではないかという期待を持っているため，企業の現状維持を選択する（三浦, 2017）。

第2に，地方政府間や国有企業間における悪性競争が挙げられる。ゾンビ企業は経営困難に陥る前に大規模で非理性的な拡張を行っていることが往々にしてある。中国にはGDP成長率のような明確な指標を事前に与えて官僚を競争させ，競争の勝利者を昇進させる仕組みが存在している（周, 2004）。このような地方政府官僚の昇進競争は改革開放期における中国経済の急成長の原動力となった。その一方で中央政府が発展を支援する太陽光発電のような新興産業に対して多くの地方政府が一斉にその発展を支援する政策を打ち出したことで重複建設や過剰な生産能力といった問題を生み出した。また，国有企業の経営者は国務院国有資産監督管理委員会の自身の業績に対する審査や昇進の可能性に目を向けており，利潤の増加よりも企業規模の拡大を追求することが多い。

第3に，大規模な経済刺激策の後遺症が挙げられる。世界金融危機後の大規模な経済刺激策を実施したことでいくつかの業種では過剰な投資がなされた。2007－2009年における資産あるいは固定資産の増加率が高い業種ほど2007－2013年におけるゾンビ企業比率が大きく上昇している。すなわち，大規模な投資はゾンビ企業を生み出すひとつの要因であると考えられる。

第4に，世界金融危機による需要の減退が挙げられる。2008年の世界金融危機後，主要国の経済成長が減速し，需要が減少すると，輸出依存度の高い企業は商品の売れ行きが悪化し，経営が悪化した。2007年における総販売額に占める輸出額の比率が高い業種ほど，2007－2013年におけるゾンビ企業比率が大きく上昇している。すなわち，外部需要の減少はゾンビ企業を生み出すひとつの要因となっている。

第5に，銀行の融資における差別的待遇が挙げられる。国有企業は政府の保護を受けるため，貸し倒れリスクが低い。したがって，国有企業は収益力が低いが銀行融資を受けやすいのに対し，民営企業は収益力が高いが融資を受けにくくなっている（聶ほか, 2016）。

上記のように経済に深刻な影響を与えるゾンビ企業の淘汰に関する取り組みもなされている。IMFは中国政府に対して企業債務が拡大している問題に早急に取り組むよう促し，国有企業向けの補助金の削減や過剰債務を抱えたゾンビ企業の淘汰を求めた（IMF, 2016）。また，中国政府は 2016 年に中央企業（国務院直属の国有企業）の傘下にある，経営効率の劣る 345 の子会社を淘汰する予定であることを発表した。鉄鋼業では 2015 年末時点で年間 12 億トンだった粗鋼生産能力の削減が取り組まれ，赤字企業の淘汰などで 2016－2017 年に 1 億 2000 万トン分が削減された（日本経済新聞 2019 年 1 月 22 日）。生産能力の削減に伴う従業員の再配置や再就職のために中央政府から補助金が拠出されている（柴山, 2019）。

しかし，2019 年に入ると鉄鋼価格が上昇し，政府の締め付けが緩んだことを受けて，国際市況を混乱させるとして，いったんは一掃された，くず鉄を溶かして固めただけの粗悪な違法鋼材「地条鋼」が復活し始めたという動きも見られるようになり（日本経済新聞 2019 年 5 月 27 日），今後順調に生産能力過剰が削減されていくかどうかは予想が難しい。

3. 生産能力過剰の発生源

(1) 国有企業

何・朱（2016）によると，国有企業は他の所有制企業に比べてゾンビ企業になる可能性が高い。また，聶ほか（2016）によると，国有企業は民営企業よりもゾンビ企業比率は高い。

国有企業はゾンビ企業比率が高く，また地方政府との関係が他の所有形態よりも密接であるため，生産能力過剰の主要な発生源になっていると考えられるが，その中でどのような国有企業が主要な発生源となっているかに関しては議論が分かれる。Brun（2016）は，瞰制高地にある戦略的地位を与えられた国有企業は財務的に支えられ，市場の規律から独立した存在になっており，経営状況が悪くても市場から退出しないため，全体として生産能力が過剰になると述べている。一方で，渡邉（2017）は退出すべきであるのに退出しないのは，戦略的地位を与えられた企業ではなく，地方経済を支える中小型の国有鉄鋼企業だとしている。また，国有企業であり営業収益を相殺する規模の補助金および非営業収入を得ている企業は翌年も営業収益を悪化させていることを明らかにしている。

(2) 中小民営企業のゾンビ化のメカニズム

しかし，聶ほか（2016）によると，2005－2013年における国有ゾンビ企業数が2000－2004年よりも減少しているのに対し，民営ゾンビ企業数は増加しており，民営企業がゾンビ化するメカニズムの分析も行われている。

企業規模が小さく，抵当に入れられる資産がない中小民営企業は国有企業に比べて銀行から融資を得るのは困難なので，相互信用，非公式なルート，民間金融，川上・川下の企業との資本・ビジネスにおける緊密な結びつきを利用して資金を調達する。しかし，もしひとつの企業が経営困難になりゾンビ化すれば，その企業と関わりのある他の企業も資金を貸して救済せざるを得なくなりゾンビ化する可能性がある[18]。このようなことは民間金融が発達している江蘇省や浙江省では普遍的になっている（方ほか，2018）。

上述した3つの市場のうちの混合市場では，国有企業の存在が利益機会が存在しているという誤ったシグナルを発してしまうため，民営企業が高い利潤を狙って市場に参入し，新しい設備に投資し，シェアの拡大を目指そうとするのであれば，国有企業だけでなく民営企業も生産能力過剰の発生源になっていると考えた方が自然であろう。

(3) 規模の拡大を優先する民営企業

国家の発展や社会の安定のために重要な産業における規模の大きい企業を政府が保護しようとする動きは民営企業に対しても見られる。業績の悪い企業の倒産や人員削減は，解雇された労働者が短期間で再就職先を見つけられない場合，「群体性事件」（民衆による集団示威行為）が生じる可能性があるため，政府は規模の大きい企業を所有形態に関わらず保護する場合がある。民営企業としても，株主のために利潤を上げ，価値を生み出すことだけではなく，企業の規模を拡大し，売り上げを増やし，総資産を増加させることも重要な目標になっている。

深圳市は地元のGDP成長率を上昇させるため，2006年に「深圳市民営領軍骨干企業認定暫行辦法」を公布した。それに基づき，深圳市は年間売上高100

億元以上の超大型の民営企業の信頼醸成のために 10 億元を捻出し，また，銀行にそれらの企業に融資を行うよう働きかけた。このような政策は民営企業の資金調達の困難を緩和するが，勝者を選ぶことにつながり，公正な市場競争のルールに反するものであるが，企業は規模と効率のうち規模を選択するようになる（李, 2018）

政府の支援を得るために規模を拡大しようとする動きは鉄鋼業においても顕著に見られるという。政府の支援策が大規模な企業を優先に行われるため，企業は非効率な投資を行い，規模の拡大に奔走する。小規模の企業も市場に生き残るために，生産能力拡大のための新規投資を行う（Li et al., 2019）。そのような企業の行動が生産能力過剰につながると考えられる。

おわりに

本章で述べてきたように，経済全体における国有部門のシェアは高い値を保っており，業種によっては国有経済が増強している。また，中国では 1990 年代末以降，混合所有制改革が取り組まれているが，そのなかで民間資本を導入して，政府との密接な関係を背景に事業の多角化を行い，企業規模を拡大している国有企業も存在している。一方で民営企業にも政府の支援を得るために効率性よりも規模の拡大を優先する一面が見られる。以上のような企業の規模の拡大傾向には政府との密接な関係が影響していると考えられるが，今後中国の政府－企業間関係はどのように変化していくのだろうか。

改革開放初期，改革を進めるための青写真は存在していなかった。改革は工場や農村の生産隊のインセンティブと効率性の改善といった草の根レベルから始まった。その当時は改革によってすべての改革当事者が恩恵を受けることができていた。その後，資源配分システム，マクロ政策環境，そして発展戦略といったより根本的な要素へと改革の軸足が移っていくと上位の制度が改革を妨げたり，改革当事者同士の間でインセンティブの相反が生じるようになってきた。収穫しやすい改革の成果が摘み尽くされつつあるなかで共産党第 18 期 3 中全会は経済，政治，文化，社会，環境，そして党における包括的な改革を深化するための青写真を設計した。元中国社会科学院副院長の蔡昉は次のように述べている。「国有企業は独占的な地位を築いて競争を阻害し，長期的にはイノベーションを妨げている。独占の恩恵を受けている国有企業が特権的な地位を維持する口実として国家の安全保障やイデオロギーまで動員して既得権益を維持しようとするなか，指導部が示したグランドデザインの力だけが国有企業の独占を打破するような改革を推進できる」（蔡, 2019：218-221）。

第3節で述べたように，民間資本を導入した国有企業（国有支配企業）は生産性において狭義の国有企業を上回り，一部の業種では民営企業に肉薄しているなど，競争力が高まっている。また，国有企業が行う公共性の高い分野やハイリスクな分野への投資は民営企業を含めた非国有企業の投資を促進するという面もある。このような国有企業は競争や長期的なイノベーションを阻害する存在ではない。さらに，蔡昉の述べていることが中国では全面的な民営化や成熟した市場経済への移行が目指されていることを意味しているとすれば，国有資産の増強や第2節で述べた国進民退の新たな様相の出現を考えると，そうはなっていないようにみえる。近年，民営も含めた企業に対する政府の影響力はますます強まっており，政府が積極的に市場へ介入する経済システムが短期的に転換されることはないだろうが，国有企業が持つ既得権益を打破するような包括的な改革がどのように行われていくのか，注視していく必要がある。

［注］

1　本稿は小林（2019）へ大幅に加筆したものである。

2　ハンガリーの経済学者コルナイによると，計画経済から市場経済への移行は「体制移行」（transition）と「構造変化」（transformation）の二段階に区分して考えることができる。前者は狭義の市場移行を意味し，(1) 共産党が政治的な独占的権力を失うこと，(2) 生産手段の大部分が私的所有で，私的セクターがGDPの大部分を担うこと，(3) 市場が経済活動の支配的な調整システムであること，という3つの指標が満たされたとき，体制移行が完成する。また，後者は市場が十分に機能する経済システムの形成までの比較的長い過程を意味する（加藤・久保, 2009：11）。

3　梶谷（2018）と加藤・渡邉・大橋（2013）によると，GDPに占める国有経済のシェアは2004年が42%，2007年は39%，2009年は38%，そして2014年が32%と低下傾向にあるが，高い値を保持していると言える。

4　国有支配企業とは混合所有形態の企業のうち，企業の全資産に占める国有資産（株式）の割合がその他のいかなる所有者の占める割合より高い企業をさす。

5　2019年には上場企業165社で経営権を掌握する株主の変更があり，そのうち経営権が創業者などの個人から政府に移ったのが44社で，その逆のケースは7社であった（三浦, 2020）。

6　中国政府は多くの資源を支配しており，そのほとんどを国有企業に割り当てている。これらの資源には，① ネットワーク効果が強いゆえに独占が生まれやすい資源，② 土地をはじめとする天然資源，③ 市場参入にライセンスが必要となる特許経営権，④ 投資にかかわる資源，⑤ 産業ファンドと投資ファンドにかかわる資源，⑥ 価格決定権，⑦ 直接・間接的に支配している国有資産が含まれている（関, 2019）。

7　例えば，遼寧省鞍山市を本拠地とする鞍鋼集団は2019年度のフォーチュン・グローバル500のランキングは385位であるが，2012年から2016年まで5年連続で赤字を計上していた（中国聯合鋼鉄網2018年1月16日）。赤字額は2015年が45億9000万元，2016年が93億7500万元であった。なお，中国企業は2019年度，129社がランクインしているが，そのうち12社は赤字企業である（財富中文網2019年7月22日）。

8　鉄道，石油製品流通，電力（送電）が含まれる（渡邉, 2014：323）。

9　鉄鋼，自動車，建築，石炭などが含まれる（加藤・渡邉・大橋, 2013：24）。

10　国有部門には国家が100％所有する国有企業だけでなく，国家が主要な株式を保有している国有支配企業，すなわち混合所有企業も含まれている。図表8－3によれば，国有経済とは国有企業および国有支配企業をさす。広義の国有企業および国有支配企業は狭義の国有企業，国有連営企業，国有独資企業，国有支配企業の四類型からなる。狭義の国有企業は全資産が国家所有に帰する企業で，かつ『中国人民共和国企業法人登記管理条例』の規定に基づき登記された「非公司制」（会社法の適用を受けない）の経済組織をさす。国有連営企業は株式制あるいは有限責任公司になっていない企業で，中央政府，地方政府が共同で所有し運営する企業をさす。国有独資企業は国が100％の株式を保有している企業をさす。国有支配企業は混合所有形態の企業のうち，企業の全資産に占める国有資産（株式）の割合がその他のいかなる所有者の占める割合より高い企業をさす（加藤, 2013：92-93; 天児ほか, 1999）。

11　事例は加藤（2016）107頁に紹介されている。

12　Du and Zhang（2018）は，一帯一路沿線諸国への直接投資における中国の国有企業と非国有企業の補完関係に着目し，国有企業の直接投資によって物流インフラが整備され，それが非国有企業の直接投資を促進することを明らかにしている。

13　中国電信は2014年5月までにゲーム配信やソーシャルメディアなどの傘下4社を混合所有制へ移行し，7億元を調達したという（中国電信「奔跑吧，創新—中国電信“5.17”専題報道—」2015年5月15日　http://www.chinatelecom.com.cn/news/mtjj/t20150515_130202.html　2020年12月25日アクセス）。

14　例えば，中国中化集団有限公司は中央政府の管理監督を受ける中央国有企業で，エネルギー，化学工業が中核業種となっているが，業務範囲は農業，不動産，金融などの業種にも及んでいる。

15　21世紀の中ごろまでに経済発展が相対的に遅れ，かつ多くの少数民族が集中している西部地域の経済の底上げをするとともに，生態系の保全・環境保護をはかることを目指した政策のこと（日置・藤井, 2018：104）。

16　ゾンビ企業の基準については聶ほか（2016）で説明されているほか，三浦（2017）ではその日本語による説明がなされている。

17　この報告書では，2つの調査を比較した場合，上場企業数が2000年以降大きく増加していることと上場企業は規模が大きい企業が多く，また，国有企業の比率が高いことを理由に鉱工業統計を用いた算出の方が信頼度が高いと判断されている。

18　このようなメカニズムは，方ほか（2018）では「伝染効果」（contagion effect）と名付けられている。

[参考文献]

（英語）

Brun, L. (2016) *Overcapacity in Steel: China's Role in a Global Problem*. Duke University, Center on Globalisation, Governance and Competitiveness

Du, J. and Zhang, Y. (2018) Does One Belt Road Initiative Promote Chinese Overseas Direct Investment?. *China Economic Review*, Vol.47, pp.189-205

European Chamber (2009) Overcapacity in China: Causes, Impacts and Recommendations.（https://understandchinaenergy.org/wp-content/uploads/2013/10/European-Chamber-of-Commerce-_Overcapacity-in-China_Dez09.pdf　2019/07/28 アクセス）.

European Chamber (2016) Overcapacity in China: An Impediment to the Party's Reform Agenda.（https://www.pulpmarket.ca/wp-content/uploads/Overcapacity_in_China_An_Impediment_to_the_Party_s_Reform_Agenda_English-Version.pdf　2019/07/28 アクセス）.

IMF (2016) PEPLE'S REPUBLIC OF CHINA. *IMF Country Report*, No.16/270（https://www.imf.org/external/pubs/ft/scr/2016/cr16270.pdf　2019/07/28 アクセス）.

Li, P., F. Jiang and Cao, J. (2019) *Industrial Overcapacity and Duplicate Construction in China: Reasons and Solutions*. World Scientific.

Qi, H. and Kotz, D. M. (2020) The Impact of State-Owned Enterprises on China's Economic Growth. *Review of Radical Political Economics*, Vol.52, No.2, pp. 1-19.

Ten Brink, T. (2019) *China's Capitalism: A Paradoxical Route to Economic Prosperity*. University of Pennsylvania Press.

OECD, Indicators of Product Market Regulation.

（中国語）

杜建国（2017）「私企税負遠低于国企，這是中国経済的基本事実」観察者網 2017 年 9 月 13 日（http://www.guancha.cn/DuJianGuo/2017_09_13_426899_s.shtml　2019/07/28 アクセス）。

方名月・張雨瀟・聶輝華（2018）「中小民営企業成為僵屍企業之謎」『学術月刊』2018 年第 3 期，pp.75-86。

何帆・朱鶴（2016）「国有企業更容易変僵屍嗎」財新網 2016 年 3 月 7 日（http://pmi.caixin.com/2016-03-07/100917284.html　2019/07/29 アクセス）。

李偉（2018）『中国経済新征程―結構改革与長期増長潜力―』浙江大学出版社。

劉小魯・聶輝華（2015）「国企混合所有制改革―怎麽混？混得怎麽様？」『人大国発院系列報告』総期第 6 期。

盧嘉瑞（2001）「論重複建設的危害、成因及治理」『生産力研究』2001 年 No.2-3, pp.61-63。

聶輝華・江艇・張雨瀟・方名月（2016）「中国僵屍企業研究報告―現状、原因和対策」『人大国発院系列報告年度研究報告』総期第 9 期。

王小魯・余静文・樊綱（2016）「中国市場化八年進程報告」中国改革論壇網（http://people.chinareform.org.cn/W/wangxiaolu/Article/201604/t20160414_246875.htm　2019/07/02 アクセス）。

周黎安（2004）「晋昇博中政府官員的激励与合作」『経済研究』2004 年第 6 期，pp.33-40。

周其仁（2006）「希望不是微観調控」『経済観察報』2006 年 4 月 30 日（http://www.eeo.com.cn/observer/eeo_special/2006/05/12/45057.shtml　2015/11/10 アクセス）。

財富中文網「2019年財富世界500強排行榜」2019 年 7 月 22 日（http://www.fortunechina.com/fortune500/c/2019-07/22/content_339535.htm　2019/07/28 アクセス）。

国家統計局編『中国統計年鑑』中国統計出版社，各年版。

中国電信「奔跑吧、創新―中国電信 "5.17" 専題報道―」2015年5月15日（http://www.chinatelecom.com.cn/news/mtjj/t20150515_130202.html　2020 年 12 月 25 日アクセス）。

中国聯合鋼鉄網「鞍鋼集団去年盈利15億元終結五年連続虧損」2018年1月16日（http://www.custeel.com/shouye/common/viewArticle.jsp?articleID=4839098&group=　2019/07/28 アクセス）。

（日本語）

天児慧・石原享一・朱建栄・辻康吾・菱田雅晴・村田雄二郎（1999）『岩波現代中国事典』岩波書店。

井手啓二（2020）「中国社会・経済の制度的特徴をどうみるか」芦田文夫・井手啓二・大西広・聴涛弘・山本恒人『中国は社会主義か』かもがわ出版，41-67頁。

上原一慶（2009）『民衆にとっての社会主義―失業からみた中国の過去、現在、そして行方―』青木書店。

馬田啓一・浦田秀次郎・木村福成・渡邊頼純編著（2019）『揺らぐ世界経済秩序と日本―反グローバリズムと保護主義の深層―』文眞堂。

岡本信広（2013）『中国―奇跡的発展の「原則」―』アジア経済研究所。

何清漣・程暁農（2017）『中国―とっくにクライシス，なのに崩壊しない“紅い帝国”のカラクリ―』ワニブックス。

梶谷懐（2018）『中国経済講義―統計の信頼性から成長のゆくえまで―』中公新書。

梶谷懐・藤井大輔編著（2018）『現代中国経済論』ミネルヴァ書房。

加藤弘之（2013）『「曖昧な制度」としての中国型資本主義』NTT出版。

加藤弘之（2016）『中国経済学入門―「曖昧な制度」はいかに機能しているか―』名古屋大学出版会。

加藤弘之・久保亨（2009）『進化する中国の資本主義』岩波書店。

加藤弘之・渡邉真理子・大橋英夫（2013）『21世紀の中国経済篇　国家資本主義の光と影』朝日新聞出版。

関志雄（2019）「民営化なき国有企業改革は可能か―次善策としての公平かつ競争的市場環境の構築―」（https://www.rieti.go.jp/users/china-tr/jp/190411sangyokigyo.html　2019/07/24 アクセス）。

小林拓磨（2019）「中国における政府－企業間関係」『松山大学論集』第31巻，第3号，23-46頁。

蔡昉（2019）『現代中国経済入門―人口ボーナスから改革ボーナスへ―』東京大学出版会。

柴山千里（2019）「中国の過剰生産能力問題と貿易救済措置」馬田啓一・浦田秀次郎・木村福成・渡邊頼純編著『揺らぐ世界経済秩序と日本―反グローバリズムと保護主義の深層―』文眞堂，46-56頁。

朱寧（2017）『中国バブルはなぜつぶれないのか』日本経済新聞出版社。

徐涛（2014）『中国の資本主義をどうみるのか―国有・私有・外資企業の実証分析―』日本経済評論社。

関辰一（2018）『中国経済成長の罠―金融危機とバランスシート不況―』日本経済新聞出版社。

張紅詠（2018）「中国の産業政策と企業成長―鉄鋼業からのエビデンス―」武田晴人・林采成編『歴史としての高成長―東アジアの経験―』京都大学学術出版会，323-342頁。

中兼和津次編（2014）『中国経済はどう変わったか―改革開放以後の経済制度と政策を評価する―』国際書院。

中屋信彦（2013）「中国「瞰制高地」部門における公有企業の支配状況調査」『調査と資料』第118号，1-54頁。

日置史郎・藤井大輔（2018）「地域発展戦略と産業・人口の集積」梶谷懐・藤井大輔編著『現代中国経済論』ミネルヴァ書房，101-117頁。

丸川知雄（2013）『チャイニーズ・ドリーム―大衆資本主義が世界を変える―』ちくま新書。

三浦有史（2013）「投資効率の低下が顕著な中国経済―習近平体制で「発展方式」の転換は可能か―」『Japan Research Institute review』Vol.3, No.4, 97-114頁（http://www.jri.co.jp/MediaLibrary/file/report/jrireview/pdf/6646.pdf　2014/10/30 アクセス）。

三浦有史（2015）「中国の国有企業はどこに向かうのか―成長の持続性を左右する改革の暫定評価―」『環太平洋ビジネス情報』Vol.15, No.58, 39-69 頁。
三浦有史（2017）「中国ゾンビ企業の市場退出は進むか―習近平政権を待ち受ける試練―」『Japan Research Institute review』Vol.4, No.43, 2-23 頁（https://www.jri.co.jp/MediaLibrary/file/report/jrireview/pdf/9808.pdf　2019/07/25 アクセス）。
三浦有史（2020）「中国経済の減速と民営企業―なお続く「国進民退」―」『環太平洋ビジネス情報』Vol. 20, No. 77, 1-30 頁。
三菱東京 UFJ 銀行（中国）有限公司（2013）「総合措置で過剰生産能力を削減，実効性を期待」『BTMU（China）経済週報』2013 年 8 月 15 日第 168 期（https://reports.btmuc.com/fileroot_sh/FILE/full_report/130816_01.pdf　2015/01/10 アクセス）。
渡邉真理子（2014）「企業制度―国有、民営混合体制の形成とその問題―」中兼和津次編『中国経済はどう変わったか―改革開放以後の経済制度と政策を評価する―』国際書院，305-344 頁。
渡邉真理子（2017）「中国鉄鋼産業における過剰生産能力問題と補助金―ソフトな予算関役の存在の検証―」1-31 頁（https://www.rieti.go.jp/jp/publications/dp/17j058.pdf　2019/05/30 アクセス）。
「中国、鉄冷え招く「地条鋼」復活の気配」日本経済新聞 2019 年 5 月 27 日。
「中国鉄鋼、過剰懸念再び　車・家電向け軒並み需要減―目立つ価格下げ 政府、設備削減へ―」日本経済新聞 2019 年 1 月 23 日
「【TOP 30】中国自動車販売― 2018 年年間ランキング［ブランド別］―」兵庫三菱発信編集局ニュース 2019 年 2 月 14 日（https://www.hyogo-mitsubishi.com/news/data20190214090000.html　2019/07/30 アクセス）。

第9章

国家の役割再考
――ドイツにおける女性労働をめぐって――

里上三保子

はじめに

女性労働に関しては，多くの国において法律で何らかの言及がされており，国家の介入が一般的にみられる領域のひとつである。市場経済において経済活動への国家の介入は常に是非が問われるものであるが，労働の領域においては労働者保護といった観点からほとんどの国家が法規制等を設けており，積極的な介入を行う国も少なくない。中でも女性労働に関しては児童労働とともにかなり早い段階から多くの国で保護規定が導入され，男女平等の機運の高まりとともに差別禁止の規定も取り入れられている。このように，労働の領域，とくに女性労働に関しては国家介入そのものについて是非が問われるということは少なく，ある程度は当然のこととして受け止められている。それは，女性労働については市場原理に任せてもうまくいかない，市場の失敗が起こりうるために，その是正のためには国家の介入が必要であると認識されているからであろう。また，女性労働については家族政策や社会保障政策など労働に関わる広い領域からの国家の影響も大きいという特徴がある。今日の日本を見ても，女性の労働市場での「活躍」のために，政府が様々な施策を行っており，女性労働という領域を論じるにあたっては国家の存在は非常に大きいものであるといえる。

そこで本章では，女性労働と国家の関わりについて検討するにあたり，ドイツ民主共和国（東独）という社会主義国をひとつの事例として取り上げることとした。東独では女性の労働参加率は非常に高く，1980 年代には 90％を超えるに至ったが，この背景には国家の強力な介入が存在していることから，国家主導による女性労働拡大と言える。東独だけではなく，多くの社会主義国においてイデオロギーからも女性労働が積極的に推し進められたが，その介入のあり方は西側諸国のどの国とも大きく異なるものである[1]。一般的には女性労働の拡大は女性の権利拡充や男女平等とともに進んでいくものとして捉えられているが，東独における女性労働の拡大はその「成果」にもかかわらず，内実としては必ずしも男女平等を伴ったものでなかったという批判が数多くなされており，この点も東独の特徴を示すひとつの大きなポイントである。

そこで，本章は東独における女性労働の拡大について，その目的と手段がどのような特徴を持つものであり，その特徴が結果に与えた影響とはどのようなものであったのかについて，西独との比較を通じて検討することによって，「女性労働」という領域における「国家の役割」というものがいかなる可能性を持つものなのかを明らかにすることを目的とする。

第1節　東独における女性労働推進の目的と背景

東独のみならず，社会主義国の多くにおいて女性労働の拡大が推進された背景には，社会主義イデオロギーの具現化という共通する目的があったと考えられる。では，社会主義イデオロギーの中で女性労働はどのように捉えられていたのだろうか。「社会主義運動の中では伝統的に女性の解放は人間解放のもっとも重要な側面のひとつ」（斎藤，2007：193）として位置づけられ，女性が「社会的生産労働からしめだされて，家内の私的労働に限定されたままである限りは，婦人の解放，男女の平等の地位は不可能事であるし，またいつまでも不可能であろう」（エンゲルス，1954：221）とされた。そのような社会主義イデオロギーは，東独の憲法をはじめとした法制度の中に明確に示されており，1949年の建国時には憲法20条に男女同権規定（雇用・賃金・教育の平等）が盛り込まれ，1950年には「母子保護および婦人の権利に関する法律」において，男女の実質的同権の達成のため，女性が家事から解放され，あらゆる職場活動に進出することが規定された。このように，女性が家事労働に専念するのではなく，賃労働に従事することが推奨され，女性の労働権は法的に保障されていたが，その一方で女性についてはその家族的義務によってフルタイム就業が難しい場合にはパートタイム就業の機会が保障されてもいた。このことから，男女ともに賃労働に従事することが求められてはいるものの，女性については家事があるためにフルタイム就業が妨げられる可能性があることを政府が認識しており，その場合にあってはフルタイム就業をすることを優先するのでなく，家事と就業を両立するために就業を軽減するという対応がとられていたことがわかる。つまり，女性は男性と異なり家族的義務を有する存在であり，よって女性は男性とは異なる特有のニーズを持つ存在であるとして認識され，女性問題は一種の階級問題として捉えられていた（Kranz, 2005）ために，平等規定が設けられているとはいえ，賃労働に従事する上で男性と女性は異なるということが制度的に組み込まれてしまっていたのである。もともとワイマール期には「女性の役割を家庭の領域に固定する性別による役割分担を女性に強制するような社会的圧力」（斎藤, 2007：33）があったことからも，東独の建国当時には男女の伝統的な性別役割分業の考えと女性の労働参加や男女平等といった新しいアイデアが社会の中に複雑な形で混在していたと考えられる。1961年にSED（ドイツ社会主義統一党）政治局が発表した「コミュニケ：女性―平和と社会主義」では，男性の中で女性が過小評価されていることや，職場における女性の地位が相対的に低いこと，教育分野においてジェンダーの偏りがあることなどの認識が示されており，当時の東独社会というのが憲法で掲げられたような男女平等の達成には至らない，難しい状況であったことがわかる。一方でこの「コミュニケ」の中にも「多くの指導的立場にある女性たちには，母として主婦としてしなければならないことが多いにもかかわらず，しばしば男性よりも多くの負担が科せられている」との記述があり，SED自身が家庭内の性別役割分業については伝統的な見方を崩していないことも示している。公式に家庭内における家事の分担についての言及がされるようになったのは，1960年代後半に入り，出生率の低下の傾向が明らかになってからのことである。

このように，イデオロギー面から見た東独における女性労働の拡大は，賃労働に従事することによって稼得者となり，非稼得者であることを理由として女性が男性に対して従属的な立場に置かれるということのないように，女性を「解放」するという理想を具現化したものであると言える。その一方で女性の見方については，女性は子供の「母」であり，家庭における「主婦」であるという見方からの変化は見られなかった。これが多くの論者によって指摘される「二重負担」であり，男性以上の「負担」を担っている女性が果たして「解放」されていると言えるのであろうか。このある種の「矛盾」については第2節でも触れるが，第4節において改めて検討する。

東独において女性の労働参加が積極的に推進された背景としては，イデオロギー的なものに加えて，極めて現実的な，労働力の確保という課題があったことが考えられる。第二次世界大戦によって激しい空爆等によりドイツは全土的に大きな損害を受け，生産能力も大きく損なわれた。従来，西独地域よりも東独地域の方が戦災による損失が大きいとされていたが，統一後に明らかになった資料から，実際には西独地域の方が損失は大きく，東独地域については戦後のソ連による生産設備の接収や解体の方が重大な影響をもたらしたということがわかっている（石井, 2010：50）。一方で労働力についてもドイツ全土で戦後は生産可能年齢人口の減少がみられたが，とくに東独地域においては生産可能年齢人口のうち男性の減少が大きく，とくに20代や30代の若年層が多いことがその特徴として指摘されている（石井, 2010：61）。さらに，東独からは西側への流出も大きな問題であり，1950年代には毎年15万人弱から33万人超の人が西独へ逃亡し，1949年から1961年の間での逃亡者数は250万人を超えた（Steiner, 2004：105）。この西側への逃亡者の中には多くの若者や熟練労働者がいたとされており，東独は労働力の確保という点で大きな課題を抱えていた。また，終戦直後には各占領地域で連合軍による質の高い熟練労働者の強制連行があった。そこで，男性に加えて女性も労働力として生産体制に組み込み，労働力不足を補うことにしたと考えられる。実際に，女性の就労可能年齢人口は1939年と比べて1946年は21％増加しており，同時期に男性は17％減少した（石井, 2010：62）ことからも女性が新たな労働力供給源となった。ただし，女性の多くは十分な職業訓練を受けていなかったために，熟練労働者の不足を補うには至らず，職業訓練が大きな課題となった。図表9－1にある人口全体の変動を見ても，東独ではマイナス成長の時期が多く，1951年以降，

図表9－1　東独と西独における人口成長率（1951年～1990年）

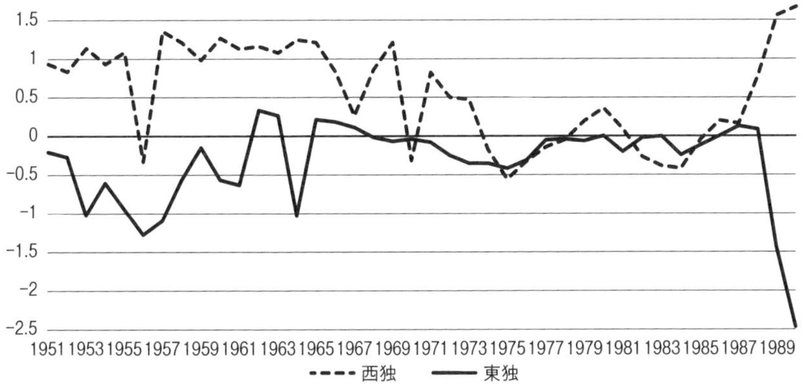

（出所）ドイツ連邦統計局（2020年12月31日アクセス）https://www.destatis.de/EN/Themes/Society-Environment/Population/Current-Population/Tables/lrbev03.html

基本的に人口は減少の一途をたどったといっても過言ではない。加えて，社会主義国に共通するシステム上の問題として「不足の経済」（Kornai, 1980）があり，そのために東独でも随所で不足の問題が発生しており，労働力不足も常態化していた。こうしたシステム上の問題は建国初期の労働力不足の問題を継続させることとなり，それゆえに女性を重要な労働力として生産現場に取り込む取り組みが続けられることとなったと考えられる。

以上に述べたように，東独で女性の労働参加が積極的に推進されてきた背景には，社会主義イデオロギーの具現化という理念的な側面から女性解放を目指し，実現するために女性の労働への参加が促されたのと同時に，建国以来続いた労働力不足を補うという課題への対処という現実的な側面という2つの要素が存在していた。次節ではそうした背景から実際にどのような女性推進策が実施されたのかについて整理していきたい。

第2節　東独における女性労働推進策

前節では東独における女性労働の推進がイデオロギー的側面と労働力不足解

消の側面という２つの側面を持っていたことを示したが，本節ではそうした背景の中で実際にどのような施策が行われたのかについて時系列で整理し，東独における女性労働推進の目的が「社会主義イデオロギーの具現化」と「労働力の確保」であったことが，実施された施策にどのような影響を与えたかについて検討する。

前節でも触れたとおり，1949 年のドイツ民主共和国建国時に制定された憲法の中には，男女平等の規定が盛り込まれ，同一賃金同一労働の規定も存在した。ただし，労働力として女性を動員するにあたって男性労働者とは異なるニーズがあるものとして認識されていたため，1950 年から女性を対象とした各種措置が導入された。50 年代に実施された施策として具体的には，保育所の拡充，労働の権利の保障，職業資格取得の促進，深夜労働や一部危険業務からの除外，労働時間の削減，工場における女性労働者を増やす方策などが挙げられる。女性労働者を対象として職業資格の取得の促進を打ち出したことについては，前節でも述べた熟練労働者の不足の問題から，これまでは稼得労働に従事するつもりもなく，十分な職業訓練を受けていなかったという人も多いであろう女性も広く対象として，一人でも多くの質の高い，熟練労働者を確保しようとしたことの表れであると考えられ，工場における女性労働者の増加という方策からもこうした事情がうかがえる。また，労働の権利の保障が高らかに打ち出されていることは，当時の東独社会において女性が稼得労働に従事することが広く認知されていなかったことの裏返しでもあるといえ，社会主義イデオロギーを社会に浸透させるという意味においてもこの点は重視されていたとみられる。その一方で，保育所の拡充が女性労働者への対応として打ち出されているのは，家庭における育児の責任は女性にあるという東独政府の認識を示すものである。このことは，女性が「社会的生産労働からしめだされて，家内の私的労働に限定されたままである限りは，婦人の解放，男女の平等の地位は不可能事」（エンゲルス，1954：221）とエンゲルスが述べたことについて，あくまでも東独では女性を「家内の私的労働」から解放する手段として，女性に限定せずに父親にもその責任を求めるという方向ではなく，保育所などの設置を通じた社会化を選択したということである。図表９-２は３歳以下の子供を保育する施設の設置状況と，そうした施設に入所している子供の数と割合を示

図表9-2　3歳以下の子供に対する保育施設の設置状況

	施設数	入所している子供の数	入所している子供の割合
1955	2,341	67,106	9.1
1965	4,798	142,242	18.7
1975	5,867	233,626	47.8
1988	7,770	355,089	79.9

（出所）Statistisches Jahrbuch der DDR 1990より筆者作成。

したものである。これによると，設置された保育施設数は1955年以降，10年間で約2倍に増え，1988年には1955年の3倍を超え，3歳児以下の子供の約8割が施設に入所する状況となっている。性別役割分業の問題は残るものの，育児の社会化ともいえる，こうした保育施設の充実によって母親の就労を後押ししていたのである。

とはいえ，社会化したといっても，「完全な」社会化は不可能である。東独の保育所の保育時間は長く，全日保育が一般的であったとはいえ，保育園への送迎や家で過ごす間での保育，また病気になった時などの自宅での看護を誰かが担当しなければならない。そのため東独では看護休暇や労働時間短縮といった制度が設けられていたが，そうした制度の対象者は子供のいる女性である。つまり，そういった社会化できない家事・育児の部分について，それらを担うのは基本的に母親である女性であるということが制度的に織り込まれているのである。また，深夜労働や一部危険業務からの除外という保護規定を設けていることは多くの国でみられることではあるが，そうした女性労働者に対する保護規定が存在することや，女性労働者を対象とした労働時間削減といった制度の存在は，男性労働者と女性労働者の間に明確な違いがあることを示し，それに基づいた扱いの違いを肯定していることにもなり，男女平等を達成する上では難しい問題を制度の中に内包しているのである。

1960年代に入ると，前節で紹介した「コミュニケ」で示されたような，男女平等が達成されたとはいいがたい状況を改善しようと，労働の領域においてより積極的に女性の労働参加を推進する施策が展開された。女性の職業資格取得促進という方針は継続しており，さらに資格職への女性の参入を推進するために教育・訓練の拡充が行われ，そのような教育・訓練課程にある女性に対しての支援の充実が図られた。また，「男性職」と言われるような従来男性の多かった職種・職場への女性の取り込みを目標値として設定することも行われた。しかし，こうした支援の充実も50年代にみられたような男女の性別役割分業の域を出るものではない。例えば，先に述べた教育・訓練課程にある女性への支援の充実には，女性が子育てしながら，あるいはフルタイムで就業しながらでも教育・訓練が受けられるような措置が含まれていた。1960年代に子育てしながらでも教育・訓練が受けられる制度を整えていることは世界的にみても先進的な取り組みであるといえるが，対象となっているのが女性に限られていることから，育児をするのは女性であり，そのうえで有資格者として労働に従事することを求めるものであり，制度設計そのものが女性に家事や育児の家庭内労働と稼得労働との二重負担を求めるものとなっている。ただし，1965年に制定された家族法典には家庭内における家事・育児への男女の同等の負担が盛り込まれており，女性の二重負担が認識され，家庭内での負担への言及がなされた点では評価できるものではあるが，従来の家事・育児を女性が行う前提で構築された制度にはそれに応じた変更がなかったことから実効性のないものとなった。

1970年代以降，家族法典で掲げられた家庭内での負担の平等や女性の二重負担という問題について，公的な場でも言及されるようになり，東独政府内でこうした問題への認識が広まっていたことを示しているといえる。この時期に拡充された制度としては，シングルマザーへの支援の充実や1年間の有給での育児休業，育児休業後の職場への復帰の保障，また妊娠12週以内の中絶も認められるようになった。1977年には労働法典に，すべての企業や工場が女性向け訓練の向上や指導的地位への登用の促進，労働条件の改善を盛り込んだアファーマティブ・アクション計画の策定を義務づけている。こうした施策が70年代に行われていたことは，東独が女性の労働参加について相当に先進的な取り組みを行っていたことを示すものであり，中絶の自由も認めたことから女性の決定権を最大限に尊重する姿勢が読み取れ，社会主義イデオロギーに基づく女性の解放に取り組んでいると評価できる。しかしながらその一方で，育児休業や病気の子供の介護休暇，月一度の家事の日休暇などの取得が依然として女性労働者に限られており，その意味では制度として男性労働者と女性労働者が厳然と区別されている状態に変化はないのである。

さらに，この時期に女性に対する支援の拡充には，出生率の低下への対応の意味があったと言われている（Bauernschster and Rainer, 2012; Trappe, 1996）。図表9－3を見ると1960年代半ばから出生率は低下しており，60年代後半には西独の出生率を下回っている。70年代に入るとさらに急激に出生率は低下している。こうした事態を重く見た東独政府は出生率の低下を女性の就業率の上昇と関係があると考え（Bauernschuster and Rainer, 2012），出生率の回復のため，女性労働者への支援策を充実させるのである。その効果がどれほどであったのかは不明だが，その後70年代後半から出生率は回復し，80年代末に低下するまでは一定程度を保っている。西独では60年代後半から80年代半ばまで低下傾向の一途であったことと比較すると，この時期に実施された諸施策には一定の効果があったと考えられる。このように東独政府による女性の就労支援策には，女性解放というイデオロギー的な目的と労働力確保という経済的目的に加え，人口政策的な目的も含まれていたということになる。

東独においては女性が稼得労働に従事できるよう，従来女性が担ってきた家庭内労働については，保育所の拡充や家庭内労働に配慮した制度の充実により，できる限りの社会化が試みられており，こうした動きはまさに女性の家庭内労働からの解放と稼得労働への従事を通じた解放を謳った社会主義イデオロ

図表9－3　東独と西独における出生率（‰）

（15歳から45歳までの女性1000人あたりの出生数）

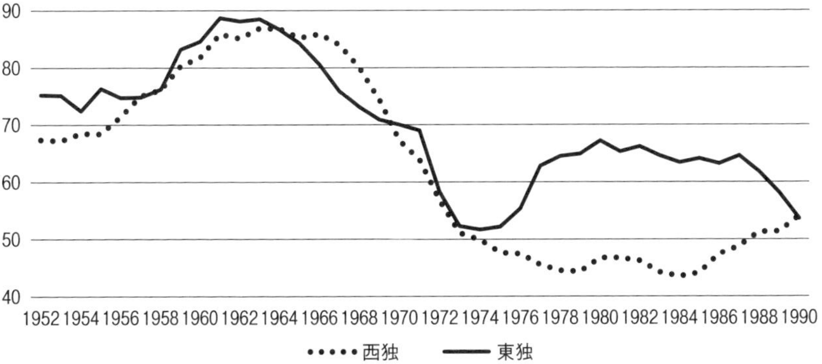

（出所）Statistisches Bundesamt, Berechnungen: BiB

ギーの具現化のための施策と評価できる。また，労働の場においても不足する労働力，とくに熟練労働者の不足を補うためにも，女性がよりその活躍の場を広げられるように，資格取得による資格職への進出の促進や，企業に対するアファーマティブ・アクションの策定の義務化など積極的に介入していた。このように，女性が稼得労働に参加できる条件を整えるために，稼得労働と家庭内労働という２つの領域への国家の介入がみられるものの，家族法典以外では家庭内における男女の役割について従来の性別役割の変更に踏み込んだものはなく，育児や家事のための労働軽減も基本的には女性に限定されたものであり，制度として男女ともに稼得労働に従事する一方で，家事や育児についての責任を持つのは基本的に女性であるという枠組みを構築していたと言える。家族法典で言及された家庭内における家事や育児の負担の問題について，それらにかかわる制度全体では夫婦を対等な家事・育児に関する共同責任者として制度設計していなかったことは，女性の解放という目的よりも従来の労働力である男性はそのまま労働力として確保したうえで，そのうえで追加的な要素として女性を労働市場に取り込むという，労働力確保という目的が重要視された結果ではないだろうか。つまり，東独において性別役割分業への踏み込んだ施策が展開されなかったのは，それが「私的」な領域であり，国家の介入すべき領域ではないと認識されていたからではなく，社会主義イデオロギーの具現化という目的を少なくとも建前では達成したうえで，労働力の確保という現実問題への対策として合理的であったからだと考えられるのである。

次節では，これらの施策の下，東独における女性労働に関わる状況がどのようなものであったのかについて概観していきたい。

第３節　東独における女性労働の実態

これまで見てきたように，東独においては社会主義イデオロギーの具現化と，労働力の確保という２つの目的から積極的に女性労働を推進するための施策が様々に実施されてきた。本節では，こうした施策の結果として，労働やそれにかかわる領域においての女性の状況がどのようなものであったのかについてみていくこととする。

まず，女性の生産年齢人口における就業率は，1985年には職業訓練参加者と学生を除くと78.1%，学生や職業訓練参加者を含めると91.2%（Statistisches Amt der DDR 1988）という状況であり，極めて高い労働参加率を達成するに至った。この結果，労働力における女子占有率は1956年に43.6%，1970年に48.3%，1987年に49.1%（Statistisches Amt der DDR 1988）となっており，労働力の約半分を女性が占めていた。ここでとくに注目したいのは，1956年の数値である。この時点ですでに労働力における女子占有率が40%を超えており，相当に早い段階で女性を労働力として取り込むことに成功していたことがわかる。そして女性の占有率はその後も継続して上昇していった。こうした女性の高い就業率は既婚女性や有子女性にもみられ，既婚女性の1988年における就業率は91.0%で，その内訳は69.0%がフルタイム就業，22.0%がパートタイム就業となっている（Statistisches Jahrbuch der DDR 1990）。このことから，結婚後もフルタイム就業で働くことが一般的であったことがわかる。同様に子供の人数別の女性の就業率では，子供のいない女性で89.4%，子供1人で94.2%，子供2人で91.4%，子供3人で83.2%となっており（Statistisches Jahrbuch der DDR 1990），子供の数が増えるにつれて若干就業率は下がるものの，子供がいる女性といない女性では子供が1人または2人いる女性の方が就業率は高く，子供のいることが就業の妨げになっていないということが読み取れる。このようにみると，保育所の拡充を含めた女性労働者に対する家事や育児との両立支援策は少なくとも一定の効果を上げていたと考えられる。

次に，教育訓練の拡充の結果のひとつとして，高等教育機関における女性の割合を見る。図表9-4によれば，1950年には女子学生は職業専門学校で全体の4分の1，大学では5分の1を占めるに過ぎなかったが，その後，女子学生はその割合を急激に伸ばし，1987年には大学で約半数を，職業専門学校では7割以上を女子学生が占めるに至った。このことから，戦後の有資格労働者や熟練労働者の不足を補うためにも女性に対して教育や訓練の機会を開き，積極的に進めてきたことは一定の成果を上げていたと言える。

ただし，実際の就業部門別の女性比率を見ると，産業分野によって男女の比率に大きな差があることがわかる。男性職と言われる職種や，男性の多い職場

図表9－4　高等教育機関の学生に占める女性の割合（%）

	1950年	1960年	1970年	1980年	1987年
職業専門学校	25.0	28.6	48.6	71.9	70.6
大学	19.2	25.2	35.4	48.7	50.2

（出所）Statistisches Amt der DDR, 1988より筆者作成。

への積極的な女性参加の促進，各企業や工場におけるアファーマティブ・アクションの策定など様々な取り組みがなされたこともあってか，例えば工業部門や交通・通信部門における女性労働者の比率は1950年以降上昇しているが，一方で元々女性の比率の高い販売部門や非生産部門における女性比率も上昇している。つまり，女性の労働参加が全体として広がっていった中で，その一環として従来男性の多かった部門にも女性が増えていったということになるであろう。加えて，元々女性比率の高かった部門で女性比率が高まっているということからは，男性職への女性の取り込みが積極的に行われた一方で，女性職へ男性を取り込み，いわゆる「男性職」「女性職」といった違いを崩すような取り組みはとくに行われてこなかったことをも示している。男性職への女性の取り組みは男女平等の達成のためとうたわれていたが，実際には，重工業部門を重点産業として発展させたい政府が，男女問わずにより質の高い労働者を多く取り込みたいという経済的な目的に沿って行っていたことではないか。労働の領域における男女平等の達成のために男性職にも女性を，ということなのであればその反対に，女性職にも男性を，という取り組みがなされてしかるべきであるが，図表9－5を見る限りそのようなことが結果としては全く表れていない。もちろん，すべての分野や職種などにおいて男女比率が人口比に沿ったものであるべきであると主張するつもりは全くない。それぞれの労働者が特性や個性に基づき，それを活かす形で労働に参加した結果，部門別で男女比率に違いのあるものになるということは十分に考えられ，また，どのような水準が適当なものであるのかを判断することもできない。ここで言いたいのは，東独政府が労働の領域において男女平等の達成の名の下に行った施策の中には，男女平等よりも重点分野における労働力の確保の目的の方が大きいものも多分に含まれていた可能性があるということである。

　こうした労働の領域における男女差は賃金にも表れている。図表9－6は月

図表9－5　産業別の女性労働者の比率

	1950年	1960年	1970年	1980年	1987年
全就業者	40.0	45.0	48.3	49.9	49.0
生産部門全体	37.8	41.4	43.6	44.1	42.6
工業	28.6	40.5	42.4	43.3	41.2
建設	9.7	8.7	13.2	16.3	16.9
手工業	34.5	33.6	40.1	37.8	36.7
農林業	53.7	45.7	45.8	41.6	38.1
交通・通信	17.6	32.3	35.5	36.9	35.2
販売	54.9	64.6	69.2	72.8	72.2
その他生産部門		42.7	53.6	55.3	55.7
非生産部門全体	55.8	64.2	70.3	72.9	72.7
教育			71.3	76.3	
保健・福祉			80.9	83.6	

（出所）Statistisches Amt der DDR, 1988より筆者作成。

図表9－6　フルタイム就業者における月額賃金階層構成（1988年9月30日時点）

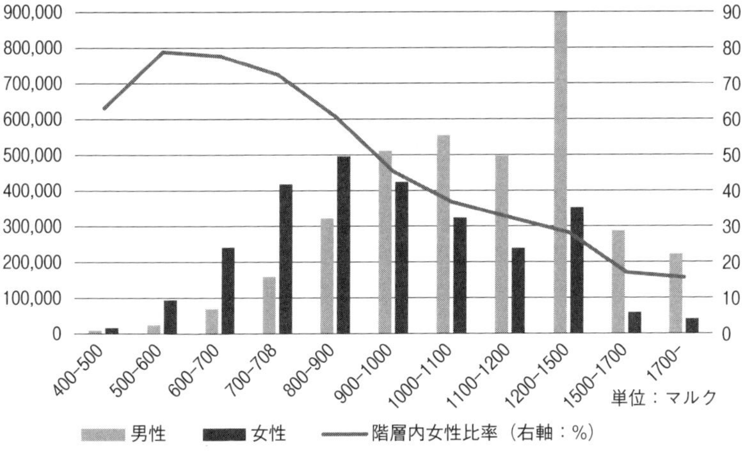

（出所）Frauenreport '90, S.93.より筆者作成。

額での各賃金階層における男女別の労働者数を示したものである。この図からは男女での賃金の違いが明らかである。より賃金階層の低いところで女性の割合が高く，賃金階層が高いところでは女性の比率は低い。高等教育機関に占める女性の割合が高まり，男性の職場と言われる産業部門でも女性の比率が高まってはいたが，賃金面での男女差は歴然としていたのである。

ここで家庭内における家事分担についてみてみたい。図表9－7は婚姻状態にある夫婦間で，それぞれが1日当たりどれほどの時間を家事に費やしたかを1週間の平均値で示したものである。1965年と比べると，時代が経るにつれて妻の家事労働時間は短くなり，夫の家事労働時間は長くなっている。また，夫婦の合計家事労働時間は1980年代に入ってから減少したが，これには家電製品の普及などの影響もあるのではないかと考えられる[2]。しかしながら1985年の時点でも妻は夫の2倍以上の時間を家事に費やしており，このことから家事の主たる担当はこの時期になってもあくまでも妻であり，女性であったと言える。先にみた男女間での賃金の差は家計にも影響を与えており，1989年の家計収入に対する女性の貢献度は37%であった（Szepansky, 1995：121）。つまり，家計収入のうち6割以上が男性によるものであり，稼得労働も家事労働も男女ともに行うが，どちらに重きがあるかということについては男性が稼得労働に，女性が家事労働にそれぞれ重きがあったということと整合的であると言える。

先にみたように1980年代には労働力における女性の占有率が約5割にも上っており，男女ともに稼得労働に従事することが一般的であったにもかかわらず，このように男女間での性別役割分業のあり方そのものが変わらずに続いていたということは，東独における女性労働の制度そのものがそうした性別役割分業を前提として構築されていたからに他ならないのではないだろうか。女性を家内労働から解放し，稼得労働に従事させることで経済的な自立を促し，それによって夫婦間の絶対平等を達成しようとしたが，実際に女性が稼得労働

図表9－7　1日当たりの家事労働時間

（週間平均の値，カッコ内は比率）

	1965年	1970年	1974年	1980年	1985年
妻	5:24（87.3）	5:18（85.9）	4:43（75.1）	4:17（71.2）	3:49（69.2）
夫	0:47（12.7）	0:52（14.1）	1:34（24.9）	1:44（28.8）	1:42（30.8）
夫婦計	6:11	6:10	6:17	6:01	5:31

（出所）Winkler（1990）より筆者作成。

に従事するにあたって家事・育児といった家内労働の問題を解決する必要があった。そのために保育施設の充実などの家内労働の社会化を進めたが，社会化の及ばない部分については稼得労働との両立が容易になるように，家事負担を担う既婚女性や有子女性を対象に労働を軽減するという制度を設けた。このことにより，確かに家内労働を行いつつ，稼得労働に従事することがより容易になったであろうが，それと同時にあくまでも女性は男性と異なり，家内労働の負担がある存在，そうした負担と稼得労働を両立しなければならない存在として規定されてしまっていたのである。そのように規定される以上，労働の領域において女性が男性と同等に扱われるはずもなく，男女間の性別役割分業は続くことになるのである。

以上でみたように，東独における女性労働とそれを取り巻く状況というのは，極めて高い労働参加率や教育・訓練水準，それらを支える保育施設の充実という世界的にみて先進的な部分と，男女間での賃金収入の格差などの労働の領域における明確な男女の差異の持続，女性が中心となって担う家事負担など，男女平等が達成されていたとは言い難い部分が共存する状態であったと言える。次節では改めてこうした東独における女性労働をめぐる状況について，国家が積極的に女性労働に介入し，女性の労働参加を国家が主導して進めたという点に焦点を当てて検討していきたい。

第4節　国家主導による女性労働の拡大

これまで見てきたように，東独においては世界最高水準ともいえるほど高い女性就労率を達成し，女性の教育水準も相当に高くなるなど，大きな成果を上げるものとなった一方で，労働の領域を含め，社会全体の男女平等という点では問題の多く残るものであり，アンビバレントな状況となっていた。それは，女性労働の推進がイデオロギーの具現化と労働力の確保という2つの目的のもと，労働権の保障や男性労働者とは異なる「女性労働者」特有の働き方の提供と是認によって，女性を生産活動に従事させる状況を作り出したことで高い女性の就労率を達成したものの，労働力不足という問題もあって家事負担は男性が担う方向は採られず，伝統的な性別役割分業については残存する形となったのである。ただし，冒頭でも述べたとおり，女性労働の領域への国家の介入というものは東独をはじめとした社会主義国に特殊なことではなく，現在でも多くの国で行われている。東独の女性をめぐるアンビバレントな状況は，国家主導による女性労働の拡大によるものなのであろうか。本節では西独などとの比較を交えながら，この点について検討を進めていきたい。

東独の女性労働に関わる施策の特徴のひとつに，早期における平等概念の導入とそれに伴う女性労働者に対する保護規定と平等規定の同時進行がある。この点について日本の経緯を見てみよう。日本では明治期以降，労働の領域に関して児童とともに女性は保護の対象として，労働法において様々な保護規定が設けられていた。賃労働に従事する女性に対する保護規定の根拠となっていたのは，妊娠・出産の保護，健康の保護，家族的責任の保護の3つにある（東京都産業労働局, 2014：9)。その後，1986年に男女雇用機会均等法が施行され，女性労働に関する施策が保護から平等へと転換した。もちろん日本国憲法において「両性の平等」がうたわれていることから86年以前にも日本でも男女平等と女性労働者に対する保護規定は並立していたということもできるが，実際に施策として実施されていたのは平等ではなく保護である。この点，東独においては第3節でみたように，労働の領域で男女平等の実現に向けた施策がともかく実際に展開されており，1949年の建国時から平等に関する規定と保護規定が同時に施策として実施されていたということができる。このようにこの時点での保護と平等の両立というものは，他国と比較して早い時期での労働の領域における平等概念の取り込みと実施により生じたものであり，当時としては先進的な取り組みであったと評価できるが，その平等概念が社会主義イデオロギーに基づいた女性解放をベースとしており，「男性も女性も稼得労働に従事する」というところに焦点を合わせているために実質的な男女平等の達成には不十分なものとなっていたということは先述のとおりである。労働の領域における実質的な男女平等を達成しようとするのであれば，保護と平等が両立可能なものになるための工夫をしなければならないはずであるが，それについては解消されないままになっていた。それは東独においては家事や育児の負担を主に担うのが女性であるということについて終始一貫しており，あくまでも伝統的な性別役割の見方を崩していなかったことに起因すると考えられる。母性保護については妊娠，出産，哺育という女性固有の身体的機能は社会的に重要なものとして，現在も多くの国で取り入れられている女性労働者に対する保護規定であるが，そのほかの家事や育児について女性のみが担わなくてはならないものではないとの考えが1970年代以降，とくに1975年の国際婦人年の後に世界各国に浸透し，女性差別撤廃への動きが各地で活発化した。しかしながら東独をはじめとする社会主義国においてはそれよりはるか以前より女性解放に向けた取り組みが進んでいたために，こうした世界的潮流によって改めて見直しがなされるということはなかったようである。このことにより，世界的にみて早い時期からの女性解放・男女平等を目指した取り組みにもかかわらず，後年はむしろ女性差別の解消のためには西側のそれよりも不十分さが残るものとなってしまったのである。その点について西独との制度比較から確認してみたい。

図表9－8は東西両ドイツにおける女性労働に関わる制度を1990年の統一直前の時点で比較したものであるが，東独の方が西独よりも産休も長く，子供の看護のために取得できる有給休暇も長い。また複数子を持つ母親に対しては労働時間の軽減が認められるなど，両立支援策としては充実しているように見えるところが多い。ただし，産休が女性にしか認められないのは性差によるもの

図表9－8　1990年（統一直前）の東西両ドイツにおける女性労働に関わる制度比較

制度	東独	西独
産休	産前6週・産後20週 100％の賃金	産前6週・産後8週 100％の賃金
出産給付	1,000東独マルク	100DM
育児休暇	1年間。（託児施設が見つからない場合3年まで取得可能。） 65～90％の賃金 母親のみ取得可能。	最長18カ月まで。 月額600DM。 母親と父親が取得可能。
子供の看護のための有給休暇	子供1人につき4週間。 母親のみ取得可能。	子供1人につき5日間。 母親も父親も取得可能。
労働時間の軽減	複数子をもつ母親は週当たり3時間の労働時間短縮の権利を付与。	なし

（出所）筆者作成。

であるために当然であるが，東独では育児休暇や子供の看護のための有給休暇，労働時間の軽減などがすべて母親にしか認められていないのに対し，西独では労働時間の軽減という制度自体が存在しないという部分はあるものの，育児休暇や子供の看護のための有給休暇は父親も取得可能である。西独では戦後，「近代家族」の再建とそれによる社会の安定化が図られたが，それは職場と住居が分離する産業社会に適合的な「男性単独稼得者モデル」を軸としたものであり（石井, 2016），そうしたモデルであるがゆえ，1970年代半ばまで法律上，既婚女性の就労には夫の同意が必要とされているほどに女性の就労，とくに既婚女性の就労は一般的ではなく，労働の領域における男性と女性の位置づけは全く異なるものであった。それでも1950年代以降，様々な理由から女性労働の増加がみられるようになったが，そうした実態の一方で保育所などの整備は進まず，家族内を中心とした個人レベルでのやり繰りに依存している状態であった。そのような状況であった西独において育児休業が制度化されたのは1979年の母性休業法からである。この中では育児休業を取得できるのは実母に限定されていたために，父親，養父母，非就労の女性といった様々な角度から批判があり，とくに父親，男性が排除されている点に批判が集まった。それを受け，1986年の育児手当・育児休業法では父母ともに育児休業が利用可能になり，父親の育児への関与が制度上は組み込まれることとなった。こうした制度の整備によって，西独での男性の育児参加が実際にどの程度進んだのかについては稿を改めて検討することとしたいが，80年代に労組の時短・週休5日に向けた運動の中で，「土曜日のパパは僕のもの」といったスローガンがあったことからも，時短によって生じる，労働に従事する以外の時間を男性労働者が育児に振り向けるといった可能性が社会で一定程度は認識され，共有されていたことは事実である。

一方東独で週休2日制の導入が法律上実現したのは1967年から68年にかけてのことであるが，その際にSEDはそれまで女性労働者に認められていた月に一度の「家事のための休暇」を廃止しようと考えていた（河合, 2015：第3章）。ところがこれについては女性たちから担当部局へ多くの不満や反対意見が寄せられ，結果的に「家事のための休暇」は廃止されることなく統一まで続いた。週休2日制の導入についての当時の風刺漫画（Eulenspiegel, 1966, Nr.2,

S.5）では家事（掃除）をしている妻の横で夫がソファーに寝転がっている絵とともに，「君にとってうれしいお知らせだよ。間もなく家事労働のためにもっと多くの時間が手に入るようになるよ」というセリフが書かれており，いかに当時の東独社会において家事や育児といった家庭内労働の担当は女性であるという考え方が強固に根付いていたかを示している。

こうした状況は女性解放とそのための女性の労働参加を積極的に推進してきた東独が，いつの間にか西独よりも男女平等について制度的な遅れをとってしまった背景をよく表していると言える。これに関連して，図表9－9を見てみよう。表はユネスコが行った国際調査から東独と西独のものについて抜粋したものであるが，そこから両ドイツでの女性の時間外労働全体に占める家事労働の大きさは相当なものであることがわかる。また家事に費やす時間は東西ドイツの女性で1時間弱しか変わらないのに対し，労働外時間そのものは15時間ほど差があり，東独女性は西独女性と比較して少ない労働外時間を家事に割り当て，そのために余暇などの時間が少なくなっているということがわかる。また保育所の拡充などを通じた家庭内労働の社会化による家事労働時間の削減については，東独と西独での女性の家事労働時間の差がそれほど大きくなく，むしろ男性と女性の家事労働時間の和は東独の方が多いことから，実際には就労に振り向けられるほどの大きな時間削減効果を持っていなかったのではないかと考えられる。

東独と西独では女性労働をめぐる状況は大きく異なり，女性の就労率は圧倒的に東独の方が高く，就労形態についてもフルタイム就業が一般的であるな

図表9－9　住民の労働外時間構成（1965年秋）

	労働外時間全体	内訳			
		労働と関係した時間	家事	睡眠や入浴等，生理活動に必要な時間	余暇
東独男性	120.0	6.0（5.0%）	13.9（11.6%）	63.0（52.5%）	37.1（30.9%）
東独女性	139.6	3.2（2.3%）	44.6（31.9%）	65.2（46.7%）	25.6（18.3%）
西独男性	122.5	7.7（6.3%）	11.2　（9.1%）	72.8（59.4%）	30.8（25.1%）
西独女性	154.7	1.4（0.9%）	45.5（29.4%）	76.3（49.3%）	31.5（20.4%）

（出所）河合（2015），101頁より筆者作成。

ど，早い時期から女性の就労を国家が強力に推進してきたことによる成果は上がっている。しかしそれが必ずしも社会全体における男女平等の達成や伝統的な性別役割分業の解消といったことにつながっていないということはこうしたことから明らかである。つまり，東独の目指した「家事労働に縛られている」女性の「解放」は，単に就労することでは成し遂げられず，むしろ家庭内労働に加えて稼得労働にも従事するという男性にはない「二重負担」を女性に対して強く課してしまう結果となっていたのである。では，建国後から女性解放に取り組んできた東独が，なぜ80年代末には西独で取り入れられていたような男女の性別役割分業の解消といったことを制度の中に取り入れることができなかったのであろうか。先述したように，西独でも初めて育児休業が法制化された母性休業法では実母のみが対象とされており，それが各方面からの批判の対象となり，その結果として86年には実母に限らず，その対象が父親や養父母などにも広げられた。この変更には国内における社会的な運動に加え，ECからの影響も指摘されている（古橋, 1991）。国内における労働組合による時短運動の中でも男性の労働時間短縮によって生まれる労働外時間を育児に向けようとするスローガンが1950年代半ばからあった（石井, 2016）ことなどからも，国内外の様々な運動によって性別役割分業の解消，家庭内における男女平等を促すような制度への変化が生じてきたと考えられる。しかし，東独ではそうした社会運動の発生する余地は残されておらず，50年代に女性による女性のための団体が組織されようとした際にもそれが禁止されたという経緯があった（Kranz, 2005）。そうした国内の社会運動が抑制されており，また当然ながら西側諸国で盛り上がりを見せたフェミニズム運動が広く受け入れることもできなかった（上野ほか, 1993）ために，西独で制度変化をもたらした要因が東独では排除され，終始「上からの」制度設計となってしまったことから，女性労働支援策があくまでも女性が家庭内労働と稼得労働を両立させるためのものになってしまったと考えられる。

ここであらためて，なぜ女性労働の領域に関して，国家が積極的に介入することが是認されるのかということを問い直してみたい。それは，現状として，女性が労働市場において「不利」な状況におかれていることが多いということが明らかであることによるものであり，その意味においてこの領域に対する国家の介入は「社会的正義」を根拠とした介入として正当化されるのである。こうした介入は，「人間のケイパビリティ」（ヌスバウム, 2005）を拡充させる試みの一環として考えることができる。ただしこれには労働の領域だけでなく，他の領域においても「経済的・政治的機会」が開かれている，あるいは開かれるように取り組まれているといったことが必要であり，それがない場合にはこの正当性は成立しない。この点を考えると，東独ではそうした機会が社会のあらゆる領域で保証されていたとは言えないため，東独で実施された女性の解放のための各種施策は「人間のケイパビリティ」を拡充させる目的であったとは言えない。東独において国家が女性労働を積極的に推進したのは，社会主義のイデオロギーの具現化と，労働力の確保という2つの目的のためであり，それ以上の意味を持つものではなかったのではないかと考えられる。加えて当初そうした意味を持たなかったとしても，「政治的機会」を開いていれば西独のような制度的変化がもたらされることも十分にあり得たはずであるが，そうした機会が開かれていないことは上述のような社会運動による変革を欠くことになってしまうがゆえに，制度の抱える矛盾が解消されないままとなってしまった。東独にみられる国家主導による女性労働の拡充は，労働権の保障と女性への職業訓練の拡充，職場におけるアファーマティブ・アクションの策定，保育施設の拡充といった家内労働の社会化など，女性が就労できる環境を強力に推し進めた結果として，高い就労率といった成果を上げることができたと言える。しかしながらその一方で，フェミニズム運動といった西側諸国からの影響も排除し，国連婦人年といった動きにも「女性問題は解決済み」という姿勢を崩さず受け入れなかったうえに，国内での政治的機会のはく奪によって社会運動が起こらない状況となっていたことから，女性労働をめぐる制度は進化することなく，成果の一方で性別役割分業など旧態依然とした部分が厳然と存在するというアンビバレントな状況が生み出されたのである。

おわりに

一般的に女性労働の拡大は，社会全般における女性の権利拡大の中で同時に労働権の保障をはじめとする各種制度の整備がすすめられ，進展していくことが多い。ところが東独ではまず女性の就労に焦点が当てられ，そのために必要な環境整備が行われたため，私的な領域を含む社会の他の領域における女性問題が見落とされた。また，家庭責任のある女性が就労する，ということを前提としていたために男性とは異なる「女性労働者」として位置づけられてしまったことも問題であった。カトリンほか（2013）は現在の労働の領域における女性労働に関する問題点として以下を挙げている。労働参加率の低さ，無報酬労働の女性への依存，インフォーマルセクターや貧困層に占める女性割合の高さ，賃金格差の存在，職業選択の幅の狭さ，昇進可能性の低さ，起業のチャンスの少なさ，である。これらの問題点のうち，無報酬労働の女性への依存，賃金格差の存在，職業選択の幅の狭さ，昇進可能性の低さについては東独でもはっきりと存在した問題である。こうした問題があったにもかかわらず，統一後にも東独地域の女性の多くが就労の継続を希望した。就労することで二重負担を負い，稼得労働の現場でも男性と比して不利な状況に置かれていたことを考えれば，統一によって就労からの「解放」を望んだとしても不思議ではない。それでも就労を希望したのは，就労していることを前提とした社会になっていたことを意味するのではないだろうか。実際に女性が稼得労働に従事し，男性並みとは言えないものの収入を得ていたことを背景として，東独では離婚率が非常に高く，シングルマザーも珍しいことではなかった。こうした社会的変化は女性の就労が一般的になることによって生じたことであり，東独では社会変化の中で女性労働が拡大したのではなく，女性労働の拡大によって社会の様々な部分が変化していったのである。このように，社会の側がそれに応じて変化していくことがあるとはいえ，女性労働の拡大がすなわち男女平等とはならないということも明らかである。女性労働の拡大が，性別にかかわらず各人の「ケイパビリティ」を拡充させる一環であるためには，やはり「政治的機会」が十分に開かれていることが必要であり，そのうえで国際的な協調も重要なのである。

＊本章の執筆にあたっては，JSPS 科研費 JP19K23256 の助成を受けています。

[注]

1　女性労働の展開や政府の介入については各国で違いが大きいことが知られており，西側諸国，東側諸国としてそれぞれを一括することは難しいところであるが，それでも東独をはじめとした東側社会主義諸国と西側先進資本主義国との間には明確な違いが存在する。

2　東独における家電製品のような耐久消費財の普及は他の社会主義国と同様，西側諸国に比べて非常に普及が遅く，取得までの待機時間も長かった。また階層によって普及率が大きく異なったという問題点も指摘されている。それでも全体でみれば1970年には電気洗濯機の普及率は60%近くに到達しており，こうしたことが家事労働時間の短縮に貢献していると考えられる。

参考文献

（中国語）

Bauernschster, S., Rainer, H. (2012) Political regimes and the family: how sex-role attitudes continue to differ in reunified Germany. *Journal of Population Economics*, 2012, vol. 25, issue 1, 5–27.

Kornai, J. (1980) *Economics of Shortage*. Amsterdam: North-Holland.

Kranz, S. (2005) Women's Role in the German Democratic Republic and the State's Policy Toward Women. *Journal of International Women's Studies*, 7(1), 69–83.

Nussbaum, M. C. (2000) *Women and Human Development: The Capabilities Approach*. Cambridge University Press.（池本幸生・田口さつき・坪井ひろみ訳（2005）『女性と人間開発』，岩波書店）。

Sandole-Staroste, I. (2002) *Women in Transition: Between Socialism and Capitalism*. Praeger Pub Text.

Sudau, C. and Martin, B. (1978) Women in the GDR. *New German Critique*, Winter, 1978, No. 13, Special Feminist Issue, Duke University Press, pp. 69–81.

Trappe, H. (1996) Work and Family in Women's Lives in the German Democratic Republic. *Work and Occupations* 23 (4), pp. 354–77.

（ドイツ語）

Helwig, G., Nickel, H. M. (1993) *Frauen in Deutschland 1945–1992*. Wiley-VCH Verlag GmbH.

Steiner, André. (2004) V*on Plan zu Plan. Eine Wirtschaftsgeschichte der DDR*. Deutsche Verlags-Anstalt.

Szepansky, G. (1995) *Die Stille Emanzipation Frauen in Der DDR*. Fischer Taschenbuch Verlag GmbH.

Winkler, G. (1990) *Frauenreport '90*. Verlarg die Wirtschaft.

（日本語）

石井香江（2016）「育児をめぐるポリティクス」，辻英史・川越修編『歴史のなかの社会国家：20世紀ドイツの経験』，山川出版社。

石井聡（2010）『もう一つの経済システム　東ドイツ計画経済化の企業と労働者』北海道大学出版会。

上野千鶴子・田中美由紀・前みち子（1993）『ドイツの見えない壁―女が問い直す統一―』岩波新書。

エンゲルス著，村井康男・村田陽一訳（1954）『家族，私有財産および国家の起源〈国民文庫12〉』大月書店。

カトリン・エルボーク・ヴォイテック他著（2013）「女性と雇用，経済：男女の機会均等とマクロ経済的利点」IMFスタッフ・ディスカッション・ノート。

河合信晴（2015）『政治が紡ぎだす日常―東ドイツの余暇と「ふつうの人びと」』，現代書館。

斎藤哲（2007）『消費生活と女性―ドイツ社会史（1920-70）の一側面―』，日本経済評論社。

シャルロッテ・ヒョーン（1997）「ドイツにおける出生率及び家族政策――つから2つ，2つから一つのドイツの体験―」人口問題研究第 53 巻 2 号，1-17 頁。
東京都産業労働局（2014）『働く女性と労働法　2014 年版』。
福島正夫（1976）『家族　政策と法　5 社会主義国・新興国』，東京大学出版会。
古橋エツ子（1991）「ドイツの女子労働と育児保障」海外社会保障研究第 96 号，39-49 頁。
見沢俊明（1978）『ドイツ民主共和国労働法の研究』，法律文化社。
宮崎鎮雄・大橋範雄（2001）『激動・終焉期のドイツ民主共和国（DDR）労働法』，創土社。

第10章

中東欧における国有企業の国際化[1]

マグドルナ・サス

はじめに

国有企業（State-owned Enterprises）を通じて，政府は，経済的また非経済的理由による経済への直接的介入を行うことができる。国有企業は，大規模民営化によって中東欧の社会主義経済が資本主義を取り入れ始めたのちに消失すると予想された。しかし，一定数の国有企業は生き残り，国民経済において，さらにいくつかは国際的にもますます重要な役割を果たしてきている。とくに2008－09年の金融危機後，危機の否定的影響を緩和させるため，いくつかの国々では国有企業の役割は時とともに増大しさえしている（Götz and Jankowska, 2016; PWC, 2015）。新型コロナウイルスに関連する危機の間も，各国の政府は危機を乗り切るための手段として苦境に陥った企業における資本参加を検討している（OECD, 2020）。さらに，多くの国有企業が直接あるいは間接的にコロナとの闘いに関与させられている。国有企業は厳しい時代に職を供与し，人々に安心を提供し，苦難の経済を下支え（Manuilova et al., 2022）し，社会機能の維持に必要なサービスを提供しており，また国有の銀行は問題を抱えた企業への融資を提供している（Gaspar et al., 2020）。これらすべてのことは国有企業の役割をさらに高めることになろう。

国有企業は，中東欧経済において最も重要で，主導的立場にある企業の中にもあり，それらの中には「ナショナルチャンピオン」とみなされ，多くの点で国家によって保護されているものもある。本章はその国際化プロセスを含めて，国有企業の主要な特徴を示すことを目的としている。先行研究において示されたアプローチにもとづき，国有企業のハイブリッドな性質を示そう。さらに，国際化のプロセスにおける特徴が先進国の国有企業グループと新興国の国有企業グループとの間でどのように異なるのかについても示そう。

本章の構成は以下のとおりである。第1に，先行研究を簡潔にレビューして，重要な分析を行っているいくつかの研究結果に焦点を当てる。次節では，先行研究に適用された国有企業および国有多国籍企業の定義を確認する。さらに，ビシェグラード諸国における国有企業を簡潔に紹介したのち，ビシェグラード多国籍企業の中の国有企業を分析し，分析結果について議論する。終節では結論を述べる。

第1節　先行研究の簡潔なレビュー

国有企業の国際化の分析は，それが世界経済において重要な役割を果たしているにもかかわらず，経済学や国際ビジネス研究において注目を浴びてきたわけではない（Bruton et al., 2015; Cuervo-Cazurra et al., 2014; UNCTAD, 2017; Rygh, 2019）。新興経済の国有企業の国際化が進んでいる（Cuervo-Cazurra et al., 2014; OECD, 2017; Cuervo-Cazurra and Li, 2021）にもかかわらず，また，2008－09年の経済危機後にも，現在の危機下においても，国有企業の重要性が増加してきたし，危機の結果に対処する上での国家のかかわりが増加してきたにもかかわらず，そのことは確かにいえる。しかし，国有企業の重要性が増大しているからといって，その国際化が進展しているとは必ずしも言えない（Götz and Jankowska, 2016）。というのも，国有企業は自国における危機の否定的な帰結を軽減させようとするからである。同様のことは現在のパンデミック下でもいえるだろう。中東欧の旧移行経済においてはさらに，金融危機後における国家の役割の増大や，少数所有であれ多数所有であれ計画経済から受け継いだ多くの国有企業の存在にもかかわらず，このテーマは探求されているわけではない（例外として，ポーランドについてはBaltowski and Kozarzewski（2016）およびKozarzewski（2021）を，ハンガリーについてはSzanyi（2014）を，ハンガリーの国有企業についてはAntalóczy and Sass（2018）を参照のこと)。

中東欧やアジアの社会主義経済が資本主義へのシステム転換を開始し，大規模な民営化が行われ始めたら，国有企業は消滅すると考えられていた。しかし，特定の国有企業は生き残り，国内および国際経済にとってますます重要な役割を果たすようになった。この理由のひとつは，国有企業がハイブリッドな組織へと進化したことにある（Diefenbach and Sillince, 2011; Bruton et al., 2015)。現在の国有企業は1980年代や1990年代初頭のそれとは大幅に異なっている。その違いを明瞭に示す重要な歴史的特徴は，今日の国有企業においては以前のものより国家所有が占める比率がはるかに小さくなり，私的所有がより大きくなっていることである。さらに，国有企業の新しい混合体が生じている。例えば，国家所有の規模は大きいのに，国家によるコントロールは限定的で，多くの国有企業が機能上の高い独立性を保っている。他方で，国家所有の度合いは低いのに，国家によるコントロールは強く作動する場合もある（Bruton et al., 2015; for Poland Baltowski and Kozarzewski, 2016)。多くの文献が国有企業を均質のグループとして扱ってきたが，最近の変化を踏まえて，国有企業に対して従来とは異なる方法でアプローチする研究者も増えている。そうした研究者は，国家と民間の所有の比率とともに国家と民間のコントロールの程度も含めた分析枠組みを用いている（Bruton et al., 2015; Cuervo-Cazurra et al., 2014; Inoue et al., 2013)。他方，次節で詳述するが，国有企業の計量分析と国家コントロールの定義はきわめて大きな問題も抱えるようになった。ある国では，国有企業の数そのものや経済的ウェイトは低いが，特定の国有企業が国民経済においてあるいは国際的にも重要性を高めている場合もある（Kowalski et al., 2013; Sass, 2017)

国有企業の国際化はいくつかの要因によってもたらされてきた。私的所有の伸びが国有企業の国際化の地平を切り開いた（Musacchio and Lazzarini, 2012)。貿易や投資のフローに対する障壁を低下することになったグローバル化も国有企業が国際化する役割を果たした（Cuervo-Cazurra et al., 2014)。中東欧では，かつての計画経済が世界経済に対して開かれ，国有企業も民営化される（Bruton et al., 2015）ことで，新しい機会がもたらされた。後者のプロセスにおいて，中東欧のいくつかの「アバンギャルド」な国有企業は，市場経済の企業に転換する際の知識の蓄積という点で競争上の優位を有しており（Sass et al., 2012），中東欧における国有企業の国際化プロセスを主導することができた。

国有企業についての先行研究のもう1つの焦点は，その国際化の特徴について強調するものである。Estrin et al.（2012）が示しているように，国有企業は民間企業より国際化する傾向が弱い。こうした違いは制度的および政治的要因によって説明しうる。もっとも，権威主義的な国家における国有企業は例外と考えられる（Clegg et al., 2018）。Musacchio et al.（2015）が示唆するように，国有企業は一方で「国家の梃子」により他の企業と比較して容易に国際化できるが，他方で「国家の重荷」を考慮すると国際化はいっそう困難になる。近年の研究の重要な知見は，私的所有と国家所有の多国籍企業の間にパフォーマンスの違いはほとんどないことである（Musacchioet al., 2019）。このことと，ハイブリッドな国有企業がますます広くみられるようになったこととの間には明白な関連があるだろう。この点に関して，ビシェグラード諸国も例外ではないと想定できる。国有企業の国際化傾向に影響を与えている近年における他の重要な現象は，新興経済から国有企業が国際化してきていることである。それは，とくに中国であり，インドやロシアにもある程度見られる（Panibratov and Klishevich, 2018）。

他の研究領域としては，外国市場への参入，立地の決定，国際的パフォーマンス，進出元および進出先の国家における影響といったものが挙げられる。ただし，いくつかの領域では，研究成果はきわめて少ない。この分野には依然として多くの未開拓領域が存在している（Rygh, 2019）。

先行研究では，国有企業の国際化における政府の役割にかんする興味深い違いも観察される。UNCTAD（2011）をレビューしてみよう。まず，政府は国有企業の国際化を支援することがある。これは主に新興市場経済に当てはまる。第二に，いくつかの先進経済におけるように，多様な社会・政治的理由により，政府は国有企業の国際化を妨害することもあり得る。第三に，政府は国有企業の国際化に対して無関心あるいは中立である場合もあり，ここでもいくつかの先進経済が当てはまる。しかし，こうした場合には，経済発展に対する国有企業の国際化のインパクトがチェックされる。すでに国有企業の国際化はそのガバナンスという点でも異なっている。先進経済では，企業は主に市場にもとづいて活動しており，国家はごくわずかの「哲学的」，政治的あるいは発展にかかわる問題にのみ介入している。これと対極にあるのは，中国やロシアといった国々の国有企業である。そうした国々では，国有企業は国家にとっての戦略的・政治的手段であり，当然ながらガバナンスは異なっている。こうした国々では，国有企業が国家の影響下にあるだけではなく，紙の上だけの民間企業（例えば，ルークオイルやファーウェイ）も国家資本主義という文脈において国家の拡張された「手」として機能している。この記述を量的に描写し，証明するのは極めて困難である。しかし，企業に対するケーススタディによってこの関係についての詳細が示されている（Panibratov and Klishevich, 2018; Deng, 2004）。当然ながら，両極の間には，多くの事例を見いだすことができる。国ごとに異なり，同じ国でも企業ごとに異なるかもしれない。

第2節　国有企業をどのように定義するのか？

ある企業が国家所有かどうかを見極めるために用いられる定義は様々に存在する。OECDによると，国有企業とは国家がかなりの程度コントロールをしている企業であり，国家が完全にあるいは過半数を所有している場合もあれば，少数であるが意味のあるかたちで所有をしている場合もある。中央あるいは連邦政府によって所有されることもあれば，地方政府による場合もある。分析の目的によって他の定義が用いられることもある。OECDは50％を閾値として，分析上，過半数と少数所有の国有企業を区分し，両グループの企業を分析に含めている（Christiansen, 2011）。さらに，Büge et al.（2013）は，直接的および間接的国家所有を含めて考える場合には，また異なった分析を必要とすることを示している。彼らも（直接および間接的）所有の比率として50％を超えるかどうかを用いている。IMF（2019）では，国有企業は国家あるいは政府の所有比率が25％を超える企業と定義されている。同様に，Szerzec et al.（2021）はデータベースを立ち上げている。過半数所有の国有企業（国家による所有が50％以上）だけでなく，少数所有（例えば国家所有が25～50％）

の国有企業で国家が支配株を保有しているケースも含まれている。もっとも「広範」なのはCuervo-Cazurra et al. (2014) の定義であり，国家が直接的に所有する法的に独立した企業のことを指している。

国家所有の多国籍企業については，一つの例外を除いて，先行研究で詳細に規定されているわけではない。国有多国籍企業を定義するもっとも複雑なアプローチをとっているのはUNCTAD (2017) である。Kalotay (2018：14) によると，以下の基準を満たした企業が国有企業として定義される。その基準は以下のとおりである。

・独立した法的存在であること
・経済活動に従事するために政府（あるいは国家機能を有する存在）によって設立されたものであること
・外国に子会社を保有したり，非所有型の国際的生産に従事したりすることによって対外直接投資事業を行っていること
・政府あるいは年金基金を除く政府機関（中央銀行や国有資産エージェンシー，ソブリンウェルスファンドなどの国家投資ファンド）によって，少なくとも10%の所有権を通じて管理されている。あるいは，国家か公的機関が最大の株主であるか，「黄金株」を所有していること

これまで見てきたように，残念ながら，普遍的にあてはまる国有企業の定義は存在しない。したがって，様々なソースからの情報を互いに直接比較しうるわけではない。本章では，上記のうちの最も広範な定義を用いる。つまり，Cuervo-Cazurra et al. (2014) にしたがい，国有企業を国有の程度にかかわりなく，直接の国家所有を有する法的に独立した企業体と定義する。

第3節　ビシェグラード経済における国有企業

ビシェグラード諸国は，人口100万人当たりで見た国有企業の数が最大の国々に含まれる。Musacchio et al. (2019)[2] によると，チェコ，ポーランド，スロバキアはこの点で新興経済の中でトップである。しかしながら，他のデー

タによると，ビシェグラード経済に占める国有企業の比率は相対的に低く，とくに社会主義経済であった頃と比較するとそうである（UNCTAD, 2017)。同様に，巨大企業の分析（Forbes Global 2000）に基づいてKowalski et al. (2013）が明らかにしたところでは，国有企業のシェアは，売り上げ，利潤，資産，市場価値を国民所得に占める比率としてみた場合，ポーランドもチェコもOECD諸国と比較して例外的に大きいわけではなく，BRIICS諸国[3]よりも低い[4]。国有企業の「経済的ウェイト」という点では，ビシェグラード諸国はOECD諸国の中でスカンジナビア諸国と類似しており，2005年以降は低下する傾向にある（Christiansen, 2011)。2014年のGDPに占める企業資本に対する政府参加の比率に基づくと，EU諸国の中でハンガリーが6位，チェコが7位，スロバキアが8位，ポーランドが13位に位置づけられる。その比率はEU15の中でオランダ，オーストリア，アイルランドといった国々の比率を大幅に上回っているわけではない（EC（2016）Graph I.2.1：12)。最も包括的なデータセットはSzarzec et al. (2021）によって提供されている。それによると，国際（欧州）比較でみた2016年の総資産に占める国有企業の比率はハンガリーで低く（10％以下)，チェコ（25％以下）およびポーランド（30％をわずかに上回っている）では中位で，スロバキアでは相対的に高い（40％近い)。営業収益でも同様に，ハンガリーとチェコは10％以下，スロバキアは10％をわずかに上回っており，ポーランドは20％以上である。こうした相対的に低い水準は民営化の傾向と一致している。

2010年までに様々な方法で実施された民営化により，チェコ，ポーランド，ハンガリーにおける非上場国有企業の数が低下することになった[5]。その時点での国有企業はそもそも民営化されなかった企業のことになる。さらに，多くの企業において国家は少数株しか有していなかった（Christiansen, 2013)。2010年以降，国有企業の数はポーランドではさらに低下したが，ハンガリーでは増加した。この結果，2012年までにハンガリーは他の2カ国と比較して最も多くの国有企業を保有することになった。しかし，その経済的重要性はOECD諸国と比較してそれほど大きいわけではない。というのも，こうした企業の多くはかなり小規模で経済的重要性が低いためである（Christiansen, 2013より。Szarzec et al., 2021で示されたデータとも一致している)。その市場価値は，例えばGDPに占める比率でみると無視できるほどである。ハンガリーの場合，国家が過半数所有している上場企業の市場価値は2012年のGDPの0.04％以下であった。チェコとポーランドの場合，もっともなことであるが，こうした比率はさらに低下し，それぞれ0.014％と0.005％であった。従業員数でみた場合でも，とくにチェコとハンガリーでは国有企業の経済的ウェイトは2009年から2012年の間に低下して，無視しうる程度となっている。しかしながら，2008-09年危機ののち，国家所有はわずかに上昇傾向となってきた（Götz and Jankowska, 2016; PWC, 2015; IMF, 2019）。近年，国有資産の民営化も生じており，国家所有の低下がみられているにもかかわらずである（OECD, 2018）。実際，Deloitte（2016）が指摘するように，中央ヨーロッパ19カ国[6]におけるトップ500企業に占める国有企業の数は持続的に低下している。2015年にはトップ企業のうち国有企業の数は，チェコで9，ハンガリーも9，ポーランドで34，スロバキアで5の合計57社であり，調査対象の19カ国における計85の国有企業の3分の2を上回っており，他の中欧地域の国々と比較してビシェグラード諸国（とくにポーランド）に国家所有が比較的多く残っていることを示している。2010年以降のハンガリーでは，特定の産業分野（銀行や公益事業）で増加が顕著である。こうした産業の「再国有化」を狙う明白な政治的意図が背景にある（Sass, 2017）。

これまでに紹介した研究では通常は含まれていないのだが，国有企業の役割はスロバキアでは他の3カ国と同様あるいはさらに高いと考えられている。この記載はSzarzec et al.（2021）で示された2016年のデータによっても裏付けられている。しかしながら，この国における国有企業の不透明な性質は様々な文献で強調されている[7]。トランスペアレンシーインターナショナルによると，スロバキアにおける最大の雇用主10のうち5つは国有企業であり，最重要の国有企業80社は総額95億ユーロの資産を運用している。これは国家の財政支出の半分近いものである。

まとめとして，スロバキアは例外かもしれないが，国際比較においてもビシェグラード諸国における国有企業の数やとくにその経済的重要性は低い傾向にある。

1. ハイブリッドなビシェグラード諸国の国有企業

さまざまなデータベースが，上述したような国有企業の以前から使われている定義を用いている。ほとんどすべての先行研究は国有企業を国家所有が50%以上であるものと定義しているが，Szarzec et al.（2021）は例外で，25%以上を基準としている[8]。しかしながら，これまで見たように，今日の国有企業の重要な特徴は，以前に比べて国家の所有比率が低下し民間組織の比率が高まっていることである。さらに，新しいタイプの国有企業も生じている。国家所有が必ずしも国家による管理を意味せず，逆に，顕著な国家所有なしに国家による管理が行われていることである（Diefenbach and Sillince, 2011; Bruton et al., 2015)。こうした傾向はビシェグラード諸国においても確認されている（例えば，ポーランドについてはBaltowski and Kozarzewski（2016）およびKozarzewski（2021）を，ハンガリーについてはSzanyi（2016）を，ハンガリーのある国有企業についてはAntalóczy and Sass（2018）を参照のこと）。なぜこの違いが重要なのか？国有企業は以前は特定の社会経済的目的のために設立された（全般的あるいは特定の集団に対する雇用創出，戦略的重要性を有する分野でのR&Dの実行，公共サービスの提供等)。私的所有の比率の高まりとともに，近年の国有企業の中には完全に民間企業のように利潤最大化を目指して行動するものも出てきている。結果，国有企業はしばしば営利・非営利という両方の目的を結合させることになる（European Commision, 2016)。

こうした近年の変化は，国有企業がなぜ国家所有よりも国家によるコントロールに基づいて定義されているのかを説明してくれる。European Commission（2016）によると，企業に対する直接の国家コントロールは，分析対象の国々の中でチェコやハンガリーにおいて顕著に低下してきた。こうしてビシェグラード諸国の国有企業の少なくとも一部は，民間企業にいっそう似通った行動をとっているとみなすことができる。他方，定性的な事例証拠ではあるが，ビシェグラード諸国の政府は混合所有企業におけるガバナンス構造に対する影響力を強めてきた（Szanyi, 2016)。規制や政策スタンスが変化する状況下で，少数株主の権利がそこまで強く保護されていない国々において，ハイブリッドな国有企業は結果的に，国有企業部門における政府の影響力を高め，所有者としての国家の役割を強化する機会を提供している。IMF（2019）の分析は，この点をかつての移行経済，とりわけビシェグラード諸国における国家セクターの主要な弱点のひとつとして指摘している。

2. 産業部門における集中

国有企業はそもそも健康・社会保険を含めた公共サービスを提供する特定の分野や，鉄道や送電などの「自然独占」分野においてよく見られる。同様に，Szarzec et al.（2021）によると，国家所有はヨーロッパでは伝統的に3つの基幹産業に集中している。製造業，エネルギー（より正確には，電力，ガス，蒸気および空調供給業），輸送および倉庫業である。この点でビシェグラード諸国も例外ではない。2015年には，ビシェグラード諸国の大規模国有企業85社の圧倒的多数はエネルギー・資源部門（59企業）と消費者ビジネスや輸送（15企業）であった（Deloitte, 2016）。

これに加えて，ビシェグラード経済では，少数の産業分野において国有企業の役割が重要であり，いくつかのケースでは支配的である。チェコでは鉱業とエネルギー，ポーランドでは製造業，サービス，鉱業，水道，エネルギー，輸送，ハンガリーではサービス，水道，輸送，スロバキアではエネルギー，水道などであり，こうした産業では，国有企業は付加価値や雇用において重要な比率を占めている（IMF, 2019）。ポーランドの鉱業では付加価値の80％以上，雇用のほぼ80％を国有企業が占めており，国有企業の役割は顕著である。同様に国有企業の比率がきわめて高いのはポーランドおよびハンガリーの水道である。そのシェアは両国とも付加価値においても雇用においても70％を超えている。そのうえ，ポーランドとハンガリーの国有企業は輸送分野においても支配的で，付加価値においても雇用においても40％を超える比率を有している（IMF, 2019）。これはポーランドにおいて民営化がなされなかったり，延期されたりしたことの結果である。他方，ハンガリーでは，いくつかの分野で国有企業の数が増加したことに原因がある。政府の政治的意図に基づいて再国有化されている銀行や公共サービスなどの分野である（Sass, 2017）。

他の情報ソースはこうした分野における支配にさらに光を当てている。上場企業のデータを見ると，チェコの企業で国家が63％以上の株式を保有しているCEZは，発電，電力・熱の取引や分配に加えて採炭分野でも操業している[9]。CEZは多くの国外資産も保有している。チェコの財務省[10]によると，Eximbank，輸出保障協会（Export Guarantee Agency），CEZ，プラハコングレスセンター，CEPRO（燃料貿易），チェコ航空，MERO（原油パイプライン）は，資本金でみて群を抜いてチェコで最大の国有企業である。CEZを例外に，こうした企業は国内市場にフォーカスしており，輸出や対外投資はごくわずかである。

ハンガリーでは，以下の重要な小規模上場国有企業2社が目覚ましい輸出と対外投資を行っている。MOL（石油・ガス）とRichter Gedeon（製薬業）である。その他の企業は主に国内市場を相手にしている。例外は，国家が74.34％を所有しており，商用車（部品），農業機械，土木機械，自動車部品や特殊車両を製造しているRábaホールディングであり，収益の90％以上を輸出[11]から得ている。ただし，対外直接投資はしていない。ハンガリーには370の過半数所有の非上場国有企業があり，それらの市場価値は取るに足りないものである。例外は，金融（主にEXIMBank-MEIHIB），電力およびガス（主にPaks原子力発電所や他の発電所），輸送（ハンガリー鉄道・バス企業）であり（OECD, 2014），こちらも主に国内市場を相手にしている。興味深い事例はOTP銀行であり，かつて国有であったのが，2020年までに国家所有の比率は0.08％に低下した[12]。

ポーランドの場合，OECDデータベース2014によれば，2012年において国家が過半数所有している上場企業6社のうち，3社が第一次産業，1社が製造業，2社が電力・ガス分野で操業していた。少数所有の上場企業10社のうち，2社が鉱業，3社が製造業，3社が金融，1社が電力とガス，1社が他の公益事業で操業していた。第一次産業や金融業界の企業がもっとも高い市場価値を有している。同時に，鉱業では，雇用問題がとくに重要で，そのことが国家所有の比率の高さを説明している。Bałtowski and Kozarzewski（2016）およびKozarzewski（2021）によると，国家所有ではないが，国家のコントロール下にある企業がポーランドには多数あり，そのことはポーランドにおけるハイブリッド国有企業の存在をはっきり示している。彼らのデータによると，2018

年末にポーランド政府は，ワルシャワ証券取引所の主要インデックスに上場しているポーランドの大規模公的企業20社のうち12社に対する企業支配を有していた。その12社のうち，4社では国家所有比率が50％を超えており，25-50％なのが8社であった。この数値は危機以前の時期と比較して増加している。

スロバキアでは，国家によって運営されているのは主に公共サービスである。われわれはエネルギー分野についての詳細な情報を有しているが，そこでは国家所有と私的所有の混合が一般的である。国家は国有ガス供給会社であるSlovak Gas Industryを100％所有しており，電力供給企業全体の51％を，ガス輸送システム管理企業の49％をそれぞれ所有している[13]。Nechala et al.（2015）が記しているように，日常的な公共サービス（輸送，森林・水力・電力管理，発電，郵便，輸出入銀行，開発銀行，ラジオやテレビ，国営宝くじ，空港など）は国有企業に見ることができる[14]。

3. 国有企業のパフォーマンス

ビシェグラード諸国では，国有企業と民間企業とのパフォーマンス指標の比較がシステマティックになされることはめったにない。ビシェグラード諸国の国レベルのデータを見ると（EC, 2016），国有企業は民間企業よりかなりパフォーマンスが悪い。このことは国有企業の成立要因に帰する。利潤動機以外の要素が含まれる国有企業もあるからである。2004年から2013年の期間において，自己資本利益率は多くの場合民間企業の方が国有企業よりもかなり高かった。もっとも，両者の格差は危機の間に縮小した。民間企業の利潤が大幅に低下したためである。さらに，ハンガリーとポーランドでは，危機の時期に国有企業の平均自己資本利益率はマイナスに転じた。他の分析[15]（EC, 2016）が示したように，同時期に国有企業の自己資本利益率は，輸送業と倉庫業を除くすべての産業で顕著に低下していた。政治的影響力を強調するならば，興味深い知見はエネルギーや公益事業における国有企業の収益は選挙の年には顕著に低かったことである。全要素生産性[16]を用いると，国有企業はその存在が一般的でない特定の産業で民間企業よりパフォーマンスが悪かった。生活必需品産業，化学工業，金属加工業，つまり主に製造業である。しかし，他の産業では，民間企業と国有企業との格差は小さいか，危機の間に基本的になくなった。国レベルでは，ハンガリーの生活必需品産業で，また，チェコの公共サービス分野で国有企業は民間企業には及ばない。このことは，2015年にハンガリーで大多数の国有企業が依然として欠損を出していたことを示した分析によって裏付けられる[17]。チェコでは，CEZグループがもっとも収益が高くもっとも負債の少ない電力会社である[18]。労働生産性に目を向けても，状況は全要素生産性と類似している。EC（2016）はまたガバナンスの改善が国有企業の生産性にも収益性にも好影響を与えてきたことを示した。国有企業は，ハンガリーとスロバキアではとくに，その国有企業が存在している産業における資源配分の効率性にマイナスの影響を与えている。ある分析によると，ビシェグラードの他の3カ国と同様に，スロバキアの国有企業のパフォーマンスは弱い（ただし，Mizobata and Iwasaki（2016）が示すように，民営化された企業における所有構造とパフォーマンスとの関係に関する様々な分析には多くの方法論的な課題がありうる）。

他の研究も民間企業と比較した際の国有企業の低パフォーマンスを補強している。IMF（2019）は2016年のデータをもとに比較研究を行い，国有企業では人件費が営業収入に比して民間企業より顕著に高いことを明らかにした。その主要な原因は賃金が民間企業より高いことが常態化していることである（もっとも，中東欧の他のポスト移行経済と比較すると，ビシェグラード諸国ではこの格差は最小ではあるのだが）。さらに，収益性指標も民間企業より低かった。ここでもまたその格差は他のポスト移行諸国より小さいのだが。同様の研究結果はMatuszak and Szarzec（2019）においても観察されている[19]。

輸出に対するインパクトについて，国有企業の産業内訳およびビシェグラード諸国における製造業企業の中に国有企業が多くないことから，輸出全体に占める国有企業のシェアは特定の産業を除いてかなり低く，とりわけハンガリーで低いことがわかる。

ビシェグラード経済も含まれる欧州の国有企業の分析結果にも言及しなければならない。Szarzec et al.（2021）が示したのは，経済成長の観点から重要なのは国家所有の比率そのものではないことである。そのインパクトは（政府の）制度の質に依存する。よりよい制度がより好都合な国有企業の成長効果を有するからである。同様に，Iwasaki et al. (2022）は，ビシェグラード諸国も含めた新興市場のケースでは，所有と企業パフォーマンスとの間のリンクが弱く，他の要因が作用していることを示した。

4. 国有企業の規制的役割

Christiansen（2013）の興味深い分析に示されているように，ハンガリーの国家所有の主目的は過剰規制へのオルタナティブとして作用することであり，このことは特定の分野における十分な投資を保証している。この点は当該論文の中で取り上げられたより発展した他の国々（イスラエル，オランダ，ニュージーランド，ノルウェー）とは顕著な違いがあるが，他のビシェグラード諸国とは類似している可能性がある。ハンガリーの国有企業は国家により直接モニターされており（この点で他の発展したOECD諸国とは異なっている），具体的な目標を設定されたり，場合によっては通常の利益目標とは異なる（例えば，非営利的な目標の達成などの）指示を受けたりする点も指摘されている。このことは，利潤追求組織にも非営利組織にも分類されうるという意味で，ハンガリー国有企業のハイブリッドな性質を示している。利潤追求組織は比肩しうる民間企業と比較して良いパフォーマンスをあげていることが予想されるのに対し，非営利組織は補助金や課税を含めた様々な源泉から市場での稼得を補填することができる。「ハンガリーは特定の公益企業における非営利目的についてきわめて透明性が高いが，特定の非営利業務に従事する利潤追求国有企業の場合，透明性ははるかに低い」(Christiansen, 2013：15)。こうした国家の関与の強まりは他の3つのビシェグラード諸国にも同様に見られると予想できるが，このことは国家が演じるその次の「役割」，規制者としての役割にわれわれを導いてくれる。規制者としての国家の役割は，個々のビシェグラード経済に適したビジネス環境を形作ることである。この領域において国家の活動がより強くなされていることは，部分的にせよ社会主義期からの遺産に帰しているだろう。

規制者としての国家の役割の程度を測定し比較することは，まとまったデータが欠如していることから，なおさら問題が多い。しかし，生産物市場規制についてのOECDの指標は，包括的で国際的に比較可能な一連の指標[20]を提供しており，それによって政府の政策が様々な生産物市場における競争を阻害したり，促進したりする度合いを測定することができる。ここでは2008年と2018年（入手可能な最新のもの）の指標を比較する。公的所有にかかわる指標（図表10－1）にとくに目を向けてみよう。この指標は，国有企業部門の範囲，ネットワーク産業への政府の関与，企業に対する正負の直接的なコントロール，国有企業のガバナンスという4つのサブ指標に基づく指数である。こうして，この指標は当該経済における国有企業の役割，さらに言えば経済における国家の役割をある程度反映している。

2008年（危機前）と2018年との間の変化のトレンドについて，4カ国すべてが生産物市場における国家のコントロールを顕著に強化している。チェコとポーランドではすべての領域で，ハンガリーでは分析された4領域のうち3つで，スロバキアは4つのうち2つで，それぞれ指標の高まりが観察され，国家

図表10－1　生産物市場規制：国家によるコントロール指標

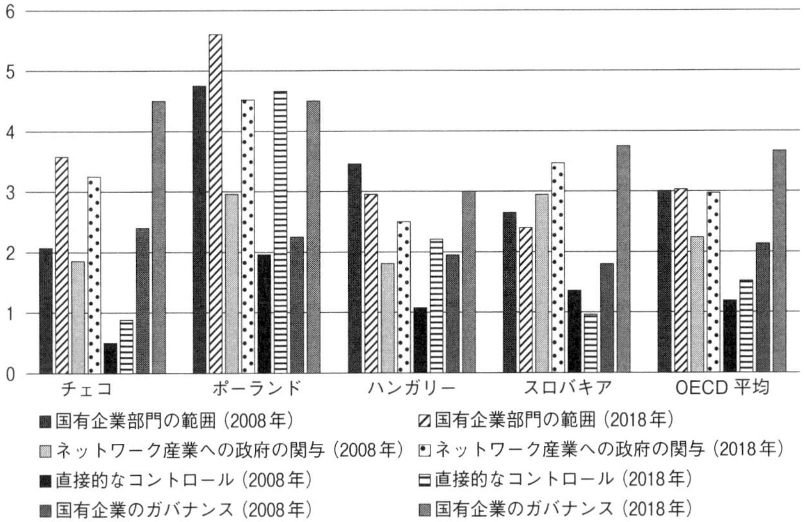

（注）指標の目盛りは0から6へと進むにつれて規制が強まることを示している。
（出所）OECD

介入の強まりを示している。2008年と2018年との間に目覚ましい変化が生じたことは明白である。チェコは今や3つの領域でOECD平均を上回っている(2008年に1領域だけだったのとは対照的に)。ポーランドはすべての領域でOECD平均を上回ったままであった。ハンガリーは1領域（2008年は2領域)，スロバキアは今でも2領域で上回っている。

こうして，OECD諸国との比較によって，国家によるコントロールの「レベル」は平均的（ハンガリーとスロバキア），あるいはより上位（チェコとポーランド）と評価されうる。ただし，2008年から2018年の間にビシェグラード諸国における国家コントロールのレベルは明白な増加傾向を示している。この傾向が強まっていることは，新型コロナウイルス感染拡大という状況下でも同様に続いていると考えられる。

5. 企業の外国投資に対する国家による干渉

ビシェグラード諸国における対外直接投資に関する政府の政策についての研究はほとんど存在しない。Éltető et al.（2015）によるビシェグラード4か国の比較研究が明らかにしたのは，ビシェグラード政府は企業の外国投資の決定に積極的に影響を与えようとはしていないということである。(民間の）中小企業は政府からの援助を主に受けている。ポーランドやハンガリーでは，「見通しのよい」(EUの外で急成長している）市場が好まれている。ポーランドやハンガリーでは，国内経済を強化・多様化させる目的とともに，より大規模な多国籍企業を作り上げることが明白な目的となっている。その意味で，所有(私有であれ国有であれ）は重要な要因とはいえないようである。他方，チェコやスロバキアの場合，輸出が国際化の形態であり，対外直接投資に対して優先されている。

第4節　ビシェグラードの多国籍企業

これまでにビシェグラード諸国における国際的にも競争力の強い企業を数多

く発見できているが，多国籍企業となると数はそれほど多くはない。国外への投資を行っているトップ企業のなかに国有企業はいくつか見つけることができるだけである。

1. チェコ

すでに述べたように，特定の国有企業は国外への投資を相当規模行っている。チェコのCEZは国有の地方多国籍企業で，2017年にはブルガリア（2005年と2006年に4度の買収），ルーマニア（2005年以降），ポーランド（2006年以降），ハンガリー（石油会社であるMOLに8%近くの株式所有），スロバキア，トルコ，アルバニアに子会社を有している（Sass, 2017）。外国子会社はこれまでに次のように変化している。CEZにはドイツ，フランス，ポーランド，ルーマニア，ブルガリア，スロバキア，トルコに外国会社が，オランダには西欧諸国での活動へと転換を見せているCEZグループ[21]に融資を行っている子会社がある。他の重要な外国投資家としては製薬業のゼンティバ，自動車産業のシュコダがあり，それらは元々チェコの国有企業であったが，民営化され，現在はそれぞれフランスのサノフィとドイツのフォルクスワーゲンによって所有されている。すなわち，この2社はもはやチェコが管理する企業ではない（Zemplinerova, 2012）。同様の事例として他にイヴェコ，ユニペトロール，あるいはフォックスコンによって所有されている企業がある。これらの他に，Sass and Vlckova（2019）において示されているように，2019年において租税回避地の所有者によって管理されており，総資産が120億ユーロ以上にもなるチェコ企業が13000社近くある。これらにはチェコの住民によって所有されている，主に納税の理由で持ち株会社の本社を国外に移転した企業も含まれている。これらの企業はチェコ市民によって所有・管理されており，これらの企業の，究極的にはチェコが所有する多国籍企業の保有する実質的な国外資産のシェアは非常に高いと考えられる。したがって全体としてはCEZ以外には現在のところチェコの国有多国籍企業は発見できていないが，その一方で多くの民間の多国籍企業が存在するのである。

2. ハンガリー

ハンガリーに目を向けると，OTP 銀行，石油会社の MOL，製薬会社のリヒターゲデオン，そして電子機器製造会社のビデオトンはハンガリーに拠点を置きつつ，大規模な外国資産（1 億ドル以上）を保有している多国籍企業である(Sass et al., 2012; Sass and Kovács, 2015)。OTP は中東欧諸国における市場シェアが非常に高い銀行である。MOL とリヒターはよりグローバルな企業である。MOL は主に遠方の国に資源志向型の直接投資を行っているが，市場志向型の投資は地理的に近い国に行っている。リヒターは多くの国に拠点があり，25 カ国に 34 の支社がある。そのなかにはポーランド，ルーマニア，ロシア，インドにおける生産拠点も含まれており，最近ではドイツにも生産拠点ができた（Antalóczy and Sass, 2018)。しかしながら，ハンガリーの対外直接投資の大部分はこれらの企業によってではなく，外国の多国籍企業（ゼネラル・エレクトリック，フォックスコン，ドイツテレコム，サムスンなど）のハンガリーにおける子会社によって行われていると推察できる。しかし，上記ハンガリーのトップ対外投資企業のなかの 3 社（MOL，OTP，リヒター）は「事実上間接的な」外国の投資家に分類される。このことは，それらの企業は外国企業が過半数を所有しており，自国（すなわちハンガリー）の管理下にあることを意味している。というのは，外国による所有は分散しており，主要な外国の支配的所有者は存在しない（Sass et al., 2012)。さらに，この 3 社には少数ではあるが国家によっても所有されている株式もある。しかし，国有比率はこの 2 年間で大きく低下しており，現在，OTP では 0.08%（そのほかに自社株式が 1.57%）[22]，MOL では 5.24%[23]，リヒターゲデオンでは 5%未満となっている[24]。数年前，MOL とリヒターでは国有比率は 25%を上回っていたが，2020 年，MOL の国有株の 10%はマエケナス・ユニバーシタシス・コルビナス財団に，もう 10%はマシアス・コルビナス・コレギウム財団に移転された。同様の株式移転がリヒターゲデオンでも行われた[25]。こうしてこれらのハンガリーの主要な多国籍企業 2 社における重要だが少数の（25%）国家所有は近年大して重要でない水準にまで低下した。OTP では国家所有率はすでに低くなっている。

3. ポーランド

ポーランドでは多国籍企業の規模が平均的に大きい。13の非金融企業は9500万ドル以上の国外資産を保有している（Kaliszuk and Wancio, 2013）。規模が最も大きい2社と5番目の企業は石油・天然ガスの採掘・流通の企業である。規模が3番目に大きいアセコはソフトウェアとITサービスを提供する企業である。残りは化学工業企業2社，製薬企業1社，機械製造企業2社，建築資材生産企業2社，金属工業企業1社，卸売・ITサービス企業1社である。国家所有に関しては2012年，PKNオーレン（石油），Polskie Górnictwo Naftowe I Gazownictwo（天然ガス），ロトス（石油），チェヒ（化学薬品），KGHMポルスカ・ミエズ（金属）は国家が株式保有者となっていた。これらの企業はワルシャワ証券取引所に上場していた。そのうち2社は国家が過半数の株式を所有していた。Polskie Górnictwo Naftowe I Gazownictwoは72％，ロトスは53％が国家所有となっている（Kaliszuk and Wancio, 2013）。最新のデータによると，PKNオーレン（27.5％）[26]，KGHMポルスカ・ミエズ（32%）[27]では国家が少数株所有者，Polskie Górnictwo Naftowe I Gazownictwo（72%）[28]とロトス（53%）[29]では多数株所有者となっている。しかし，チェヒは民営の投資グループに買収され，もはや国有ではなくなってしまっている[30]。今もなお国有である多国籍企業は相当な規模の外国資産を保有している。PKNオーレンが主にチェコ，リトアニア，ドイツに，またKGHMポルスカ・ミエズは米国，チリ，カナダに資産を保有し，中国では開発中である。国家所有が多数派となっているPolskie Górnictwo Naftowe I Gazownictwoはロシア，パキスタン，ベラルーシ，ウクライナ，ノルウェー，リビア，スウェーデン，ドイツに，ロトスはノルウェー，リトアニアに国外資産を保有している。さらには，ワルシャワ証券取引所に上場しているPKOバンク・ポルスキは国家が直接・間接的に31.39%の株式を保有しており，スウェーデンとウクライナに独資の子会社がある[31]。

4. スロバキア

スロバキアについてはきわめて断片的なデータしかない。Ferencikova and Ferencikova（2012）はスロバキアの対外直接投資についての詳細な研究を発表し，その中で主要なスロバキアの多国籍企業を取り上げている。J&T グループ，ペンタ・インベストメント，Istrokapital はすべて民間企業であり，主に中東欧地域で活動している。ほかに Grafobal Skalica，Matador，IDC Holding のような製造業企業，そして IT 企業である ESET，Gratex，Asseco Slovakia がある（Ferencikova and Ferencikova, 2012）。公表されている情報によると，これらはすべて民間企業である（しかし，Matador の一部はドイツのコンチネンタルに買収されたり，Asseco Slovakia はチェコの企業と合併して Asseco CE.となるといったいくつかの変化がある）。国有企業に関するより最近のデータに関して，スロバキアの財務省（Ministerstvo financií Slovenskej republiky, 2021）が新規企業 51 社を含めた企業リストを提供している。この中で唯一の国有独資企業である Transpetrol はベルギー，ノルウェー，スイス，バミューダの 4 カ国で巨額の国外資産を保有している。国家が過半数以上の株を所有している，あるいは，少数株を保有しているその他の企業や組織は活動をスロバキア共和国内に集中させている。

図表 10－2 は上記データを要約したものである。

図表 10－2　主なビシェグラード諸国の国有多国籍企業のプロフィール

企業名	母国	国有比率（2020 年）	産業／部門／活動	対外投資受入国
CEZ グループ	チェコ	70%	エネルギー	スロバキア，ドイツ，フランス，ポーランド，ルーマニア，ブルガリア，トルコ，オランダ，イスラエル，グレートブリテン，ボスニア・ヘルツェゴビナ，ハンガリー，ロシア，ウクライナ，ルクセンブルク
OTP 銀行	ハンガリー	0.08＋1.57%	銀行業務	ロシア，ウクライナ，モルドバ，ルーマニア，ブルガリア，セルビア，モンテネグロ，アルバニア，スロベニア，クロアチア

企業名	母国	国有比率（2020年）	産業／部門／活動	対外投資受入国
MOL	ハンガリー	5.24%	石油，エネルギー	探査：ロシア，カザフスタン，ノルウェー，イギリス，クロアチア，ルーマニア，アゼルバイジャン，パキスタン，オマーン，イラク，シリア，エジプト，アンゴラ 下流部門：クロアチア，スロバキア，イタリア，チェコ，ルーマニア，オーストリア，セルビア，英国，ポーランド，ボスニア・ヘルツェゴビナ，ドイツ，スロベニア，スイス，イラク他
リヒターゲデオン	ハンガリー	5%未満	製薬	生産：ポーランド，ルーマニア，ロシア，インド，ドイツ 販売会社・代理店：47カ国
PKN オーレン	ポーランド	28%	石油，エネルギー	チェコ，リトアニア，ドイツ
KGHM ポルスカ・ミエズ	ポーランド	32%	金属	米国，チリ，カナダ，中国，ドイツ
Polskie Górnictwo Naftowe I Gazownictwo	ポーランド	72%	天然ガス	ロシア，パキスタン，ベラルーシ，ベルギー，アラブ首長国連邦，ノルウェー，オランダ，ドイツ
ロトス	ポーランド	53%	石油	ノルウェー，リトアニア，英国，キュラソー，キプロス
トランスペトロル	スロバキア	87%	石油（輸送・貯蔵）	ベルギー，ノルウェー，スイス，バミューダ

（出所）公的に入手可能な情報に基づき作成（本文中の参考文献を参照のこと）。

第5節　ディスカッション

ビシェグラード諸国は社会主義計画経済国であったため，1990年まではほとんどすべての資産が国家によって所有されていた。現在では国有企業はまれなものになっている。基本的にビシェグラード諸国は市場経済諸国と同じ水準にまで国有企業の数と重要性を引き下げており，中にはスカンジナビア諸国と同じ水準になっている国もある。ビシェグラード諸国の国有企業は市場経済諸国で多数存在しているのと同様に，主に公的サービス部門に，また，各国の特定の部門（例えばポーランドの採掘業）に存在する。ハンガリーでは，特殊な民営化手法により，少数の「ナショナルチャンピオン」において国家の少数株保有が行われることになった。しかし，最近では，特定の大学や政府関連機関への株式譲渡により，この国家の少数株保有は実にわずか（6%以下）になっている。このことは，特定の企業で国家所有が維持されているのは国内経済における特定の非経済的（そしていくつかのケースでは経済的）または政治的なタスクを遂行するためであることを強調している。

このように国有企業は，数が相対的に少なく，特定の産業や部門に集中していることを考えれば，ビシェグラード諸国における重要な国有多国籍企業を発見するチャンスはほとんどない。ビシェグラード諸国が国有多国籍企業を生み出す土壌にはなっていないことは疑いない（Kalotay, 2018）。我々はビシェグラード諸国において国有多国籍企業を9社確認できた（図表10－2）。そのうち1社は100%国家所有で（スロバキア），3社は過半数以上の株を所有しており（1社はチェコ，2社はポーランド），5社は少数株を所有している（5社すべてでハンガリー企業が株式を所有しており，うち2社ではポーランド企業も株式を所有している）。この国有多国籍企業の数が少ないという事実は，国有企業が国際化する傾向は民営企業よりも少ないとするEstrin et al.（2012）の発見と一致しているかもしれない。多くの場合，国家の野心と目的が国外進出を含むならば国有企業は国際化する（Götz and Jankowska, 2016）。しかし，ハンガリー企業の場合，Sass et al.（2012）で示したとおり，主にハンガリー人経営者の野心と特権が企業を国際化させている。以上のようにここではかつての計画経済からの移行の特異性のために国家所有の減少に合わせて国際化が活発になっていることが明らかとなった。国際化と国外進出の主な理由は経営者が政府や敵対的買収に対抗して自らの地位を強化するためである。他のビシェグラード諸国の国有多国籍企業にも，特に株式が証券取引所で取引されており，国家が少数株所有者であるため，経営者が自由にコントロールできる余地が相対的に大きく，国家の影響力が相対的に弱い国有多国籍企業にも，そのような特権があると考えられる。ハンガリー以外にも，ポーランドの一部の企業は同様であるとみられる。

図表10－2から，Götz and Jankowska（2017）のポーランドに関する記述

と同様にビシェグラード諸国の国有多国籍企業の異質性と多様性が確認できる。しかし，いくつかの類似点も発見できる。

ビシェグラード国有多国籍企業は自国では有数の投資企業であるが，同時に通常，国際的にはそれほど規模が大きいわけではない。例えば，国外資産は非金融多国籍企業上位100社のそれに匹敵するほど多くない。しかし，中には発展途上・移行諸国の非金融多国籍企業上位100社にランクインするほどの企業もある（例えばポーランドのPKN OrlenやハンガリーのMOL）（Sass, 2018）。しかし，ビシェグラード全4カ国は現在UNCTADによると先進国に分類されている。上記石油企業2社の規模はUNCTAD（2014）で述べられているように，全多国籍企業，国有企業の中でのシェアは小さいが，同時にこれらの国有企業の国外支社数と国外資産の規模は大きい。実際にハンガリーとポーランドの石油企業はそれぞれの国の国外資産の点で有数の国外投資者であり，また，図表10－2で示されているとおり，地理的な意味で国外支社が幅広く立地している。

ビシェグラード諸国の国有多国籍企業の部門・産業別の特徴は以下のとおりである。石油・ガス・エネルギー部門に集中している。それら企業には長い歴史があり，1989年以前にすでに操業しており，部分的な民営化（スロバキアのTranspetrolを除いて）を行っていた。通常，それらの企業の株式は証券取引所に公開されていた。対外直接投資による国際化の成否はおそらく所有の優位性と関連があり，それによって企業は旧移行経済国―民営化された企業を再構築した経験がある―の中で国際化を行うことができた（ハンガリーに関してはSass et al., 2012，ポーランドに関してはRadlo, 2012）。一方で，企業の背後にある国家の存在が高度に政治的で安全保障上重要な産業における国際化に寄与するであろう。実際に，敵対的買収に対抗しているハンガリーのMOLの事例（Kalotay, 2010）はこの観察を証拠づける。さらに，部門の特殊性は別の観点からも重要である。それらの部門と産業では，OECD（2017）で指摘されているように，ビシェグラード国有多国籍企業がそのグローバル・バリューチェーンにおける役割を増しているという，ありえないような事例が生み出されている。グローバル・バリューチェーンはこれまでとは異なった方法，そして異なった動機による，より多くの国外展開を生み出すだろう。

これらの企業がハイブリッドな特徴を持っているかどうか評価することは容易ではない（Bruton et al., 2015）。それらの中の多くは国家が100％所有しているのではなく，少数株を所有しているだけの企業も一定程度ある。しかし，国家が少数株を所有しているだけであっても―ごく少数の株式の所有者にすぎないケースもあるが―，それらの機能を阻害するのであれば本当に評価することができない。これまでに国有企業のハイブリッドな特徴について断片的な証拠を示唆してきた。さらにハンガリーの製薬企業リヒターゲデオンが民営化の過程で政府から比較的積極的な支援を得ているという証拠をいくつか得た。しかし，その後，2006年頃から国内市場において国家からの優遇を受けられなくなったので，リヒターはいっそう国際展開するようになり，国外への投資を増加した（Antalóczy and Sass, 2018）。さらに，ハンガリーではOTPとMOLはゴールデンシェアへの特別な制約によって主権を保持し敵対的買収を避けられるよう支援を受けていたが，それは後に廃止された。

これらのビシェグラード国有多国籍企業には絶え間なく変化が起こっていることを指摘できる。一方では（とくにハンガリーでは）国家のシェアであり，他方，例えばポーランドのCiechの場合のように，まだ民営化が進行中であり，その結果国家所有の株式が減少しているという事実である。

ビシェグラード諸国の多国籍企業は，政府との関係，国際化プロセスやガバナンスへの政府介入という点で先進国の多国籍企業と新興国の多国籍企業のどちらに近いのか，興味深い分析が可能である。前節で述べた断片的で逸話的な証拠から，これらの点においてビシェグラード諸国の多国籍企業は先進国と新興国の多国籍企業の中間に位置すると推測できる。それらからは，新興国多国籍企業によく似た特徴以外に，政府の介入が少ないことも観察できる。後者はこれらの国がEUに加盟していることと関係があるかもしれない。この分析をさらに深めることが今後の研究課題となろう。

第6節　結論

ビシェグラード諸国においては国有企業も多国籍企業も比較的多く存在して

いるが，「共通部分」であるビシェグラード国有多国籍企業はそれほど多いわけではない。それらのうちの最も規模の大きい企業のいくつかに着目すると，1国当たりの数（ポーランドとハンガリーが最も多い），あるいは国有比率（ハンガリーは他の3カ国とは違い国有比率は無視できるほど小さい）に関して異質性を指摘することができる。しかし，ポーランドのPKNオーレンやハンガリーのMOL，あるいは特定の産業，とくにエネルギー，石油，天然ガスへの集中といった例外はあるが，先進国や新興国の多国籍企業と比較して国外資産の規模が小さいことのような特定の類似点も確認できる。また，断片的な証拠に基づき，多国籍企業の多くはハイブリッドな国家所有がなされており，それらにおける国有比率は必ずしも国家のコントロールの度合いを表しているわけではないとも推測した。そして，ビシェグラード諸国の国有多国籍企業の変化も指摘できる。一方では企業数の変化（例えばポーランドの場合，民営化と国家化の段階が企業の数を変動させている），他方では国家のシェアの変化（例えばハンガリーのMOLやリヒターゲデオンは株式の国家所有が大きく減少している）である。

本章には主に分析できた企業数の制約から生じる多くの限界がある。数的分析や詳細なケーススタディに基づくビシェグラード諸国における国有多国籍企業のさらなる体系的な研究や調査が必要となろう。

ビシェグラード国有多国籍企業は多くはないが，それらを分析することで今後の研究に興味深い論点を提起できるであろう。それらは先進国多国籍企業と新興国有多国籍企業の中間的な存在であるようにみえる。というのは国家の関与がどういうわけか平均的で，2つの極端の中間であるからである。パンデミック終息後に経済活動を再開し，パンデミックによって引き起こされた負の結果を改善しようとする際に国家の関与は間違いなく強まるだろうが，そのときこれらの企業がどのような運命をたどるのか分析することは興味深い。

［注］

1　本研究はハンガリー研究ファンドNKFIH(No. 132442）の研究助成を受けている。

2　573頁のTable 23. 1を参照のこと。

3　ブラジル，ロシア，インド，インドネシア，中国，南アフリカ。

4　Kowalski et al.（2013）21-22頁のTable 3および4。

5　スロバキアはデータがなかった。

6　19カ国とは，アルバニア，ボスニア・ヘルツェゴビナ，ブルガリア，クロアチア，チェコ，エストニア，ハンガリー，コソボ，ラトビア，リトアニア，モルドバ，モンテネグロ，ポーランド，マケドニア，ルーマニア，セルビア，スロバキア，スロベニア，ウクライナである。

7　以下のトランスペアレンシーインターナショナルスロバキアのレポートを参照のこと。http://www.transparency.sk/en/slovenske-statne-firmy-su-netransparentne-a-spolitizovane/ あるいは Nechala et al.(2015) は，スロバキアにおける公的所有企業の機能的透明性に注目した。透明性に関する様々な領域において，チェコやスロバキアの民間企業や外国企業と比較して，スロバキアの国有企業がもっとも低いスコアを示した。分析対象は国有，市所有あるいは郡所有の企業81社であった。国有企業が最も多く（43社），市所有（34社），郡所有（4社）と続いた。

8　しかし，Szarzec et al. (2021) によると，25％から50％の国有比率は，総資産に占める比率という点で，ポーランドを除くビシェグラード諸国では無視しうる。

9　https://www.cez.cz/en/cez-group/cez-group.html

10　http://www.mfcr.cz/en/themes/state-property-management/2016/the-shareholdings-of-the-czech-republic-26340

11　http://www.raba.hu/english/our_profile.html;

12　https://www.otpbank.hu/portal/en/IR/Shares/OwnershipStructure

13　さらに，2015年12月にイタリアの公益企業（実質は国有企業）Enelは経済省との協定を締結した。それによると，国内の発電市場の73％をコントロールしているSlovenske Elektrarneの株式を，追加的に17％増加（これにより51％の過半数に到達）させるオプションを国家に与えた。以下のサイトを参照のこと。https://www.export.gov/article?id=Slovakia-Competition-from-State-Owned-Enterprises

14　http://www.transparency.sk/wp-content/uploads/2015/12/statne_firmy_web_a5_eng.pdf

15　この分析は8カ国で実施された。ビシェグラード諸国およびブルガリ，クロアチア，ルーマニア，スロベニアである。

16　全要素生産性は，生産に対する投入（労働と資本）の寄与の効率性を測定するものである。

17　https://www.opten.hu/kozlemenyek/javuloban-az-allami-cegek-eredmenyessege-de-donto-tobbseguk-meg-mindig-veszteseges

18　https://www.cez.cz/en/cez-group/cez-group.html

19　重要なのは，Mizobata and Iwasaki (2016) が，民営化された企業のケースで所有構造とパフォーマンスとの関係を探った様々な分析の中に，重大な方法論的課題があることを強調している点に着目することである。

20　以下のサイトを参照のこと。http://www.oecd.org/economy/growth/indicatorsofproductmarketregulationhomepage.htm

21　https://www.cez.cz/en/cez-group/cez-group/foreign-equity-shares

22　https://www.otpbank.hu/portal/en/IR/Shares/OwnershipStructure

23　https://molgroup.info/en/about-mol-group/company-overview

24　https://www.bse.hu/pages/company_profile/$security/RICHTER

25　以下のサイトを参照のこと。https://bbj.hu/business/industry/pharma/hungarian-state-transfers-richter-shares-to-corvinus-foundation

26　https://www.orlen.pl/EN/Company/ShareHoldersStructures/Pages/default.aspx

27　https://kghm.com/en/investors/shares-and-bonds/share-graph

28　https://en.pgnig.pl/investor-relations/stock-informations/shareholder-structure

29　https://inwestor.lotos.pl/en/965/lotos_group/share_capital_structure

30　https://ciechgroup.com/en/relacje-inwestorskie/o-ciech/shareholders/
31　http://www.raportroczny2019.pkobp.pl/en/o-nas/struktura-grupy/

[参考文献]

(英語)

Antalóczy, K. and Sass, M. (2018) The internationalisation of Richter Gedeon, the Hungarian pharmaceutical company, and entrepreneurship in Hungary. In: Tõnis, Mets; Arnis, Sauka; Danica, Purg (eds.) *Entrepreneurship in Central and Eastern Europe: Development through Internationalization*. London, Routledge, (2018) pp. 159–176.

Baltowski, M. and Kozarzewski, P. (2016) Formal and real ownership structure of the Polish economy: state-owned versus state-controlled enterprises. *Post-Communist Economies*, 28 (3) 405–419.

Bruton, G. D., Peng, M. W., Ahlstrom, D., Stan, C. and Xu, K. (2015) State-owned enterprises around the world as hybrid organisations. *The Academy of Management Perspectives*, 29 (1), 92–114.

Büge, M., Egeland, M., Kowalski, P. and Sztajerowska, M. (2013) State-owned enterprises in the global economy: Reason for concern?. Voxeu, 02 May 2013 http://voxeu.org/article/state-owned-enterprises-global-economy-reason-concern.

Christiansen, H. (2011) The Size and Composition of the SOE Sector in OECD Countries. OECD Corporate Governance Working Papers, No. 5, OECD Publishing. http://dx.doi.org/10.1787/5kg54cwps0s3-en.

Christiansen, H. (2013) Balancing Commercial and Non-Commercial Priorities of State-Owned Enterprises. OECD Corporate Governance Working Papers, No. 6, OECD Publishing. http://dx.doi.org/10.1787/5k4dkhztkp9r-en.

Clegg, L. J., Voss, H., and Tardios, J. A. (2018) The autocratic advantage: Internationalization of state-owned multinationals. *Journal of World Business*. https://doi.org/10.1016/j.jwb.2018.03.009.

Cuervo-Cazurra, A., Inkpen, A. Musacchio, A. and Ramaswamy, K. (2014) Governments as Owners: State-Owned Multinational Companies. *Journal of International Business Studies* 45, no. 8 (October–November 2014) 919–942.

Cuervo-Cazurra, A., and Ch. Li (2021) State ownership and internationalisation: The advantage and disadvantage of stateness. *Journal of World Business*, 56 (1), https://doi.org/10.1016/j.jwb.2020.101112

Deloitte (2016) Central Europe Top 500. An era of digital transformation. https://www2.deloitte.com/content/dam/Deloitte/global/Documents/About-Deloitte/central-europe/ce-top-500-2016.pdf

Deng, P. (2004) Outward investment by Chinese MNCs: motivations and implications. *Business Horizons*, Vol. 47. No. 3. pp. 8–16.

Diefenbach, T., Sillince, J. A. A. (2011) Formal and informal hierarchy in different types of organizations. *Organization Studies*, 32 (11), 1515–1537.

Éltető, A., Ferenčíková, S., Götz, M., Hlušková, T., Jankowska, B., Kríz, E. and Sass, M. (2015) Outward FDI policies in Visegrad countries: final report : Czech Republic, Hungary, Poland, Slovak Republic. Poznan: Instytut Zachodni ISBN: 9788361736561

Estrin, S., Meyer, K. E., Nielsen, B. B. and Nielsen, S. (2012) The Internationalization of State Owned Enterprises: The Impact of Political Economy and Institutions. available at: http://personal.lse.ac.uk/estrin/Publication%20 PDF's/Internationalization%20of%20SOEs.pdf

European Ccommission (2016) State-Owned Enterprises in the EU: Lessons Learnt and Ways

Forward in a Post-Crisis Context. European Economy Institutional Papers 031 | JULY 2016. European Union

Ferencikova, S. and Ferencikova, S. (2012) The Outword Investment Flows and Development Path: Case of Slovakia. *EASTERN EUROPEAN ECONOMICS* 50: (2), pp. 85–111

Gaspar, V, Medas, P. and Ralyea, J. (2020) State-Owned Enterprises in the Time of COVID-19. https://blogs.imf.org/2020/05/07/state-owned-enterprises-in-the-time-of-covid-19/

Götz, M. A. and Jankowska, B. (2016) Internationalization by State-owned Enterprises (SOEs) and Sovereign Wealth Funds (SWFs) after the 2008 Crisis. Looking for Generalizations. *International Journal of Management and Economics* 50 (April-June): 63–81.

Götz, M. A. and Jankowska, B. (2017) On Some Aspects of State-owned Enterprises' Foreign Direct Investments (SOEs' FDI): The Case of Polish SOEs' FDI. in Dorożyński T. and Kuna-Marszałek A. (eds.), *Outward Foreign Direct Investment (FDI) in Emerging Market Economies*. Hershey: IGI Global, 2017, pp. 118–140.

IMF (2019) Reassessing the Role of State-Owned Enterprises in Central, Eastern, and Southeastern Europe. International Monetary Fund, European Department, Department Paper Series, No. 19/11

Inoue, C. F. K. V., Lazzarini, S. G. and Musacchio, A. (2013) Leviathan as a minority shareholder: Firm level implications of state equity purchases. *Academy of Management Journal*, 56 (6), pp. 1775–1801.

Iwasaki, I., Ma, X. and Mizobata S. (2022) Ownership structure and firm performance in emerging markets: A comparative meta-analysis of East European EU member states, Russia and China. *Economic Systems*, https://doi.org/10.1016/j.ecosys.2022.100945.

Kaliszuk, E. and Wancio, A. (2013) Polish Multinationals: Expanding and seeking innovation abroad. http://ccsi.columbia.edu/files/2013/10/Poland_2013.pdf

Kalotay, K. (2010) The Political Aspect of Foreign Direct Investment: The Case of the Hungarian Oil Firm MOL. *The Journal of World Investment & Trade*, 11 (1), pp. 79–90.

Kalotay, K. (2018) State-owned Multinationals: An Emerging Market Phenomenon? *The Journal of Comparative Economic Studies*, Vol.13, 2018, pp. 13–37.

Kowalski, P., Büge, M. and Sztajerowska, M. (2013) State-owned enterprises: Trade Effects and Policy Implications. OECD Trade Policy Papers, No. 147, OECD Publishing. http://dx.doi.org/10.1787/5k4869ckqk7l-en

Kozarzewski, P. (2021) State Corporate Control in Transition Poland in a Comparative Perspective. Springer, Cham.

Manuilova, N., Burdescu, R. and Bilous, A. (2022) State-owned enterprises during a crisis: assets or liabilities? https://blogs.worldbank.org/governance/state-owned-enterprises-during-crisis-assets-or-liabilities

Matuszak, T. and Szarzec, K. (2019) The scale and financial performance of state-owned enterprises in the CEE region. *Acta Oeconomica*, 69 (4): pp. 549–570.

Mizobata, S. and Iwasaki, I. (2016) Does Privatization Improve Firm Performance?: A Systematic Review of the Transition Literature. *Economic Review*, Hitotsubashi University, vol. 67 (4), pages 354–380, October.

Musacchio, A, Lazzarini, S. G. and Aquilera, R. V. (2015) New varieties of state capitalism: Strategic and governance implications. *The Academy of Manegement Perspectives*, 29 (1), 115–131.

Musacchio, A., Monteiro, F. and Lazzarini, S. G. (2019) State-owned multinationals in international competition. In: Grosse, R. and Meyer, K.E. (eds) *The Oxford Handbook of Management in emerging markets*. Oxford University Press. 569—590.

Nechala, P., Komanova, M., Kubikova, J. and Pisko, M. (2015) Slovak companies owned by public sector remain non-transparent. Transparency International, Slovensko. http://www.transparency.sk/wp-content/uploads/2015/12/statne_firmy_web_a5_eng.pdf

OECD (2020) The COVID-19crisis and state ownership in the economy: Issues and policy considerations. OECD, Paris.

OECD (2018) Privatisation and the Broadening of Ownership of State-Owned Enterprises. OECD, Paris.

OECD (2017) The internationalisation of state-owned enterprises. OECD Business and Finance Outlook 2017. OECD, Paris. pp. 123–142.

OECD (2014) The size and sectoral distribution of SOEs in OECD and partner countries. http://www.oecd.org/daf/ca/size-sectoral-distribution-soes-oecd-partner-countries.htm

Panibratov, A. and Klishevich, D. (2018) Internationalisation of the state-owned enterprises: evidence from Russia. St. Petersburg University Graduate School of Management Working paper# 13 (E) – 2018. St. Petersburg.

PWC (2015) State-Owned Enterprises Catalysts for public value creation? PWC, 2015 April https://www.pwc.com/gx/en/psrc/publications/assets/pwc-state-owned-enterprise-psrc.pdf

Radlo, M. (2012) Emerging Multinationals and Outward FDI Development. *Eastern European Economics*, 50:2, pp. 59–84, DOI: 10.2753/EEE0012-8775500204

Rygh, A. (2019) Bureaucrats in International Business: A Review of Five Decades of Research on State-Owned MNEs. In: How MNEs Manage in a Changing Commercial and Political Landscape. Eds. Chidlow A., Ghauri, P.N., Buckley, T., Gardner, E.C., Qamar, A. and Pickering, E. Palgrave MacMillan, Cham.

Sass, M. (2017) Is a live dog better than a dead lion?: seeking alternative growth engines in the Visegrad countries. In: Bela, Galgoczi; Jan, Drahokoupil (szerk.) Condemned to be Left Behind? Can Central and Eastern Europe Emerge from its Low-Wage Model? Brussels, Belgium : European Trade Union Institute (ETUI), (2017) pp. 47–79.

Sass, M. (2018) Post-transition multinationals. *Journal of Comparative Economic Studies*, 13, pp. 39–64.

Sass, M., Antalóczy, K. and Éltető, A. (2012) Emerging multinationals and the role of virtual indirect investors: the case of Hungary *EASTERN EUROPEAN ECONOMICS* 50: (2) pp. 41–58.

Sass, M. and Kovacs, O. (2015) Hungarian multinationals in 2013: a slow recovery after the crisis? . 28 p. Budapest and New York : Joint Research between Columbia University and ICEG EC, New York and Budapest.

Sass, M. and Vlčková, J. (2019) Just Look behind the Data! Czech and Hungarian Outward Foreign Direct Investment and Multinationals *ACTA OECONOMICA* 69 : S2 pp. 73–105.

Szanyi, M. (2014) Privatization and state property management in post-transition economies. Centre for Economic and Regional Studies HAS, Institute of World Economics Working Paper, 211.

Szanyi, M. (2016) The reversal of the privatisation logic in Central European transition economies: an essay. *Acta Oeconomica* 66: (1) pp. 33–55.

Szarzec, K., Dombi, Á. and Matuszak, P. (2021) State-owned enterprises and economic growth: Evidence from the post-Lehman period. Economic Modelling, 99 (June), https://doi.org/10.1016/j.econmod.2021.03.009.

UNCTAD (2017) World Investment Report. Investment and the digital economy. United Nations. New York and Geneva.
UNCTAD (2014) World Investment report. Investing in the SDGs: an action plan. United Nations. New York and Geneva.
Zemplinerova, A. (2012) Czech OFDI. *Eastern European Economics*, Vol. 50, 2, pp. 22–40.
（スロバキア語）
Ministerstvo financií Slovenskej republiky (2021) Prehľad hospodárenia podnikov štátnej správy. Available at https://www.mfsr.sk/files/archiv/rozpocet-verejnej-spravy/3512/56/priloha-3.pdf

（林　裕明・小林拓磨：訳）

終章

新興市場経済と国家主導資本主義

溝端佐登史

はじめに

新型コロナウイルス感染症に対する各国間での対応措置と結果の違いを経済システムの属性に帰することは難しいが，国家の強い手は，市場の自由放任や不信が強まる社会の相互調整に比して効果的に見える。防疫や医療の領域に限られず，「先進国と新興市場経済における中央銀行と通貨当局は金融市場への介入を続け，政府は当該国経済を刺激するために財政政策イニシアチブを発揮している」(Jackson et al., 2021：16)。政府の借り入れは急増し，中央銀行は金融緩和でパンデミック関連の経済支援を継続した。本書の対象地域でもある新興市場経済は，自制的な財政金融政策から解き放たれて，膨張した財政へ傾斜し，そのことは新興国発の債務リスクが大きくなっていることを意味している。

国家の強い手は権威主義国家の優位性を証明するわけではない。むしろ，いかに私権を制約して感染を抑えようとも，権威主義体制における秘密主義，科学を軽視する姿勢が感染症問題を引き起こし悪化させる根源にあるとすれば，権威主義体制化はパンデミック対応にとり障害以外何物でもない。強い手は，政治のあり様，政治化・国家化（介入への傾斜）ではなく，高質の国家の制度基盤に依存する。国家の質そのものは，よきガバナンス，インフラ，さらに当該社会の倫理に基づいており，それゆえにインフラの成熟度で測ることができる市場の質（Yano, 2009; 2010）もまた国家の質と不可分の関係にある。21世紀の新興市場経済は，政治的に権威主義を正面に打ち出すことはあっても，市場の質，国家の質に新機軸を打ち出すことに成功しているわけではない。

自由を守るために不自由は避けられないのか。あらためて新型コロナ感染症がこの問題を突き付けている。1941年刊行のエーリッヒ・フロムの『自由からの逃走』（1951）は，個人の自由がいかに権威主義，ナチズムを生み出したのかを明らかにする名著であろう。支持層に位置づけられる安定性を失った仮想中間階級は現代にも十分通じる。Acemoglu and Robinson (2019：xv）は，「自由が生まれ栄えるためには，国家と社会がともに強くなければならない」と主張し，パンデミックは国家と社会の均衡をとらえるアラームの役割を果たす。この均衡は新興市場に限らず，世界的に崩れており，国家の肥大化は止まらない。長期的に言えば，国家は規制・予算制度，補助（金）制度，イノベーションによって拡大し続けている（Hall and Khoo eds., 2021）。経済界が求める市場の質を引き上げる処方箋がインフラの整備にあるとすれば，ここでも国家肥大化は避けられない。近代国家の市場の発展はそのまま国家の肥大化に直結するのだ。実際，ワクチンをめぐる国家間の競争，国際的枠組みの脆弱さも公共財をめぐる国家の役割を浮き彫りにしている。まさに，現下のパンデミックは経済システムにおける国家，政治を問いただしている。

対する社会も，強い国家を制御するほど強靭なわけではない。とくに，2000年代以降，世界経済危機も新型コロナ感染症も公的債務を膨張させ，連鎖的な危機の伝播を引き起こし，かつ国際秩序の不安定化を伴い，社会の国家依存の強まりさえ観察される。すなわち，社会の監視能力はパンデミック以前にすでに劣化していたのである（ボワイエ, 2021）。もっとも，社会の危機と対照的に，国際連合が1999年人権保護，労働，環境問題，腐敗防止など10原則からなるグローバル・コンパクト（Global Compact）を，2015年環境問題など17の目標からなる持続可能な開発目標（SDGs: Sustainable Development Goals）に相当する「我々の世界を変革する：持続可能な開発のための2030アジェンダ」を採択することで，社会のあり方は，国家どころか地球を支える存在と認識されているのではあるのだが。

地球規模の課題，自由や民主主義といった価値観を重視すれば，新興市場諸国は国家と社会の均衡を見出す挑戦にも取り組んでいる。資源大国ロシアであっても2019年にパリ協定に批准し，2030年までに温室効果ガス排出量を

1990年比で70%に削減する大統領令に署名している[1]。達成水準は決して高いわけではなく実効性が懐疑的に受けとめられるが，SDGsは受け入れられており，国家開発プロジェクトに反映させている。世界最大の温室効果ガス排出国中国もまた2060年までのカーボンニュートラルを表明し，SDGsを達成するため国連との協力枠組みを開始している。

こうした新興市場経済の挑戦と成長，制度上の脆弱さ，そして政治化する体質，さらに持続的な成長の前に横たわる制約条件－新型コロナ感染症のX線効果の前に検出された－は，よりよい社会を模索する経済学・社会科学，また日本にとって，まさに先進的な「社会実験」とさえ映る。本書では，ロシア，中国，東欧諸国を主たる材料として，国家主導資本主義経済を詳細に検討してきたが，最後に分析対象となった新興市場経済における国家化，政治化が安定的に存在する均衡条件を考え，それを通して現代世界経済の行方を展望しよう。

第1節　新興市場経済――あなたは誰

比較経済学において21世紀に入り注目される理論提起は「新興市場経済（emerging market economies）」の見方であろう。資本主義対社会主義ではなく，市場移行する諸国も含め資本主義の多様性に接近する枠組みを示唆しているからである。しかし，資本主義経済に新しい型が出現することは今に始まったわけではない。資本主義経済システムはその成立以来，絶えず新興諸国の挑戦を受け，新しい形状の資本主義を受け入れ，資本主義を基盤とする世界秩序を構築してきた。資本主義経済の歴史とはそうした進化・適応・同化の歴史とも言える。イギリスは後発のドイツ，フランス，アメリカの挑戦を受け，さらに19世紀末のロシア，日本といった国家主導性の強い型もそれに続いた。

言葉の上で新興（newly）として先進資本主義経済にキャッチアップの挑戦者と目されたのは，当初は新興工業国NICS（newly industrializing countries）と呼ばれ1980年代には新興工業経済地域（newly industrializing economies）と分類された地域である。新興市場の用語も世界銀行の一機関である国際金融公社（IFC）のエコノミスト Antoine van Agtmael によって途上国にとり否定的なイメージをもつ「第 3 世界」に代わる用語として 1981 年に用いられ（van Agmael, 2007），その後成長諸国を包摂する概念になっている。1990 年以前では，経済発展において製造業の輸出者の地位が重視され，香港，韓国，台湾，シンガポール，ブラジル，メキシコ，さらに南ヨーロッパ地域（ギリシャ，スペイン，ポルトガル），東欧，そして当時はまだ小国に過ぎなかった中国までが含められた（Woolcock, 1981）。

新興市場経済は先進国型の市場への転換を指向する後発の市場経済にほかならないが，概して国家の役割は大きく，先進諸国とは異なる市場経済を形成している。とくに，アジア諸国の経済システムに代表的であるが[2]，アングロ・サクソン型とは異なり，ネットワーク型に組織された市場はアングロ・サクソン型ほどに効率的ではなく，制度・政治の揺らぎのためにリスクや不確実性が大きくなる。新興市場経済は多様に定義される。

Kvint（2010）によると，新興市場は独裁から自由市場指向経済に移行する社会であり，経済的自由度が高まり，グローバルな市場や他のグローバル新興市場国に徐々に統合し，中間階級を拡大させ，生活水準・社会的安定性と寛容さを改善する。その結果，新興市場は先進国よりも成長潜在力は高いが，低位から中位の 1 人当たり GDP 水準にあり，グローバル経済に開放されているが災害や（石油・食料）価格変動において脆弱性が高く，金融市場の成熟度が低く投資リスクが大きい。各国を特徴づける明確な基準値はないが，相対的に人口規模の大きいブラジル，中国，東南アジアに加え，ロシア，中東諸国，新興欧州諸国（チェコ，ポーランド，ハンガリー）などといった新興市場諸国が含まれる（Kvint, 2010; https://www.thestreet.com/markets/emerging-markets/what-are-emerging-markets-14819803）。

Mody（2004）はより明確に新興市場の経済制度上の特徴を提示している。多様な脆弱性と過渡的性格の存在，政策決定における責任と弾力性のトレードオフ関係[3]といった特徴をあげ，新興市場には取引特殊的な責任ではなく制度上の責任が必要であり，政策決定の惰性が障害になることを指摘する。とくに，制度の独自性・未成熟性に注目すれば，制度の発達は複雑でありかつ，制度はその国の歴史，政治，社会システム，文化によって形成される。制度インフラが未整備な場合には，仲介機能が働かない制度のすきまが生じ，逆説的であるが，このすきまの存在こそが経済発展の有望性を指し示す（Khanna and Palepu, 2010）。

新興市場を先進国へのキャッチアップを試みる（成長率の高い）中－低位レベルの発展途上諸国と見なすならば（Goldman Sachs）[4]，制度よりもむしろ成長力において新興市場は定義されることになり，財政赤字水準も良好で成長潜在力は高い。Goldman Sachsのペーパーは，ブラジル，ロシア，インド，中国（BRICs）を代表的な大国モデルと見なすことで，新興市場を定義している（O'Neill, 2001; Wilson and Purushothaman, 2003）。いずれも2050年に向けて成長を遂げ，とくに中国はアメリカを越えていくことが予測されている。この事態はすでに現実に進行しており，上記4カ国に次ぐメキシコ，韓国，トルコ，インドネシアなどの成長国市場が規定されている（O'Neill and Stupnytska, 2009; O'Neill et. al., 2005）。経済成長の潜在力は人口と生産性の伸び（技術革新）に規定され，それにはマクロ経済変数とミクロ経済変数が作用するという見方で新興国が選択され，この場合新興市場の理論的基盤に経済システムの見方は希薄であり，成長潜在力こそが基準になる[5]。

第2節　グローバリゼーション下の新興市場経済

新興市場経済が世界経済の新しい経済成長の極となる背景には，グローバリゼーションがある。生産と消費の結合を解く過程をグローバリゼーションと見なしたボールドウィン（Baldwin, 2016）は，「衝撃的なシェア・シフト」が生じていると主張する。すなわち，輸送技術の進歩，産業革命により輸送コストは下がってもアイディア・ヒトの移動コストは下がらず，そのために北の先進国で工業化・イノベーションが進行し，南の発展途上国との間に著しい所得格差が生じた（大いなる分岐）。しかし，ICT革命によりアイディアの移動コストが下がり，生産工程を賃金の低い国に移すオフショアリングが生じ，それが北から南に製造業をシフトさせ，その結果先進国の世界経済における地位が下落し，新興工業国[6]が成長する（大いなる収斂）。この「衝撃的なシェア・シフト」は1990年頃からの貿易自由化の結果であり，二国間投資協定[7]は先進国から途上国への資本移動を促し，グローバル・バリューチェーン（GVCs: Global value chains）はその所産であり，新興国こそが先進国にかわり成長推進力となった。中国は確実にこのネットワークのハブになったが，すべての新興国がそれを享受したわけではなかった（伊藤，2020a）。モノ・アイデアの移動コストは下がってもヒトを移動させるコストは高い。それゆえに，複雑な生産工程を管理するには対面が必要であり，生産工程を移転させる地域は距離に規定された。EUにとって中東欧，アメリカにとってメキシコ，日本にとって東・東南アジアがそれであるが，同時にグローバル・バリューチェーンに参加する国々にとり人口の大きさは消費と労働力の両方の大きさを意味していた。グローバル・バリューチェーンは世界の貿易の半分ほどを占め，それへの参入の所得上昇効果は伝統的な貿易を大きく上回っており，世界の貿易政策をめぐる各国間の相互依存関係は著しく強くなっている（World Bank Group, 2020）。それゆえ，新興市場経済の成長は，貿易や投資の障害となる規制を引き下げるTPP（環太平洋経済連携協定）やFTA（自由貿易協定）など国際政治経済学の対象となる。

新興市場経済の見方には定義の不透明性と単純な先進国へのキャッチアップ国の選定という批判が付きまとうが，それにもかかわらず次の3つの点で単なる市場経済への移行や開発経済学の見方に収まらない新奇さを備えている。

第1に，先進国への新興国のキャッチアップは，グローバル化の恩恵を受けたかれらの著しい経済成長と対照的に，先進諸国の経済力の低下・主導性の低下によって世界経済秩序の再編を引き起こす。実際，新興国と先進資本主義経済の世界に占める経済的地位は逆転し，アメリカと中国の逆転も現実味をもつ。その場合，移行先の資本主義市場モデルはもはや「理想モデル」ではなくなり，「対抗モデル」と位置づけられ，国際的な政治経済上の摩擦をもたらす。新興市場は地政学の課題と結びついて，国際政治経済学に関わる問題を内包している。それは経済システムにおける国家と市場のシーソーに影響しており（ストレンジ，2020：470–495），ワシントン・コンセンサスと北京・コンセンサスが対峙することは当然の帰結であった。

第2に，新興国市場の発展可能性と経済制度の脆弱性は決して静態的で，既存の先進国モデルに収斂する性格をもつわけではなく，それ自体が動的に変化しうる。新興経済は「後発性の利益」を糧に成長するとともに，「中所得国の罠」を脱するために，すなわち持続的な成長のために，イノベーションへの傾斜を指向し，それは新興市場において独自の経済制度基盤の上で試みられている。実際，中国もロシアも2000年代に入りイノベーション政策を経済政策の中心に位置づけている（Mizobata, 2020)。成長可能性と制度の脆弱性は伊藤（2020b）において明解に論じられている。新興国はデジタル化の社会変革において先進国よりもより大きい可能性と脆弱性を増幅させるが，その影響力によって新興国自体が分化する（伊藤, 2020b：205)。デジタル化自身が新たな新興国の比較軸になりうる。

第3に，新興市場経済という用語自体が新興国発の大企業化を検証する過程で導出された概念であるために（van Agmael, 2007)，また新興国経済がグローバル化を追い風に発展した以上，新興国発多国籍企業研究が新興市場の発展とともに深化したことは偶然ではない。ゆえに，先進国への投資を目指す新興国発多国籍企業は，最終消費市場の探求以外に，技術，経営管理，ブランド，研究開発能力，人的資源といった多種多様な資源や知識の取得，国内の不安定なビジネス環境からの回避，グローバル・バリューの統合化，地政学的な影響力などの動機に基づくとともに，中国，ロシアといった国家主導資本主義システムとも結びついている（Panibratov, 2017：26-30)。政府は国際展開する多国籍企業に影響力を行使するとともに，国内の脆弱な制度に反応して独自の組織が形成される。「新興市場企業の国際化戦略は，制度，産業，企業レベルの要因に基づいて形成される」(Panibratov, 2017：30)。

新興国発多国籍企業には先進国での学習機会の探求，国家の影響力の大きさ，オフショア・タックスヘイヴン圏を通した資金の流れの存在，国内制度優位性を基盤にした多国籍化が特徴としてあげられる。例えば，ロシアの場合，多国籍企業は国家崩壊・体制転換と同時に形成され，ICTに関連する私企業型とは別に，ソ連企業の後継型，古典的多国籍企業，ソ連の離婚型，資本逃避や資本の還流を行う疑似多国籍化に分けられ（Kuznetsou, 2014)，国家支配下にあるガスプロム，ロスネフチの子会社・関係会社の多くもまたオフショア圏に立地している。多国籍化は国内の制度をベースにして発展しており，資源・

エネルギーなどの有力産業を中心として多くの部門に関連し，国有型に限られず全体として多国籍企業には政府の政策が強く反映する。中国においても，多国籍化する大企業と国家の関係は無視できず，かつ香港，オフショア圏を迂回した投資もまた観察される。中国石化（Sinopec）や中国石油（China National Petroleum）といった世界最大規模の国有企業だけではなく，ハイアールやアリババグループなど民間も含め，米中経済摩擦の中で，また2020年以降に顕在化した半導体生産不足の中で，中国多国籍企業の存在感は高まっている。少なくとも，新興市場研究は，多国籍企業の比較研究という新領域を開拓した[8]。

第3節　新興市場経済のリスク

新興市場経済が国家主導システムに基づいて市場の制度を構築し，成長を遂げたにもかかわらず，成長要因は同時にリスク要因になる。

何よりも国家主導性が強まることは，それ自身を再生産する力が働くことで，私的セクターの成長を阻害するし，国家間での安全保障上・地政学上の摩擦を強める要因にもなる。ことに，市場競争が国家独占に取り換えられ，企業の利益源泉が国家との交渉，レント取得に傾斜する場合，国家主導性は成長制約的性格を帯びていると言わざるを得ない。

相対的に規模の大きい人口が経済成長の源泉として作用したことは疑いないが，それは決して固定的なものではなく，条件が変われば人口要因は重荷に変わりうる。生産年齢人口が伸びず，人口ボーナスが負に転換する場合，少子高齢化が進行する場合には，逆に成長は制約される。中国，ロシアでは2010年に明確に人口動態に転換が見いだされ，生産可能人口の不足が観察される。高齢者（年金生活者層）が増加することは財政負担を強い，生活保障や保険制度など社会問題を引き起こす。高齢化社会への転換スピードの速さはリスク度合いを著しく高める（末廣, 2014）。そのうえに，新型コロナ感染症は，出生率の低下をもたらし，人口の歪みを増幅させうる。

実際，中国では生産可能人口は減少に転じ，65歳以上の老年人口比率は2019年に12.6％になり日本の後を追うように高齢社会化している（遊川和郎「中国の長期的人口動態と経済社会への影響」https://spc.jst.go.jp/experiences/special/economics/economics_2112.html, 2021年10月5日アクセス)。「一人っ子政策」とその後の少子化傾向が高齢社会化の基礎にある。ロシアについては図表終－1, 図表終－2がより詳細に人口動態, 生産可能人口動態を示している。何よりもロシアはペレストロイカ期から自然増減（出生者数－死亡者数）が著しく低下し人口の急減を経験したこと, 人口減少を補填するように社会増が増加したことが特徴として浮かび上がる。人口は主に旧ソ連圏諸国から流入しており, タジキスタン, ウクライナ, カザフスタン, アルメニア, キルギスタン, ウズベキスタンが上位を占める。ただし, 2000年代半ば以降人口は増加に転じるが, クリミア併合以降再び減少に戻っている[9]。新型コロナ感染症が人口減少に大きく影響していることも明らかになる[10]。また, 2000年代央以降に生産可能人口が減少していること, 同じ時期に老年人口比率が上昇していることが観察される。少なくとも, ロシア, 中国において, 出生者数の増加と, 年金受給年齢の引き上げ, 社会政策への負担の拡大の課題は避けて通ることができない。

貿易・投資の自由化の中で新興国の成長要因となった製造業の国際分業形態

図表終－1　ロシアの人口動態（1000人）

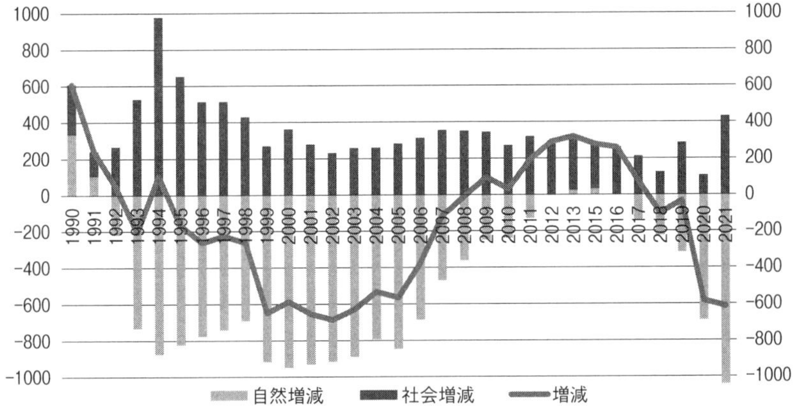

（注）2015年以降クリミア共和国とセバストポリ市のデータが含まれている。
（出所）Federal'naya sluzhba gosudarstvennoy statistiki (Rosstat) https://rosstat.gov.ru, 2022年3月8日アクセス。

図表終－2　ロシアの生産可能人口と老年人口

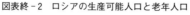

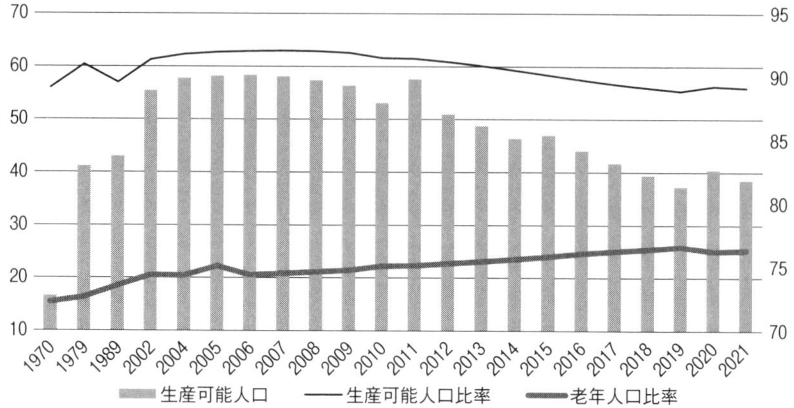

（注）生産可能人口（右軸）は 100 万人，2 つの比率（左軸）は%。老年人口は 2019 年までは 60 歳以上男性，55 歳以上女性であるが，2020 年以降は 61 歳以上男性，56 歳以上女性である。いずれも年金受給年齢を基盤にしている。年初の値。

（出所）Federal'naya sluzhba gosudarstvennoy statistiki (Rosstat) https://rosstat.gov.ru, 2021 年 10 月 3 日アクセス。

に相当するグローバル・バリューチェーンは生産・供給体制の不安定化をもたらす（UNCTAD, 2020）。グローバル・バリューチェーンは，グローバルな付加価値過程の存在（生産過程のフラグメンテーションと企業の結合），あるいは生産コストと技術を結び付けた競争力の向上にほかならず，世界の貿易の半分以上を占め，持続可能な成長に貢献している。ノウハウ・技術の国際的移転を促し，グローバル・バリューチェーン成功国としての中国，インド，ベトナム，バングラデシュがあげられる。しかし，そこからの利益配分は不均等であり，海外に委託する大企業はその利益を消費者には還元せず，途上国の生産者の利ザヤは低下気味になる。格差はスキルのある労働者とない労働者の間で大きく，低付加価値部門に追いやられる女性には不利に働く。成長の下落，フラグメンテーションの成熟，中国の国産指向とアメリカのアウトソーシング指向の低下，国際的な保護主義の高揚により，2008 年世界経済危機以降にグローバル・バリューチェーンは失速・低下傾向を示している。さらに，グローバル・バリューチェーンは遠距離輸送を常態化する以上，環境負荷はきわめて大きく，この外部性は世界で負担を余儀なくされる（World Bank Group, 2020：

1-3)。

とくに，新型コロナ感染症によるパンデミックはグローバル化のコスト・ベネフィット論争を再燃させており，グローバル・バリューチェーンのリスク・不安定性を強調する結果をもたらしている。すなわち，コロナ下でのマスクなど医療品不足（中国依存）がそれに相当し，集中度がショックをより大きくする。例えば，中東欧諸国は欧州における部品需要を担っており，そのショックは大きい（OECD, Global value chains: Efficiency and risks in the context of COVID-19, OECD Policy Responses to Coronavirus, 11 Feb. 2021, https://www.oecd.org/coronavirus/policy-responses/global-value-chains-efficiency-and-risks-in-the-context-of-covid-19-67c75fdc/)。アメリカ政府もまたサプライチェーンが断絶や競争国からの供給，さらにコバルトやリチウムなどレアアースの中国の独占に脆弱であり，国内での対応能力の欠如を重視し，経済安全保障の観点から強靭なサプライチェーンの構築を求めている（The White House, 2021)。

さらに，グローバル化（持続的成長・気候変動問題）は新たな成長の足かせを新興国に用意する。人権，公平性や法の支配といった民主主義の価値観もまたそれに含まれよう。新興諸国の成長政策に対しても持続的成長・気候変動，さらには人権や公平性などの課題が課せられるとともに，新興国・途上国に進出している多国籍企業は当該課題への対応を自身のサプライチェーンにまで要求される。新興経済はもはや勝手気ままに資源を浪費して成長を享受できず，地球のための公共財に対する相応の負担を求められる。実際，新興国はパリ条約に批准し，法制度においてもそれに接近する。ロシアも中国も気候変動に関する国際規範を受容しており，とくに中国は，国内での気候変動の被害，環境汚染，国際社会からの圧力，低炭素発展における利益から，能動的な受容にさえ転じている（服部, 2021)。持続的成長に向けた行動はSDGsへの投資，直接投資パターンに影響し，新興国は当該目標に向けた「産業政策」に傾斜する（UNCTAD, 2020)。こうして，新興国は自身の成功源泉であるグローバル化によって成長政策の見直しを迫られている。

第4節　政治化・国家化する企業社会

2000年代における新興国経済の成長および，それに象徴的な国家主導資本主義の形成は，世界市場において国家と結びついた経済主体の出現，経済主体そのものの国家化を指し示している。その際に，新興国はその貿易・経済政策に成長可能性の基盤を置いている以上，成長政策そのものが政治の対象となるのだが，それだけではなく国家は直接にも間接にも企業経営に浸透してきた。ロシアでは2003年ユコス事件が象徴的であるが，国益の中心に位置する石油ガス部門への強い手による介入が見いだされる。中国でも，産業政策による介入が観察され，さらに電子商取引大手のアリババに対する2021年5月の独占禁止法違反の罰金や同年のテンセントの処分など，直接の国家介入が観察される。中国の介入は国有企業に限定できずハイテク分野を中心とする私企業にも大きい（Goldman Sachs *Global Macro Research*, Issue 101, September 13 2021）。

OECD（2016）は，新興国の台頭により国有企業が世界経済の主要な競争者になっており（100大企業のうち22社が国有），営利的目的だけでなく公共政策さらには政治的目的に動機づけられていること，国家融資（安価な資金調達）を背景にした不公正競争が生ずることなどの問題を引き起こしていると見る。本国の特権的地位を用いた進出先市場での競争手段として，特恵的な融資，情報へのアクセス，補助金および税特典，現物補助，研究開発やグリーンプログラムへの助成金，国内市場での特恵的な地位，破産ルールからの除外，種々の許認可，公的調達の優遇，外交関係での支援などがあげられる（OECD, 2016：28-30）。言うまでもなく競争力のある国有企業の大半は中国（326社中128社）にあり，インド（34社），UAE（11社），ロシア（10社）が続いている。さらに，OECD（2018）は国有企業が先進国でも主要なプレーヤーになり，国ごとにその存在は異なるが，公正な競争の確保を求めている[11]。

こうした政治化の動きは，新興国と先進国の間での単なる覇権交代をめぐる摩擦に関係する現象に制約されるわけではない。政治化は，世界的な規模での政治的ポピュリズムへの傾斜，新しい産業革命・イノベーションの進展，地球温暖化・気候変動問題に象徴的であるがグローバルリスク・グローバルな課題の重視といった環境（遠藤編, 2015）の中で生じている。こうした課題はいずれも個別の市場・企業レベルで解決・対応できるものではなく，それゆえに新興国だけでなく，世界的に経済・企業社会の政治化・国家化が著しく強まっている。

何よりも，米中対立は貿易だけではなく，技術やサイバー空間を含め，広範囲に及び，関税に限った摩擦に限定することはできない。サイバー攻撃が対立を増幅させていることは明らかである。対中国では香港国家安全維持法をめぐる一国二制度の現状に関し，また新疆ウイグル人の人権問題に関して，先進国から中国への経済制裁・対抗制裁が発出されており，経済摩擦は一段と過熱している。ウクライナ問題に端を発したロシアへの経済制裁と対抗制裁は，為政者に貿易戦争・経済戦争と認識されるものであり，長期化しており，「経済制裁は，アメリカやEU好みの外交政策ツールになり…2006年から2014年に実効性のある制裁件数はほぼ2倍になっている」(Davydov et al., 2021：31)。2022年ロシアのウクライナ侵攻はSWIFT（国際銀行間通信協会）排除も含め厳しくかつ大規模な対ロ制裁が実施されている。さらにはベラルーシを対象とした制裁もある。

こうした環境下で，制裁は戦争に相当すると理解される以上，あらゆる経済政策は安全保障に傾斜し，政治化，国家化は当事者の新興国だけではなく，先進国においても強まっている。安全保障の議論は，国益を確保するためのセーフガードとさえ見なされており，国家干渉，保護貿易の度合いを強める(UNCTAD, 2020)。とくに，経済安全保障[12]の概念は，新自由主義的な政策観のなかでは国家の介入が制限されることで雇用の安定といった側面に傾斜していたが，国際的な経済競争力が重視されることで当該国に特有の領域が含まれ，かつその領域は広がっており（中村, 2020），世界経済危機の連鎖，米中経済摩擦，さらに新型コロナ感染症によりその意義は一段と強まっている。

安全保障を理由とした外国投資規制が強化されており，投資スクリーニング制度が導入され，その導入国数（2019年末30カ国），それが対内直接投資残高に占める比率は確実に上昇している。図表終－3は外国投資政策における変化を指し示している。2010年および2018年に制限・規制の件数は増加し，

図表終－3　外国投資政策における変化（件）

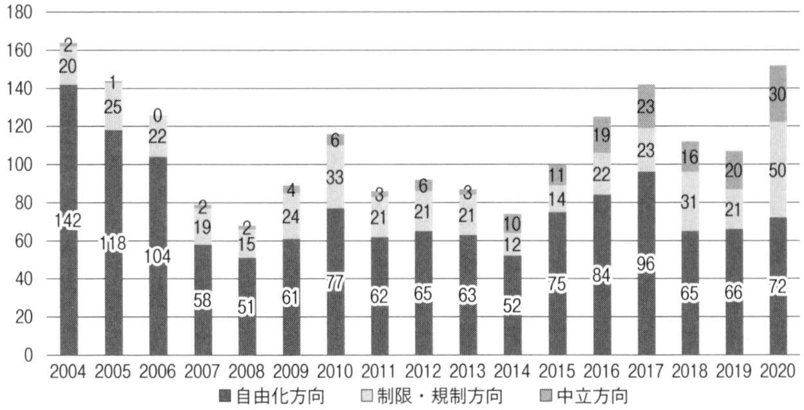

（注）制限は外国投資の設立に対する制限導入を，規制は国内外に関わりなく投資に対する義務導入措置を意味する。
（出所）UNCTAD（2020：97）; UNCTAD（2021：109）.

2020年にそれは過去最大になっている。しかも，発展途上国，移行国で自由化指向があることと対照的に，先進国で制限・規制指向が強まっていることが観察され，「そのすべてが重要なインフラストラクチャ，コア技術，その他の影響を受けやすい国内資産の外国所有に関する国家安全保障の関心に，直接間接に関連している」(UNCTAD, 2021：111)。経済と安全保障は一体化したのである。

OECDは，地政学的変化から新興国が安全保障上のリスクをもたらしているとし，武器，航空機，原子力，宇宙開発，通信・放送，輸送など安保関連業種に関する投資規制を容認している。とりわけ，国有企業による投資・買収の拡大は先端技術のような戦略的取得，非市場的行動を前提するために，安全保障上の問題を惹起する（Wehrlé and Christiansen, 2017)。2020年5月『安全保障の利害に不可欠のセーフガードに関連する買収・所有関連政策』(https://www.oecd.org/Investment/OECD-Acquisition-ownership-policies-security-May2020.pdf, 2021年5月25日アクセス）は，62カ国での政策採用を報じている。

アメリカは対米外国投資委員会（Committee on Foreign Investment in the

United States)[13]による対内資本買収の審査を厳格にし，2018年トランプ政権は輸出管理改革法と外国投資リスク審査現代化法により外国人による支配的投資・非支配的投資・土地取引を制限し，技術の国外流出の厳格な管理も実施している。規制対象には新興技術，基盤技術まで含まれ，さらに航空，通信，海運，発電，銀行，保険，不動産，地下資源，国防分野が投資規制対象になっている。次いで，2019年の国防権限法は安全保障を理由に中国企業のファーウェイ，ZTE，ハイテラコミュニケーションズ，ハイクビジョン，ダーファテクノロジー（子会社，関連会社を含む）の製品や技術の利用を禁じ，当該企業は貿易ブラックリストに含められた。2020年4月テレコムサービスセクターへの外国参入評価委員会が設置され，人民解放軍が所有・コントロールする企業への投資が禁じられている（UNCTAD, 2021：112）[14]。商務省産業安全保障局の貿易上の取引制限リスト[15]は2022年2月時点に中国で500件近く，ロシアで300件近くの個人・組織を包摂している。そして，2022年2月中国に対して先端技術の競争力の向上を目指す法が可決されている。

欧州委員会でも共通外交安全保障政策により制限措置が講じられており，その中には武器禁輸，資産凍結など40件以上の制裁がロシア，ベラルーシ，イラクなどを対象に発動されている。2020年にはパンデミック期間中の外国直接投資を介した健康関連施設とその研究開発の取得を指向する非EU投資リスクが高くなっているという指導が発出された（UNCTAD, 2021）。

日本は，2013年12月特定秘密保護法以来，安全保障関連法案が採択され，2019年に事前審査企業リストを作成し，外国資本による株式取得の厳格化が図られている。これには武器，航空機，サイバーセキュリティなどの重点産業だけでなく，それに関連する主力日本企業が含まれ，さらに感染症によって医療機器，ワクチンなども安全保障分野に加えられている。2019年時点ですでに，安全保障と一体となった経済政策の必要性が提起され，「その方向性として，機微技術に関する統合的アプローチ」（産業構造審議会, 2021），より具体的には機微技術の流出，情報把握，日本の脆弱性の解消の政策が指向された。さらに，政党，財界の経済安全保障の要求は強く[16]，2022年5月経済安全保障推進法が採択されている。

先進諸国では，半導体やAIなどの先端技術の軍事利用を防ぐ目的で有志連合による輸出規制枠組みづくりもまた進んでおり，経済から研究まで全体に安全保障が浸透している（『日本経済新聞』2021年6月2日付け）。言うまでもないが，一方の規制強化は他方の規制強化の根拠になり，相乗効果を発揮する。先進諸国における安全保障に傾斜した経済政策と政治化・国家化は，対象となる中国，ロシアにおける政策にも反映する。例えば，中国側もまた安全，公共の利益，環境汚染，土地資源の保護にかかわる分野で外資を禁止するリストを定めており，外国投資の審査も厳格化されている[17]。

実際に先進国における企業買収（M&A）に対する新興経済・途上国の台頭（JETRO, https://www.jetro.go.jp/biz/areareports/special/2020/1001/9b54201607380739.html, 2021年5月25日アクセス）は安全保障を経済に結び付ける一面を指し示している。2019年に13件の異議申し立てがあり，うち3件が安全保障関連，その2件が中国投資家を対象としている（UNCTAD, 2020：103）。安全保障と経済の一体化は，インフラ・サイバー危機によってとくに先進諸国において，世界規模でも増幅されている。

政治化は国際貿易・投資だけではなく，イノベーションにおいても観察される。デジタルトランスフォーメーション，第4次産業革命において国家の主導性は極めて大きく，その背後には労働力の枯渇から労働生産性の引上げが存している。伊藤（2020b）はデジタル化が新興国にもたらす可能性を論じており，実際大手IT企業の成長は政府の戦略と緊密に結びつき，デジタル権威主義を明らかにしている。情報技術をはじめ重点領域をあげて世界最大の製造国を目指す「中国製造2025」（2015年）が提起され，半導体産業について産業政策が講じられている。さらに，中国は2017年にハイテク分野の技術規格を国際標準化させる「中国標準2035」を掲げている。2021年3月，全国人民代表大会は「国民経済・社会発展第14次5カ年計画と2035年までの長期目標要綱」を採択し，そこでは国家イノベーション・システムを整備し，人材育成を目標に挙げ，安全保障の強化も含まれている。

国家の戦略および産業政策への傾斜はロシアにおいても観察される（Mizobata, 2020）。2014年12月大統領教書において，優先的な国家政策としてナショナル・技術・イニシアチブの策定が提起され，2035年までにロシアがグローバルな技術面でのリーダーになる条件の形成が求められた。2015年には戦略イニシアチブ庁が設置され，2016年に中国，ドイツ等をモデルに，2035年1000億ドル規模の新市場の創出を念頭に，イニシアチブの作成が進行している。このイニチアチブは「官民共同事業に基づき，ハイテク市場におけるロシア企業の主導性保持を目的とする長期総合プログラム」(Idrisou et al., 2018：12)であり，新しい産業政策の役割を果たしている。ロードマップが作成され，具体的には，航空機・宇宙のAeroNet，海洋部門（造船）の技術競争力引上げのMariNet，インターネットの発展やバイオマーケットを意味するNeuroNet，知識集約型エネルギーEnergyNet，輸送機器のAutoNet，バイオテクノロジーや医療を含むHealthNet，さらにSafeNET，FinNet，FoodNet，大学都市，デジタルプロジェクト，新素材なども含む。Industry4.0に対応したアカデミック組織とビジネスによる実施体制に相当する。

国家プロジェクトに基づく科学技術発展は2019年に世界レベルの科学センターの創出を目標に政策化され，2020年3月にはデジタル技術，エコロジー・省エネ・医療・保健など7つの方向での優先的発展を打ち出している。とりわけ，デジタル化，科学・教育の発展はプログラムの中心に位置していると言っていいだろう。つまり，プーチン体制下のロシアは国家主導で科学技術発展政策を一貫して推進しており，遅くとも2014年にはデジタル化を軸にイノベーション政策を成長戦略の中心に据えるに至っている。

翻って，国家戦略とイノベーション，産業政策への傾斜は先進国でも観察される。そもそも市場資本主義経済には，民間セクターこそがイノベーションをリードし，規制緩和が不可欠の政策と考えられがちである。しかし，実際には真逆の事態という「不都合な真実」がイノベーションと公共価値の経済学を専門とするM. マッツカート（Mazzucato, 2015）により主張されている。かの女はアメリカにおけるDARPA（アメリカ高等研究計画局）などの国家による研究開発投資によって生み出されたイノベーションの基盤を用いて，民間企業が実用化する構図をアップルなどの企業を事例に検証しており，私的セクターではなく，公的セクター，「企業家精神を持った国家」こそが自由市場発展の基盤を構築していると論じている。このことは新型コロナ感染症に対するワクチン開発でも観察され，その開発にアメリカ国立衛生研究所の存在を無視することはできない。すなわち，政府（国家）は市場の失敗を補う消極的存在に追いやることはできず，市場をリードする積極的な役割を果たしているのである。

こうした積極的な動きは米中経済摩擦下で世界的な政治化・国家化に照応して一層強化されており，例えば半導体，電池など重要部材のサプライチェーンの構築に観察される。少なくとも 110 カ国で，産業政策あるいは産業発展の政策的枠組みが発出されており，いずれでも職の創出と長期の経済成長，国家安全保障の確保といった「目標を定めた産業政策（targeted industrial policy）」が当該国経済を主導した（UNCTAD, 2020：147）[18]。日本においても，2020 年 6 月科学技術基本法が科学技術・イノベーション基本法に改正され，国家が主体的にイノベーションを推進する意図が明確になっている。

さらに言えば，地球環境問題や人権などに対する感応度も政治化と結びついている。多くの諸国ではカーボンニュートラルを国家が宣言しており，そのことが企業経営を規定している。2015 年に気候変動に関する国際的枠組みパリ条約が調印されるとともに，国連において The 2030 Agenda for Sustainable Development が採択され，いわゆる 17 の持続可能な開発目標 SDGs が提起されたが，新興国は国家主導でその戦略を実施している。ロシアは 2020 年 11 月大統領が温室効果ガス排出量を 2030 年までに対 1990 年比で 30％削減を[19]，中国は 2030 年をピークにそこから 30 年後にカーボンニュートラルを宣言している。いずれも 2060 年を目標にしているが，そのための具体的な政策は不透明である。その一方で，日本，EU，アメリカも，国家主導で対応している。EU は 2019 年 12 月欧州グリーンディールを打ち出し，ポーランドを除いて 2050 年までにカーボンニュートラル実現を取り決め，日本政府もまた 2020 年 10 月にそれを実現する意思，政策を表明している。さらに，2019 年にパリ協定を離脱したアメリカでもジョー・バイデン大統領が 2050 年の実現を目標に挙げている。ここでも，国家の主導性が観察される。

第 5 節　居心地の良い権威主義 vs. 憂鬱な民主主義
――企業社会の受容力

政治化・国家化は決して新興国に限った現象ではなく，世界規模で生じている。しかも，グローバル化の深まりはかえって国家化を強めており，新興国と先進国では相互に国家化を強める相互補完性すら観察することができる。このような事情の下では，企業活動は政治化しやすくなり，経済主体は政府の制裁あるいは安全保障重視政策に順応した経営戦略を余儀なくされる。

世界的に見れば（V-Dem Institute, 2021），権威主義体制下での国民の比重は増加しており（とりわけ選挙制の権威主義体制），1970 年代に比して民主的であるとしても，2010－2020 年にリベラル民主主義の度合いは低下している。目立って低下しているのは，ポーランド，ハンガリー，トルコ，ブラジル，セルビア，インドなどで，多くの新興国が低下組に該当するが，アメリカもそれに含まれる。なお，V-Dem Institute のリベラル民主主義指標で各国比較するとデンマークがもっとも高く欧州圏が主にトップ 10％に含まれ，日本，アメリカはトップ 10－20％に含まれる。逆に中国はボトム 10％に，ロシア，ベトナム，トルコはボトム 10－20％に含まれる。多くの国は新型コロナ感染症を権威主義化への言い訳に用いている（V-Dem Institute, 2021：36）。

スウェーデンの民主主義・選挙支援国際研究所（IDEA, 2021）は，権威主義の台頭により民主主義は浸食されていると主張する。IDEA は権威主義（authoritarian），混合（hybrid），民主主義（democracies）[20] の 3 つの体制に区分し，前 2 者を非民主主義と見なし，1990 年代の民主化の時期と対照的に 2000 年代以降，とりわけ世界経済危機以降および 2016 年以降の時期，とくにパンデミック期に権威主義の方向に世界がシフトしていると判断している。さらに，デジタル化は監視コストを引き下げることで，権威主義体制をより機能的な監視国家に向かわせている（IDEA, 2021：11）。

そうであれば，国家化，政治化は 2000 年代のグローバル危機に直面した「普通の」反応と見ることもできる。2008 年世界経済危機では先進国・先進市場が危機の発生を予防できず，かつその対応には保護主義的政策，金融緩和・財政出動が常態化したが，コロナ危機という激動（perfect storm, UNCTAD, 2020：120）に対してもまた，過去にない介入・保護措置が講じられていると解されよう。異常肥大化した国債がそれを物語る。否，危機に限定されるわけではない。そもそもグローバル化を成長の源泉とし，さらに気候変動問題に代表的だがグローバルな課題に直面して，開放市場を維持・発展させてきた国際的なルール体系のなかで，しかもデジタル化によって急速な資源・情報移転を可能にするほどに連結性が強まっている下で，相互に連結した市場における局地的な利害を維持・防御するには，「経済的愛国主義（economic patriotism）」というべき国家の行動以外には手立てがなくなっている（Clift, 2019：19）。こうした行動は決して伝統的なナショナリズムに当たらず，誰が内で誰が外にあたるのか人びとの分断に依拠する，市民の政治経済的利害の追求を意味する（Clift, 2019：13-15）。その結果，国家化は民主主義の配当を減じるが，それ以上に政治体制に関わりなく国家化・政治化を支持する層が存在し，それは市場経済の担い手と言われる中間層をも取り込んでおり，その取り込みの姿が資本主義経済システムの多様性を描き出す。

国家主導資本主義に関し，本書ではロシアを事例に国家の浸透度を測定したが，そこでは年金によって経済格差，貧困度を是正しており，それにとどまらず国家は職・給付・現物サービスなどでセーフティネットの提供にも貢献してきた。そのために，権威主義体制であるにもかかわらずプーチン大統領支持の度合いは著しく高く，安定している。こうした支持の背景に，民主化が必ずしも社会に平等性をもたらさず格差拡大を引き起こした点，企業社会のセーフティネット機能を国家が果たしている点があるとすれば，ロシアは「居心地の良い権威主義体制」ということができる。国家に依存する「公務員」規模の拡大は，首切りの恐怖を除き，安定性を享受することが可能となることで，専制下であってもよりよい経済条件を期待する中間層の創出に貢献する（Rosenfeld, 2021：19）。実際，実質賃金と消費水準は油価の変動にかかわりなく上昇を続けており，企業（経営者）の賃金未払などが生じた場合の社会的責任は市場（企業）ではなく国家に求められてきた（溝端, 2010）。Miller（2018：111-113）は2000年代以降の経済成長により，プーチン政権は新しい社会契約（実質賃金の引き上げと強力な年金引き上げ）を推し進めたと見なし，実際に労働生産性を大きく上回る実質賃金の伸びが観察される。図表終－4はその推移を示しており，この図にはないが1990－1999年に実質賃金は3分の1ほどに縮小するが，2000年以降の20年間に4.5倍伸びている。1990年代のロシア政府は低賃金あるいは賃金未払であっても職を維持する政策を指向したが，2000年代以降は賃金引上げを指向したのであり，世界経済危機とクリミア併合に伴う経済制裁の2つの時期を除いて着実に上昇している。

図表終－4　ロシアの実質賃金と労働生産性（1999年＝100）

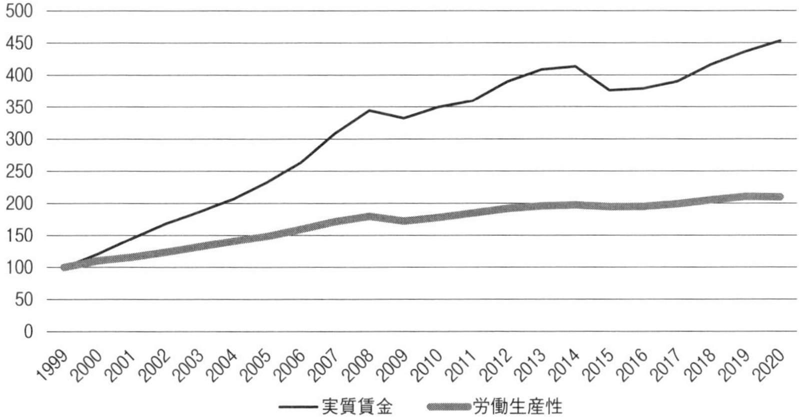

（注）2000－2002年の労働生産性は工業部門のみ。
（出所）Federal'naya sluzhba gosudarstvennoy statistiki (Rosstat), www.gks.ru, 2022年1月25日アクセス。

権威主義の居心地の良さは，中国でも指摘される。Chen（2013）は中国の中間層の半分以上が国家機関就業者であり，政治体制を支持していると主張する。物的な暮らしが国家に大きく依存する場合，たとえリベラルでなく民主的でなくとも現状が続くことに関心を持つのは当然であろう（Wright, 2010：175）。しかし，ロシアに比してデジタル化が著しく進行し，成長を持続させる中国では，そうした国家支持は，温情主義的な物的関係だけにとどまらない。梶谷・高口（2019）は，デジタル化する中国を「幸福な監視国家」とさえ特徴づける。中国の経済制度は国民の価値観と親和的であり，「究極的に暴力的な弾圧を行う力と選択肢を持っていたとしても，民衆は独裁政権を支持しているという建て前を可能な限り守る必要がある」（梶谷・高口, 2019：126）。伊藤（2020b）も治安がよくお行儀のよい中国に注目する。それ以上に，梶谷・高口（2019）は中国に限らず，政府が人びとの行動変容を促す「ナッジ」を持つとすれば，それは先進国の政府にもまた当てはまり，政府を監視する能力が低い「市民社会」の国では中国化の可能性が排除できない。

対照的に，民主主義は息苦しさを露呈している。せっかくのデジタル化も，巨大化したGAFAによる個人データ集中・秘匿がもたらす監視資本主義は，市場の独占のおぞましさとそれによる分断社会化のリスクを示している（ズボフ, 2021; バートレット, 2020; フォルーハー, 2020）。また，グローバル化による市場の統合は国内の政治的な意思との間に摩擦を引き起こす。こうしたリスクに対し，規制やむなしは多様な資本主義システムに共通して指摘される。アメリカでは格差，分断社会が社会を特徴づけ，政権交代における不安定さもまた人びとが必ずしもルールに満足しているわけではないことを示唆する。EUにおいてもグローバル化を脅威と見る考え方が強まり，欧州懐疑主義，反リベラル・ポピュリズムが現れており（ポーランド，ハンガリー）(庄司, 2018)，分断化が観察される。

日本についていえば，Pew Research Center の調査[21]は悲観的な像を指し示しており，民主主義・経済に対する不満度は大きい。報道自由度ランキングでも日本は2020年に世界66位で先進国の中では劣位にあり，「問題のある国」と見なされている[22]。図表終－5は日本の実質賃金指数の変動を指し示しているが，2000年代の下落は満たされない息苦しさを十分に示唆しており，この傾向はまさにロシアのそれと対照的である。それにもかかわらず，2015年の社会階層と社会移動全国調査（SSM）は，階級対立のない高い世帯収入と権威主義的態度の属性の階層において強い自民党支持が存在し（伊藤, 2018），息苦しさのなかで安定化指向がうかがわれる。

図表終－5　日本の実質賃金（1990年＝100）

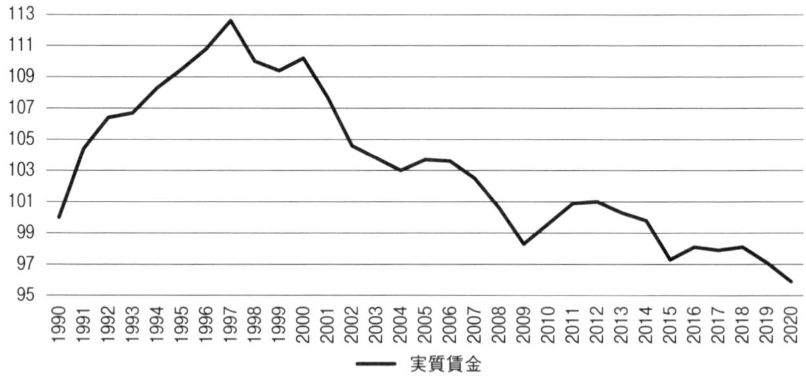

（出所）厚生労働省『毎月勤労統計調査』https://www.mhlw.go.jp/toukei/list/30-1a.html, 2021年5月28日アクセス。

第 6 節　国家主導性の行方——資源制約と社会の厚み

国家主導性を安定して維持するには，政府により国民を「買収する」ための資源の持続性が何よりも不可欠となる。国家主導資本主義において成長指向が強い，あるいは成長源泉に国家がセンシティブである理由はここにあり，中国もロシアも経済成長を背景に国家主導性を発揮している。リベラルなあるいは調整された資本主義システムの先進国においても同じことが当てはまる。福祉国家であれ産業国家であれ，さらには軍事国家であれ，資源制約は既存の体制維持を困難にする，あるいはすでに困難に陥っている。「2020 年に新型コロナ禍が先進世界を襲ったとき，多くの先進国の公的医療システムは…脆弱な状態にあった。完全に予測できた感染症の大流行に大半の国がまともに立ち向かえる体制になかったひとつの大きな要因が，深刻な予算圧力にあったことは間違いない」（ロビンソン, 2022：43)。つまり，多様に見える先進国の資本主義システムはすでに危機下にある。資源は有限である以上いずれにおいても，成長をリードするイノベーションは不可欠となり，それ自身が国家主導性の対象にもなる。2000 年代以降新しい産業革命（ドイツの Industry 4.0，日本の Society 5.0 など)，デジタル化が重視され，そこでの競争は極めて熾烈になっており，新興経済は開放型であろうと閉鎖型であろうとデジタル戦略を強め，「デジタル新興国」が展望される（伊藤, 2020b：205)。

さらに言えば，資源制約がかかる以上，収入に限界があるとすれば，国家主導性に不可欠な国家と国民との「暗黙の契約」を維持するコスト削減が求められる。年金を含む分配がその内容である以上，対象者数に相当する人口問題，年金受給者（高齢者）数が最大の危機要因と目される。図表終－6 は年金受給年齢相当の高齢者が労働人口に対する比率であるが，世界的に 2000 年代に上昇しており，所得水準が高くなるにつれて，その比率が高いことが示される。とくに先進国では日本の従属率の異常な上昇が目立つが，少なくとも先進国は急激な財政悪化を示唆する状況にあり，ロシア，中国と言った国家主導資本主義もまたそれを追っていることが明らかになり，寛大な福祉，身の丈に合わない福祉の提供は困難になり，居心地を損なうリスクが高くなる。

図表終－6　高齢者従属率（%）

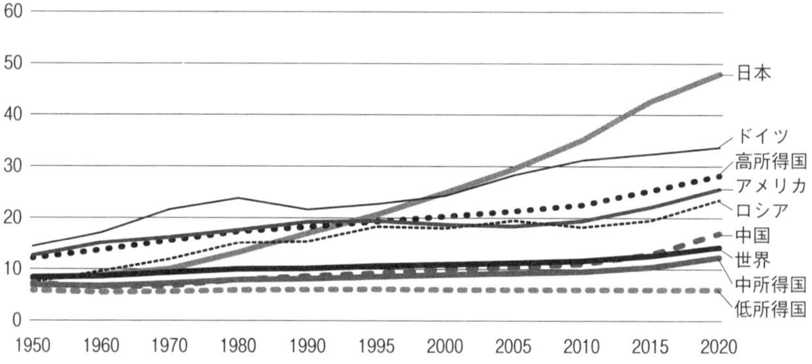

（注）所得での区分は世界銀行による。65歳以上人口を15－64歳人口で除した値。推計値。
（出所）United Nations, Population Division, Department of Economic and Social Affairs, World Population Prospects 2019.

さらに，グローバル化のなかで国家主導性を強めるには地球規模の課題にも対応することが求められ，それもまた新たな負担を国家に強いることにもなる。気候変動問題はもちろん，人権問題にも国家は沈黙できない。言うまでもなく，コストが大きくなればなるほど，居心地が悪くなることは避けられず，国家は国民全員が痛みをともにする政策を欲する。が，過度に権威主義に走る限り，国民の信頼性を失うリスクから，痛みは専制体制の担い手を制約する。

国家主導性を温存する措置として，社会を厚くするという方法が存在する。デジタル革命は，監視とともに社会的なネットワークを強化しうるし，政策における社会関係資本の有効性も再評価されている（要藤，2018）。すなわち，市場の質を高め，国家の質を高めるとき，社会の質もまたそのための前提条件に置かれることになる。概して国家主導資本主義国における国家の介入，監視のために，市民社会は脆弱なものとなる。それにもかかわらず，SDGsに代表的であるが，市民社会には国家主導性を補う役割が強まっている。

ロシアの市民社会は体制転換後カオス状況にあるなかで，分裂に危機感を抱くプーチン政権において国家統合化が強められ，政治的抵抗の形での市民の行動は強権によって抑えられてきた。政府は公的に，ロシアが社会国家であることを強調するが，人権，ジェンダー問題や地域コミュニティなどが必ずしも政策に投影しているわけではない。むしろ，上からの圧力として国家は社会的な集団や国民への規制を強め，2012年「外国エージェント法」のような形で市民社会への支配力を強めるとともに，国民統合のためにイデオロギーの強化を展開してきた。こうした事情が伝統的な関係性によるものであるとすれば，歴史的経路依存性からロシア市民社会は自由ではなかったともいえる（Beris Jr., 2021）。こうした社会・国家関係のなかで，国家部門就労中間層は体制順応的行動をとる（Rosenfeld, 2021：121-128）ことで，社会が国家に適合する。経済的愛国主義もまた，適合の結果と考えられる。

CSDR（2020）が取りまとめたロシアのSDGs実施に関する市民社会報告書によると，政府の行動は矛盾に満ちている。国家財政は官僚制の中で実施水準は低く，とくに資源開発優先の中でSDGs投資は後回しにされるうえ，外国からの支援も拒絶されている。同時に，国家は非政府機関と社会的な責任を共有するように，中央・地方政府からの社会団体への財政支援を拡大している。政府は多くの機能を社会団体に委譲するが，過度の支配力も発揮しとくに人権や環境組織には厳しい。社会の側もSDGsに対する認識は低く，たとえ認識が深まったとしても政府の支援する領域以外の支援は小さく，国家に支配されたNGO化が進行している。貧困や格差は社会的上昇の契機が損なわれる貧困の罠をもたらしており，国家の役割が大きい[23]。概して社会の意識も行動も限定的ではあるが，社会の国家化がすべてに浸透しているわけではない。例えば廃棄物リサイクルに関して，「ロシア市民は政府の行動への不信のために地域でのいかなる廃棄物管理施設の設置にも抵抗している。概して，社会には新しい廃棄物管理システムへの不信，廃棄物改革が失敗したというコンセンサス，さらには透明性とコミュニケーションの欠如から悪化さえしているという認識がある」（CSDR, 2020：72）。気候変動問題に関して，NGOを含む様々な社会団体が関心を高めており[24]，資源浪費的な国であっても社会の果たす役割は大きい。対照的に，人権や公正さに関しては，情報開示や表現の自由に関する制限が認められ（2012年），刑法が強化され，独立した司法制度の欠如から政治犯が多い（CSDR, 2020：99）。開示制限どころか，インターネット情報へのコントロール，ITビジネス・ソフトウエア開発への圧力，政治的検閲は強化されている。

国家主導性は自身の「居心地の良さ」の温存のために，資源制約，社会の信頼の喪失というリスクに直面している。このうち，前者は先進国・新興国とのグローバルな競争と人口リスクにかかわり，先進国へのキャッチアップが課題になるのではなく，自らが実験場と化している。後者に関して，社会は厚くなっており，気候変動も社会問題もそれを促す。同時に，社会は国家主導性に適合しており，専制は必ずしも社会に制約されるわけではない。

おわりに――企業社会を展望する

2000 年代の世界的なキーワードは新興経済といってもよいだろう。資本主義対社会主義の対立構図が崩れ，移行経済は軒並み復元力を発揮できずにもがいたが，勝者のはずであった資本主義経済の中核，先進諸国もまた危機に直面する。21 世紀の始まりがアメリカにおける同時多発テロ，中国の WTO 加盟（2012 年ロシア加盟）であったことは象徴的であろう。実際，新興市場の成長，とりわけアジア，中国の成長は目覚ましいものであり，世界経済危機は新興国の存在感を一段と大きくさせた。世界経済危機は市場の自動調節機能に期待できないシステミック・リスクとその連鎖が醸成されていることを指し示しており，頼るは国家介入となり，それはポピュリスト（大衆迎合）政治家の出現により一層の拍車がかかった。市場は経済格差のみならず，貧困にも無力であり，国家（政策立案者）に期待が寄せられた（OECD, 2014）。

成長一辺倒の新興経済，とりわけ新興経済大国 BRICS は，概して権威主義的な体制と重ねられ，その結果グローバル経済に国家主導資本主義の「異形」が徐々に新たな成長の「副産物」を産み落としていく。2010 年代以降，世界の工場であった中国はグローバル・バリューチェーンの要となり，高度な製造，研究開発を担うとともに，世界経済戦略「一帯一路」構想が浮かび上がる。もはや先進国に従属した成長ではなく，先進国に対抗した成長戦略を描き出した。ロシアは，中国に呼応するかの如く，欧州へのエネルギー供給者の位置からよりダイナミックな攻勢をかけ（ウクライナ侵攻・クリミア併合），経済制裁・対抗制裁の長期戦に挑み，果ては武力行使にまで至っている。いずれも，BRICSの経済成長の予測が弾みとなり，イノベーション，国際分業編成が指向されており，ここでも推進母体は国家にほかならなかった。成長は国民に豊かさと安全を確保し，それと引き換えに国民の支持，権威主義体制下の居心地の良さ，幸福感が醸成された。

先進国と新興国の経済システムは国家主導性を軸にして共鳴し，「相互補完性」すら観察される。政治と経済の区分は消え失せ，それはデジタル化，イノベーションによって広域化した。もはやあらゆる財が安全保障の対象になっている。経済の政治化，国家化は世界的に進行しており，そのことが自己増殖的にさえ見える。新型コロナ感染症問題はこの過程の到達点上に位置している。マスクをはじめ医療・医薬品は国際公共財であると同時に，安全保障の急所と目され，先進国，新興国いずれでも，国際分業の再編，イノベーション政策の再編が，国家主導で進められている。イノベーションのリスクをとる企業家としての国家という役割がより拡張している。「国家が市場とシステムを創造，形成するのである」(Mazzucato, 2015：47)。しかも興味深いことに，かつ皮肉なことに，先進国と新興国いずれでも共通して，国家は強い手の必要性を強調しても，信頼を確保することに苦心し，かつ人口問題，気候変動問題に危機感をあらわにしている。たとえコロナの脅威が強い国家を求めたとしても，政府不信論が根強い。何よりも新興国では汚職に対する拒否反応はロシアでも中国でも明らかに根深い。両国では腐敗の追放が不可能とすれば，ニヒリズムかあいまいな制度，あるいは自身が国家主導体制にあわせるという「適合性」さえ生み出されている。同じことは先進国にも言え，もはや「政府の行動に無感覚」(Banerjee and Duflo, 2020：392) になっているようにさえ思える。ゆえに，政府は政策に臨む姿勢を変えることを求められている。

周りの他人を信じないという新型コロナウイルスの特性下で政府のコントロールは，アクセスの不平等性を前提にする限り共感を作りづらいが，個人間の信頼と社会の信頼は同一歩調をとること，社会のイノベーションにより企業の適応を進めることが展望される（ボワイエ, 2021)。気候変動問題，グローバルリスク，格差是正や貧困の解消などに対峙するとき，国家ではなく企業社会への傾斜もまた重要な経路となっている。SDGsやESG投資といった現代社会における企業と社会の関係はきわめて重要なものとなる。グローバルな経験を政府・社会・個人の間で共有する政策・社会インターフェース（SPI: the science-policy-society interface）は，その経路として注目されている（https://www.ingsa.org/ingsa-news/allen-undesa, 2021年5月14日アクセス）。この経路は，デジタル化を梃子に国家主導性を社会の隅々まで浸透させようとする権威主義体制の国家に比して狭くかつ手間のかかる道だが，コロナ禍がもたらした「公共財」に違いない。

［注］

1　2021年10月「2050年までの低水準の温室効果ガス排出を含む社会経済発展戦略」が採択され，2060年までのカーボンニュートラルのシナリオが提示されている（World Bank Group, 2021）。

2　小平（2020）はアジア資本主義の構成要素として，市場原理の受容性，伝統的な価値観や企業文化との折り合いにあたる折衷性，多様な個性に基づく競争性，多様性の空間の広がりといった拡張性の4つを指摘している。

3　政策を果たすうえで生産的投資が望ましいが信頼性がない，予期せぬ発展のために弾力性が必要だが乱用につながる。

4　https://www.gsam.com/content/gsam/us/en/advisors/resources/investment-ideas/emerging-markets-opportunities.html#section-background_98a1_background_sectionheaderwithtab 2021年9月15日アクセス。

5　Åslund（2013）は新興経済が2000－2012年の高成長に対してその後キャッチアップの潜在力が枯渇しているとして成長が穏健になると見ている。

6　Rising Elevenとして，中国，インド，ブラジル，インドネシア，ナイジェリア，韓国，オーストラリア，メキシコ，ベネズエラ，ポーランド，トルコが世界平均を上回って成長する新興国に相当する。

7　1990年代以降国際的投資協定は急増し，2020年末に世界全体で3360件となり，とくに2020年11月にASEAN10カ国とそのFTAパートナー5カ国で調印されたRECEP（地域的な包括的経済連携）に代表的であるが，広域の協定が増加している（UNCTAD, 2021：122-126）。

8　新興多国籍企業（emerging multinationals）に関しては，例えばLiuhto ed.（2005），Ramamurti and Singh（2009），Brennan and Bakir（2016），Panibratov（2017）を参照。新興多国籍企業は国際市場における地位と高い付加価値の確保を指向する以上，先進国の多国籍企業に接近していると見ることもできる（Hay, 2016）。

9　農村部では減少傾向に全く変化がなく体制転換以来，一貫して減少している。

10　日本でも2020年，2021年の出生者数は減少しており，人口減が加速している。

11　UNCTAD（2021：27-28）は新型コロナ感染症下の危機対応の結果，新興諸国では民営化プログラムが滞り国際投資が低下することで国有多国籍企業は減少するが，世界的には救済の結果として先進諸国において国有多国籍企業が増加していることを明らかにしている。

12　人間の安全保障（human security）は広くかつ多義的に解釈され，そのなかに経済，健康，個人，政治，食糧，環境，コミュニティを包摂するものと解された（UNDP, 1994）。

13　1975年に大統領令で設立され，「国家安全保障を確保しつつ，対米外国投資ならびに雇用の創出および維持を促進し，投資が国家安全保障に与え得る影響を検討するための手続きを改善すること」を目的とし，1950年国防生産法に基づいて活動する。財務長官が議長となる官庁間委員会（ジェトロ, 2019）。

14　2020年4月以降対中国輸出管理が強化され，2021年2月「サプライチェーンに関する大統領令」（戦略物資などの国内産業基盤の脆弱性解消）が発出されている（産業構造審議会, 2021）。

15　Supplement No. 4 to Part 744 – ENTITY LIST（2022年2月3日付け）による，輸出管理対象の個人・組織リスト。原子力やソフトウエアなど制限措置（744条）と禁輸措置（746条）の対象エリア（https://www.bis.doc.gov/index.php/documents/regulations-docs/2347-744-supp-4-6/file）を参照されたい。

16　経済同友会は2021年4月『強靭な経済安全保障の確立に向けて』を公表し，日本経済団体連合会は国際経済外交総合戦略センターを設置するなど積極的に経済安全保障の政策化を進めており，自由民主党（政務調査会，新国際秩序創造戦略本部）も提言「『経済安全保障戦略策定』に向けて」（https://www.jimin.jp/news/policy/201021.html）を2020年12月に公表している。

17　ジェトロ（2020）を参照。

18　目標を定めた産業政策は失敗するとして，規制緩和に依拠したリベラルタイプのより一般化された開発アプローチが対案として提起されている（Thierer and Haaland, 2021）。

19　プーチン大統領は2021年10月，ロシアでカーボンニュートラルを2060年までに達成する方針を表明している。

20　野党が権力を握りうる競争的選挙を有する体制で，混合と権威主義にはそれがない。もっとも，混合は権威主義よりも，市民社会とメディアにとり開放的である（IDEA, 2021：x）。中国等が権威主義体制，ロシア，トルコ等が混合，アメリカ等が民主主義であるが，アメリカ，ブラジル，インド，ハンガリー，ポーランド，スロベニア，フィリピンは同時に民主主義退却国に数えられる。世界の人口の70%は非民主主義あるいは退却国に居住し，高度民主主義国に居住するものは9%に過ぎない。

21　2018年5月24日から6月19日の1016名への聞き取り調査（Despite Rising Economic Confidence, Japanese See Best Days Behind Them and Say Children Face a Bleak Future", https://www.pewresearch.org/global/2018/11/12/despite-rising-economic-confidence-japanese-see-best-days-behind-them-and-say-children-face-a-bleak-future/, 2021年5月25日アクセス）。

22　ロシア149位，中国177位，https://exploring4ever.com/world-press-freedom-index-2020/, 2021年5月25日アクセス。

23　地域間格差に国家は反応し，社会給付の75%が格差に置かれた人ひとに届いていない（CSDR, 2020：15-16）。

24　2019年11月に実施されたROMIRによる気候変動問題に対する態度についての調査では，70%が気候変動問題を認知しており，35%がそれを現実の脅威ととらえている（CSDR, 2020：78）。

[引用文献]

（英語）

Acemoglu, D. and Robinson, J. A. (2019) *The Narrow Corridor: States, Societies, and the Fate of Liberty*. Penguin Books.（ダロン・アセモグル，ジェイムズ・A・ロビンソン『自由の命運』上下，櫻井祐子訳，早川書房，2020年）

Antoine van Agmael (2007) *The Emerging Markets Century: How a New Brad of World-Class Companies Is Overtaking the World*. Free Press.

Åslund, A. (2013) Why growth in emerging economies is likely fall. *Peterson Institute for International Economics Working Paper Series* WP13-10, September 2013, pp.1-28.

Baldwin, R. (2016) *The Great Convergence: Information Technology and the New Globalization*. Belknap Press: An Imprint of Harvard University Press.（リチャード・ボールドウィン『世界経済大いなる収斂』遠藤真美訳，日本経済新聞出版社，2018年）

Banerjee, A. V. and Duflo, E. (2020) *Good Economics for Hard Times*. Penguin Random House UK.（アビジット・V・バナジー，エステル・デュフロ『絶望を希望に変える経済学』村井章子訳，日本経済出版社，2020年）

Beris Jr., R. (2021) Civil society in Russia: It role under an authoritarian regime, Part I: The nature of Russian civil society. *NTI paper,* July 13 2021.

Brennan, L. and Bakir C. (2016) *Emerging Market Multinationals in Europe*. Routledge, London and NY.

Chen, J. (2013) *Middle Class without Democracy: Economic Growth and the Prospects for Democratization in China*. Oxford University Press.

Clift, B. (2019) Economic patriotism, the politics of market-making, and the role of the state in twenty-first-century capitalism. In Tamás Geröcs and Miklós Szanyi eds., *Market Liberalism and Economic Patriotism in the Capitalist World-System*. Palgrave-macmillan.

Coalition for Sustainable Development of Russia (CSDR) (2020) *2020–2030: Decade of Action in Russia Challenges and Solutions*, Moscow, p.125.

Davydov, D., Sihvonen, J. and Solanko, L. (2021) Who cares about sanctions? Observations from annual reports of European firms. *BOFIT Discussion Papers,* 5, 2021.

Hall, J. and Khoo, B. eds. (2021) *Essays on Government Growth: Political Institutions, Evolving Markets, and Technology*. Springer.

Hay, F.（2016）Chinese investors in Europe, In Brennan, L. and Bakir, C. eds., *Emerging Market Multinationals in Europe*. Routledge, London and NY.

International Institute for Democracy and Electoral Assistance. (IDEA) (2021) *The Global State of Democracy 2021: Building Resilience in a Pandemic Era,* International IDE, Stockholm.

Jackson, J.K., Weiss, M. A., Schwarzenberg, A.B., Nelson, R.M., Sutter, K.M., and Sutherland, M.D. (2021) Global economic effect of COVID-19. *Congressional Research Service*, R46270, May 7 2021.

Khanna, T. and Palepu, K. (2010) *Winning in Emerging Markets: A Road Map for Strategy and Execution*. Harvard Business Review Press.（タルン・カナ，クリシュナ・パレプ(2010)『新興国マーケット進出戦略―「制度のすきま」を攻める』上原裕美子訳，日本経済新聞社，2012年）

Kvint, V. (2010) *The Global Emerging Market: Strategic Management and Economics*. Routledge, 2010.

Liuhto, K. ed. (2005) *Expansion or Exodus: Who Do Russian Corporations Invest Abroad?*. International Business Press, NY.

Mazzucato, M. (2015) *The Entrepreneurial State: Debunking Public vs. Private Sector Myths*. PublicAffairs, New York.

Miller, C. (2018) *Putinomics: Power and Money in Resurgent Russia*. The University of North Carolina Press.

Mizobata, S. (2020) State-led innovation and uneven adaptation in Russia. In Rosefielde S. ed., *Putin's Russia: Economy, Defense and Foreign Policy*. World Scientific.

Mody, A. (2004) What is an emerging market?, *IMF Working Paper*, No.04/177, 1–24.

OECD (2014) Does income inequality hurt economic growth?. *Focus on Inequality and Growth,* December 2014.

OECD (2016) *State-Owned Enterprises as Global Competitors: A Challenge or an Opportunity?*. OECD Publishing, Paris.

OECD (2018) *Ownership and Governance of State-Owned Enterprises: A Compendium of National Practices*. OECD Publishing, Paris.

O'Neill, J. (2001) Building better global economic BRICs, Goldman Sachs. *Global Economics Paper,* No.66, 30th November 2001, pp. 1–15.

O'Neill, J. and Stupnytska, A. (2009) The long-term outlook for the BRICs and N-11 post crisis. Goldman Sachs, *Global Economics Paper,* No.192, 4th December 2009, pp. 1–28.

O'Neill, J., Wilson, D., Purushothaman, R. and Stupnytska, A. (2005) How solid are the BRICs?. Goldman Sachs, *Global Economics Paper,* No.134, 1st December 2005, pp. 1–24.

Panibratov, A. (2017) *International Strategy of Emerging Market Firms: Absorbing Global Knowledge and Building Competitive Advantage.* Routledge, London and NY.

Ramamurti, R. and Singh, J. V. (2009) *Emerging Multinationals in Emerging Markets.* Cambridge University Press.

Rosenfeld, B. (2021) *The Autocratic Middle Class: How State Dependency Reduces the demand for Democracy.* Princeton University Press.

Thierer, A. and Haaland, C. (2021) Does the United States need a more targeted industrial policy for high tech?. *Mercatus Special Study,* Mercatus Center at George Mason University, Arlington, VA, November 2021

UNCTAD (2020) *World Investment Report 2020: International Production Beyond the Pandemic.*

UNCTAD (2021) *World Investment Report 2021: Investing in Sustainable Recovery.*

UNDP (1994) *Human Development Report.*

V-Dem Institute (2021) *Autocratization turns viral, Democracy Report 2021.*

Wachel, P. (2021) Are the transition economics still in transition?. In Douarin, E. and Havrylyshyn, O. eds., *The Palgrave Handbook of Comparative Economics.* Palgrave-macmillan.

Frédéric, W. and Christiansen H. (2017) State-owned enterprises, international investment and national security: The way forward. OECD https://oecdonthelevel.com/2017/10/04/state-owned-enterprises-international-investment-and-national-security-the-way-forward/.

The White House (2021) *Building Resilient Supply Chains, Revitalizing American Manufacturing, and Fostering Broad-Based Growth: 100-Day Reviews under Executive Order 14017,* June 2021.

Wilson, D. and Purushothaman, R. (2003) Dreaming With BRICs: The path to 2050. Goldman Sachs, *Global Economics Paper,* No.99, 1st October 2003, 1–24.

Woolcock, S. (1981) The newly industrializing countries, trade, and adjustment in the OECD economies. *Intereconomics,* Vol.16, Issue 1, pp.13–18.

World Bank Group (2020) *World Development Report 2020: Trading for Development in the Age of Global Value Chains.* The World Bank, Washington.

World Bank Group (2021) Amidst strong economic recovery, risks stemming from COVID-19 and inflation build: special focus on Russia's green transition: pathways risks and robust policies. *Russian Economic Report,* No.46, December 2021.

Wright, T. (2010) *Accepting Authoritarianism: State-Society Relations in China's Reform Era.* Stanford University Press.

Yano, M. (2009) The foundation of market quality economics. *Japanese Economic Review,* 60 (1): 1–31.

Yano, M. (2010) The 2008 world financial crisis and market quality theory, The Earth Institute at Columbia University and the Massachusetts Institute of Technology. *Asian Economic Paper,* 9:3: 172–192.

（ロシア語）
Idrisov, Georgiy I., Knyaginin, V. N., Kudrin A. L., Rozhikova, E. S. (2018) Novaya tekhnologicheskaya revolyutsiya vzyzovy i vozmozhnosti dlya Rossii. *Voprosy ekonomiki*, №. 4, pp.5-25.
Kuznetsov, A.V. (2014) *Internatsionalizatsiya rossiyskoy ekoonomiki*. URSS, M.
（日本語）
伊藤理史（2018）「政党支持意識の規定要因の時点間比較」小林大祐編『2015 年 SSM 調査報告書 9 意識 II』http://www.l.u-tokyo.ac.jp/2015SSM-PJ/report9.html
伊藤恵子（2020a）「グローバル・バリューチェーンにおける途上国の生産機能の高度化」国際経済学会研究年報『国際経済』（連鎖する世界経済における開発―貿易・老王・金融の諸側面から）第 71 巻，1-25 頁。
伊藤亜聖（2020b）『デジタル化する新興国』中公新書。
遠藤乾編（2015）『グローバル・コモンズ』岩波書店。
梶谷懐・高口康太（2019）『幸福な監視国家・中国』NHK 出版。
加藤弘之（2013）『「曖昧な制度」としての中国型資本主義』NTT 出版。
小平龍史郎（2020）『アジア資本主義―危機から浮上する新しい経済』日本経済新聞出版。
産業構造審議会（2021）『通商・貿易分科会安全保障貿易管理小委員会中間報告』2021 年 6 月 10 日。
ジェトロ（2019）『対米外国投資委員会（CFIUS）および 2018 年外国投資リスク審査現代化法（FIRRMA）に関する報告書』。
ジェトロ（2020）『世界貿易投資報告 2020 年版』。
庄司克宏（2018）『欧州ポピュリズム― EU 分断は避けられるか』筑摩書房。
末廣昭（2014）『新興アジア経済論―キャッチアップを超えて』岩波書店。
スーザン・ストレンジ（2020）『国家と市場―国際政治経済学入門』西川潤・佐藤元彦訳，筑摩書房。
ショシャナ・ズボフ　（2021）『監視資本主義―人類の未来を賭けた闘い』野中香方子訳，東洋経済新報社。
中村直貴（2020）「経済安全保障―概念の再定義と一貫した政策体系の構築に向けて―」『立法と調査』No.428，2020. 10, pp. 118-131。
ジェイミー・バートレット（2020）『 操られる民主主義：デジタル・テクノロジーはいかにして社会を破壊するか』秋山勝訳，草思社文庫。
服部崇（2021）『気候変動規範と国際エネルギーレジーム』文眞堂，東京。
ラナ・フォルーハー（2020）『邪悪に堕ちた GAFA ビッグテックは素晴らしい理念と私たちを裏切った』長谷川圭訳，日経 BP。
エーリヒ・フロム（1951）『自由からの逃走』日高六郎訳，創元社。
ロベール・ボワイエ（2021）『パンデミックは資本主義をどう変えるか：健康・経済・自由』山田鋭夫・平野泰朗訳，藤原書店。
溝端佐登史（2010）「成長と危機のなかのロシア企業社会―新興市場と比較企業研究―」『比較企業研究』（日本比較経営学会）第 34 号，20-41。
要藤正任（2018）『ソーシャル・キャピタルの経済分析――「つながり」は地域を再生させるか ?』慶應義塾大学出版会。
マーク・ロビンソン（2022）『政府は巨大化する―小さな政府の終焉』月谷真紀訳，日本経済新聞出版（Marc Robinson, *Bigger Government: The Future of Government Expenditure in Advanced Economies*, Arolla Press, 2020）。

あとがき

ソ連が崩壊して31年目に入る。ソ連型社会主義経済システムはもはや存在しない。ロシアがたとえ形状の似た官僚機構や治安機関をあつらえようが，またプーチン大統領が権威主義を強めようが，一党支配を基盤に据えた体制はもはや存在しないし，社会主義イデオロギーに立脚した冷戦などどこにもない。それどころか，普通の資本主義になったという理解（Shleifer, 2005）に立つのであれば，また市場経済への移行を完了させてしまったのであれば，21世紀に注目される国家主導資本主義経済システムは資本主義多様性論の中に位置づけることができよう。リベラル型と調整市場型に分ければ，後者のひとつに数えられ，世界の資本主義は挙って国家主導性を強めており，国家へのバイアスのかけ方の変化率を取れば先進資本主義国の方が大きいかもしれない。

もっとも，本書の編集最終段階の2022年2月に勃発したロシアによるウクライナ軍事侵攻が明らかにしたのは，もはやソ連も社会主義システムもなくなっているにもかかわらず，ソ連に内在した国家の権威主義，それを国外にまで展開する覇権的行動がシステム内に息づいていると言わざるを得ないということである。そういう意味では，ロシアを普通の資本主義と呼ぶには無理があるのかもしれないし，ロシアに同調する中国の行動も同じように見え，国家主導資本主義への接近はあらためて求められている。

あまりに異なる国家主導資本主義システムの分析は，資本主義多様性論では手に余るように見える。既製の型になじまないからだ。そこで，その違いを明らかにするための即効性のある接近として，地政学・地経学，安全保障と国際政治経済学，そしてリベラルと権威主義のコントラストを彩る政治学，さらにはロシアや中国の地域経済事情があげられる。しかし，これでは政治体制か国際関係に限られ，「異形」の資本主義経済を経済システムから分析したことにはならない。

ヨーロッパに源を発する先進諸国の資本主義経済システムとは異なる，独自の経済システムをどのように見るのか，これに対する答えを加藤（2016）は中国に関わらせて次のように言う。「既存の資本主義の類型化の議論を応用して，中国型資本主義の全体像を捉えるのはむずかしいことがわかる。結局のところ，答えは中国の外側にはなく，中国の独自性がどこにあるのかは中国の内側から探す以外に方法はない」（加藤, 2016：203）。本書もまた，ロシア型，中国型などの各国特殊論におちいることがないように，国家主導資本主義経済システムを，システムの内部から描き出すことに腐心した。国家主導資本主義の個性の全体像は，ロシアに傾斜しているところはあろうが，それを作動させる制度，利害，プレーヤー，行動を析出することで，さらに国家の役割に経済学の視点から光をあてることで描き出したと考えている。国家主導資本主義はそれほどに独自に作動しているのである。しかし，本書はグローバリゼーション，デジタル化・イノベーションの進展を軸に，システムの内側も外側もダイナミックな変動を経験しており，内側だけを漫然と見ていても答えを見つけ出せないとも考えている。外側，とりわけ先進国におけるシステムの変動こそが，答えを導き出す解法を教えてくれるからだ。それほどに21世紀に入って世界は混沌とした変化のさなかにある。つまり，答えは内側にあっても，外側の解法を抜きには答えを探し出せない。

では，外側からどのような解法が得られるのか。第1に，多様性の見方である。国家主導資本主義システムそれ自体が多様なのであり，けっしてひとつのモデルに収斂しているわけではない。その意味では拡張された資本主義多様性論と制度の比較研究（Nölke et al., 2020），あるいは資本主義多様性論における国家の役割や拡大する国家財政に対する見方は，国家主導資本主義システムへの接近にも有効と考えられる。第2に資本主義システムを考えるうえで，その変容を再考する新しい視座である。資本主義のシステム転換そのものを提起する「グレート・リセット」がそれにあたり，伝統的な保護主義や国益の概念と一線を画する経済的愛国主義（Gerőcs and Szanyi, 2019）もまた国家主導資本主義に応用可能と考える。

本書における国家主導資本主義システムの分析が，ロシアや中国など先進資本主義経済システムとは異なるシステム像を明らかにするとともに，新しい比較経済学の視座を提供することに貢献できれば幸いである。

本書を編むに至った経緯に触れさせていただきたい。本書は，主にロシア，東欧，中国といった新興市場経済を，あるいは当該諸国の経済制度を研究対象とする研究者の共同研究成果である。事の始まりは2021年3月の私の京都大学退職にあわせてその成果を研究書にすることを目的に，京都大学大学院経済学研究科および経済学部での私の演習に参加していた研究者が集って立ち上げた移行経済学，制度経済学，新興市場経済学をテーマにして経済学を再考する研究会に遡る。研究会には，浅野岳紀（日本経済団体連合会），小西豊（岐阜大学），小林拓磨，ビクトル・ゴルシコフ，里上三保子，高田公（和歌山大学），徳永昌弘，林裕明，藤原克美，伏田寛範，柳原剛司（松山大学），横川和穂（敬称略，本書執筆者の所属は割愛）が参加し，それぞれの専門研究と共に，国家主導資本主義システムと世界経済におけるその位置に関し研究を重ねてきた。参加いただいた皆さまには心からお礼申し上げたい。

キックオフ研究会は2015年12月12日に開催され，最初の研究報告は私が行った“Transition, Rebirth and Legacies”であり，社会主義経済の体制転換四半世紀を振り返ることで，市場に焦点をあてた経済制度構築が先進国市場にはない独自の特徴を内包していること，形成された経済システムが資本主義国の制度に収斂する正常化が生じない過程を論じた。同時に，着地先とされる先進資本主義経済システムにおける市場の質の劣化もまた考察し，市場の質の高度化には，基盤となるインフラの発展，政府の質の高度化が不可欠であると主張している。以降，2021年まで十数回の研究会を重ねるなかで，経済制度からみた移行経済学が経済学にもっとも明解に貢献する領域は国家主導性の解明であると考え，今日に至っている。

もっとも，本書の内容に至るまでには紆余曲折を経たと言わざるを得ない。何よりもタイトルをどうするのかは，課題が明らかになっても議論対象のままであった。また，エリアスタディを指向する研究者にとっての違和感もあっただろう。さらには，本研究課題への接近ではどうしても手薄な領域があり，その穴をどう埋めるのかにも腐心した。とくに，中国の経済システムに関しては，園田茂人先生（東京大学），丸川知雄先生（東京大学），伊藤亜聖先生（東京大学），中屋信彦先生（名古屋大学）を研究会にお招きし多くをご教示いただいた。また，岩﨑一郎先生（一橋大学），馬欣欣先生（法政大学）には研究会にご参加いただき鋭いコメントを頂戴した。すべての方々に心からお礼申し上げたい。穴を埋めるには十分すぎる知見をいただいたと考えている。なお，最終の研究会は2021年3月14日に開催した私の退職講演会（京都大学経済研究所研究会）であり，私自身『現代比較経済学序説－市場の経済学から国家の経済学へ』の論題で研究報告を行った。

原稿は2020年秋をめどに編集を完了し2021年3月末までの刊行を当初予定していたが，新型コロナ感染症によりその予定の変更を余儀なくされた。偏に編者の私に責任があり，適切に原稿を用意していただいた方々に心からお詫び申し上げる。本書の編集上，親交の深い2人の外国の共同研究者にも寄稿いただいた。ウエスターン大学（カナダ）のジェフリー・ウッド（Geoffrey Wood）教授（Chair, DAN Department of Management & Organizational Studies）とハンガリー科学アカデミー世界経済研究所・経済地域研究センターのマグドルナ・サス（Magdolna Sass）所長であり，それぞれの専門領域から本書の課題に接近していただいた。また，翻訳にあたっては研究会で問題関心を共有していただいている新井健一郎さんにご参加いただいた。心からお礼申し上げる。とくに，ウッド教授はMike Wright et al., *The Oxford Handbook of State Capitalism and the Firm*, Oxford, 2022を出版している。関連してお読みいただければ幸いである。

本書は共同研究を基盤にすえているが，京都大学経済研究所共同利用・共同研究拠点プロジェクト，一橋大学経済研究所共同利用・共同研究拠点プロジェクトの研究助成に負うところが大きい。さらに，KIER経済研究財団の研究助成，科学研究費補助金（基盤研究B「ソーシャル・キャピタルによるロシアの社会構造に関する研究」課題番号20H04404）の支援を頂戴した。記して感謝申し上げたい。

最後に，本書の出版にあたっては，東京および京都で親身に相談に乗っていただき，出版をリードいただいた株式会社文眞堂の前野隆社長に，また，研究会，編集，正確には研究全体に関わってお手伝いいただいた京都大学経済研究所セクレタリーの堀部恵美子さんに感謝申し上げたい。

2022年2月24日　ロシアのウクライナ侵攻の日に
著者を代表して　溝端佐登史

［引用文献］
（英語）
Gerőcs, T. and Szanyi, M. eds.（2019）*Market Liberalism and Economic Patriotism in the Capitalist World-System*. Palgrave-macmillan.
Nölke, A. ten Brink, T. May, C., and Claar, S.（2020）*State-permeated Capitalism in Large Emerging Economies*. Routledge.
Shleifer, A.（2005）*A Normal Country: Russia after Communism*. Harvard University Press.
（日本語）
加藤弘之（2016）『中国経済学入門—「曖昧な制度」はいかに機能しているか』名古屋大学出版会。

事項索引

【サ行】

【タ行】

【ナ行】

【ハ行】

【マ行】

【ヤ行】

【ラ行】

【ワ行】

人名索引

【ア行】

【カ行】

【サ行】

【タ行】

【ナ行】

【ハ行】

【マ行】

【ラ行】

執筆者紹介（執筆順）

溝端佐登史（みぞばた・さとし）…………………〔編者：はしがき，序章，終章，あとがき〕
所属：京都大学名誉教授・京都大学経済研究所特任教授・立命館大学客員教授。
学位：京都大学博士（経済学）
最終学歴：京都大学大学院経済学研究科博士後期課程（単位取得退学 1987 年 3 月）
職歴：1987 年岐阜経済大学専任講師，1991 年京都大学経済研究所助教授，2002 年同教授（2021 年 3 月退職）その間 2012 年から 2020 年に所長，2017 年日本学術会議会員，2021 年 4 月より現職
主な業績：『ロシア経済・経営システム研究―ソ連邦・ロシア企業・産業分析』法律文化社，1996年2 月；編著『現代ロシア経済論』ミネルヴァ書房，2011 年；State-led innovation and uneven adaptation in Russia, in Steven Rosefielde ed., *Putin's Russia: Economy, Defense and Foreign Policy*, World Scientific, 2020

Wood, Geoffrey（うっど・じぇふりー）…………………………………………………〔第 1 章〕
所属：ウェスターン大学（カナダ），トリニティカレッジ（アイルランド）
学位：Phd (Rhodes); PhD Hons Causa (Aristotle)
最終学歴：PhD in the Faculty of Commerce, Rhodes University
職歴：Rhodes University, Coventry University, Middlesex University, University of Sheffield, University of Warwick, Essex University を経て，2019 年より現職。
主な業績：Cumming, D., Johan, S. and Wood, G. (eds.). 2021. *Oxford Handbook of Hedge Funds*. Oxford: Oxford University Press; Budhwar, P., Doh, J., and Wood, G. 2021. "Long-Term Energy Transitions and International Business", *Journal of International Business Studies*, 52: 951-970; Wright, M., Wood, G., Musacchio, A., Okhmatovskiy, I., Grosman, A., and Doh, J. 2021. "State capitalism in international context: Varieties and variations", *Journal of World Business* 56, 2: https://doi.org/10.1016/j.jwb.2020.101160

新井健一郎（あらい・けんいちろう）………………………………………〔第 1 章 翻訳〕
所属：フリーランス翻訳者
学位：MA in Social and Political Thought, University of Sussex
最終学歴：サセックス大学大学院社会科学研究科社会政治思想専攻修士課程修了（2002 年 9 月）
職歴：2009 年 6 月島根県立大学北東アジア地域研究センター嘱託助手，2015 年 7 月横浜国立大学大学院国際社会科学研究院助手，2017 年 4 月より現職
主な業績：筆名で訳書など多数。

横川和穂（よこがわ・かずほ）……〔第2章〕
所属：神奈川大学経済学部准教授
学位：京都大学博士（経済学）
最終学歴：京都大学大学院経済学研究科博士後期課程修了（単位取得退学2004年3月）
職歴：2004年4月日本学術振興会特別研究員（PD），2008年4月一橋大学経済研究所ロシア研究センター研究員，2009年10月京都大学経済研究所研究員，2010年4月日本国際問題研究所研究員などを経て，2011年4月より現職
主な業績：「ロシアの東方シフトとアジア諸国との経済関係—ロシア極東地域の活性化はなるか」田中則仁編『アジアのグローバル経済とビジネス』文眞堂，2021年；"Regional Public Service Provision and Civil Society in Russia", *The Journal of Comparative Economic Studies*, Vol.14, 2019; "Public Service Provision and Its Finance in Russia: The Case of Education", *The Journal of Comparative Economic Studies*, Vol.12, 2017.

伏田寛範（ふした・ひろのり）……〔第3章〕
所属：（公財）日本国際問題研究所研究員
学位：京都大学博士（経済学）
最終学歴：京都大学大学院経済学研究科博士後期課程修了（2014年7月）
職歴：2011年4月日本国際問題研究所研究員，現在に至る
主な業績：「北東アジア地域開発にみる中ロ関係」『北東アジア地域研究』第26号，2020年5月，「岐路に立つロシアの航空機産業」『CISTEC Journal 2018.1』No.173，2018年1月

藤原克美（ふじわら・かつみ）……〔第4章〕
所属：大阪大学人文学研究科教授
学位：大阪市立大学博士（経済学）
最終学歴：大阪市立大学大学院経済学研究科後期博士課程修了（単位取得退学 1998年3月）
職歴：1998年4月大阪外国語大学専任講師，2002年1月助教授，2007年10月大阪大学准教授，2015年4月より現職
主な業績：『移行期ロシアの繊維産業：ソビエト軽工業の崩壊と再編』春風社，2012年；"Russian Consumers in the Globalised World: A Case Study of the Fashion and Apparel Industry", *The Journal of Comparative Economic Studies*, Vol.14, 2019.

Gorshkov, Victor（ごるしこふ・びくとる）……〔第5章〕
所属：新潟県立大学国際経済学部准教授
学位：京都大学博士（経済学）
最終学歴：京都大学大学院経済学研究科博士後期課程修了（2014年3月）
職歴：2014年6月開智国際大学リベラルアーツ学部総合経営学科専任講師・准教授，2020年4月開智国際大学国際教養学部教授・学部長を経て現職
主な業績：『第II部第8章新興国市場経済諸国・移行経済諸国の特徴』若杉隆平著『基礎から学ぶ国際経済と地域経済』，文眞堂，2020年；"Cashless payment in emerging markets: The case of Russia", *Asia and the Global Economy*, 2 (1), 2022; "Chapter 4.

Fundamentals and Trends in Russian Banking," in Rosefielde, S. (ed.), *Putin's Russia: Economy, Defense and Foreign Policy*, Singapore: World Scientific Publishing Co. Inc, 2020; "Banking Outward Foreign Direct Investment: The Boundaries of Russia's Pivot to Asia," *The Comparative Economic Review*, 25 (1), 2018; "Chapter 10. Finance," in *The Unwinding of the Globalist Dream: EU, Russia and China*, Singapore: World Scientific Publishing Co. Inc., 2018.

林裕明（はやし・ひろあき）……………………………………………〔第6章，第10章翻訳〕
所属：立命館大学経済学部教授
学位：京都大学博士（経済学）
最終学歴：京都大学大学院経済学研究科博士後期課程研究指導認定退学（2001年3月），同修了（2004年11月）
職歴：2001年4月島根県立大学総合政策学部専任講師，2004年4月助教授，2016年4月より現職
主な業績：『ロシア社会の体制転換—階層構造の変化に着目して—』国際書院，2021年3月；Mizobata, S. and Hayashi, H., "State Capitalism in Russia" in Mike Wright et al. eds, *The Oxford Handbook of State Capitalism and the Firm*, Oxford University Press, 2022; Mizobata, S. and Hayashi, H., "Market transition without an accompanying industrial revolution: A reexamination," *Annals of Corporate Governance*, Vol. 4, No. 3, 2019.

徳永昌弘（とくなが・まさひろ）……………………………………………………………〔第7章〕
所属：関西大学商学部教授
学位：京都大学博士（経済学）
最終学歴：京都大学大学院経済学研究科博士後期課程修了（1999年3月）
職歴：1999年4月東北大学東北アジア研究センター講師・研究機関研究員，2001年4月日本学術振興会特別研究員（京都大学経済研究所），2003年4月関西大学商学部助教授・准教授を経て，2015年4月より現職
主な業績：「国際貿易及び海外直接投資に対する社会的紐帯の誘引効果：中東欧・旧ソ連諸国の実証研究に関するメタ分析」『経済研究』第72巻第1号，2021年；"Japan's foreign direct investment in Russia: a big return from a small opportunity" (co-authored) *Eurasian Geography and Economics*, 61 (3), 2020; "Regime change and environmental reform" in Ichiro Iwasaki (ed.), *The Economics of Transition: Developing and Reforming Emerging Economies*, Routledge, 2020, Chapter 10; "Russian Arctic development and environmental discourse" in Veli-Pekka Tynkkynen et. al (eds.), *Russia's Far North: The Contested Energy Frontier*, Routledge, 2018, Chapter 8; "The determinants of foreign direct investment in transition economies: a meta-analysis" (co-authored) *The World Economy*, 40 (12), 2017.

小林拓磨（こばやし・たくま）……………………………………〔第 8 章，第 10 章翻訳〕
所属：松山大学経済学部准教授
学位：京都大学博士（経済学）
最終学歴：京都大学大学院経済学研究科博士後期課程修了（2016 年 7 月）
職歴：2017 年 4 月松山大学経済学部講師を経て，2018 年より現職
主な業績：“Overcapacity in China after Economic Crisis: In Relation to Industrial Location”, *The Journal of Comparative Economic Studies*, Vol.12, 2017;「中国における産業立地—分散か集中か—」『比較経済体制研究』第 21 号，2015 年；「中国における産業移転—東部地域から中・西部地域への移転について—」『比較経済体制研究』第 19 号，2013 年。

里上三保子（さとがみ・みほこ）……………………………………………………〔第 9 章〕
所属：創価大学経営学部講師
学位：京都大学博士（経済学）
最終学歴：京都大学大学院経済学研究科博士後期課程修了（2017 年 7 月）
職歴：2019 年 4 月創価大学経営学部講師，現在に至る
主な業績：“Changes in the Female Labour Market in German New Länder”, *The Journal of Comparative Economic Studies*, Vol.6, 2011: 59-77；「ドイツ統一コストの再検討—旧東独地域における社会的コストの観点から」『ロシア・東欧研究』47 巻，2018 年，163-179 ページ

Sass, Magdolna（さす・まぐどるな）…………………………………………………〔第 10 章〕
所属：ハンガリー科学アカデミー世界経済研究所経済・地域研究センター所長，上級研究員
学位：経済学博士候補（ハンガリー科学アカデミー）
最終学歴：ハンガリー科学アカデミー
主な業績：Holland, D., Sass, M., Benacek, V., Gronicki, M. (2000) The Determinants and Impact of Foreign Direct Investment in Central and Eastern Europe: A comparison of survey and econometric evidence. *Transnational Corporations*, 9 (3): 163-212; Sass M., Fifekova M. (2011) Offshoring and outsourcing business services to Central and Eastern Europe, some empirical and conceptual considerations. *European Planning Studies*, 19 (9): 1593-1609

国家主導資本主義の経済学

―国家は資本主義を救えるのか？―

2022年12月1日　第1版第1刷発行　　検印省略

編著者　溝　端　佐登史

発行者　前　野　　隆

発行所　株式会社　文　眞　堂

東京都新宿区早稲田鶴巻町533

電　話　03（3202）8480

FAX　03（3203）2638

http://www.bunshin-do.co.jp

〒162-0041　振替00120-2-96437

印刷・モリモト印刷／製本・高地製本所

©2022

定価はカバー裏に表示してあります

ISBN978-4-8309-5207-4　C3033